manantiales en el desierto

SEÑORA COWMAN

MANANTIALES
EN EL DESIERTO
2

EDITORIAL UNILIT

LOGOI

Publicado por
Editorial Unilit y
Logoi Inc.
Miami, Fl.

© 1966 y 1970 por Cowman Publishing Company, Inc.
Título original en inglés: Streams in the Desert, Volume two
Traducido al castellano por Pedro Vega

© 1976 Primera edición en español - Logoi Inc.
© 1989 Segunda edición en español - Logoi Inc. y Editorial Unilit
© 1990 Tercera edición en español - Logoi Inc. y Editorial Unilit

ISBN 0-7899-1625-8
Producto No. 497631

Printed in Colombia.
Impreso en Colombia.

PRÓLOGO

En los días de su postrera enfermedad la señora de Cowman entregó sus archivos a una de sus ayudantes. De ese archivo se seleccionó con piadoso cuidado los escritos devocionales que contiene este libro. Esta selección, que con tanto amor conservó la señora de Cowman, puede ahora compartirla el mundo entero.

Por cuanto conocía íntimamente a la señora de Cowman, con la que había colaborado en la preparación de un libro anterior, la señora Nulah Cramer recibió el encargo de compilar y editar este libro de meditaciones. Estamos muy agradecidos a la señora Cramer y a su ayudante, Marie Taylor, por la gran sensibilidad con que seleccionaron el material y preservaron la espiritualidad profunda que hizo de Manantiales en el Desierto, primer tomo, el libro devocional preferido en el mundo entero.

Para los varios millones de lectores de MANANTIALES EN EL DESIERTO, PRIMER TOMO, este segundo tomo será una gran bendición. Y los que por primera vez toman en sus manos este rico "manantial", encontrarán en él tesoros de consejos e inspiración diaria. Oramos para que este segundo tomo, así como el primero, contribuya a nutrir los tesoros espirituales y la vida familiar del pueblo de Dios en todas partes.

Los editores

RECONOCIMIENTOS

Los EDITORES desean expresar su agradecimiento a los siguientes editores y autores que nos permitieron reproducir extractos de sus publicaciones:

Moody Press, Chicago, Ill., por permitirnos reproducir una estrofa de uno de los poemas de Martha Snell Nicholson. Evangelical Publishers, Toronto, Canadá, por permitirnos reproducir extractos de los poemas de Annie Johnson Flint; doctor Alfred Price, por permitirnos extraer porciones de los boletines de St. Stephen's Church, Philadelphia, Penna. Paul Meyers de "The Log of the Good Ship Grace", por permitirnos reproducir extractos de sus columnas. Sociedades Bíblicas, por permitirnos reproducir diferentes textos de sus versiones.

Además, los trabajos de escritores de otras generaciones como Andrés Murray, F. B. Meyer, J. R. Miller y J. H. Jowet fueron extremadamente válidos y nos proporcionaron muy útil material.

Suplicamos la benevolencia de cualquier individuo o entidad cuyo permiso nos haya sido imposible obtener antes de la publicación de esta obra.

1 de Enero

Olvidando lo que queda atrás ... prosigo al blanco.

Filipenses 3:13, 14.

UNO DE LOS DONES gloriosos de Dios para la humanidad es la concesión de entrar a un año nuevo. Hay nuevas oportunidades y desafíos por delante. Está la oportunidad de volver a probar, de hacer un nuevo intento por realizar con éxito las ambiciones no satisfechas el año que terminó. La vida está llena de comienzos. Uno se detiene en la puerta y con mano vacilante descorre la cortina y mira hacia lo desconocido. En seguida da su primer paso a través del umbral del año nuevo. Ya es un año hermoso, porque es otro año de nuestro Señor.

Mientras miras hacia los lejanos horizontes, y te preguntas qué traerán los meses venideros, detente un momento para reflexionar en el viejo volumen de trescientos sesenta y cinco días que acabas de terminar. Sus páginas pueden estar manchadas por los errores, rotas por las intenciones, pero has avanzado algunas millas más hacia la meta, hacia la cumbre.

> *Por muchos peligros, afanes y acechos*
> *hasta aquí me has hecho llegar.*
> *Mi necesidad tu gracia ha satisfecho,*
> *y Tu Gracia me lleva al Hogar.*

No ha sido logro nuestro. Grande ha sido la fidelidad de nuestro Padre. Sus misericordias han sido nuevas cada mañana. ¡Él jamás falló!

Es parte de nuestra naturaleza el querer vivir en los ayeres de la vida, en los días que no volverán. Preferimos revivir las luchas, las penas, los desaciertos, los malos hábitos del pasado, y no enfrentar el futuro incierto. El pasado se pega de nosotros con tenacidad, como lapa que quiere impedir que nos acerquemos a la orilla, para arrojarnos a la profundidad.

> *Pasado, ¡aléjate y lánzate al mar profundo!*
> *¡Que las aguas sin fondo te cubran!*
> *Porque yo vivo, tú has muerto;*
> *tú te has quedado, yo avanzo a vencer al mundo.*
> *¡Desata tus cuerdas! La noche va a llegar.*
> *¡El viento sopla, las velas desplega!*
> *Pasado, ¡desata tus cuerdas! ¡Fija el rumbo!*
> *¡Es hora de zarpar!*

Parados en el cruce de dos caminos, hay una elección que debemos hacer, un camino que escoger, y debemos considerar cuál. ¿Cómo pensamos vivir? ¿Repitiendo el pasado?

"No veo el sendero, pero no me importa, porque sé que Él ve su camino, y yo lo veo a Él." ¡Por delante hay un destino deslumbrante! Debemos fijar los ojos en Cristo, al encarar la aurora.

2 de Enero

Jehová te pastoreará siempre.
Isaías 58:11.

Él pondrá mis pies como de ciervas, y en mis alturas me hará andar.
Habacuc 3:19.

HAZ TU ENTRADA a este nuevo año sobre tus rodillas. La fe no se preocupa de la totalidad del viaje. Con un paso basta. Todo lo que se necesita es ese primer paso. Susurra una oración que te llene de valor las piernas y el corazón, mientras enfrentas lo desconocido, lo inesperado. ¿Qué importa si no sabes para dónde vas? Deja que el Señor te tome de la mano. Él da tranquilidad y serenidad al alma y al corazón. Así como Él resiste, tú también puedes resistir mientras escalas sobre piedras filosas y roqueríos. Asciende con Él hacia el fin del año, y aun hasta el final del sendero de la vida. El picacho que está entre las nubes de tormenta está más cerca de las estrellas luminosas. Él da el valor por el que estás orando para elevarte sobre el valle. Escucha la voz del Maestro y sigue adelante, con valor, hacia el cumplimiento de tu tarea. Tienes todo un año que escalar.

Una Voz dijo: Sube acá. Y él preguntó: ¿Cómo lo haré?
Las montañas son tan escarpadas que no puedo ascender.
La Voz dijo: Sube o tendrás que perecer.
Él respondió: No veo camino por esas pendientes. ¿Cómo lo haré?
Lo que me pides es difícil, me hace desfallecer.
La Voz dijo: Sube o muere.
Tu cuerpo y alma, mente y espíritu
no pueden escoger.
¡SUBE o MUERE!

Algunos de los más valientes montañistas han relatado historias increíbles acerca de sus escalamientos. A veces notaban la presencia de un Compañero que no estaba entre los que componían la partida original de escaladores. ¡Cuánto más positiva es la presencia del Guía Celestial cuando los escaladores de Dios suben a los lugares más elevados del Espíritu!

Los escaladores de Dios han sido creados para caminar en lugares precarios, no para las cosas fáciles de la vida.

¡No limites al Dios Ilimitado! Acompañado por Él enfrenta el nuevo sendero y camina sin temor, ¡porque no vas solo!

3 de Enero

*Y me ha dicho: Bástate mi gracia; porque mi potencia se perfecciona
en la debilidad... De buena gana me gloriaré en mis flaquezas para que
habite en mí el poder de Cristo.*

2 Corintios 12:9.

Nosotros no apreciamos las preciosas promesas", dijo Spurgeon,
"hasta que nos vemos en condiciones que hacen ver su dulzura
y conveniencia." Todos nosotros valoramos aquellas palabras
de oro: "Cuando camines por el fuego no te quemarás, ni la llama te
abrasará", pero pocos pueden leerlas con el deleite del mártir Binney.
Para él este pasaje era un apoyo mientras en la prisión esperaba ser
quemado en la estaca. Su Biblia, que todavía se conserva en la Biblioteca del Colegio Corpus Christi, de Cambridge, tenía este pasaje marcado con tinta al margen.

Si todo se supiera, veríamos que cada promesa de la Biblia ha
sido portadora de algún mensaje para algún cristiano, de modo que
el libro entero podría estar marcado al margen en memoria de momentos trascendentes de la experiencia cristiana.

> *Las promesas del Señor, mías son;*
> *Las promesas del Señor, mías son;*
> *En la Biblia yo las leo y sé,*
> *las promesas del Señor, mías son.*

Por las cuales nos son dadas preciosas y grandísimas promesas.
II Pedro 1:4.

"Las promesas de Dios son seguras, pero no todas son pagaderas
a noventa días de plazo." — A. J. Gordon.

4 de Enero

Bueno es Jehová a los que en Él esperan.
Lamentaciones 3:25.

Espera en Jehová... Él fortalecerá tu corazón.
Salmo 27:14.

Espera en Jehová... y Él te exaltará.
Salmo 37:34.

Hazme ir con calma, Señor! Calma los latidos de mi corazón,
aquieta mi mente. Da calma a mis pasos con la visión del alcance eterno del tiempo. En medio de la confusión de este día,
dame la quietud de las montañas eternas. Quiebra la tensión de mis nervios y músculos con la música suave de arroyuelos cantarines que viven
en mi memoria. Ayúdame a conocer el poder mágico y restaurador del

sueño. Enséñame el arte de tomar vacaciones de pocos minutos de duración. Ayúdame a detenerme para contemplar una flor, conversar con un amigo, acariciar un perro o leer unas líneas de un buen libro. Hazme recordar cada día la fábula de la liebre y la tortuga para que pueda comprender que no es la carrera de los ligeros; que la vida tiene cosas más importantes que aumentar su velocidad. Hazme mirar las ramas de las encinas gigantescas para saber que es grande y fuerte porque creció con calma, pero con seguridad. Hazme ir con calma, Señor, e inspírame para que mis raíces se internen profundamente en el suelo de los valores permanentes de la vida y pueda yo crecer hacia las estrellas de mi gran destino. En el nombre de Jesús, Amén. (Autor desconocido.)

Debemos aprender a esperar. Cuando no sabemos qué hacer, sencillamente no hagamos nada. Debemos esperar hasta que la neblina se retire. No debemos forzar una puerta semiabierta; una puerta cerrada puede ser providencial. La capacidad de mantener la estabilidad durante las emergencias, da a Dios poder ilimitado. Un espíritu apresurado es de lo más bajo (y está siempre agotado). "El que cree no tendrá prisa."

Hay provisión de gracia para el que sabe esperar. El salmista sabía esto. Experimentó esta gracia. "Yo espero en el Señor", declaró en el Salmo 130:5. Esperar es una gran parte de la disciplina de la vida y por lo tanto Dios raras veces comunica su gracia de esperar a la persona ansiosa y apresurada. "La espera tiene cuatro propósitos", dice el Dr. James Vaughan. "Practica la paciencia de la fe. Da tiempo de prepararación para recibir el don que se espera. Da mayor dulzura a la bendición cuando ésta llega. Muestra la soberanía de Dios: da *cuando* quiere y *como* Él quiere."

5 de Enero

Llamados santos.

Romanos 1:7; 1 Corintios 1:2.

POR QUÉ ERAN santos los santos?
Fácil.

Porque eran "alegres" cuando era difícil serlo.
Porque eran pacientes cuando era difícil la paciencia.
Porque avanzaban cuando tenían más deseos de quedarse quietos.
Porque callaban cuando era más fácil hablar.
Porque eran agradables cuando tenían deseos de ser desagradables.

¡Eso era todo!
¿Qué es un santo?

Una JOYA disfrazada.
Un PRÍNCIPE vestido de campesino,

Una VIDA inmortal en carne mortal;
Un EMBAJADOR del Rey Eterno, retenido en tierra extraña.
Un MONARCA al pie del trono, esperando su corona.
Un ESCLAVO REAL en una prisión de barro, preparándose para una mansión.
Un VIAJERO en camino pedregoso, con destino a las calles de oro.
Un VIGIA en los montes de la medianoche, para avistar el día eterno.
Un DIAMANTE en bruto, en proceso de pulirse para que brille como los astros.
Una PEPITA DE ORO en el crisol, para refinarla de la escoria.
Una PERLA en la ostra, que espera ser librada del cuerpo de carne.
Una LAMPARA en la oscuridad de la noche, lista para brillar con luz eterna.
Un EXTRANJERO entre enemigos, que anhelan vivir en eterna comunión.
Una FLOR entre espinas, lista para extender sus pétalos allí donde florece la Rosa de Sarón.

Autor desconocido

6 de Enero

Jehová será refugio para el tiempo de angustia.
Salmo 9:9.

UN BIEN CONOCIDO hombre de negocios aparecía por nuestra oficina cada cierto tiempo. Sus visitas eran momentos de refrigerio espiritual. Su rostro siempre estaba adornado de sonrisas. Tenía un paso elástico. Irradiaba victoria. Unos pocos minutos en su presencia y uno sentía que se acercaba a Dios, porque la victoria es contagiosa. Los profetas conocían este secreto, por eso escribieron del carpintero para alentar al orfebre y del orfebre para alentar el herrero, etc.

Recientemente este mismo hombre se deslizó dentro de nuestra oficina, se derrumbó en un sillón, y con la cara escondida entre las manos reventó en lágrimas. ¿Qué le había pasado a este hijo de Dios? Se había desmayado en el día de la adversidad. Había experimentado una gran calamidad que había barrido con su hogar, su negocio y su dinero. Entonces había comenzado a preocuparse, y como consecuencia, perdió su salud y ahora es una ruina humana. Allí estaba la oportunidad de Satanás y no demoró en aprovecharla. Se le presentó con la insidiosa pregunta: "¿Cómo vas a enfrentar el mundo ahora?" De este modo condujo a éste, que había sido un cristiano triunfante, hasta el borde mismo del precipicio, y le dijo que se echara abajo. Todo estaba oscuro, oscuro como la boca del lobo.

El Padre tiene cuidado cuando ve que sus hijos están en las fauces de una tormenta tenebrosa, pero Él sabe que la fe crece en medio de la tempestad. Él nos toma de la mano y nos pide que no gritemos ni nos preocupemos por ver el próximo paso que debemos dar. Él, que conoce el sendero de cien millones de estrellas, conoce el camino en medio del turbión y la tempestad, y ha prometido: "Nunca, jamás te soltaré de la mano."

Incuestionablemente existe el grave peligro de quedar *paralizados espiritualmente* por la depresión. Las fuerzas de las tinieblas son tan reales, la magnitud de la crisis tan grande, que muchos se sienten tentados a gritar: "Señor, ¿no tienes cuidado, que perecemos?" Sin embargo, Aquél que parece dormir sobre una almohada está cabalgando sobre la tormenta con toda su divina majestad. Nuestra gran necesidad es más fe en el Omnipotente Dios. — Sra. de Cowman.

7 de Enero

La oración del justo obrando eficazmente, puede mucho.
Santiago 5:16.

L AS RESPUESTAS QUE el Señor da a las oraciones son infinitamente perfectas, y nos demuestran que a menudo pedimos una piedra con *apariencia de pan* y Él nos dio pan, que en nuestra miopía espiritual vimos *como piedra.* — J. Southley.

"La vida de comunión con Dios no se puede edificar en un día. Comienza con el hábito de referirlo todo a Él, hora tras hora. Luego se pasa a períodos más largos de comunión; para hallar su consumación y gloria en días y noches de intercesión y espera." — F. B. Meyer.

8 de Enero

Callará de amor...
Sofonías 3:17.

U NA HERMOSA HISTORIA cuenta de una cristiana que soñó con tres mujeres que estaban en oración. Mientras permanecían de rodillas, el Maestro se les acercó.

Se acercó a la primera, se inclinó hacia ella con gracia y ternura, con una sonrisa llena de radiante amor y le habló con voz pura, dulce y musical. Apartándose de ella, se acercó a la segunda, pero solamente le puso la mano sobre la cabeza inclinada, y le dio una mirada de aprobación. Pasó junto a la tercera en forma casi abrupta; no se detuvo a hablarle, ni a mirarla. La mujer, en su sueño, pensó: ¡Qué grande debe ser su amor por la primera! A la segunda le dio su aprobación sin las demostraciones de amor que le hizo a la primera; la tercera debe de haberle ofendido profundamente, porque Él no le dirigió una sola palabra y ni siquiera una mirada al pasar. ¿Qué habrá hecho, y por qué hizo tanta diferencia entre ellas? Mientras trataba de explicarse la acción del Señor, Él mismo se le acercó y le dijo:

"— Mujer, ¡qué mal me has interpretado! La primera mujer necesita todo el peso de mi ternura y cuidado para poder afirmar el pie en el camino angosto. Ella necesita mi amor, mi interés y ayuda todo el día. Sin él, fallaría y caería. La segunda tiene una fe más fuerte y un amor más profundo, y puedo estar tranquilo porque confía en mí, no importa lo que haga la gente. La tercera, que según tú no noté y aún descuidé, tiene una fe y un amor de la más fina calidad. A ella la preparo por medio de un proceso rápido y drástico para un servicio sublime y santo. Ella me conoce tan íntimamente, y confía en mí hasta tal punto, que no depende de palabras ni de miradas ni de ninguna demostración externa de mi aprobación. No desmaya ni se desalienta ante ninguna de las circunstancias por las que la hago pasar. Confía en mí aun cuando el sentido, la razón y los instintos más finos del corazón natural se rebelarían. Sabe que estoy trabajando en ella para la eternidad, y aunque lo que hago no se lo explica ahora, lo entenderá después. Callo en mi amor, porque amo más que lo que las palabras pueden expresar, o el corazón humano puede entender. Callo por amor a ti, para que aprendas a amarme y a confiar en mí en respuesta espontánea y espiritual a mi amor, sin que ningún estímulo externo pida tal respuesta." — Publicaciones del Instituto Bíblico Pittsburg.

9 de Enero

El hombre que tiene amigos ha de mostrarse amigo; y hay amigo más
unido que un hermano.
Proverbios 18:24.

La única manera de tener un amigo es serlo. — *R. W. Emerson.*

Es UNA BENDICIÓN grande para cualquier hombre o mujer tener un amigo; un alma humana en quien confiar totalmente; que conozca lo mejor y lo peor de nosotros, pero que nos ame a pesar de nuestras faltas; que nos diga la verdad, mientras el mundo nos adula en nuestra presencia y se ríe a nuestras espaldas; que pueda aconsejarnos y reprobarnos el día de la prosperidad y de la vanagloria; pero que también nos consuele y aliente el día de la dificultad y el dolor, cuando el mundo nos abandona para que luchemos como podamos.

"Si tenemos la buena fortuna de ganar tal amigo, hagamos cualquier cosa, pero no lo dejemos. Debemos dar y perdonar; vivir y dejar vivir. Si nuestros amigos tienen faltas, debemos soportarlas junto con ellos. Debemos esperarlo todo, creerlo todo, soportarlo todo para no perder la más preciosa de nuestras posesiones terrenales: un amigo de confianza. Amigo que se gana, jamás se pierde, sólo necesitamos ser confiados y dignos de confianza." — Charles Kingsley.

Hay un amigo, un amigo comprensivo,
que en el dolor seca la lágrima que ha caído;
su amor es inmutable, es permanente,
y nos bendice para vivir confiadamente.

13

10 de Enero

Se alegrarán el desierto y la soledad; el yermo se gozará y florecerá como la rosa.

Is. 35:1.

Abriré camino en el desierto y ríos en la soledad ... para que beba mi pueblo, mi escogido.

Is. 43:19, 20.

EL DESIERTO FLORECERÁ como una rosa. Cuando se viaja por ciertas regiones de Estados Unidos, siempre se siente emoción al pasar de un área cálida, seca y estéril, a una fresca y lozana de verdes cultivos. ¿A qué se debe esta transformación del paisaje? Al agua, al cuidado cariñoso y al duro trabajo de gente industriosa y emprendedora. La persona de mente espiritual ve inmediatamente la analogía espiritual cuando se encuentra en tal situación.

Aquellos canales llenos de agua de regadío son como el agua de vida que hace que el desierto estéril y caluroso del corazón pecador florezca como una rosa.

Sin embargo, ningún esfuerzo de parte del desierto podría haberlo hecho florecer. Necesitaba el cuidado y amor de los que conocían sus posibilidades y podían traerle agua para transformarlo en un lugar fructífero y productivo.

Es tal como ocurre con Dios y el desierto del corazón humano. No es por nuestros propios esfuerzos, sino por su bondad y amor que Él nos da el agua de vida. A nosotros nos toca responder y rendirle todas nuestras capacidades latentes fervorosa y racionalmente. Esto Él lo toma y transforma para producir vida. Él desarraiga el cactus, el arbusto del pecado, quita las ruinas de una vida desierta y estéril, y planta su propia vida en el corazón que de esta manera ha preparado. Alimentado por la constante afluencia de su agua vivificadora, la vida que era estéril comienza a dar su fruto a sesenta y a ciento. "La vida transformada da gozo, descanso y placer a los que le pasan cerca." — Seleccionado.

11 de Enero

Sé para mí una roca de refugio adonde acuda yo continuamente; porque tú eres mi roca y mi fortaleza.

Salmo 71:3.

CERCA DEL CAPITOLIO en Roma, hay un antiguo edificio que data de los tiempos en que el Cristianismo era nuevo en el mundo. En uno de sus corredores hay un banco de piedra donde los pequeños pajes esperaban el llamado de sus amos. En la pared, más arriba del banco, se halla garrapateada una cruz con una figura en ella. El travieso artista había hecho una caricatura de uno de sus compañeros y había escrito: "El tonto de Aleximos adora a Cristo." Los demás muchachos hallaban extraño que Aleximos considerara a Jesús como Rey. Porque, como alguien dijo, el mundo nunca ha visto un rey que no tuviera posesiones... Nació en un pesebre prestado. Predicó desde un bote prestado. Entró en Jerusalén en un asno prestado. Comió la última cena con sus discípulos en una pieza prestada. Fue sepultado en una tumba prestada. Sin embargo, allí está el Viviente, el Resucitado Hijo de Dios, desprovisto de posesiones terrenales. diciendo: "Toda potestad me es dada en el cielo y en la tierra."

Otros reyes siempre han necesitado ser apuntalados; tienen que descansar en muchos soportes: oro en su tesorería para poder comprar almas humanas; multitud de legiones para destruir cualquier oposición; juegos en el estadio para mantener alegre la multitud; pan para los hambrientos para evitar el peligro de rebelión. Jesús, sin embargo, no usó estos soportes. Se apoyó exclusivamente en el Dios eterno, el invisible Padre Eterno. Y, mientras los soportes de los otros reyes se desmoronan al fin, el Apoyo de Jesús estaba firme mientras Pilato gruñía: "He aquí vuestro Rey"; estuvo inamovible mientras el populacho chillaba: "¡Crucifícale! ¡Crucifícale!" Luego vino la resurrección y los siglos comenzaron a desfilar. Entonces el mundo empezó a darse cuenta que el verdadero reinado no necesita oro ni ejércitos para mantenerse en el poder. El hombre comenzó a darse cuenta que un Espíritu Regio permanece íntegro e inquebrantable ante los embates de la vida, porque el Espíritu del Dios Vivo dentro del hombre es más fuerte que cualquier enemigo existente. — Del boletín de la Iglesia Protestante Episcopal San Esteban.

12 de Enero

Pero hay un Dios en los cielos que revela los misterios.
Daniel 2:28.

QUÉ VAS A HACER, y cómo vas a seguir adelante cuando tu adversario derrama sobre ti un diluvio de "imposibles" e "improbables"? Toma el viejo Volumen; siéntate hasta bien entrada la noche; lee las promesas y las profecías. Lee otra vez las cálidas palabras de Daniel: "Hay un Dios en los cielos que revela los misterios." Tu noche te mostrará estrellas que no se ven de día. En la negra nube tronadora aparecerá un arco iris, el pacto eterno de Dios, y encontrarás una aurora a medianoche.

Hay mucho azul allá arriba;
más allá de las nubes y la lluvia,
hay mares de dicha y amor,
lejos de la pena y el dolor.

Hay estrellas que el hombre nunca vio
donde la vida empieza otra vez;
la calma perfecta que el arco anunció
se encuentra allá: ¡el Cielo es!

Seleccionado

¿Qué harás? ¿Actuarás como los que no tienen fe, luz ni discernimiento? Tú no eres como los incrédulos que han sido alcanzados por el remolino y se encuentran sumidos bajo las aguas turbias de la duda y la desesperación. Tú eres un peregrino del día; un peregrino de la luz, guiado por un resplandor suave y tierno, cálido y luminoso. Da gracias a Dios por la seguridad de la dirección divina, y otra para que puedas mantener una relación correcta con todas las imposibilidades e improbabilidades.

"La fe durante las tinieblas, trae triunfo al amanecer." Sra. de Cowman.

La fe el sendero ve
aunque reinen las tinieblas,
Aun la noche se disipa,
en presencia de la fe.
A la Aurora venidera,
con confianza se dirige,
donde el cristiano vive
en la luz duradera.

Seleccionado

13 de Enero

Gustad y ved que es bueno Jehová: dichoso el hombre que confía en Él.
Salmo 34:8.

A VECES NO puedes enfrentar una dificultad de tal manera que el resultado sea favorable. Oras, pero no te sientes libre en la oración. Lo que falta es una promesa definida. Pruebas una y otra de las palabras inspiradas por Dios, pero ninguna encaja. Pruebas otra vez y en el momento oportuno se presenta una promesa que parece haber estado escrita para la ocasión. Encaja exactamente, tal como la llave bien hecha entra en el candado para el cual ha sido preparada. Habiendo descubierto la palabra adecuada del Dios viviente, te presentas cuanto antes delante del trono de la gracia, y dices: "Oh Señor, prometiste esta bendición a tu siervo; concédela según tu beneplácito." El asunto queda terminado, la pena se transforma en gozo: la oración ha sido oída. — Spurgeon.

La fe poderosa la promesa ve,
sólo en Dios descansa confiadamente,
"Lo imposible no existe, yo sé",
clama, "y lo hará el Omnipotente".

¡Prueba todas tus llaves! ¡No desesperes jamás! ¡Dios no deja con llave su tesorería!

Un viejo negro oraba así: "¡ Oh Señor, ayúdame a recordar que nada me ocurrirá hoy que entre Tú y yo no podamos solucionar!"

Mr. Babson, uno de los grandes estadísticos del mundo, dijo: "En nuestro país el mayor recurso que aún aparece subdesarrollado es la *fe; la gran fuerza que permanece sin uso es la *oración.*" — Handley Moule.

Un fiel soldado de la cruz decía que le gustaba sentarse a los pies de los antiguos héroes de la fe de Hebreos capítulo 11, para oír el relato de sus experiencias, la oscuridad de sus noches, las situaciones extremas, sin solución humana posible en que a menudo se encontraron. En aquellos momentos de tinieblas fueron instruidos en el poder del Omnipotente.

14 de Enero

Los que esperan a Jehová, levantarán las alas como águilas

Isaías 40:31.

SON MUCHAS LAS lecciones que podemos aprender de la situación caótica del mundo actual. Nos enseña el método de la fe sencilla al hacernos regresar a la Palabra de Dios y a la oración. Debemos aprovechar estas condiciones adversas. Hay una lección que podemos aprender del águila. Se echa al borde del precipicio y mira los oscuros nubarrones que por sobre su cabeza están ennegreciendo el cielo. Allí permanece perfectamente tranquila; mira con un ojo hacia la tormenta y luego con el otro, mientras los rayos surcan el cielo en diversas direcciones. No mueve una pluma hasta que siente el primer soplo del viento. Entonces sabe que el huracán la ha alcanzado. Con un graznido se lanza con su pechuga hacia la tormenta. Usa la tormenta misma para elevarse hacia el negro cielo. La tormenta la conduce. Dios desea que esta experiencia se repita en la vida de cada uno de sus hijos. ¡ Él quiere que levantemos las alas como águilas! ¡ Podemos convertir las nubes de la tormenta en nuestra carroza particular!

Si miramos el lado oscuro de la vida no llegamos a ninguna parte, ni cambiamos las condiciones y circunstancias en que nos hallamos. Un conocido hombre de Dios dijo: "Mis órganos religiosos han estado achacosos por un buen tiempo. He sido, en consecuencia, un verdadero armatoste. Pero extendí mis alas, y he salido a respirar nuevos aires." Esto nos pasa con tanta frecuencia: ¡no usamos nuestras alas! Caminamos por el sendero de la vida como peatones y nos cansamos fácilmente... porque las malas circunstancias de la vida nos pesan demasiado. De muchas maneras podemos quedar anulados o enfermar espiritualmente. Entonces nuestro organismo religioso corre el peligro de atrofiarse, de perder su brillo, su disposición de ánimo y su discernimiento."

Los que nos mantenemos demasiado pegados al camino de la vida y no respondemos al llamamiento de las alturas, ¡no tenemos tiempo para respirar las brisas excelsas de los lugares celestiales! Pero los que nos volvemos al Señor, al Omnipotente, tenemos el poder de las alas, y levantamos vuelo en nuestro viaje cansador para entrar al alto cielo de las glorias del Dios Altísimo.

Sobre una frágil rama
que, parecía, se iba a quebrar,
estaba un ave parada
disponiéndose a cantar;
el viento la sacudía
como para hacerla caer,
pero el ave no temía
porque un desastre evitaría
con sólo sus alas extender.

Seleccionado

15 de Enero

De tal manera amó (el grado más alto) *Dios* (el más grande amador) *al mundo* (el mayor número) *que ha dado* (el acto más grande) *su Hijo Unigénito* (la dádiva más grande) *para que todo aquel* (la invitación más grande) *que en Él* (la persona más grande) *cree* (la sencillez más grande) *no se pierda* (la liberación más grande) *mas* (la diferencia más grande) *tenga* (la seguridad más grande) *vida eterna* (la posesión más grande).

Juan 3:16.

JIM BICKFORD era un maestro del hacha y un hombre profundamente religioso. Vivió en New Hampshire en las últimas décadas del siglo diecinueve. Era profundamente respetado por su fabulosa habilidad con el hacha y por su profunda vida cristiana práctica. Ponía en práctica su fe todos los días ¡aun fuera de la iglesia!

Un día se escaparon los cerdos de Jim. Él sabía dónde debían estar y cuál era el lugar más seguro para ellos, pero parecía que se complacían en ir en la dirección opuesta. Mientras bregaba con los cerdos, Jim pensaba en las enseñanzas de Jesús y especialmente en el endemoniado gadareno. Por fin logró reunirlos y arrearlos hasta su casa, pero luego se le escaparon en otra dirección. Esos puercos le significaban mucho. Por eso, esmerada y pacientemente volvió a recogerlos. Seguía pensando y orando. Aquella noche, en la reunión de oración se puso de pie y dio un testimonio. No sé exactamente sus palabras, pero creo que por fin comprendió cuál es el sentimiento de Dios hacia su pueblo: ¡Cuántas veces quise juntar tus hijos...! Jim, pensando en aquellos cerdos, dijo: "El diablo estaba en aquellos puercos." Por fin había entendido el sentimiento de Dios hacia la porfiada resistencia de sus hijos al cumplimiento de su amante voluntad. Estoy seguro que los que oyeron el testimonio de Jim aquella noche en la capilla de Wonalancet jamás lo olvidaron y abrieron sus corazones para dejar que Dios los guiara a su redil. Billy Bray, el evangelista dijo: Un agricultor de Inglaterra colocó en la veleta las palabras "Dios es amor". Un amigo le

18

preguntó: "¿Quieres decir con eso que Dios es tan voluble como el viento?" No, contestó el agricultor, "quiero decir que Dios es amor, no importa qué viento sople". — Seleccionado.

16 de Enero

¿Quién es esta que sube desde el desierto, recostada sobre su amado?
Cantares 8:5.

Siempre te sustentaré con la diestra de mi justicia.
Isaías 41:10.

*Cuando ruge la tormenta
y nuestra fuerza carcomida
no resiste la prueba que enfrenta;
cuando el viento brama
y nuestro espíritu desalienta,
Sostennos, oh Dios,
con la diestra de tu justicia.*

*Cuando el ser querido es quitado,
las penas se multiplican,
y el corazón es quebrantado;
Cuando somos abatidos
y de nuestra esperanza alejados,
sostennos, oh Dios,
con la diestra de tu justicia.*

*Cuando el trueno suena,
el torrente se derrama
y arrastra cuando queda;
cuando agotada la fuerza,
Sostennos, oh Dios,
con la diestra de tu justicia.*

*Cuando el alma débil y caída
necesita ser levantada,
restaurada y fortalecida;
cuando al cielo anhelado
viajamos noche y día,
sostennos, oh Dios,
con la diestra de tu justicia.*

Edith L. Mapes

17 de Enero

Señor, auméntanos la fe.
Lucas 17:5.

CINCO MIL HOMBRES, además de un número señalado de mujeres y niños se hallaban reunidos en las laderas de un cerro de Galilea con vista al lago. En esta multitud que había venido a escuchar al Maestro había un niñito que quería ser de ayuda. Un niñito sin importancia. Sin embargo, todos los pueblos del mundo a través de dos milenios han quedado maravillados del incidente del que fuera protagonista de primera importancia por su fe y obediencia.

El sol se estaba poniendo. La multitud había escuchado a Jesús durante todo el día. No era raro, entonces, que los niños estuvieran inquietos y hambrientos. No habían comido durante todo el día. Los discípulos estaban preocupados pensando en cómo darles de comer. Jesús había dicho que dieran algo de comer a la gente antes que se fueran a sus casas. Darles de comer, ¿con qué? No había un lugar cercano donde comprar la comida.

Los discípulos caminaron por entre la multitud con la esperanza de que algunos hubieran traído algo para comer y quisieran compartirlo con los demás. El muchachito tocó el brazo de Andrés. "Tome mi canastito. Hay cinco panes y dos peces." Asombrado y desalentado Andrés llevó el canasto a Jesús. Andrés se sentía desesperado de lo poco que podía presentar a su Maestro en obediencia a su mandato. En manos del Maestro el canastito fue suficiente para alimentar toda la miltitud. Y después que todos hubieron comido, ¡recogieron doce cestas de sobras!

¿Qué somos nosotros para juzgar qué puede o no puede hacer Dios? ¡Él hizo el mundo! ¡Él hizo las leyes de la naturaleza! ¡Él gobierna todo lo creado según su propia voluntad! ¡Nosotros somos criaturas, no creadores!

Emerson escribió con mucho acierto estas palabras: "Todo lo que he visto me enseña a confiar en el Creador por todo lo que aún no he visto."

¿Por qué te afanas hoy por el mañana,
tu corazón hoy llenas de pesar?
Si Dios tiene cuidado de las aves
¡de ti, sin duda, ha de cuidar!

18 de Enero

Dios no te permitirá pasar por sufrimientos ni pruebas que no puedas resistir.

1 Corintios 10:13.

EN UN ANTIGUO libro escrito por el predicador escocés George Matheson, quien estaba ciego, por cierto, encontramos unas palabras muy alentadoras. He aquí algunos extractos:

"Hay un porvenir cuando lo que ahora constituye tu dolor será tu gloria. Nada más triste para Jacob que la tierra sobre la que dormía con una piedra por almohada! Era la hora de su pobreza. Era su noche oscura. Era el momento de ausencia de su Dios. El Señor estaba allí y él no lo sabía. Despertado de su sueño, descubrió que el día de su prueba era la aurora de su triunfo. Pregúntale a los grandes del pasado cuándo comenzó su prosperidad y te dirán: "Comenzó en el frío suelo donde dormí." Pregúntale a Abraham y te indicará hacia el monte Moria. Pregúntale a José y te orientarás hacia su calabozo. Pregúntale a Moisés y te mostrará el cesto flotando sobre el Nilo. Pregúntale a Rut y te darán deseos de hacerle un monumento en los campos donde trabajó con tanto afán. Pregúntale a David y te dirá que sus cantos salieron de la noche. Pregúntale a Job y te dirá que Dios le respondió desde un torbellino. Pregúntale a Pedro y enaltecerá su sumersión en el mar. Pregúntale a Juan y te mostrará el camino de Patmos. Pregúntale a Pablo y atribuirá su inspiración a la luz que lo dejó ciego. Pregúntale a uno más solamente, al Hijo de Dios. Pregúntale cuándo comenzó a reinar sobre el mundo y te responderá: "Cuando estaba sobre el frío suelo en Getsemaní; allí recibí mi cetro." ¡Tú también, alma mía, puedes ser laureada en Getsemaní! La copa que quisieras pasara de ti, será la que te corone en el dulce porvenir.

"La hora de soledad te coronará. El día de depresión te festejará. Tu *desierto* romperá a cantar. Los árboles de tu selva silenciosa son los que aplaudirán. Las cosas postreras serán primeras en el dulce porvenir. Las espinas serán rosas. Los valles serán montes. Lo curvo será línea recta. Los surcos serán tierra plana. Las sombras serán resplandor. Las pérdidas serán ganancias. Las lágrimas serán peldaños de oro. La voz de Dios en tu noche te dirá: "Tu tesoro está escondido en el terreno donde estás acostado."

19 de Enero

No nos metas en tentación.

Mateo 6:13.

CUANDO SEAS TENTADO:

Olvida la calumnia que has oído,
la palabra loca e hiriente,
la riña y al que la provoca;
olvida al amigo pervertido,
al amargado y al indecente.
Olvida todo en lo que a ti toca.
Olvida las canas que has teñido,
el café que no está caliente,
de tu médico la cuenta loca,
la reparación que no ha servido,
los malos modales de tu sirviente,
olvida todo en lo que a ti toca.

PERO NO OLVIDES A DIOS,

cuando el día se haya ido.

A una venerable y santa anciana, se le preguntó qué haría si una fiera tentación se apoderara de ella. Prontamente respondió: "Levantaría las manos al Señor y le diría: «Señor, tu posesión está en peligro. ¡Cuídala! ¡Es urgente!» Y olvidaría la tentación hasta que llegara otra."

¿En la lucha te han vencido?
¿en un engaño has caído?
¡Échalo a la risa!
No decaigas por tan poco,
conserva siempre tu gozo,
¡Échalo a la risa!
¿Es tu trabajo un suplicio?
¿al borde estás del precipicio?
¡Échalo a la risa!
Si es salud que necesitas,
prueba la risa bendita,
¡Échalo a la risa!

20 de Enero

Echando toda vuestra solicitud en Él, porque Él tiene cuidado de vosotros.

1 Pedro 5:7.

JUAN BUNYAN SMITH escribió: "Transformemos nuestros temores en fe, y dejemos de preocuparnos por cosas que no han ocurrido y nunca ocurrirán."

¡No dejes que el mañana te quite mucho tiempo hoy!

La falta de preocupación no significa falta de interés. Aunque uno sienta gran interés por algo, cuando uno ya ha hecho lo que está a su alcance para prevenir el mal o para promover el bien, tiene derecho a confiar en Dios.

La preocupación, y no el trabajo,
al mundo un poco envejece,
la salud agota, la vida acorta
y el gusto por vivir desvanece.
La preocupación, y no el trabajo,
llena la vida de pesares,
temores, cuidados y dolores,
y quebranta corazones a millares.

21 de Enero

¿Quién nos apartará del amor de Cristo?
Romanos 8:35

HABÍA ESPERADO ansiosamente el día cuando el Hombre de Galilea llegara a su pueblo. Había demorado una importante decisión hasta cuando por sus propios ojos viera a Jesús. Pero ya lo había visto. Jesús había pasado. Nada ocurrió.

Ya Jesús estaba casi fuera del alcance de la vista. ¿Era demasiado tarde? Apretándose la túnica contra el cuerpo, corrió. Alcanzó al grupo y se arrodilló a los pies del Maestro. Desesperado y antes de arrepentirse de su acción, el joven príncipe preguntó: "Maestro bueno, ¿qué debo hacer para heredar la vida eterna?" Jesús le insinuó la observancia de la ley. El rico dijo que la había guardado: "Pero, ¿qué me falta todavía?"

Jesús, mirándolo, lo amó y le dijo: "Una cosa te falta, anda, vende todo lo que posees, dalo a los pobres y tendrás tesoro en los cielos; y ven, toma tu cruz y sígueme."

Y él se fue triste por este dicho, porque tenía muchas posesiones.

Jesús también sintió pesar en su corazón. El joven rico lo tenía todo, menos fortaleza de carácter.

¡Oh Dios! ¡danos fuerzas para librarnos de cualquier tentación que nos aparte de ti!

Longfellow podía tomar un papel sin valor, escribir un poema en él y darle un valor de $ 6.000: ¡era un genio!

Rockefeller puede firmar un pedazo de papel y darle un valor de millones de dólares: ¡eso es capital!

El tío Sam puede tomar un trozo de oro, acuñar un águila en él, y darle un valor de $ 50: ¡eso es dinero!

El mecánico puede tomar materiales que valen $ 5 y hacerlo valer $ 50: ¡eso es habilidad!

El artista puede tomar un pedazo de tela de cincuenta centavos, pintar un cuadro en él y darle un valor de $ 1.000: ¡eso es arte!

Dios puede tomar una vida despreciable, pecaminosa, lavarla en la sangre de Cristo, llenarla de su Espíritu y hacerla de bendición para la humanidad: ¡eso es salvación! — Autor desconocido.

22 de Enero

Todo lo puedo en Cristo, que me fortalece.

Filipenses 4:13.

SE CUENTA LA HISTORIA de un niño muy pequeño que hacía gran empeño por levantar un objeto muy pesado. Su papá, al entrar en la pieza, vio la lucha que sostenía su hijo y le preguntó:

— ¿Estás usando todas tus fuerzas?

— ¡Por cierto que sí! — contestó impaciente el niño.

— No — le respondió su padre —, no me has pedido que te ayude.

Si la carga nos resulta muy pesada de llevar, es hora que le pidamos ayuda a nuestro Padre Celestial. Nuestra pequeña provisión de fuerzas es insuficiente para los desengaños y dificultades que tenemos que enfrentar. Formémonos el hábito de pedir la ayuda de Dios. Dios no te permitirá pasar por sufrimientos ni pruebas que no puedas resistir. Él dice en I Corintios 10:13: "Fiel es Dios que no os dejará ser tentados más de lo que podéis llevar, antes dará también juntamente con la tentación la salida, para que podáis aguantar."

"Hay una antiquísima leyenda que cuenta que una vez los habitantes de la tierra se lamentaron en voz alta. Cada cual pensaba que había recibido una carga más pesada que los demás, y que si podían intercambiar sus trabajos, la vida les sería más fácil. El clamor se oyó por tanto tiempo, que los dioses decidieron hacer algo. Se arregló todo de tal manera que cierto día cada hombre llevara su carga a un lugar señalado y la dejara allí para siempre. También se acordó que cada hombre escogiera una de aquellas cargas más liviana que por tanto tiempo había envidiado.

"¡Qué día fue aquél! La gente fue y arrojó sus viejas cargas, dolores, enfermedades, problemas, responsabilidades y pecados. Entonces fueron manoseando las cargas, tomándole el peso a una, luego a la otra, para hallar al fin que eran más pesadas e incómodas que sus antiguas cargas. Por fin, se dice, cada hombre recogió su propia carga, que le era familiar. Es un hecho simple que cualquier carga resulta pesada si se toma por el lado malo. Y cualquier carga, aunque sea liviana, se hace intolerable si uno se dedica a pensar en su peso. Jesús dijo: «Venid a mí todos los que estáis trabajados y cargados que yo os haré descansar. Tomad mi yugo sobre vosotros y aprended de mí... y hallaréis descanso para vuestras almas.»" — Del Boletín de la Iglesia Protestante Episcopal San Esteban.

23 de Enero

El que viene tras mí es más poderoso que yo.
Mateo 3: 11.

He peleado la buena batalla, he acabado mi carrera, he guardado la fe.
2 Timoteo 4:7.

LO MEJOR QUE CADA uno de nosotros puede hacer en este mundo es apenas un fragmento. "El antiguo profeta pensaba que había fracasado porque el fatalismo no había sido totalmente destruido. Entonces se le dijo que otros tres hombres vendrían después de él, dos reyes y un profeta, que a su tiempo harían su parte hasta que la destrucción de la idolatría extranjera fuera completa. Elías no había fallado en su fidelidad, pero su tarea era solamente una parte de un todo.

"No somos responsables de terminar cada cosa que comenzamos. Puede ocurrir que nuestra parte sea solamente comenzar; seguir adelante y terminar puede ser la obra reservada para otros. Puede tratarse de alguien que conocemos, de un desconocido y aun de alguno que todavía no ha nacido. Todos nosotros entramos a ejecutar la obra de los que han sido antes que nosotros, y los que vengan después de nosotros entrarán en nuestra obra. Nuestro deber es simplemente hacer bien y fielmente nuestra parte. ¿Por qué hemos de gastarnos en lo que no podemos hacer, cuando la tarea que nos corresponde ocupará todo nuestro tiempo? No es responsabilidad nuestra lo que no podemos hacer. Eso pertenece a otro obrero, que está esperando en algún lugar remoto, y que a su debido tiempo aparecerá con nuevo celo y habilidad especial, ungido para su tarea." — J. R. Miller.

24 de Enero

Y diciendo esto, les mostró las manos y los pies.
Lucas 24:40.

E N LAS MANOS DE Jesús hay seguridad. Hay providencia. Hay majestad. Las manos de Jesús eran humanas. ¡Por algún tiempo fueron manos infantiles! Los ángeles del Reino de la Gloria recomendaron a los pastores que se apresuraran en su camino a Belén para ver esas manitas. Había llegado el cumplimiento del tiempo. Los imperios paganos, sin sospecharlo, habían preparado el escenario. Había llegado el gran momento del cual habían hablado los profetas y habían cantado los salmistas. Había un cuerpo preparado para que la Deidad habitara en carne.

Con el transcurso del tiempo aquellas manitas se transformaron en manos de obrero. El que había formado las estrellas ¡trabajaba en el galpón de un carpintero! Su obra iba a ser perfecta. "Somos obra suya", dice Pablo. Él sabía. Aquellas manos que trabajaban la madera en bruto hasta transformarla en objetos útiles y hermosos, lo habían transformado de perseguidor en discípulo, motivado, no por la obligación de la ley, sino por el amor.

Las manos de Jesús son manos generosas, generosas al prodigar tierno cuidado. Sus manos fueron puestas sobre los pequeñitos para bendecirlos, cuando los austeros discípulos querían alejarlos de Él.

Sus manos eran generosas con el don de sanidad. Dondequiera que estuviera, le llevaban a los que estaban enfermos. Su toque aún conserva su antiguo poder.

Sus manos eran generosas en el aseo. Se quitó las ropas y con sus propias manos comenzó a lavar los pies de sus discípulos. Cuando Pedro protestó, le contestó: "Si no te lavo, no tienes parte conmigo." Aquellas manos aún están a nuestra disposición cuando necesitamos purificación.

Las manos de Jesús son manos salvadoras. La Biblia describe todo tipo de pecado, pero declara que el Señor nos libra de todos ellos. Sus manos pueden salvar solamente porque son manos heridas. Lo único que el hombre ha hecho y que se encuentra en el cielo son las cinco heridas que Él lleva en su cuerpo. Sus manos heridas interceden ante el trono de la gracia por todos aquellos que invocan el nombre de Jesús. Sus manos salvadoras son seguras. De todos aquellos que acuden a Él, ha dicho: "Y yo les doy vida eterna, y no perecerán para siempre, ni nadie las arrebatará de mi mano." Sus manos son poderosas para sostener con seguridad por el tiempo y la eternidad a todos aquellos que se han rendido a Él.

25 de Enero

¿Por qué miras la paja que está en el ojo de tu hermano, y no echas de ver la viga que está en tu propio ojo?

Mateo 7:3.

SI OTORGAS UN favor, no lo recuerdes. Si recibes un favor, no lo olvides.

"¿Cómo dirás a tu hermano: déjame sacar la paja de tu ojo y he aquí la viga en el tuyo? ¡Hipócrita! saca primero la viga de tu propio ojo, y entonces verás bien para sacar la paja del ojo de tu hermano." (Mateo 7:4,5.)

Lo que sigue fue escrito por Mary Stewart, de Washington, hace varios años y ha sido adoptado como la oración oficial de varias organizaciones de mujeres de negocios y profesionales de Estados Unidos:

"Señor, guárdanos de la insignificancia; haz que seamos amplias en pensamiento, en palabra, en acción.

"Haz que dejemos de ser criticonas y que nos apartemos del egoísmo. Permite que dejemos de lado toda pretensión y podamos mirarnos cara a cara, sin autocompasión, sin prejuicios. Permite que nuestros juicios no sean precipitados, sino generosos. Muévenos a dar tiempo para todas las cosas; danos más calma, más serenidad, más mansedumbre. Enséñanos a poner en acción nuestros mejores impulsos, sinceramente y sin temor. Ayúdanos a comprender que son las cosas pequeñas las que producen la diferencia y que en las grandes cosas de la vida somos todos iguales. Y haz que podamos poner todo lo que está de nuestra parte por alcanzar y conocer el gran corazón femenino común a todas nosotras, y ¡oh Señor!, haz que no olvidemos ser amables y bondadosas."

"Escribe las injurias en el polvo, pero la bondad tállala sobre mármol."

"Debemos vencer a nuestros enemigos con la dulzura, ganarlos con la paciencia. No cortemos el gran árbol, del que un hortelano más hábil podría obtener fruto." — Gregorio Nacianceno.

"Todos los cielos oyen cuando elevamos una oración de lo profundo de nuestro corazón en favor de nuestro enemigo."

26 de Enero

Como el águila despierta su nidada, revolotea sobre sus pollos, extiende sus alas, los toma, los lleva sobre sus plumas: así Jehová...

Deuteronomio 32:11.

MAMÁ ÁGUILA había tratado por todos los medios de convencer a su polluelo para que dejara el nido, pero éste tenía miedo. Repentinamente, como si hubiera perdido la paciencia, se elevó por sobre él. Contuve el aliento, porque sabía qué iba a pasar. El aguilucho estaba parado al borde del nido, mirando el salto que no se atrevía a dar. Detrás de él se sintió un agudo graznido, que lo alertó y lo hizo ponerse tenso como cuerda de reloj. En el momento siguiente el águila se lanzó en picada sobre el nido, lo golpeó con sus garras y lo lanzó con aguilucho y todo al espacio.

El pequeño se encontraba ya en el aire, volando a pesar suyo, y aleteaba vigorosamente por salvar su vida. Por encima, debajo y los costados volaba la madre con sus alas incansables, haciéndole saber con tonos suaves, que ella estaba allí. Pero el terrible temor de las profundidades, y el miedo de las puntas lanciformes de los abetos pesaba sobre el pequeño; aleteó con más fuerzas; caía cada vez más rápido. De repente, debido al miedo, más que al cansancio, perdió el equilibrio y comenzó a caer de cabeza. Todo había terminado ahora. Con sus alas plegadas, se iba a hacer pedazos contra los árboles. Entonces, como un rayo, su madre se colocó debajo. Las garras del aguilucho se aferraron del ancho lomo de su madre, entre las alas. Allí se acomodó, descansó un momento y recuperó su buen juicio. Entonces la madre se retiró de debajo, dejándolo llegar por sus propios medios a tierra, un puñado de plumas, arrancado del lomo de su madre, descendió lentamente tras el aguilucho.

Fue lo que alcancé a ver antes que desaparecieran entre los abetos. Cuando los volví a ver con ayuda de mis prismáticos, el aguilucho estaba parado en la cúspide de un pino y su madre le estaba dando comida.

Entonces, parado en la soledad, por primera vez, como un chispazo comprendí lo que el profeta de la antigüedad quería decir. Aunque escribió en un pasado distante y en tierras lejanas, era otra el águila que había enseñado a su polluelo, ignorante del ojo que la observaba desde un matorral: "Como el águila despierta su nidada, revolotea sobre sus polluelos, extiende sus alas, los toma, los lleva sobre sus plumas, así Jehová..." — Christabel Gladwell.

27 de Enero

Bueno es Jehová a los que en Él esperan, al alma que le busca. Bueno
es esperar en silencio la salvación de Jehová.

Lamentaciones 3:25, 26.

EN EL MOMENTO cuando la derrota parecía inevitable, Josué se presentó solo en oración delante de Dios, y la respuesta fue una gloriosa victoria sobre cinco reyes.

Las horas que Elías pasó en comunión con Dios hicieron descender fuego del cielo y convencieron a Acab que Jehová era Dios. Las horas que Jonás pasó con Él en lo profundo del mar, en el vientre del gran pez, lo prepararon para ir a Nínive y predicar el arrepentimiento a sus habitantes. Las horas que Daniel pasó en el aposento alto a solas con Dios lo hicieron príncipe entre los hombres y lo salvaron en el foso de los leones. Las horas que los discípulos pasaron en el aposento alto esperando en el Señor les permitieron conducir, por medio de la predicación, tres mil almas al Reino el día de pentecostés. Las horas que el apóstol Pablo pasó en oración hicieron temblar a Félix e hicieron decir a Agripa: "¡Por poco me persuades a ser cristiano!" Las horas que Gladstone pasaba a solas con Dios, lo hicieron sabio y seguro conductor de Inglaterra. Las horas que Spurgeon pasó en oración, lo hicieron el más grande predicador desde los días de Pablo. Las horas que Billy Graham pasa en confidencia con Dios lo han hecho el más grande evangelista de la actualidad. — Sra. de Cowman.

En todo servicio se gana la victoria de antemano en oración. El servicio es solamente la recolección de resultados.

Al despuntar la purpurina aurora
en el perlino cielo encantador,
y cuando el astro matinal fulgura,
grato es pensar que estoy con mi Señor.
Al reposar en mi nocturno sueño,
a Dios elevo mi alma en oración,
confiado en Él que alguna vez radiante
despertaré en la celestial mansión.

S. D. Athans

28 de Enero

Nosotros partimos para el lugar del cual Jehová ha dicho: Yo os lo daré.

Números 10:29.

EL hombre que camina con Dios llega siempre a su destino.

Un cansado peregrino vi
que, con ropas desgarradas
luchaba, la montaña por subir.
Parecía estar triste;

Sus espaldas, dobladas,
sus fuerzas casi terminadas,
sin embargo, se le oía decir:
¡La ayuda va a venir!
El sol de verano ardiente
de sudor llenó su frente;
sus ropas gastadas y polvorientas,
su paso cada vez más lento;
Pero seguía su avance
porque iba rumbo a su hogar;
Clamaba mientras seguía su ascenso:
¡La liberación va a llegar!

Los poetas que a la sombra
de un árbol de amplia fronda
le invitaron a un descanso,
escucharon con espanto,
su consigna: "Adelante".
Él tapó sus oídos y corrió
gritando anhelante:
¡La liberación espero yo!

Vi que al atardecer,
cuando el sol se iba a poner,
se hallaba ya en la cumbre
contemplando el valle hermoso
do se encuentra la Ciudad de oro,
su Hogar de eterna lumbre.
Allí Clamó con gozo: ¡Hosanna!
¡La liberación me alcanza!

Mientras la ciudad contemplaba,
desde el río de la muerte,
una hueste de santos ángeles
del trono de Dios enviada,
le llevó a la presencia del Fuerte
entonando himnos triunfales
a los que él se unió alborozado
¡La liberación ha llegado!

Oí el canto triunfal
de la ciudad eternal:
Jesús nos ha redimido para siempre,
el sufrimiento no existe ya más.
El peregrino miró el camino recorrido
y con gozo indescriptible
gritó: ¡Hosanna!
¡La liberación ha llegado!

John B. Mathias, 1836

29 de Enero

Aunque ande en valle de sombra de muerte, no temeré mal alguno, porque Tú estarás conmigo, tu vara y tu cayado me infundirán aliento.

Salmo 23:4.

ES UN GRAN ARTE aprender a caminar por lugares sombríos. No te apures. En las sombras se aprenden lecciones que no se pueden aprender a la plena luz. Descubrirás algunos de los ministerios del Señor que no habías tenido oportunidad de conocer. Su vara y su cayado te infundirán aliento: una para guiarte, la otra para protegerte. La oveja que se encuentre más cerca de su pastor conocerá más de ambos.

Cuando entramos al valle de sombra de muerte, nos acercamos tanto a Él que lo miramos cara a cara y no decimos "Él está conmigo", sino, "Tú estás conmigo", porque lo otro es muy formal, poco íntimo. La necesidad que tenemos de Cristo y su utilidad la vemos mejor en las pruebas. — W. Y. Fullerton.

Durante las horas pesadas de una noche de dolor
oré para que llegara pronto el amanecer;
No llegó la mañana, pero este rayo de luz Él envió:
"Él conoce el camino que debes recorrer"
¡Él conoce el camino, y el camino es suyo!
No camino solo, ¡voy con Él, voy con Él!

Mientras viajo en tinieblas y en luz,
hasta el valle donde las tinieblas recojan mi ser,
y la Ciudad de Reposo me alumbre con su luz,
Él conoce el camino que debo recorrer,
¡Él conoce el camino, y el camino es suyo!
¡no camino solo! ¡voy con Él, voy con Él!

Sra. S. M. Walsh, 1879

No ores por tiempos más fáciles. ¡Ora por hombres más fuertes! No ores por tareas adecuadas a tus fuerzas. Ora por fuerzas adecuadas a tus tareas. — Phillips Brooks.

30 de Enero

...cualquiera que se ensalza será humillado, y el que se humilla será ensalzado.

Lucas 18:14.

ARRIBA!" ES UN lema bien conocido y que se ha usado en la historia. Mira bien cómo hemos de interpretarlo. "El que se ensalza, será humillado." Si un hombre se va a guiar por las normas del Reino de Dios, descubrirá que el único camino para subir es bajar. El que ahora ocupa el lugar más excelso es el que voluntariamente tomó el lugar más bajo de la tierra.

¿Quién como tú humilde cargó
las burlas y escarnios del hombre?
Manso y humilde de corazón,
Alto y glorioso en la humillación.

En la mesa de un conocido millonario que había hecho mucho por el bien de la comunidad, la discusión se orientó hacia el valor de la oración. El millonario dijo que no creía en ella. Tenía todo lo que había deseado, de modo que no tenía necesidad de orar por ningún favor.

El rector de una universidad escocesa, que estaba presente, le dijo:

— Hay algo por lo que Ud. debe orar.

— ¿De qué se trata?

— Debiera orar pidiendo humildad.

"Sean las que sean nuestras posesiones seremos completamente felices si oramos por un espíritu humilde que pueda agradecer a Dios sus misecordias." — The Sunday School Times.

31 de Enero

Dios me hizo fructificar en la tierra de mi aflicción.
Génesis 41:52.

Las doce puertas eran doce perlas.
Apocalipsis 21:21.

UNA VEZ EL Dr. Edward Sullivan usó como texto de su predicación el que dice "cada puerta una perla". "Cada entrada a la vida celestial es una perla. ¿Qué es una perla? El marisco se hace una herida con un grano de arena, y el grano queda metido en la llaga. Se ponen en función todos los recurso para sanar la herida. Cuando ésta queda sana y el proceso de reparación termina, es una perla lo que cierra la herida. El sufrimiento hace aparecer recursos insospechados en un marisco, y el resultado es una beldad que no se puede obtener de otra manera. ¡La perla es una herida cicatrizada! ¡Si no hay herida, no hay perla!"

A continuación Sullivan mostró de qué modo los infortunios de nuestra vida pueden ser transformados en bendiciones, las heridas en perlas preciosas de gran valor. Aún una desventaja muy dolorosa puede ser una potencia salvadora. Por último, relata la historia de Nidia, la florista ciega de "Los últimos días de Pompeya". Su ceguera no la amargó, ni la hizo aislarse del mundo, ni quedarse sentada en su casa: ¡salió a enfrentar la vida! Ganaba su sustento en la mejor forma posible. Entonces llegó el día terrible de la erupción del Vesubio, que sumió a la ciudad en tinieblas de medianoche bajo una espesa mortaja de humo y cenizas. Los aterrorizados habitantes corrían a ciegas de un lado a otro, perdidos en la horrorosa negrura. Pero Nidia no se perdió. Debido a la desventaja de la ceguera había aprendido a caminar guiándose por el tacto y el oído, de modo que podía ir directamente a rescatar a su amado. Por haber aprendido a caminar con rapidez y seguridad en la oscuridad de su ceguera, había transformado su desventaja en un tesoro, en una enviada de Dios para la hora oscura.

"¡Cada puerta una perla!" Cada infortunio, cada fracaso, cada pérdida, puede transformarse. Dios tiene poder para transformar las "desgracias" en mensajeros suyos. De este modo Jesús transformó la cruz, símbolo de vergüenza criminal, en símbolo del amor de Dios. Una herida transforma al Pedro que niega a Jesús en un hombre intrépido, en una verdadera roca. "¡Si no hay herida, no hay perla!" De los embates de la vida pueden venir nuestras más ricas recompensas.

"El que la vida muela a un hombre, o lo pula, depende del material de que está hecho."

1 de Febrero

La oración de los rectos es su gozo.
Proverbios 15:8.

DIOS NO TIENE en cuenta la aritmética de nuestras oraciones, cuántas son; ni la retórica de nuestras oraciones, cuán elocuentes son, ni la geometría de nuestras oraciones, qué largo tienen; ni la música de nuestras oraciones, cuán dulce sea nuestra voz; ni la lógica de nuestras oraciones, cuán argumentativas sean; ni el método de nuestras oraciones, cuán ordenadas sean. Lo que vale delante de Él es la devoción de espíritu.

Nada hay que nos haga amar más a una persona que orar por ella. Cuando tú oras sinceramente por otro, pones el alma en condiciones de realizar cualquier cosa que sea buena y amable para con aquella persona. Tírate de rodillas diariamente en solemne y premeditada ejecución de esta devoción. Ora por otros en tal forma, con tanta extensión, importunidad y fervor como lo haces por ti; y verás cómo mueren las malas pasiones y el corazón se te torna grande y generoso. William Law.

Las oraciones de hombres y mujeres píos pueden lograr más que todas las fuerzas militares del mundo. "La oración es más poderosa que la aviación."

2 de Febrero

Esforzaos y cobrad ánimo... Jehová, tu Dios, es el que va contigo.
Deuteronomio 31:6.

HAY ALGO MUY alentador en la idea de un nuevo comienzo. Debiéramos tener las cuentas muy claras con Dios y vivir no sólo día por día, sino momento tras momento. De este modo la pesadez desaparecerá de la vida. Sus misericordias serán nuevas cada mañana, y cada experiencia nos llegará como aguas vivas y frescas de las fuentes de su amor y gracia.

"Hay algo atractivo en grado sumo en la idea de un nuevo descubrimiento, una tierra inexplorada, un nuevo avance a un nuevo territorio y nuevos logros. ¡Qué atractivos le resultan al aventurero las zonas frígidas y los trópicos peligrosos! Dios tiene para nosotros cosas grandes y maravillosas que no conocemos. Nos tiene visiones de la verdad y realizaciones que ojo no vio ni oreja oyó, ni han entrado en corazón de hombre."

"Sigamos más lejos aún." — A. B. Simpson.

"La vida es demasiado corta para que nos preocupemos de nuestras propias miserias. Pasemos rápidamente los valles sombríos para que pasemos la mayor parte de nuestro tiempo en las cumbres de las montañas." — Phillips Brooks.

"Juan Bunyan, hojalatero profesional, y de naturaleza obstinada y apasionada, vivió indiferente y sin arriesgarse... hasta que se convirtió a Cristo. Entonces volcó todas sus energías hacia la predicación pública del evangelio que lo había redimido, hasta que fue tomado preso (era contrario a las leyes de Inglaterra que los disidentes de la religión oficial tuvieran reuniones públicas). Aun hallándose preso, su naturaleza amante de la libertad no se desanimó. Durante los doce años de confinamiento en la cárcel de Bedford, Bunyan sostuvo su familia haciendo cordones para zapatos y afirmó su fe escribiendo el "Progreso del Peregrino". Su libro llegó a ser el más popular y efectivo en la propagación del evangelio de cuantos se han escrito."

"De las más bajas profundidades hay un sendero hacia las cumbres más excelsas." — Carlyle.

"Mientras más grande la dificultad, más grande la gloria." — Cicerón.

"No desesperes jamás, pero trabaja con desesperación." — Edmund Burke.

3 de Febrero

Así será mi palabra que sale de mi boca: no volverá a mí vacía, antes hará lo que yo quiero y será prosperada en aquello para lo que la envié.

Isaías 55:11.

LA VIDA NO ESTÁ en el sembrador, sino en la semilla. De modo que si aún un infiel esparce las Escrituras, lo que resultará es que sus propias fortificaciones serán minadas.

"Porque al esparcir literatura divina estamos soltando semillas preciosas que llevadas por el soplo del Espíritu recorren el mundo. La página impresa nunca vacila, jamás acobarda, no lo tientan las componendas; no se cansa, no se desalienta; viaja con poco gasto, y no requiere un edificio arrendado; trabaja mientras nosotros dormimos; no pierde los estribos, y trabaja hasta mucho después de nuestra muerte. La página impresa es un visitante que entra a un hogar y se queda allí. Siempre atrae la atención de su poseedor, porque le habla solamente cuando lo está leyendo. Siempre afirma lo que ha dicho, y nunca se desdice. Es un cebo que está permanentemente en espera de un pez que pique.

"Lutero escribió un folleto sobre Gálatas, que al llegar a las manos de Bunyan hizo su obra y lo convirtió. Resultado: se ha traducido el Peregrino a centenares de idiomas. Han circulado más de 150 millones de ejemplares de los sermones de Spurgeon. Ni siquiera podemos medir la influencia política de la página impresa. Un joven francés, herido en el sitio de San Quitín, languidecía en una camilla en el hospital cuando un tratado llegó a sus manos. Lo leyó y se convirtió. Actualmente su monumento se puede ver en la puerta de la Iglesia del Consistorio en París, de pie con la Biblia en la mano: era el almirante Coligny, paladín de la Reforma en Francia. Pero el tratado no había terminado su obra. Lo leyó la enfermera de Coligny, una monja, ésta en penitencia, lo entregó a la abadesa. La abadesa se convirtió por él y tuvo que huir de Francia al Palatinado, donde conoció a un joven holandés, con el que se casó. La influencia que ejerció sobre aquel hombre produjo reacción en toda Europa, porque él era Guillermo de Orange, campeón de la libertad y del protestantismo en los Países Bajos.

"La página impresa es inmortal; puedes destruir un ejemplar, pero la imprenta puede reproducir millones. Con la misma rapidez con que se le maltrata, se reproduce: la onda producida por un tratado que se da puede extenderse a través de los siglos hasta llegar al Gran Trono Blanco. Su mutilación puede ser su siembra." — M. P. Panton.

4 de Febrero

El cual transformará el cuerpo de nuestra bajeza, para ser semejante al cuerpo de su gloria, por la operación con que puede también sujetar a sí todas las cosas.

Filipenses 3:21.

SEGÚN UNA LEYENDA, un artista buscó por mucho tiempo un pedazo de sándalo para esculpir una *madonna*. Por fin, cuando desesperaba de poder cumplir sus anhelos, dejando sin realización la visión de su vida, soñó que se le pedía que tallara la figura en un trozo de roble que había sido cortado para leña. Haciendo caso del sueño, produjo de un leño común una obra maestra. De igual modo, muchos esperan oportunidades grandes y excelentes para hacer las cosas buenas y hermosas que han soñado, mientras cada día, en días comunes y corrientes, esas oportunidades yacen junto a ellos en los acontecimientos más simples y familiares y en las circunstancias más comunes. Esperan la madera de sándalo para tallar sus *madonnas* mientras que la *ma-*

donna de sus sueños está en el tosco leño que a diario pisa en su patio."
J. R. Miller.

Es muy notorio en la historia que la mayor parte de los grandes hombres en las diversas esferas de la vida han surgido de entre la gente común, si es que la ausencia de riqueza, rango o linaje los convierte en gente común.

"Los apóstoles se hacen de hombres comunes."

5 de Febrero

Y comenzaron a rogarle que se fuera.

Marcos 5:17.

DE TODOS LOS pasajes de la Biblia, quizá sea éste el más triste. Uno casi no puede concebir que una persona le diga a Jesús que se aparte de él. El Hijo de Dios había ido hasta la costa de los gadarenos a realizar actos de sanidad y bendición. Se ha dicho que sus manos estaban llenas de dones más preciosos que el oro. El Hijo de Dios tenía potestad de sanar al enfermo y al afligido, de abrir los ojos a los ciegos, de esparcir la bendición entre los habitantes de aquella tierra. En cuanto llegó a sus costas comenzó su obra de gracia sanando la más terrible de las enfermedades: la posesión demoníaca. Estaba deseoso de continuar haciendo sus actos de amor, de hacer mucho más. Pero ellos le rogaban que se fuera de allí. Sus medios de vida, la crianza de cerdos estaba en peligro — ya habían perdido una cantidad apreciable — por lo cual no quisieron que los milagros de Cristo fueran más allá.

Actualmente hay individuos que se sienten igual que aquellos gadarenos cuando alguna obra de gracia afecta sus medios de vida. Se oponen a la difusión del cristianismo porque interfiere su progreso en la comunidad. Los bares, ciertos lugares de recreación, algunas organizaciones cívicas y aun algunos grupos religiosos se oponen a los avivamientos. Cuando Satanás es atacado, estos lugares son menos frecuentados con las pérdidas consiguientes en sus negocios. Están en contra de la extensión del cristianismo porque el cristianismo está en contra de ellos. Cuando Cristo estorba nuestros planes y esperanzas más apreciadas, estamos a punto de pedirle que se aparte de nosotros.

Jesús no se quedó allí cuando esa gente recelosa le pidió que se fuera. Él no se queda donde no se le desea. Se llevó consigo los dones más preciosos que el oro que había llevado para esa tierra. Los trajo y tuvo que llevárselos. Los afligidos siguieron sumidos en su miseria espiritual, los cojos siguieron renqueando, los endemoniados permanecieron tales, y los desahuciados murieron. — M. Taylor.

Salvador, mi bien eterno
más que vida para mí,
en la fatigosa senda
siempre cerca me halle a ti.

· Fanny J. Crosby

35

6 de Febrero

Los que esperan en Jehová tendrán nuevas fuerzas.

Isaías 40:31.

TODA VIDA CRISTIANA verdadera necesita su tiempo diario de *callar*. Cuando el silencio lo cubre todo, cuando la actividad del día ha cesado, es cuando el corazón, en susurro santo, puede tener comunión con Dios. Una de las grandes necesidades de la vida cristiana es más tiempo devocional. Nuestra época no se caracteriza por la oración sino por la actividad. La tendencia es ponerse en actividad en vez de arrodillarse para adorar; queremos más bien estar afanados y turbados con las muchas cosas, que sentarnos a los pies del Salvador para tener comunión con Él. El mensaje medular para nuestra vida cristiana en el presente es la consagración, que siempre se interpreta como dedicación al servicio activo. De todas partes se nos motiva para trabajar. Nuestro celo es agitado por cada medio que se encuentra para inspirarnos a la actividad.

La vida religiosa de más alta calidad es aquella que se alimenta en el tiempo devocional para la vida de servicio. En las leyendas monásticas se cuenta que santa Francisca era incansable para sus devociones. Sin embargo, cuando durante sus oraciones se le llamaba a realizar algún deber doméstico, cerraba su libro con alegría, y decía que una esposa y madre debía dejar a Dios en el altar cuando la llamaban, para hallarlo en los quehaceres domésticos. Sin embargo, también es cierto el otro lado. Para que haya un árbol fuerte, vigoroso, sano, que lleve fruto, pueda resistir la tormenta y soportar el calor y el frío, primero debe haber una raíz bien plantada y bien alimentada. Para que haya una vida cristiana noble, próspera y resistente en presencia del mundo, segura en la tentación, inconmovible en las tribulaciones, llena de buenos frutos, y de hojas perennes e inmarcesibles, primero debe haber una íntima comunión secreta con Dios. Antes de dar a los demás, debemos recibir de Dios, porque nada tenemos en nosotros mismos que podamos dar para alimentar al hambriento o quitar la sed del sediento. Sólo somos vasos vacíos y debemos esperar ser llenados antes de poder llevar algo a los necesitados. Debemos escuchar junto a las puertas de los cielos antes que podamos cantar melodías celestiales a los oídos de los hombres cansados y dolientes. Nuestros labios deben ser tocados con brasas del altar de Dios antes que lleguemos a ser mensajeros de Dios para los hombres. Debemos descansar mucho rato en el seno de Jesús para que nuestra pobre vida terrenal pueda empaparse con el espíritu de Cristo y brillar con la belleza transfigurada de su bendita vida. La vida devocional no desplaza al deber, sino que siempre trae nuevas obligaciones a nuestras manos y nos pone en condiciones para entrar en actividad. — J. R. Miller, Silent Times, 1886.

7 de Febrero

Él conoce lo que está en tinieblas.
Daniel 2:22.

Abriré camino en el desierto.
Isaías 43:19.

HACE UN SIGLO más o menos, África del Sur fue abierta a un sencillo misionero, llamado Shaw, y su familia. Fue a Ciudad del Cabo con la intención de ir al interior como misionero. Los boers lo desalentaron y no le apoyaron. Parecía que todas las puertas se habían cerrado. Finalmente, él y su esposa decidieron subir a una carreta tirada por bueyes e ir donde los bueyes los llevaran. Día tras día viajaron por praderas sin caminos, hasta que, cuando habían recorrido unos quinientos kilómetros guiados por una misteriosa providencia, a la distancia vieron una compañía de nativos viajeros que se les acercaban. Cuando se acercaron, descubrieron que se trataba de un grupo de hotentotes que iban a Ciudad del Cabo en busca de un misionero. Allí en lugares deshabitados se encontraron, y Dios comenzó una obra poderosa entre esas tribus africanas.

Me guía Él, con cuanto amor,
me guía siempre el buen Pastor,
y al ver mi anhelo de serle fiel,
con cuanto amor me guía Él.

En el abismo de dolor
o en donde brille el sol mejor,
en dulce paz o en lucha cruel
con gran bondad me guía Él.

Y mi carrera al terminar
y así mi triunfo al realizar,
no habrá ni dudas ni temor
pues me guiará el buen Pastor.

Me guía Él. Me guía Él
con cuanto amor me guía Él;
no abrigo dudas ni temor,
pues me conduce el buen Pastor.

Epigmenio Velasco

8 de Febrero

Porque cualquiera que quisiera salvar su vida la perderá y cualquiera que perdiere su vida por causa de mí, la hallará.
Mateo 16:25.

LA SIGUIENTE PARÁBOLA nos familiariza con la verdad de las palabras del Maestro:
"Hay dos mares en Palestina. Uno es fresco y hay peces en él. Verdes pastos adornan sus costas. Los árboles extienden sus ramas sobre él, mientras sus raíces sedientas se sacian de sus aguas sanadoras.

En sus playas los niños juegan tal como jugaban los que vivieron en los tiempos que Él pisó sus playas. Él amaba aquel mar. Mientras decía sus parábolas podía mirar su superficie plateada. En una llanura no muy lejana alimentó a cinco mil personas.

"El río Jordán sigue serpenteando hacia el sur hasta otro mar. Allí no se ve el coletear de los peces, ni el verdor de las hojas, ni el canto de las aves, ni la risa de los niños. Los viajeros prefieren otra ruta, a menos que un asunto urgente los obligue a pasar por allí. El aire se siente pesado sobre sus aguas que ningún hombre, animal ni ave toma.

"¿A qué se debe este agudo contraste entre estos dos mares vecinos? No se debe al río Jordán. Es la misma agua la que introduce en ambos mares. Tampoco es a causa del terreno que recorre, ni del país que le rodea.

"La diferencia está en esto. El mar de Galilea recibe las aguas del Jordán, pero no las guarda para sí. Por cada gota que entra, sale una gota. Recibe y da la misma medida.

"El otro mar es astuto, y atesora celosamente sus ingresos. No se siente tentado de impulsos generosos. Cada gota que recibe, la guarda.

"El mar de Galilea da y vive. El otro mar no da nada. Su nombre es mar Muerto.

"Hay dos clases de personas en el mundo.

"Hay dos mares en Palestina."

¡Solamente las personas que están siempre llenas de vida son como el mar de Galilea, que da y vive!

> ¡Zarpa! ¡Navega sólo por mar profundo!
> ¡Sin temor, oh alma mía, avanza!
> Donde marineros no han puesto su rumbo,
> allí arriesga el barco y mi todo: ¡avanza!
> ¡Oh alma valiente,
> sin cesar avanza!
> Con seguridad, gozo y ánimo ardiente,
> por los mares que son de Dios, ¡avanza!
>
> Christian Triumph

9 de Febrero

No ya yo, mas Cristo vive en mí.

Gálatas 2:20.

NO PUEDO DECIR "Padre" si no demuestro este parentesco en mi vida cotidiana.

No puedo decir "nuestro" si vivo encerrado en un compartimiento hermético.

No puedo decir "que estás en los cielos" si estoy tan ocupado con la tierra que no tengo tesoros allá.

No puedo decir "Santificado sea tu nombre", si yo, que soy llamado por su nombre, no soy santo.

No puedo decir "venga tu Reino", si no estoy haciendo todo lo posible por apresurar su venida.

No puedo decir "sea hecha tu voluntad", si objeto, me resiento, o desobedezco Su Voluntad para mí.

No puedo decir "como en el cielo, así también en la tierra", si no estoy dispuesto a dedicar mi vida a su servicio.

No puedo decir "danos hoy nuestro pan cotidiano", si vivo de experiencias pasadas o soy un egoísta.

No puedo decir "perdónanos nuestras deudas como también nosotros perdonamos a nuestros deudores", si tengo guardado algún rencor contra alguien.

No puedo decir "no nos metas en tentación", si deliberadamente me coloco al alcance de la tentación.

No puedo decir "líbranos del mal" si no estoy preparado para pelear la batalla espiritual con el arma de la oración.

No puedo decir "tuyo es el Reino", si no otorgo al Rey la obediencia leal de súbdito disciplinado.

No puedo decir "tuyo es el poder", si temo lo que me puede hacer el hombre, o lo que puedan pensar mis vecinos.

No puedo decir "tuya es la gloria", si busco mi propia gloria.

No puedo decir "por todos los siglos", si mi horizonte está limitado por las cosas temporales. — El Mensajero Cristiano.

10 de Febrero

Los sacrificios de Dios son el espíritu quebrantado: al corazón contrito y humillado no despreciarás Tú, ¡oh Dios!
Salmo 51:17.

Señor, mi corazón he puesto en tu altar,
pero leña para quemarlo no pude hallar:
Fuego necesito para hacerlo arder
y así en olor grato a ti pueda ascender.

Fracasa mi intento, el fuego no arde;
en vano soplo, la llama no sale;
Señor, mira mis pobres esfuerzos
y envía del cielo tu santo fuego.

Todo lo que tengo, fracasos, dudas, tibieza,
miseria absoluta, esfuerzos fallidos,
ante ti lo pongo, Salvador, ¡Señor mío!
para que tu fuego, del cielo, lo encienda.

TU SACRIFICIO está ardiendo sobre el altar, y alrededor tuyo el templo de la vida está lleno de humo. Por las ventanas no entra luz y ni siquiera las paredes puedes ver, pero sabes dónde estás: porque mientras sufres te encuentras muy cerca del altar. Eso lo sabes y por ese conocimiento te mantienes firme. Tranquilo, no temas, y ten la seguridad que cuando el sacrificio termine de arder sobre el altar, una tras otra se abrirán las ventanas hacia el infinito — fe y esperanza — y el aire te resultará más claro y agradable tras haber estado oscuro por un instante. — William Moutford.

> *Divino Señor,*
> *acepta mi presente este día.*
> *No tengo joyas para adornar tu santuario,*
> *ni sacrificio grande.*
> *Pero te traigo, con mano temblorosa y feble,*
> *mi voluntad.*
> *El presente es pequeño, insignificante,*
> *pero tu sabes,*
> *que cuando esto entrego, lo entrego todo:*
> *luchas, pasiones, visiones de impuro gozo,*
> *lo que tengo, lo que soy y lo que quisiera ser,*
> *esperanzas queridas, las ansias de tener.*
> *Ante ti me inclino*
> *y clamo: "Tu voluntad sea hecha".*
> *¡Acéptame, oh Dios!,*
> *y guíame en tu voluntad.*
> *Tu voluntad, tan pura, justa y apacible,*
> *sea la mía ante toda circunstancia.*
> *¡Acéptame, oh Dios! y la vida que me has dado,*
> *lleve yo por el camino que me has preparado.*

Autor desconocido

11 de Febrero

Me gloriaré más bien en mis flaquezas.

2 Corintios 12:9.

TEN EN CUENTA las debilidades de la carne, que son puramente físicas. Estar cansado, cuerpo y alma, no es pecado; sentir pesadez, no es pecado.

La vida cristiana no es un sentimiento, es un principio. Cuando tu corazón no quiere volar, déjalo caminar. Si no quiere volar ni caminar, tenle compasión y sé paciente con él y llévalo a Cristo, tal como llevarías tu hijo enfermo a un cirujano de sentimientos tiernos y manos hábiles. ¿Piensas que el cirujano, regañaría a tu hijo por estar enfermo? — Elizabeth Prentiss.

Tres hombres caminaban sobre un muro: Sentimientos, Fe y Hechos. Sentimientos tuvo una terrible caída que arrastró a Fe que se encontraba muy cerca de él. Hechos permaneció firme y levantó a Fe, el que a su vez levantó a Sentimientos.

> *Señor, ¡bendito seas!*
> *¡Bendito veces mil,*
> *porque si artero el mundo*
> *su red nos arma hostil,*

en nuestro pecho enciendes
la llama de la fe,
y el mundo y red podemos
hollar con nuestro pie!

12 de Febrero

Bueno me es haber sido humillado.
Salmo 119:71.

Piedad, Señor, para quienes no pueden decir:
"No se haga mi voluntad, sino la tuya",
pero así oran: "Pasa este vaso de mí",
pues no saben el porqué de Getsemaní.

Autor desconocido

A MEDIDA QUE avanzamos en el camino celestial. Dios parece exigir de nosotros experiencias más profundas. Primero el agua de la tribulación nos cubre los talones, luego las rodillas y más adelante tienen la profundidad que exige nadar. No es necesario nadar cuando las aguas de las tribulaciones, nos llegan a los tobillos. Es bueno el Señor al graduar nuestras tribulaciones que, siendo serias, siempre resultan en bien. — W. M. Wadsworth.

Un hombre que entró a la vida pública en los Estados Unidos era experto en experimentar fracasos y derrotas. Si no hubiera sido por su determinación de servir a sus compatriotas y a su Dios, la historia no lo habría registrado como uno de los más grandes presidentes de aquel país. Sus fracasos fueron sus triunfos.

Abraham Lincoln se encontró con su primer fracaso político cuando perdió un asiento en la Legislatura de Illinois. Sus amigos lo persuadieron a dedicarse a los negocios. Fracasado en esto, tuvo que pasar veinte años pagando deudas. Su fracaso siguiente fue la pérdida de la joven con quien se iba a casar. Después se casó con otra que fue una espina en la carne, otro fracaso en su lucha por la felicidad.

Su segunda meta política fue el Congreso. No solamente perdió ésta, sino que la Oficina de Tierras de los Estados Unidos y el Senado fueron ocupados por sus oponentes. La mayoría de los hombres habrían perdido su valor después de tantas derrotas, pero Lincoln comenzó a perseguir logros más elevados aún. Pensó que podría ganar la vicepresidencia en 1856, pero fracasó y lo intentó nuevamente en 1858, pero Douglas lo derrotó.

Fracaso tras fracaso, tremendos y desastrosos fracasos. ¿Quién no ha oído hablar de Abraham Lincoln? Sin embargo, ¡nadie puede decir que era un fracasado!

"En todas estas cosas somos más que vencedores por medio de Aquél que nos amó." (Romanos 8:37.)

13 de Febrero

Porque yo sé a quién he creído, y estoy seguro que es poderoso para guardar mi depósito para aquel día.

2 Timoteo 1:12.

EN SU LECHO de muerte le preguntaron al gran químico Sir Michael Faraday, cuáles eran sus especulaciones con respecto al alma y la muerte. Su respuesta a los sorprendidos periodistas fue: "¡Especulaciones! ¡No sé nada acerca de especulaciones! ¡Yo descanso en seguridades!"

Quiero conocer los hechos seguros
que calmen los delirios de mi alma,
y no las vanas especulaciones,
basadas sólo en vagas suposiciones.

Quiero un libro que sea inspirado,
en que yo pueda poner mi fe,
y no un rollo mutilado y falso
insulsa pieza de saber dudoso.

Quiero la seguridad bendita
de una voz sin mancha de pecado
que desde la eternidad permita
en Dios descansar confiado.

Cuando llegue al río de la muerte
al Jordán de tétrica corriente,
quiero tener la verdad exacta,
no el sueño de una mente exhausta.

Esta vida mortal es muy breve,
de ella una eternidad depende.
No quiero en humanas ideas
desperdiciar los días que me quedan.

Dadme, pues, el Libro Santo,
escrito por inspiración divina,
en él encuentro salvación y vida
y pone en mi alma un eterno canto.

M. D. Clayburn

"Si un ángel del cielo viniera e informara personalmente a los santos acerca del amor del Salvador, la evidencia no sería un ápice más satisfactoria que la que se lleva en el corazón por testimonio del Espíritu Santo." — Spurgeon.

14 de Febrero

En todo tiempo ama el amigo.

Proverbios 17:17.

CUÁL ES EL secreto de su vida? — preguntó una señora a Charles Kingsley —. Dígamelo, por favor, para que mi vida también sea hermosa. Él le contestó:

— Tuve un amigo.

¿QUÉ ES UN AMIGO?

Un grupo de amigos estaba reunido haciendo vida social. La conversación se deslizó hacia el tema de la amistad. Un atleta dijo:

— En mi opinión, un amigo es la vara de equilibrio que nos permite caminar por la cuerda floja sin caer.

Un médico dijo:

— Creo que un amigo puede ser comparado con una venda, y un ungüento para los cortes y golpes de la vida.

Un botánico afirmó:

— Un amigo es una vid que se pega a nosotros y encubre los desengaños y asperezas de la vida.

A lo que un florista añadió:

— Sí, y mientras peores se presentan las cosas, más cerca se siente el amigo.

— Un amigo es un eslabón de oro en la cadena de la vida — dijo un joyero.

Una mujer que estaba de luto replicó:

— Un amigo es el que aparece cuando todo el mundo parece haber desaparecido.

— El mejor de todos los amigos — dijo un hombre de cabeza blanca y ochenta años de edad — es Jesús que dijo: "Nadie tiene mayor amor que éste, que uno ponga su vida por sus amigos." — Incidentes ilustrados.

Ama mucho. No es desperdiciar el dar libremente; es más bienaventurado que recibir. El que ama mucho es el único que descubre que la vida es digna de ser vivida. Ama en la duda y en las tinieblas, y, créeme, no hay nada imposible para el amor. — Ella Wheeler Wilcox.

"Amigo es aquella persona que te conoce bien y te ama a pesar de conocerte." — Charles Kingsley.

No puedes comprar un amigo. Es un don de Dios y su amistad dura por toda la Eternidad.

15 de Febrero

El que me oyere, habitará confiadamente y vivirá tranquilo, sin temor del mal.

Proverbios 1:33.

L A FE CRISTIANA comenzó entre arduas dificultades. Comenzó con una posada cerrada a las necesidades de un Niño que estaba por nacer. Prosiguió con espadas flamígeras que querían terminar con el Santo Niño. Continuó con la huida en las sombras de la noche; José y María, con rapidez llevaron su Bebé a Egipto, distancia segura por aquel momento. Pasaron unos pocos años y José, el único sustento de su familia, murió y el hijo Mayor se hizo cargo de la alimentación de la gran familia. De este modo continuó la fe cristiana, a través de las filas de Escribas y fariseos furiosos y hostiles, en medio de deserciones, negaciones y tradiciones, a través de Getsemaní y del Calvario mismo. El camino cristiano parecía tener una disposición especial para caer en dificultades grandes y, también, un poder extraordinario para vencerlas.

De modo que los cristianos se han sentido siempre familiarizados con las dificultades. Ustedes pueden recordar en las inolvidables "Historias del Tío Remus" cómo el hermano Zorro estaba dispuesto a poner fin a la vida del hermano Rabito. Éste muy astutamente le rogó al zorro que no lo lanzara en medio de las zarzas; que, por favor, le hiciera cualquier cosa, menos eso. El zorro lo lanzó en medio de los zarzales, con todas sus púas y espinas. El hermano Rabito se puso de pie gritando alegremente:

—¡Nací y me crié en un zarzal! ¡Nací y me crié en un zarzal!

El hermano Zorro debiera haberse acordado que el hermano Rabito estaba acostumbrado a las dificultades de un zarzal, porque allí había crecido.

Alguien dijo que si tratas de ser cristiano, te verás siempre envuelto en dificultades. Es verdad. Estarás siempre profundamente metido en las dificultades de los demás, porque te preocuparás por ellos con el fin de ayudarles a encontrar soluciones. Siempre encontrarás que tu camino es empinado, porque Cristo tiene su método para conducir a su pueblo al gozo más elevado, y a la visión más amplia. Para ello es necesario subir. Pero el cristiano, como el montañista, está acostumbrado a enfrentar dificultades. Le gusta contemplar las distancias; le gusta vencer los picachos más escarpados; le gusta la emoción de saber que con Cristo como Guía, ninguna dificultad puede vencerlo. — Boletín de la Iglesia Protestante Episcopal San Esteban.

"No te preocupes. Conserva tu buen talante recordando que las desgracias más difíciles de soportar son aquellas que nunca llegan." — Lowell.

16 de Febrero

He aprendido a contentarme, cualquiera que sea mi situación.

Filipenses 4:11.

Rápido el tiempo corre,
no hay que perderlo
en lamentos inútiles
ante el menor infortunio.
¡Canta, oh corazón,
que la noche pronto viene!

Los días son muy pocos,
no hay que perderlos
en hechos pecaminosos
que tronchan nuestros anhelos.
¡Brilla, oh corazón,
que la noche pronto viene!

TE HAS DADO cuenta que...?
Cuando otro actúa de esa manera, decimos que tiene *mal genio;* pero cuando tú lo haces, son los *nervios.*

Cuando el otro se apega a sus métodos, es *obstinado;* pero cuando tú lo haces, es *firmeza.*

Cuando al otro no le gusta tu amigo, tiene *prejuicios;* pero cuando a ti no te gusta su amigo, sencillamente muestras ser un *buen juez* de la naturaleza humana.

Cuando el otro hace las cosas con calma, es una *tortuga;* pero cuando tú lo haces despacio es porque *te gusta pensar las cosas.*

Cuando el otro gasta mucho, es un *botarate;* pero cuando tú lo haces, eres *generoso.*

Cuando el otro encuentra defectos en las cosas, es *maniático;* pero cuando tú lo haces, es porque *sabes discernir.*

Cuando el otro tiene modales suaves, es *débil;* cuando tú lo haces, eres *cortés.*

Cuando el otro rompe algo, es *bruto;* cuando tú lo haces eres *enérgico.* — Los Caminos del Rey.

17 de Febrero

Me gozo en las debilidades, en afrentas, en necesidades, en persecuciones, en angustias por amor a Cristo.

2 Corintios 12:10.

SIN LUGAR A dudas es difícil para cualquier persona enfrentar enfermedades, afrentas, persecuciones o cualquier tipo de angustia. Uno debe educarse en esa escuela. Uno tiene que experimentar tantas veces las acciones hostiles, que por fin empieza a reconocerlas aun antes que lleguen, y puede prevenirlas. Ninguna victoria es fácil.

A veces el enfrentamiento de un momento parece un siglo. El que lucha contra nosotros y contra la justicia es un enemigo encarnizado. Se necesitan todas las fuerzas de las huestes celestiales para combatirlo. Cuando la victoria llega al fin, podemos aclamar con los corazones llenos de alabanzas, la fidelidad de la presencia de Dios en todo el conflicto.

Sabemos que Cristo da la victoria sobre el sufrimiento. Las mejores religiones paganas del mundo y las filosofías humanas sólo pueden ofrecer al hombre que sufre una resignación fatalista. Ese ejército está siempre derrotado. ¿Quién querría unirse a él? Pero Cristo ofrece su presencia permanente junto a los que sufren. Su presencia capacita al hombre para enfrentar los obstáculos del sufrimiento con triunfo y victoria. La presencia de Cristo permitió que Pablo y Silas cantaran alabanzas a medianoche, mientras estaban encadenados y en el cepo de la cárcel de Filipos. La presencia de Cristo permitió a Pablo dar un testimonio triunfante en medio del sufrimiento. Dice: "Me gozo en las debilidades, en afrentas, en necesidades, en persecuciones, en angustias por amor de Cristo: porque cuando soy débil, entonces soy poderoso." ¿Poderoso? Sí, porque el Dios de Poder está en nuestras filas.— M. Taylor.

¡Oh, Dios de lo imposible!
Cuando no quede esperanza,
danos la fe y la confianza
de saber que para Ti todo es posible.
Tu Nombre y Tu Palabra lo prometen
y no te dejaré partir
hasta que tus poderes muestres,
Dándome la bendición que pedí.

J. H. S.

18 de Febrero

Y se sentará para afinar y limpiar la plata... los afinará como a oro y como a plata, y traerán a Jehová ofrenda en justicia.

Malaquías 3:3.

DIOS ES EL Refinador, el Purificador. Él trata, prueba y afirma a los que se someten a su moldeo. Es un proceso lento. No es precipitado. Él se sienta a trabajar. Toma todo el tiempo que se necesita. Está dispuesto a esperar años para que el objeto de su preocupación sea perfeccionado hasta adquirir la imagen ideal. Depende de la capacidad. A algunos individuos les cuesta mucho tiempo aprender una sola lección, y el Refinador está dispuesto a esperar hasta que haya aprendido su lección. Otros Él los aprobará más rápidamente, si están dispuestos a pasar por un procedimiento más rápido: el del fuego.

¡Oh, cuánto amor! Es conmovedor ver que Él se da tanto trabajo con tantos detalles insignificantes. No es de extrañarse que Job exclamara: "Señor, ¿qué es el hombre, para que lo engrandezcas, y para que pongas sobre él tu corazón, y lo visites todas las mañanas, y todos los momentos lo pruebes." (Job 7:17, 18.)

Cada momento de cada día el gran Refinador está esperando para añadir un nuevo toque a tu fortaleza y hermosura, para dejarte en condiciones de ocupar un lugar más alto en su Reino Eterno. El hombre es muy propenso a pensar que las tribulaciones y sufrimientos son solamente accidentes, malas circunstancias, contratiempos y daños personales recibidos de manos de personas. Pero después de un tiempo se da cuenta que Su Mano está por sobre toda otra mano y que Su Amor está por sobre todo golpe que el odio le pueda dar. Él está moldeando y haciendo una imagen perfecta.

Si el que está siendo probado por fuego pudiera ver la vida desde el punto de vista del Refinador Celestial, no vería otra cosa que su Mano en cada circunstancia. Si el que sufre pudiera reconocer al Purificador en cada circunstancia, no vería otra cosa que su Presencia permanente a su lado. Cada golpe hostil del martillo sería desviado si el que está recibiendo los golpes tuviera el escudo irrompible de la fe. Después de cada prueba de fuego clamaría con el gran Apóstol: "ninguna cosa creada me podrá apartar". Amados, las pruebas vendrán hasta cuando no puedan apartaros. "Porque a vosotros os es concedido a causa de Cristo, no sólo que creáis en Él, sino que padezcáis por Él." (Filipenses 1:29.) "A fin de presentársela a sí mismo, una iglesia gloriosa, que no tuviese mancha, ni arruga ni cosa semejante, sino que fuese santa y sin mancha." (Efesios 5:27.) "No que lo haya alcanzado... prosigo al blanco." (Filipenses 3:12-14.)

Mi vida era como una piedra preciosa no labrada, llena de agudezas y asperezas. Su brillo estaba opacado como por un velo; no centelleaba, no daba destellos. Pero la mano del Maestro obra milagros. Cada color, cada tribulación, cada prueba, cada ¡ay! cortó una nueva faceta en mi alma. Y aun cuando me parecía que Él ya no podía añadir una nueva faceta, por medio de aquel dolor, o por ese otro sufrimiento, hizo surgir un nuevo destello que lo llenó de felicidad. Aún faltaban otros procesos: pulir, asentar la gema, que ya se ha convertido en una joya de especial fulgor. Para todo esto debo estar lista, dispuesta a su servicio. — Mabel Brown.

19 de Febrero

En quietud y confianza será vuestra fortaleza.
Isaías 30:15.

SABES QUÉ DIJO Lutero?: "Sufre, calla y no digas a hombre alguno tu pena; confía en Dios. Su ayuda no te faltará." Esto es lo que la Escritura llama guardar silencio delante de Jehová. Hablar mucho de las penas de uno debilita, pero contarle nuestras penas a Aquél que oye en secreto nos da fuerzas y serenidad. Tholuck.

¿Por qué no llevas al Ayudador las pequeñas vejaciones, aquellas espinas y cardos que te irritan? Él jamás ha fallado. Cuéntale con confianza tus quebrantos y tus anhelos. Cuéntale tus frustraciones. Habla con Él cuando ya no sepas qué hacer. Entonces, depositando tus flaquezas en el Poderoso Dios, olvida que has llevado una carga, y llena tu alma con una canción. — Margaret Sangster.

20 de Febrero

Y el efecto de la justicia será paz; y la labor de la justicia, reposo y seguridad para siempre.

Isaías 32:17.

Tu VIDA NECESITA días de retiro, cuando se cierran las puertas del ruidoso torbellino de la acción, y te encuentras a solas con Dios.

Necesito grandes extensiones en el corazón, donde la fe, y yo nos podamos encontrar, para tener quietud y serenidad. La vida está tan ahogada por las ocupaciones de este mundo, la bondad tan perdida en medio de tantas exigencias, que el amor pasa desapercibido. Quiero hacer un lugar apacible, donde los que amo puedan ver el Rostro de Dios, donde puedan derramar su corazón por toda la tierra; donde puedan entender la hermosura de la primavera; donde puedan contar las estrellas; donde puedan contemplar el crecimiento de las violetas y aprender en medio de la calma aquello que los niños y las aves saben. Seleccionado.

El viento más impetuoso no puede perturbar la silenciosa serenidad de las estrellas. — Autor desconocido.

21 de Febrero

Bendeciré a Jehová en todo tiempo.

Salmo 34: 1.

Las LLAVES QUE juntas abren las puertas de las arcas de Sus tesoros son la ALABANZA y la ORACIÓN! ¡Son las llaves que abren las ventanas de los cielos y dejan caer las lluvias de bendición celestial! Pueden abrir todas las prisiones y dar libertad a los prisioneros. Lo que hicieron por Pedro, Pablo y Silas, pueden hacerlo por nosotros, no importa donde estemos confinados.

Mostradme un cautivo más infeliz que el cristiano que está aplastado por las preocupaciones, cuya canción Satanás ha callado. La canción de alabanza y la voz de la oración le abrirán la prisión, aun cuando sea medianoche en su alma.

En toda oración y ruego con acción de gracias.

Filipenses 4:6.

No creemos que debemos dar gracias por lo malo que nos ha acaecido, pero podemos ofrecer alabanza por haber resultado en bien nuestro. Repito que, muchas cosas que consideramos desgracias son bendiciones. Las tribulaciones y las cruces son grandes bendiciones disfrazadas, porque solamente a través de ese proceso disciplinario se logra el perfeccionamiento del carácter. Cuando consideramos que lo desagradable es indispensable para el enriquecimiento y fortalecimiento del carácter, nos damos cuenta que deberíamos dar gracias por esta fase de la experiencia, en la misma forma como damos gracias por las experiencias agradables. ¡Cómo cambiaría nuestra vida si actuáramos de esta manera!

George Metheson, conocido predicador ciego de Escocia que ahora se encuentra con el Señor, dijo: "Dios mío, ¡nunca te he dado gracias por mi aguijón! Te he dado gracias mil veces por mis rosas, pero ni siquiera una vez por mi espina; he estado esperando un mundo donde reciba compensación por mi cruz, pero jamás pensé que mi cruz podía ser mi gloria presente. Enséñame la gloria de mi cruz; enséñame el valor de mi aguijón. Muéstrame que he subido a ti por el camino del dolor. Muéstrame que las lágrimas han formado mi arco iris." — Pittsburg Christian Advocate.

22 de Febrero

Así que todas las cosas que queráis que los hombres hagan con vosotros, así haced también vosotros con ellos.

Mateo 7:12.

ESTE LENGUAJE UNIVERSAL es un lenguaje de acción. Comprendo que tienes un corazón bondadoso, porque tu bondad toma la forma de una carta o un hecho misterioso: puedo *ver* tu bondad. Comprendo cuanto amas tu familia porque tu amor por ellos toma la forma de dedicación y trabajo arduo en pro de sus necesidades. De la misma manera llegamos a conocer el amor de Dios. Por muchos siglos Dios, en su sabiduría hablo a los hombres por medio de palabras puestas en labios de profetas, sacerdotes, escribas y santos y los hombres no alcanzaban a darse cuenta exactamente de las cualidades de Dios. Entonces, cuando todo estuvo listo, Él habló de una nueva manera: "Y aquel Verbo fue hecho carne y vimos su gloria, lleno de gracia y de verdad." El amor de Dios tomó forma en una vida que nosotros podíamos *ver*, en una muerte de cruz, que contemplamos. Y desde entonces los hombres han dicho: Dios es como Jesucristo. El amor de Dios es como la cruz. En esto consistió la Encarnación. Dios tomó forma de carne ante los ojos del pueblo. Finalmente, Dios había hablado el lenguaje universal de la acción.

Un día Jorge Washington tuvo la tentadora oportunidad de predicar un sermón sobre el amor al prójimo. Cabalgaba por los campos en compañía de algunos caballeros. El último caballo tiró al suelo varias piedras de un cerco al golpearlas con una pata, y dejó una abertura apreciable. Washington sugirió que se detuvieran a reparar el cerco, pero los otros se encogieron de hombros; sin decir nada más, Washington siguió con ellos. Cuando la partida se hubo dispersado, uno de ellos, al dirigirse a su hogar, halló a Washington en el cerco dañado colocando cuidadosamente las piedras en su lugar.

— General — lo reprendió —, usted es una persona demasiado grande para hacer eso.

— No — le contestó Washington, mientras inspeccionaba el trabajo realizado —. Tengo la estatura exacta.

Washington estaba predicando su sermón en el lenguaje universal de la acción. Al dueño del cerco las palabras no le habrían servido de nada, pero aquella acción de buena vecindad hablaba de por sí. Si de todo corazón deseas decirle a alguien que lo amas, díselo en el menor número de palabras y demuéstraselo en acciones de amor. — Boletín de la Iglesia Protestante Episcopal San Esteban.

23 de Febrero

Como moribundos, mas he aquí vivimos.

2 Corintios 6:9.

EL VERANO PASADO yo tenía un macizo de asteres que se extendieron profusamente por mi granja en el campo. Florecieron alegremente. Habían sido plantadas con retraso. En partes había flores recién abiertas, mientras en otras ya habían caído las semillas. Llegaron las primeras heladas, y descubrí que la larga línea de radiante belleza se había marchitado. Habían muerto. Y me despedí de ellas.

No me agradó ir a mirar el macizo, pues me daba la impresión de ser un cementerio de flores. Pero hace unas cuatro semanas uno de mis trabajadores me mostró una larga línea de esos macizos donde estaban saliendo asteres en la mayor abundancia. Miré y me di cuenta de que, por cada planta que el invierno había destruido, había cincuenta que había plantado. ¿Qué habían conseguido aquellas heladas y vientos impetuosos?

Alcanzaron mis flores, las cortaron, las echaron por tierra, las pisaron con el pie nevado del invierno y dijeron al abandonar su obra: "Éste es tu fin." Y en la primavera, por cada raíz se levantaron cincuenta testigos que dicen: "Por la muerte llegamos a la vida."

Y como ocurre con la familia de las flores, ocurre en el reino de Dios. Por la muerte llega la vida eterna. Por la crucifixión y el sepulcro llegamos al trono y al palacio del Dios Eterno. Por medio de la muerte llegó la victoria.

No le tengas miedo al sufrimiento. No le tengas miedo a las derrotas. Cuando te derriban, cuando te cortan en pedazos, cuando te desmenuzan, es cuando llegas a ser poderoso. Mientras tanto, el hombre que se rinde a la apariencia de las cosas y sigue la corriente del mundo, florecerá rápidamente, tendrá una prosperidad momentánea y luego, su fin, fin que será definitivo. — Beecher.

Mide tu vida por las pérdidas, no por las ganancias. No la midas por la cantidad que has bebido, sino por lo que has derramado. Porque la fuerza del amor está en el sacrificio de amor, y el que más sufre tiene más que dar.

24 de Febrero

Alma mía, en Dios solamente reposa.

Salmo 62:5.

U N CRISTIANO de intensa actividad como hombre de empresa y comerciante cayó postrado por la enfermedad. Él, que nunca interrumpía sus labores, fue obligado a detenerse de repente. Sus piernas incansables permanecieron obligadamente immóviles en la cama. Estaba tan débil, que apenas podía pronunciar palabra. Conversando con un amigo del contraste entre su condición actual y de cuando manejaba sus negocios, dijo:

— Ahora estoy creciendo. Debido a mis actividades, mi alma se estaba adelgazando. Ahora estoy creciendo en el conocimiento de mí mismo y de algunas cosas que me conciernen íntimamente.

Sin lugar a dudas, hay muchos de nosotros que hacemos adelgazar nuestra alma debido a nuestra actividad incesante, y al no detenernos a pasar horas de quietud para alimentación de nuestra alma y para esperar en Dios.

Entonces, bendita sea la enfermedad, la pena, o cualquier experiencia que nos obliga a detenernos, que nos quita el trabajo de las manos por un tiempo, que nos vacía el corazón de mil preocupaciones, y lo vuelve a Dios para que lo enseñe.

Pero, ¿por qué tenemos que esperar la enfermedad o el dolor para obligarnos a tener las horas de quietud que nuestra alma necesita? ¿No sería mucho mejor que nos preparáramos para apartarnos cada día por un momento del mundo bullicioso y desapacible, para contemplar la faz del Señor, mirar dentro de nuestro corazón, aprender lo que necesitamos aprender, y obtener fortaleza y vida de Dios, la fuente de vida?

Bendita hora de oración,
que del contacto mundanal
me llevas hasta la mansión,
de mi buen Padre Celestial.

Con estos sagrados momentos de quietud cada día de trabajo y de lucha, estaremos siempre fuertes y preparados para toda buena obra.

Al esperar de este modo en Dios, renovaremos de día en día nuestras fuerzas gastadas, y estaremos en condiciones de correr y no cansarnos, de caminar y no fatigarnos y de levantar las alas como águilas para realizar intrépidos vuelos espirituales. — J. R. Miller, *Silent Times*, 1886.

25 de Febrero

Reconócelo en todos tus caminos.

Proverbios 3:6.

UN SABIO ESCRIBIÓ: La palabra cristiano significa algo: El que se denomina cristiano admite que Cristo participe en todas las fases de su vida, aun en sus recreaciones.

Jack Miner fundó en Kingsville, Ontario (Canadá) un refugio para aves en 1904. Allí alimentaba, protegía y cuidaba la vida de las aves, especialmente la de los patos silvestres y gansos. En 1909 comenzó a colocarles una banda de metal, muy liviana y con un número en una de las patas de cada pájaro. Cuando alguno de ellos era cazado, o herido a gran distancia de allí, la persona que encontraba la banda de metal la remitía a Jack Miner, cuya dirección aparecía en la bandita. Recibió cientos de estas banditas por correo y de este modo recogió un vasto caudal de conocimientos acerca de la costumbre migratoria de las aves silvestres. Ésta era la recreación de Jack Miner. Colocaba las banditas a las aves porque le gustaba. En 1914 tuvo una idea enteramente nueva:

— Una mañana, temprano, como una estrella que cae del cielo, la Radio de Dios o la dirección de Dios, si prefiere llamarla así, me dijo: "Estampa textos bíblicos en el espacio en blanco de las banditas." Desde el momento mismo en que así comencé a hacerlo, sentí la ayuda de Dios, y me di cuenta que ya mi sistema de recreación estaba completo.

Comencé a recibir los resultados en la primavera siguiente. Un cazador, que había cazado un pato en el sur, encontró la bandita con el nombre y dirección de Jack Miner y detrás de ella escrito: "Marcos 11:28." Buscó en su Nuevo Testamento y leyó: "Tened fe en Dios." Un hombre, que trabajaba en una prisión de Arkansas, leyó el incidente en el diario. Esto despertó su interés y comenzó a leer el Nuevo Testamento. A medida que pasaban los años, los cazadores deportivos escribían a Jack Miner que sus vidas habían sido cambiadas por los pasajes bíblicos que transportaban sus aves silvestres. Un misionero, que trabajaba bien al interior de la Bahía de Hudson, salió de su lugar de trabajo por primera vez en veintiséis años para contarle a Jack Miner que aquellas banditas habían promovido un nuevo despertar en la fe de los indios y esquimales, los que habían ido a visitar al misionero para que interpretara los mensajes. Jack Miner comentaba:

— Mi refugio para aves jamás hubiera llegado a ser lo que es, ni habría alcanzado fama mundial, si yo no hubiera asociado a Dios con él, ni le hubiera dado el primer lugar.

Jack Miner había dejado que Dios participara en su recreación. — Boletín de la Iglesia Episcopal San Esteban.

26 de Febrero

De cierto, de cierto os digo, que lloraréis y lamentaréis..., pero aunque vosotros estéis tristes, vuestra tristeza se convertirá en gozo.

Juan 16:20.

Los infortunios son muy preciosos para derrocharlos. El gran hombre de la pasada generación, Alejandro Mac Laren de Manchester, tenía la costumbre de sacar a relucir esta verdad olvidada. Recordaba al pueblo de Dios que si se lo permitíamos, las penas "nos empujarían hacia su pecho, de la misma manera que el ciclón obliga al hombre a acudir a un refugio adecuado, estoy seguro que hay muchos que pueden atestiguar con gratitud que fueron llevados más cerca de Dios por un momento de agudo dolor y no por los largos días de prosperidad. No desperdicies tus pesares. Cuida que no estropeen tu vida, los preciosos dones del desengaño, el dolor, la pérdida, la soledad, la mala salud y aflicciones semejantes, sino la compongan. Cuida que estos sinsabores te conduzcan más cerca de Dios y que no te alejen de Él".

Las tristezas son el viento de Dios, Su viento en contra. A veces son fuertes como ciclones. Son los huracanes de Dios. Toman la vida del hombre y la levantan hasta los niveles más altos, hacia los cielos de Dios. Usted ha experimentado aquellos días de verano cuando la atmósfera parece tan pesada. Apenas se puede respirar. Es insoportable. Pero luego aparece una nube en el horizonte; crece más y más y lanza su bendición sobre la tierra. Estalla la tormenta, los rayos recorren el cielo y los truenos retumban. La tormenta lo cubrió todo e inmediatamente la atmósfera se limpió. Ya hay nueva vida en el aire y el mundo parece cambiado. La vida humana está hecha conforme a este mismo principio: cuando estalla la tormenta, la atmósfera cambia, se aclara, se llena con nueva vida y una parte de los cielos baja hasta nosotros. — Sra. de Cowman.

27 de Febrero

Grandes y maravillosas son tus obras, Señor Dios Todopoderoso.
Apoc. 15:3.

Los cielos cuentan la gloria de Dios, y la expansión denuncia la obra de sus manos.
Salmo 19:1.

Te alabaré porque formidables, maravillosas son tus obras;...
y mi alma lo sabe muy bien.
Salmo 139:14.

DIOS ES GRANDE en las cosas grandes, pero es *grandísimo* en las cosas pequeñas", dice Henry Dyer. Un grupo de excursionistas estaban en la cumbre del Matterhorn admirando la sublimidad de la escena cuando un caballero sacó un microscopio de bolsillo, cazó una mosca y la puso bajo el objetivo. Nos hizo recordar que la mosca doméstica de Inglaterra carece de vello en sus patas. En seguida nos mostró las patas de esta mosquita. Estaban completamente cubiertas de bello, lo que nos indicaba que el mismo Dios que hizo las altas montañas de Suiza había pensado en la comodidad de sus más pequeñas criaturas, hasta el punto de proveer *medias* y *guantes* para la mosquita que tiene su hogar en aquellas montañas. ¡Éste es nuestro Dios!

El amor de Dios es más extenso
que lo que el hombre pueda imaginar;
y el corazón del Dios eterno
está lleno de maravillosa bondad.

A través de las páginas de la Biblia se nota el maravilloso cuidado de Dios por las cosas pequeñas. Él toma nota de ellas y les da un significado perfecto. "Ninguno de sus pasos resbalará", dice, como si hubiera contado paso a paso las peregrinaciones de su pueblo. Uno de los de su pueblo dijo: "Tú has conocido mi sentarme y mi levantarme, y delante y detrás me guarneciste." — J. Parker.

28 de Febrero

Por qué convenía a Aquel... que perfeccionase por aflicciones al autor de la salvación de ellos.
Hebreos 2:10.

EL TEMA DEL sufrimiento humano ha provocado siempre el más vivo interés de la gente, y las preguntas al respecto constituyen la orden del día. Sus efectos son universales y sus resultados asombrosos. Gracias a Dios nosotros podemos volvernos a su Palabra en busca de luz y para descubrir por lo menos, una parte de la explicación.

54

En las Escrituras aparecen definidos tres tipos de sufrimientos: Penal, disciplinario y vicario. El sufrimiento penal viene, desde luego, como resultado del pecado y el error. El sufrimiento disciplinario es la porción del justo y tiene por objeto templar y suavizar el alma. En Hebreos 12:5-11 el Apóstol se refiere a un proceso disciplinario que obviamente tiene el propósito de conformarnos a la voluntad de Dios.

Es indudable que el sufrimiento vicario eleva el alma al plano de la más alta devoción. Es escaso, pero ciertamente no está fuera del alcance del hombre, ni es imposible para quienes están dispuestos a ello y les es concedido padecerlo. Hemos conocido maridos que sufren por esposas inconversas; esposas que sufren por sus maridos; padres que sufren por sus hijos, e hijos que sufren por sus padres. No es raro oír de seres queridos que son llevados a Cristo, o a una vida cristiana más pura, como resultado del sufrimiento de algún pariente cercano que es muy querido. Aquí se revela el propósito y naturaleza de los sufrimientos de nuestro Señor. ¡Cuán agradecidos debemos estar cuando descubrimos que alguien nos quiso tanto que llegó hasta el sacrificio por nosotros! — H. L. Thatcher.

29 de Febrero

Aun en la vejez y las canas, oh Dios, no me desampares, hasta que anuncie tu poder a la posteridad, y tu potencia a todos los que han de venir.

Salmo 71:18.

EN TODAS LAS áreas de la vida podemos encontrar al anciano que por haber logrado algo positivo, o como vencedor de la incapacidad y las circunstancias, adorna su frente con los laureles del conquistador. Aún permanecen ocupados. No han abandonado el redondel de la vida activa, y, si lo han hecho, aún tienen una influencia decisiva sobre la vida, ya sea espiritual, moral o mental. De esta manera vemos que se alzan en uno y otro lugar, como rocas azotadas por los años, pero que han resistido las tormentas y los estragos del tiempo.

"No puede decirse que vivió en vano, aquel cuya vida está tan cargada de utilidad y propósito."

Emerson hace notar que "no comenzamos a contar los años de vida de un hombre hasta cuando no tenemos otra cosa que contar". No vivamos en las décadas pasadas, sino en un presente intenso, aprovechando las oportunidades, cada vez más escasas, para testificar de Cristo, vivir píamente, y servir en actitud de profunda humildad: "Señor, úsame a pesar de lo que soy." Puede ser que nuestro activo en la vida sean solamente cinco panes y dos pececillos, pero en las manos del Maestro aquellas cosas se multiplican. Y, mientras damos de beber a otros, nuestra sed se sacia; al alimentar a los demás, nuestro ser se vitaliza; al bendecir a otros, somos bendecidos; y al actuar de este modo, hacemos un nuevo contrato con la vida:

Debido a que el cielo está en nosotros por brotar y desplegar todo lo que nos tiene reservado, es que rejuvenecemos a medida que pasan los años.

Entonces, por la hermosura de años aún no revelados, envejecemos alegremente.

Por la gloria de los años aún no revelados, envejecemos con gozo.

Por la paz de los años aún no revelados, envejecemos con acción de gracias.

¿Por qué ceder ante los años, si los manantiales de vida están fluyendo poderosos dentro de nosotros y aún podemos hacer grandes conquistas? — Gertrudis Cockerell (del folleto "La última década", 1914.)

1 de Marzo

Será como la luz de la mañana, como el resplandor del sol en una mañana sin nubes.

2 Samuel 23:4.

EN LA VIDA espiritual las neblinas no deben ser más duraderas que las de la naturaleza. "Se disiparán dentro de un rato." Con cuánta frecuencia la gente conocedora del tiempo dice esto cuando la neblina gris de la costa deprime los corazones que anhelan un día de sol; y es eso lo que ocurre. Primero aparece un resplandor plateado en el cielo, cerca del sol; luego las neblinas van cediendo el paso al azul del cielo en uno y otro lugar; luego, suavemente las nubes emprenden la retirada para dejar antes del mediodía, que el brillo del sol y el azul del cielo dominen el paisaje. Nosotros podríamos librarnos con más frecuencia de los pesares del corazón y de las caras tristes, aquellos días cuando nuestra vida amanece gris. La neblina queda de las tormentas del día anterior. El día terminó con un malentendido, con algo que no podemos comprender. La mañana se presenta brumosa y deprimente. Pero, ¿para qué hacerle caso? El tiempo se arregla solo. La neblina es superficial. Se disipará de un momento a otro. Hay un cálido sol de amor que está obrando, y el cielo azul estará pronto abarcando todo sobre nuestra cabeza." — Maltbie Davenport Babcock (de "Pensamientos para cada día").

2 de Marzo

Que procuréis tener quietud...
1 Tesalonicenses 4:11.

Calle... delante de Jehová.
Zacarías 2:13.

A USTED LE GUSTA atesorar los versos inspirados, la prosa conmovedora. ¿Ha pensado alguna vez de dónde provienen esas creaciones de esperanza, fe, amor coraje y solaz? J. R. Miller, gran hombre de pluma inspirada, proclama que no han venido por un camino fácil. "Es solamente en el valle del silencio con Cristo que podemos soñar sueños y tener visiones que se traduzcan en vida y carácter real entre los hombres. Solamente allí podemos recibir inspiraciones e impulsos para llevar una vida santa durante nuestra permanencia en la tierra. Solamente en la cumbre del monte podemos ver el dechado de las cosas sagradas que nuestras manos deben modelar en este mundo."

En la quietud del valle del silencio, sueño todo lo que mi alma canta. Aquella música se esparce por el valle hasta que encuentra palabras para llevar hasta los corazones, como la paloma en el diluvio, un mensaje de eterna paz. Pero lejos, en la inmensidad del océano, hay olas que jamás llegarán a las playas. De igual modo he oído canciones en el silencio que jamás traduciré en palabras, y he tenido sueños en el valle, excelsos a tal grado, que las palabras no los pueden expresar. He tenido pensamientos en el valle, que, ¡ay de mí!, han conmovido profundamente mis entrañas. Cubren sus rostros con velos, sus pasos son inaudibles; pasan por el valle como vírgenes muy puras, demasiado puras como para profanarlas con la palabra. Me preguntas: ¿dónde queda este valle? ¡Oh corazones cargados de temor, el valle está allá lejos entre las montañas y Dios y sus ángeles están allí! Uno es el monte oscuro del dolor y el otro el monte luminoso de la oración. — Desconocido.

"Un tratante de esclavos convertido, John Newton, destiló el perfume de su vida al decir:

> *Maravillosa gracia, ¡cuán dulce es el sonido*
> *que pudo salvarme a mí, tan perdido!*

"El progreso del Peregrino no fue escrito en una sala tapizada en felpa."

"El corazón quebrantado de José Scriven exclamó:

> *¡Oh, qué buen amigo es Cristo,*
> *Él llevó nuestro dolor!*

"No es una casualidad que el Espíritu Santo viva e inspire por medio de los escritos devocionales de Oswald Chambers. Su breve vida de cuarenta y un años la pasó en una temeraria entrega a Dios. Eso le dio su estatura de gigante espiritual.

"Parece que Dios exigiera un diploma de su agotadora Escuela de la Experiencia para dar éxito de venta a los que escriben. Los cursos para obtener ese diploma son: Disciplina, sufrimiento, fe, pruebas y autoexamen." — Seleccionado.

3 de Marzo

Busqué a Jehová, y Él me oyó y me libró de todos mis temores.

Salmo 34:4.

UNOS NATURALISTAS que buscaban flores raras en los Alpes vieron una especialmente interesante dentro de una quebrada muy escarpada. Estaba sobre una saliente rocosa de muy difícil acceso. La única forma de alcanzarla era por medio de una cuerda. Vieron un pastorcillo en las montañas. Lo llamaron, le mostraron algunas relucientes monedas y le dijeron que si se dejaba atar y bajaba a buscar la flor, le darían todas esas monedas.

Él miró las monedas. ¡Ah! ¡Cuánto las deseaba! Luego miró el precipicio, y luego los rostros de los extranjeros. Entonces movió negativamente la cabeza. Tenía una verdadera lucha. Necesitaba desesperadamente el dinero, pero el peligro era grande y los hombres, desconocidos. Una y otra vez estudió todo el cuadro: El precipicio, las monedas, y los ojos casi se le salían al pensar que esas monedas podrían ser suyas; luego miraba a los extranjeros, para volver a agitar negativamente su cabeza. De repente, algo se le ocurrió. Corrió por un sendero de la montaña hasta una cabaña. Pronto volvió a salir seguido por un hombre alto, fuerte y de aspecto bondadoso. Sin duda era su padre... Lo traía tomado de la mano y estaba tan ansioso de llegar hasta donde estaban los extranjeros, que casi lo arrastraba. Finalmente, casi al borde del abismo, el muchacho corrió hasta el lugar donde se hallaban los extranjeros y dijo: Ahora pueden ponerme la cuerda. Bajaré al precipicio, *si dejan que mi papá sostenga la cuerda.* — N.º 1.436, Quests an Conquest.

La oración es la cuerda que Dios sostiene con sus benditas manos. Jehová ha oído la voz de mi lloro; Jehová ha oído mi ruego; ha recibido Jehová mi oración. Salmo 6:8-9.

4 de Marzo

*El que habita al abrigo del Altísimo morará bajo la sombra del Omni-
potente.*

Salmo 91:1.

UNA HISTORIA APARECIDA hace algún tiempo en un periódico nos
hace recordar que "el que habita al abrigo del Altísimo morará
bajo la sombra del Omnipotente". Un soldado de diecinueve
años recibió una medalla por haber capturado solo un gran número de
japoneses durante la segunda Guerra Mundial. Cuenta así su historia:
"Quiero que sepan que no merezco esa medalla. Todo ocurrió de
esta manera. Los japoneses me capturaron junto con cinco compañeros.
Nos condujeron a través de la selva con las bayonetas que nos tocaban
las espaldas. Vi cómo mataron y mutilaron uno por uno a mis compañeros. Repetí el Salmo 23. Dije el Padre Nuestro. Sabía que tenía que
morir, pero me propuse no revelar mi temor delante de mis captores.
Temblaba de pies a cabeza mientras caminaba metido en barro hasta
los tobillos y con la bayoneta pegada a la espalda. Entonces comencé a
silbar, tal como lo hacía en mi niñez cuando tenía miedo de la oscuridad. «Señor, Bendito seas, bendito veces mil, porque si artero el mundo
su red nos arma hostil, en nuestro pecho enciendes la llama de la fe,
y el mundo y red podemos hollar con nuestro pie.»

"De pronto me di cuenta que alguien se había unido a mi silbido:
¡era mi captor japonés! ¡Él también estaba silbando el himno! Luego
sentí que su arma dejaba de tocarme la espalda. En seguida se puso a
caminar a mi lado. Di un salto de alegría cuando me dijo en perfecto
inglés: «Nunca dejaré de admirar la magnificencia de los himnos cristianos.» Unos pocos minutos de conversación revelaron que el soldado
japonés había aprendido el inglés en una escuela misionera con la cual
yo había contribuido cuando asistía a la escuela dominical. El japonés
conversó sobre la guerra y el odio que sentían por ella los japoneses
cristianos. Estuvimos de acuerdo sobre el poder del cristianismo y sobre
lo que ocurriría si la gente se atreviera a vivir su cristianismo. Luego
comenzamos a conversar sobre nuestra familia y nuestro hogar. Finalmente el japonés pidió que orásemos. Nos arrodillamos en el barro y
oramos por la humanidad sufriente de todo el mundo y para que Su
paz que sobrepuja todo entendimiento alcance a todos los hombres que
pueblan la tierra.

"Cuando nos pusimos de pie nuevamente, me pidió que lo hiciera
prisionero y lo llevara al cuartel americano. Dijo que era la única forma
de poder vivir su cristianismo, y ayudar a que Japón llegara a ser una
nación cristiana. Durante nuestro regreso hallamos en varias trincheras otros soldados japoneses cristianos que se unieron a nosotros. Jamás podré olvidar la esperanza y el gozo que reflejaron sus ojos cuando mi amigo les relató la forma cómo nos encontramos y les dijo hacia
dónde nos dirigíamos y por qué. Durante todo nuestro regreso habla-

mos de religión cristiana. Cuando nos acercamos a nuestro campamento, por acuerdo mutuo, pusieron caras amargadas y yo, pistola en mano, los introduje al campamento. Como ustedes pueden apreciar, no merezco recibir una medalla por haber vivido la experiencia más maravillosa de mi vida." — Boletín de la Iglesia Episcopal de San Esteban.

5 de Marzo

Tú diste alegría a mi corazón.

Salmo 4: 7.

El corazón alegre hermosea el rostro.

Proverbios 15: 13.

YO TENÍA UNA sonrisa amistosa. Eran la alegría del cartero, del lechero y de cuantos la veían cada día. Siempre procuraba que ésta fuese lo más alegre y feliz que podía. Y cada vez que sonreía, alguien me devolvía la sonrisa.

> *Sonríe siempre,*
> *pues mientras sonríes*
> *otros sonreirán,*
> *y pronto miles serán*
> *los que sonrientes*
> *hallarán al sonreír*
> *que vale la pena vivir.*

Sería una locura pensar que todo el que sonríe es feliz. Hay que saber distinguir las sonrisas: sonrisa afectada, sonrisas de autosatisfacción, sonrisas de vanagloria, sonrisas sarcásticas, sonrisas superficiales, sonrisas satánicas, sonrisas cínicas, sonrisas críticas, sonrisas ocasionales, sonrisas habituales, sonrisas espirituales. Hay sonrisas buenas, sonrisas mejores y sonrisas sublimes. Cada una tiene su valor peculiar. Nosotros abogamos por la sonrisa sublime. Este tipo de sonrisa llega hasta lo más profundo del alma, dura más y tiene una influencia más completa. Uno no se puede *poner* este tipo de sonrisa. Viene de adentro, porque está adentro. Son el resultado de un corazón contento, agradecido y gozoso. Son la expresión exterior de un interior lleno de gozo, que resplandece y aumenta con el paso de los días.

El corazón contento y reposado produce un rostro radiante. Cuando el contentamiento alcanza el centro de nuestro ser, nuestro rostro refleja una paz llena de gozo. Cuando el espíritu está satisfecho y alegre, la vista, el tacto y la voz expresan la gloria de Dios.

Cristo es el secreto, la fuente, la sustancia, el centro y la circunferencia de toda alegría verdadera e imperecedera.

6 de Marzo

Y no estuvo más triste.

1 Samuel 1:18.

Y nunca más tendrán dolor.

Jeremías 31:12, 13.

No ESTAR MÁS TRISTE. ¿Será posible? Si es posible, ¿por qué te abates, oh alma mía? (Salmo 42:5). ¿Por qué? Es bueno que lleguemos a descubrir la raíz misma de nuestras tribulaciones y de nuestros pesares. Llegar al mismo fondo del asunto. La comprensión de sus causas, se halla dentro del camino de su solución. Nada lograremos hasta cuando hayamos descubierto y desalojado su fuente.

La causa básica de nuestras tristezas no está en las circunstancias. Está dentro de nosotros. Y es allí donde debe aplicarse el medio. Saber esto nos resulta muy alentador, porque las circunstancias están fuera de nuestro alcance y no las podemos remediar, pero podemos recibir el remedio y aplicarlo a nuestra alma.

Cuando el salmista le planteó la pregunta a su alma, descubrió la causa de sus profundos pesares. Descubrió que el problema no estaba en lo terrible de las circunstancias que lo rodeaban, sino en las tinieblas que le habían invadido el alma. Había perdido de vista a Dios. Tenía el corazón cargado y derrotado por "todas las ondas y olas" (Salmo 42:7), por la "opresión del enemigo" (versículo 9), y por lo que la gente dice (versículo 10). Preocupado con estas cosas, se olvidó de la visión y de la experiencia de la presencia de Dios. Su mirada que estaba dirigida hacia lo alto, se desvió hacia los contornos. Se sintió abandonado y arruinado, y lo invadió la tristeza.

Oh alma mía, ésta es también la causa verdadera de tus penas y pesares. Has perdido el sentido de la presencia de Dios. La visión de Dios ha quedado oscurecida.

Cuando le presentamos a Dios lo doloroso de nuestras circunstancias, y nuestros ojos Lo ven, la tristeza se va. "En tu presencia hay plenitud de gozo." (Salmo 16:11.) "Dios es Luz y en El no hay tinieblas." (I de Juan 1:5). Cuando Dios está fuera de nuestra vista, cuando hemos perdido el contacto con él, nuestra alma se sume en la tristeza, la depresión y la desesperación.

Dios es el disipador universal de toda pena, el glorioso proveedor de las alegrías del alma. — B. M'Call Barbour.

7 de Marzo

Así crecía poderosamente la palabra del Señor, y prevalecía.

Hechos 19:20.

ERA UNA CIUDAD impresionante que se levantaba orgullosa sobre el río Cayster, cerca del mar de Ícaro. Tenía grandes muelles y su ubicación geográfica era como para convertirla en el emporio de Asia. Éfeso era el punto de confluencia de las vías comerciales, el crisol de la humanidad. Allí se confundían los rostros de cientos de razas. Por sus calles caminaban los magos y exorcistas que llenaban de temor el corazón de los pueblos. Era una ciudad grande, capital de Jonia, llamada la primera ciudad de Asia. Durante la época gloriosa de los Jonios se levantó allí una de las siete maravillas del mundo, el templo de Diana, con sus cien monolitos de mármol, que exhibía el arte de Fidias, Scopas y Apeles. Más tarde se construyó un teatro que permitía sentar 25.000 personas. Éfeso, ciudad de riqueza, cultura y poder. A ella llegó un discípulo de Jesús con sus sandalias gastadas. Su nombre era Pablo. Halló allí un puñado de cristianos y les persuadió a que rindieran su vida al Espíritu Santo y que profundizaran su experiencia espiritual. De este hecho surgió un avivamiento de la verdad que sacudió la ciudad. Demetrio se levantó en defensa de Diana, y la muchedumbre gritaba en su favor, pero el Evangelio quedó sólidamente establecido en Éfeso.

La historia de Éfeso era grande. Incontables nacionalidades caminaban por sus calles. Allí cabalgaban reyes, conquistadores, mercaderes y magos. Pero nunca había pasado nada comparable a lo que ocurrió cuando el Evangelio invadió la ciudad. Diana, los templos y el comercio se terminaron. El desierto cubre la gloria de Éfeso; pero el Evangelio que fluyó desde allí aún bendice al mundo. La llegada de la Palabra de Cristo es una gran noticia para cualquier ciudad grande, ¡y la alborota! — Lon Woodrum.

Por lo cual también nosotros damos gracias a Dios sin cesar, de que cuando recibisteis la palabra de Dios que oisteis de nosotros, recibisteis, no palabra de hombres, sino según es en verdad, la Palabra de Dios la cual obra en vosotros los que creisteis. (I. Tes. 2:13.)

8 de Marzo

Dios estaba en Cristo reconciliando el mundo a Sí.

2 Corintios 5:19.

SE CUENTA DE una tribu de indios norteamericanos que vivía nómada en las proximidades del Niágara, que cada año ofrecían una joven virgen en sacrificio al Espíritu del Poderoso Río. A la sacrificada la llamaban "la novia de las cascadas".

Un año la suerte cayó en la hija única del cacique. Le llevaron la noticia mientras estaba sentado en su tienda. Oyó la noticia y siguió fumando su pipa, sin revelar sus sentimientos.

El día señalado para el sacrificio, prepararon una canoa blanca llena de frutas maduras, y adornada con hermosas flores. Allí estaba lista esperando la "novia".

A la hora señalada, ella se ubicó en la frágil barquilla. Ésta fue empujada hacia la corriente para que fuera arrastrada rápidamente hacia la poderosa catarata.

Ante el asombro de todos los que se habían reunido a presenciar el sacrificio, en un punto más abajo de la ribera apareció una segunda canoa. En ella estaba sentado el viejo cacique. Con rapidez remó hasta alcanzar la canoa donde estaba su amada hija, se aferró firmemente de ella. Los ojos de ambos se encontraron en una última mirada de amor. Entonces, padre e hija juntos, fueron arrastrados por la rápida corriente hasta perderse en la rugiente cascada y perecer juntos.

Dios estaba en Cristo, reconciliando el mundo a sí. No tenía por qué hacerlo. Nadie lo obligó. La única fuerza detrás de su sacrificio era su profundo amor por un mundo perdido. — Seleccionado.

Consideremos, creamos y sigamos alegremente sus pasos hasta llegar al servicio que no se detiene ante el sacrificio.

9 de Marzo

Yo sé a quién he creído.

2 Timoteo 1:12.

HACE ALGUNOS AÑOS ocurrió un incidente inusitado en la pintoresca ciudad de México. Un artista famoso había pintado un hermoso cuadro que estaba en exhibición en las paredes de un hotel nuevo y ultramoderno. Representaba un punto encantador de un paisaje de campo. Delineaba con meridiana claridad el ondulado paisaje, sus campos llenos de quietud, sus arroyos juguetones y un bosque impenetrable tapizado de alegres flores.

En la parte superior del lienzo había tres palabras pintadas en negros trazos derechos: "Dios no existe." Demasiadas letras para una obra de arte.

Los visitantes pasaban embelesados ante la pintura.

Una tarde un buen grupo de jóvenes entró al hotel y se dirigió hasta la estancia donde se hallaba la pintura. En silencio y calmadamente sacaron tarros de pintura y pinceles y se pusieron a trabajar. Solamente los que estaban en aquella pieza podían ver lo que estaba ocurriendo. El ambiente estaba cargado de suspenso. De pronto se retiraron y la gente que se agrupaba a la entrada de la pieza pudo mirar la obra maestra. Al principio no pudieron ver ningún cambio, pero un escrutinio más detenido de la pintura les reveló que dos palabras habían sido borradas completamente del lienzo. ¿Cuáles eran esas palabras? "No existe." Había quedado solamente una palabra: DIOS.

El grupo dejó el hotel silenciosamente, pero con pasos de vencedores. Los espectadores miraban el cuadro con reverencia. Bajo las suaves luces que iluminaban el cuadro, aquella palabra solitaria aparecía magnificada y brillaba con el resplandor de la corona de un monarca.

Más que cualquier otra cosa, más que el cambio de las circunstancias, más que el reposo de las presiones diarias, se necesita una vigorosa fe en Dios, un redescubrimiento de Aquél que conoce los senderos de un millón de estrellas y conoce el camino a través de cualquier valle de dificultades y sobre todo monte de tribulación. Renueva tu confianza en Dios; redescúbrelo: Él es el Todopoderoso, Él es un compañero que siempre está a tu lado en las grandes dificultades. — Señora de Cowman.

10 de Marzo

A la verdad la mies es mucha, mas los obreros pocos.
Mateo 9:37.

LA TRAGEDIA HABÍA golpeado el corazón mismo del Imperio Británico: uno de sus hijos predilectos yacía en el silencio de la muerte. El Duque de Wellington, invencible en las batallas, yacía sin vida en el gran salón, rodeado solamente por los centinelas que le hacían guardia de honor. Los dignatarios viajaron de todos los dominios y protectorados para dar tributo al héroe caído y estadista. En la gran catedral se destinó una sección especial para representantes escogidos de cada unidad del vasto ejército colonial. De cada regimiento, de cada país, donde llameaba la bandera de la Unión, alguien se presentó a rendir un homenaje póstumo al gran caudillo.

Uno de los grandes imperativos del Evangelio suena con indisimulada urgencia expresando el deseo supremo del Salvador de estar representado en su Reino por miembros de toda tribu y de toda nación. El Maestro expresó vívidamente este ardiente deseo cuando, de pie en un verde monte desde el cual dominaba Galilea, dijo unas palabras que han dominado el pensamiento cristiano a través de los siglos. "Por tanto, id y haced discípulos a todas las naciones..."

El clamor del corazón de esclavos negros llegó hasta el trono de Dios. El África Negra extendía sus manos oscuras pidiendo la ayuda de Dios. Dios oyó el clamor, pero para contestar necesitaba una voz humana. Un ángel no podía llevar a los negros el mensaje del amor incomparable de Dios. Un joven escocés sentado ante su telar, tejía, cuando oyó un grito desfalleciente, un grito de dolor. Lo oyó en la quietud de la noche, lo oyó en medio del bullicio del movimiento cotidiano de la gran ciudad. ¿Tenía que dejar su hogar y sus amigos para ir a sepultarse en África? Y todo el mundo sabe cuál fue su respuesta, porque David Livingstone se entregó a sí mismo por el Continente africano. La cosecha de su vida se puede ver en la multitud incontable de hijos e hijas de África que han sido transformados a la imagen del Hijo de Dios.

El Señor de la mies quería sembrar con la simiente de vida el gran campo que es la China milenaria. Necesitaba un sembrador. Un domingo en la mañana halló a Hudson Taylor caminando por la playa. Le dijo: "Si me lo permites, recorreré toda la China por tu intermedio." Aquel día memorable un grano de trigo cayó en tierra y murió. El resultado son multiplicados miles de granos vivos. — Sra. de Cowman.

Nuestra canción de triunfo tiene su origen en las cosas más difíciles y en los enemigos más escarnizados.

11 de Marzo

Ya no os llamaré siervos, ... pero os he llamado amigos.
Juan 15:15.

E N EL NUEVO TESTAMENTO la relación del cristiano con Cristo está representada como un conocimiento mutuo con Él. Este conocimiento se transforma en una amistad íntima y tierna. Una amistad de este tipo es el ideal que el Señor esbozó del discipulado. Él invitó a los hombres; que vinieran a Él. Les pidió que rompieran todos los lazos y se ligaran personalmente a Él. Aquellos que fueron llamados tenían que dejarlo todo y seguirle. Él debía ocupar el primer lugar en el afecto de sus seguidores. Él les exigía la fidelidad absoluta de sus corazones y vidas. Debía ocupar el primer lugar como objeto de su obediencia y de su servicio. Cristo se ofreció a los hombres no solamente como un ayudador externo, ni tan sólo como el que quería salvarlos cargando sus pecados y muriendo por ellos, sino como el que deseaba tener con ellos una amistad estrecha, íntima e indisoluble. Él quería que sus seguidores estuvieran atados a Él no solamente por la ligadura del deber o de la obligación, o de la doctrina o de la causa, sino también por ligadura de amistad personal. — J. R. Miller.

12 de Marzo

A Dios encomendaría mi causa; el cual hace cosas grandes e inescrutables, y maravillas sin número.
Job 5:8, 9.

D IOS NUNCA termina de dar. Jamás llegará el momento en que no tenga nada que ofrecer. El Hijo de Dios jamás alcanza lo mejor en las bendiciones divinas. Siempre hay algo mejor que está por venir. Cada puerta que se abre a un tesoro de amor, deja a la vista otra puerta detrás de la cual hay un tesoro mayor. Cristiano, no temas llegar a agotar la bondad de Dios, o de entrar a una experiencia para la cual Él no tenga dispuesta una bendición.

Dios puso el fundamento de la bondad en la creación y preparación de la tierra. Antes de crear al hombre, preparó este mundo para que fuera su hogar. Almacenó en las montañas, cerros y valles, en el agua, el aire y la tierra y en todos los tesoros de la naturaleza, todo lo que conviene a las necesidades humanas. Piensa, por ejemplo, en los vastos yacimientos de carbón que están entre los estratos de la tierra desde hace milenios para que nuestros hogares puedan tener luz y calor en estos últimos siglos. Piensa en el hierro, la plata, el oro y otros metales escondidos en las venas de las rocas; piensa en el potencial medicinal que hay almacenado en las hojas, raíces, frutos, troncos y minerales; y piensa en las fuerzas latentes y las propiedades radicadas en la naturaleza esperando el momento oportuno para suministrar a las necesidades del hombre. Fue la presciencia Divina la que atesoró estos bienes para solaz de los hijos de Dios.

Lo mismo es cierto para las provisiones espirituales. En el pacto del amor de Dios, en los tiempos infinitos del pasado, Dios puso los cimientos de la misericordia para el hombre. La redención no es algo que se le ocurrió a Dios a última hora. Estaba planeada desde antes de la fundación del mundo. Cuando nuestra cabeza reposa en las promesas de Dios, descansamos seguros en la expiación, y disfrutamos las bendiciones de la redención y la esperanza de gloria, a veces lo hacemos olvidando lo que estas cosas costaron a nuestro Redentor.

La necesidad humana es la llave que abre las bodegas de la provisión de Dios para los hijos de los hombres. — J. R. Miller.

13 de Marzo

Les glorificaré y no serán menoscabados.

Jeremías 30:19.

No TE OFUSQUES por falsas apreciaciones del mundo. El soldado raso es muchas veces más noble que un general... y no es diferente en el campo de batalla de la vida. Sin embargo, hay un heroísmo más difícil y más excelso: el de vivir bien arraigado en la quieta rutina de la vida; el de llenar un hueco porque Dios así lo desea; seguir adelante alegremente en la rutina pequeña de los pequeños deberes, de las vocaciones ínfimas aceptar sin murmuraciones una posición baja; sonreír ante el gozo de los demás cuando nuestro corazón está dolorido; desprenderse de toda ambición, orgullo e inquietud con sólo considerar la obra de nuestro Salvador. Hacer esto durante toda la vida requiere un gran esfuerzo, y el que lo hace es un héroe mayor que el que por una hora hace frente al enemigo y que aquel que avanza durante un día en medio del frente ardiente de balas y metralla. Sus obras le seguirán. El mundo no lo reconocerá como héroe, pero Dios sí. Se disipará la memoria de los constructores de Nínive y Babilonia, pero la memoria de este héroe vivirá y será bendecida. — Federico Farrar.

No es difícil aparecer triunfante, bueno y fuerte cuando la gente te alaba, te adula y las circunstancias y los hombres parecen estar de acuerdo para ponerte sobre un pedestal. Pero, si a través de largos y monótonos años no te cansas y eres probado en las cosas muy pequeñas y pasas el examen, has vivido como un héroe. — José Sutphen.

14 de Marzo

Yo he venido para que tengan vida y para que la tengan en abundancia.
Juan 10: 10.

LA VIDA ESTÁ detrás del amor, detrás de la fe, detrás de la esperanza, detrás de todas las cosas. En su visión del río de la vida Ezequiel daba por sentada la vida. Él sabía lo que significaba: primero un arroyuelo que le alcanzaba hasta los tobillos, luego, al avanzar, le cubría hasta las rodillas, luego hasta las caderas y finalmente era un río ancho y poderoso. Eso es la vida. ¿Sabes qué es la vida? No. Nadie lo sabe. La vida no se puede definir. La vida es una esencia; la vida es Dios; la vida es eficacia; la vida es poder. El ajuste a lo que te rodea, la correspondencia con el medio ambiente, es vida. El individuo que se afana demasiado no vive. Sale en las mañanas, oye el canto de los pájaros, heraldos de la primavera, que desde los árboles derraman dulces melodías. Los campos se pintan de flores, el mundo entero está lleno de música. Pero para él no existe la fragante flor que crece en la arena a orillas del río, para él no tiene vida ni música. Para él es solamente: una flor que creció allí. La vida se mide por la cantidad de cosas para las cuales vivimos. La plenitud de nuestra vida está indicada por las cosas que estamos por realizar. Debemos tener una vida que es más abundante que mi pobre naturaleza. Debemos tomar el poder de Jesús y tener comunión interior con Él. — M. D. Babcock.

La vida es música si tocamos la nota correcta en el momento adecuado. — Ruskin.

15 de Marzo

Los cielos y la tierra pasarán, mas mis palabras no pasarán.
Mateo 24: 35.

Generación tras generación pasan, pero ella vive.
Las naciones se levantan y caen, pero ella vive.
Reyes, dictadores, presidentes vienen y se van, pero ella vive.
Despedazada, condenada, quemada, pero ella vive.

Odiada, despreciada, maldecida, pero ella vive.
Puesta en duda, bajo sospecha y criticada, pero ella vive.
Reprobada por los ateos, pero ella vive
Exagerada por los fanáticos, pero ella vive.
Malinterpretada e incomprendida, pero ella vive.
Insultada y blasfemada a gritos, pero ella vive.
Su inspiración ha sido negada, pero ella vive.
A pesar de todo vive y es lámpara a nuestros pies.
A pesar de todo vive y es luz a nuestro camino.
A pesar de todo vive y es tutor para la niñez.
A pesar de todo vive y es guía para la juventud.
A pesar de todo vive y es inspiración para los adultos.
A pesar de todo vive y es consuelo para los ancianos.
A pesar de todo vive y es pan para el hambriento.
A pesar de todo vive y es agua para el sediento.
A pesar de todo vive y es reposo para el cansado.
A pesar de todo vive y es luz para el pagano.
A pesar de todo vive y es salvación para el pecador.
A pesar de todo vive y es gracia para los Cristianos.
Conocerla es amarla
Amarla es aceptarla
Aceptarla es Vida Eterna.

Autor desconocido

Un joven estudiante de teología fue a visitar a su abuelita. Para divertirse un poco a sus expensas, le dijo:

— Abuelita, tú sabes que la Biblia en la que crees fue escrita en Hebreo y en Griego. Tuvo que ser traducida a nuestro idioma por grandes sabios. ¿Cómo sabes tú que lo hicieron en forma correcta?

— Ah, Pepito querido — le contestó —, despreocúpate de aquellos grandes hombres. Ya he probado sus traducciones en mi propia vida. Seleccionado.

16 de Marzo

Dad a Jehová...

Salmo 29:1.

Dame, hijo mío, tu corazón.

Proverbios 23:26.

Dad y se os dará; medida buena, apretada, merecida y rebosando.

Lucas 6:38.

Da lo mejor al Maestro,
tu juventud, tu vigor;
lucha del bien en favor.
dale el ardor de tu alma
Dale y te será dado

el Hijo Amado de Dios
sírvele cada día
dale de ti lo mejor.

UNA MADRE HINDÚ iba un día hacia la orilla del río Ganges llevando a sus dos hijos de la mano. Un misionero vio que caminaba hacia el río. Él sabía por qué iba hacia allá. La miró a los ojos paternalmente y trató de persuadirla para que no hiciera tal cosa, que no sacrificara a su niño. Él miró a los niños. Uno de los niños era perfecto. Era lo que cualquier madre occidental hubiera querido tener siempre muy cerca de su corazón. El otro era cojo y ciego. Comprendió que en unos minutos no podría convencer a la mujer que rompiera siglos de tradición. Después de unos momentos vio a la mujer parada todavía a la orilla del río con un solo niño en la mano, y con su corazón partido por el dolor. Faltaba un niño. Cuando el misionero se acercó, se dio cuenta que había lanzado al río el niño sano. Había conservado el niño ciego y cojo. El misionero, mirándola a los ojos le dijo:

— Mujer, si tenías que dar uno de tus hijos, ¿por qué no diste este que es ciego y cojo y te quedaste con el que estaba sano? Ella contestó:

— Señor, no sé qué clase de Dios tiene usted en América, pero sé que aquí en la India nuestro dios espera que le demos lo mejor.

"El héroe más grande es aquel que hace sus mejores esfuerzos, fracasa, pero no se amarga por su fracaso."

"La causa no está en el fracaso, sino en haber apuntado bajo."

17 de Marzo

Tú encenderás mi lámpara; Jehová mi Dios alumbrará mis tinieblas.
Salmo 18:28.

LA MECHA DE MI lámpara me sirvió por largo tiempo suministrando silenciosamente la luz necesaria para mi lectura. Me sentí realmente avergonzado de no haber notado antes su modesto ministerio. Le dije:

— Te agradezco mucho el servicio que me has prestado por tantos meses.

— ¿Qué he hecho por ti?

— ¿No has alumbrado cada noche la página que leo?

— Por cierto que no. No tengo luz que dar. Sácame del aceite y verás cuán rápidamente me apago. En seguida me transformaría en un pedazo de tela humeante. No soy yo quien da la luz. Es el aceite que ha saturado mi tejido. Él es el que te alumbra. Yo simplemente sirvo de intermediario entre el estanque del aceite y la llama que te alumbra. Mi cuerpo negruzco poco a poco se va acabando, pero la luz alumbra continuamente.

— ¿No tienes miedo de quedar inservible? ¡Mira cuántas pulgadas te quedan aún! ¿Serás capaz de dar luz hasta que cada milímetro de tu cuerpo se haya consumido y haya sido cortado?

— Mientras no falte el aceite, no debo temer. Sólo necesito que una mano cariñosa corte de vez en cuando la parte quemada, dejando una nueva porción de mi ser expuesta a la llama. Mi necesidad se reduce a estas dos cosas: aceite y poda. Dame estas dos cosas y arderé hasta el fin.

Puedes sentirte inútil e incapaz, pero se ha preparado una fuente inagotable de aceite para abastecerte: *No por tu poder, ni con tus fuerzas, sino por Su Espíritu.* ¡Hora tras hora el aceite sube por la mecha para alimentar la llama!

NO PUEDES AGOTAR A DIOS

¡No nos acobardemos cuando se usen las despabiladeras! Ellas solamente cortan lo que en nosotros ya no sirve. Él está tan consciente de Su obra, que usa despabiladeras de oro. ¡Y la mano que usa las despabiladeras lleva las cicatrices del Calvario! — F. B. Meyer.

18 de Marzo

Vosotros sois la luz del mundo.
Mateo 5:14.

Así alumbre vuestra luz delante de los hombres.
Mateo 5:16.

AL ANOCHECER DESPEGARON veintidós aviones desde una base naval para realizar maniobras. Repentinamente se levantó una espesa niebla. Ocho de ellos alcanzaron a aterrizar, pero los demás fueron apresados por la impenetrable neblina. Cuatro aviones se estrellaron, y uno de ellos se incendió. Dos horas más tarde solamente dos aviones quedaban en el aire. De pronto las radios comenzaron a dar el siguiente mensaje: "A todos los automovilistas; por favor diríjanse de inmediato al aeropuerto en las afueras de la ciudad. Dos aviones están perdidos en la neblina y ustedes les pueden ayudar a aterrizar." Pronto los caminos de acceso al aeropuerto estuvieron repletos de autos que avanzaban cautelosamente en medio de las densas tinieblas, debido a la poca visibilidad. A medida que llegaban los coches, las autoridades los iban ubicando a los costados de la pista de aterrizaje con sus focos dirigidos hacia la pista. Más de dos mil quinientos coches rodearon completamente la pista de aterrizaje. Pronto recibieron la orden: "Enciendan todas las luces." Ningún coche tenía una luz suficiente para transitar en medio de aquella espesa niebla, pero las luces de dos mil quinientos coches juntos iluminaron de tal manera el campo que un piloto de transporte pudo despegar y guiar los aviones perdidos en su aterrizaje.

Ni tu luz ni la mía son muy brillantes, pero si cada uno de nosotros dirige su luz hacia este mundo cubierto por la neblina del pecado y de la desesperación, habrá suficiente luz para que nuestro Gran Piloto, Jesucristo, despegue y traiga a terreno seguro las almas perdidas.

Muy densa fue la oscuridad
que en mi pecado me cercó
mas el Señor en su bondad,
viniendo a mí así me habló:
Yo soy la luz, yo te guiaré
Yo tu camino alumbraré.

V. Mendoza

Conserva limpia tu lámpara, para que no se diga que cuando más se necesitaba dio una luz incierta que no guió al alma extraviada.

19 de Marzo

No mirando cada uno por lo suyo propio, sino cada cual también por lo de los otros.
Filipenses 2:4.

CONOCIMOS un viejito que caminó varios kilómetros para reparar escaleras de campo para que resultaran un poco más fáciles de usar para los viejos y los enfermos. La gente consideró que era un enfermo mental, pero en el Gran Día eclipsará a Napoleón.

El que quita una piedra de tropiezo del camino de su hermano y el que ayuda al inválido en la escalera revelan poseer la mente de Cristo.

"Saludad a Apeles, aprobado en Cristo" (Rom. 16:10). Aparte de esto, nada sabemos de Apeles. Basta saber que su ministerio era imperceptible: oscuro, invisible, pero aprobado. Tú anhelas el reconocimiento, la publicidad. Anhelas que la tarea que estás realizando reciba una gran aclamación. Quizás hay mucho que hacer a tu alrededor de poco alcance cuya responsabilidad tú eludes pensando que alguien con menos ambición puede hacer lo que tiene carácter temporal. Muchas responsabilidades pequeñas, sin importancia, sumadas pueden ser más grandes que unos pocos hechos "ilustres". Dios se preocupa tanto de lo pequeño como de lo inmenso. ¡Sé un Apeles y sé aprobado! Estás en tu pequeño sitio a un costado del camino, desconocido desapercibido por el mundo, pero el Señor ha ensalzado tu labor y a aquella labor debes volcar tus mejores talentos y tu energía. ¡Sé un Apeles, sé aprobado! — M. T.

Es asombroso cuánto se puede lograr en la vida cuando reflexionamos en estas antiquísimas máximas:

Minuto a minuto,
paso a paso,
uno por uno
día por día
poco a poco.

M. Taylor

20 de Marzo

Éstos pues, son los mandamientos, estatutos y juicios...
Deut. 6: 1.

L A BIBLIA ES un hermoso palacio construido con sesenta y seis bloques de mármol: los libros que la integran. En el primer capítulo de Génesis entramos al vestíbulo, que está lleno de los hechos de la Creación. Del vestíbulo pasamos al palacio de justicia: los cinco libros de Moisés. Pasados éstos, llegamos a la galería de arte de los Libros Históricos. Hallamos colgados de sus paredes cuadros de batallas, de hechos heroicos, de personalidades eminentes de los primeros tiempos de la historia de la humanidad. A continuación hallamos la cámara del filósofo: el Libro de Job. Siguiendo adelante hallamos el salón musical, el Libro de los Salmos, donde oímos los acordes más hermosos que se han podido producir. En seguida llegamos a la oficina comercial, el Libro de Proverbios, en cuyo centro está el lema: "La justicia engrandece a la nación, mas el pecado es afrenta de las naciones." Desde allí pasamos a la capilla eclesiástica, donde está el Predicador en su púlpito y de allí pasamos al conservatorio, El Cantar de Salomón, con la Rosa de Sarón, el Lirio de los Valles, y toda clase de perfumes, frutas y flores. Finalmente llegamos al observatorio, Los Profetas que, con sus telescopios dirigidos a estrellas cercanas y distantes, observan atentos la Estrella Resplandeciente y de la Mañana que está por aparecer. Atravesando un patio, llegamos al salón de audiencias del Rey, los Evangelios, donde hallamos cuatro cuadros vivos del Rey mismo. En seguida hallamos el taller de trabajo del Espíritu Santo, Los Hechos de los Apóstoles, y más allá la oficina de correspondencia, Las Epístolas donde vemos a Pablo, Santiago, Pedro, Juan y Judas en sus escritorios. Si quieres saber qué están escribiendo, sus cartas están abiertas para todo el que quiera estudiarlas con detención.

Antes de salir, nos detenemos por unos instantes en la galería exterior, el Apocalipsis, donde contemplamos unos vívidos cuadros del juicio venidero y de las glorias que serán manifestadas, con un aterrorizador cuadro del Trono Blanco del Rey al final. — W. Duns.

21 de Marzo

Así que no temáis; más valéis vosotros que muchos pajarillos.
Mateo 10: 31.

N O HACE MUCHO, vi un pajarillo tieso y helado en el suelo. Pensé: "Casi me encuentro con Dios aquí, porque acaba de asistir al funeral de este pajarillo." Fue este pajarito el que sirvió de ilustración al Señor para dar a sus discípulos una preciosa lección de confianza. Les dijo que ni siquiera un gorrioncito podía caer en tierra sin que lo notara Dios, el Padre, y que Él no se olvida de ninguno de ellos. Si el Padre Celestial se preocupa tanto por uno de esos pajaritos que pesan unos pocos gramos, ¿no resulta maravilloso saber que se preocupará de nosotros que somos de mucho más valor que muchos gorriones juntos? Multiplica por mucho el valor infinito del cuidado que el Creador prodiga al Universo, y tendrás una idea aproximada de su cuidado por ti. Ya que Él los alimenta y viste con tanta solicitud y cariño, ¿no hará mucho más por alimentarte y vestirte a ti? — M. T.

22 de Marzo

¿No sabéis que si os sometéis a alguien como esclavos para obedecerle, sois esclavos de aquel a quien obedecéis, sea del pecado para muerte, o sea de la obediencia para justicia?

Romanos, 6:16.

ERA UNA NOCHE oscura y tormentosa. La mayor parte de las ovejas habían regresado al redil, pero faltaban tres. En un rincón, en su casilla, estaba la fiel perra con sus pequeños, pensando que su trabajo había terminado. De pronto oyó el llamado del pastor, que señalando el redil gritó:

— ¡Faltan tres, anda a buscarlas!

Miró con tristeza a sus pequeñitos, luego miró a su amo, y con amor obediente se sumergió en las tinieblas. Después de una hora regresó con dos de las ovejas. Ella sangraba al igual que aquellas que había rescatado. Había luchado arduamente para salvarlas de las espinas y el torrente, pero allí estaban a salvo y eso era lo que importaba. Con una mirada de gratitud se echó en su casucha y se puso a acercar sus hijitos a su seno.

Pero, nuevamente resonó la voz del amo que, preocupado pero amoroso, señalaba hacia las tinieblas diciendo:

— ¡Hay una perdida todavía, ve a buscarla!

Ella lo miró con una mirada de anhelos inexpresables, pero él aún le estaba indicando las horrorosas tinieblas. Si las miradas pudieran hablar, podríamos decir que aquella mirada fue su último adiós, antes de ser recibida por la oscuridad. Pasaron horas antes de su regreso. La noche estaba bastante avanzada cuando el pastor oyó un leve arañazo en la puerta. Se levantó y abrió. Allá estaba ella, arrastrándose, casi muerta, a su lado, la pobre oveja herida temblando de frío. Había hallado la oveja perdida al costo de su misma vida. Miró a su amo como diciendo: "Te he amado más que a mí misma vida", y luego se arrastró a su casita, se echó junto a sus hijitos y se sumió en la quietud de la muerte. Había amado a su amo y había dado su vida por las ovejas perdidas.

Si una perra pudo amar de esa manera, sin pensar en eternidad ni en recompensa, sin un ciclo que la esperara, para recibir solamente una sonrisa de aprobación de su amo en el último momento de su vida, ¿qué es lo que debe esperar de nosotros Aquél que ha dado su vida y que quiere darnos un galardón que jamás se marchitará? ¿Podemos captar su mirada que puesta en las impenetrables tinieblas clama: "Miles de millones están perdidos, por tanto, ID."?

23 de Marzo

Fuera entonces tu paz como un río...

Isaías 48:18.

ALGUIEN ESCRIBIÓ que el hombre que puede cantar. "En mi ser tengo paz" en un momento cuando "Ruge la tormenta de mi vida en derredor", ha aprendido los secretos del Señor y puede exclamar gozosamente con Job: "Aunque me mate, yo en Él confiaré."

Horacio Spafford, abogado de Chicago, era un hombre de esta calidad. Cuando la ciudad fue arrasada por un gran incendio en 1871, perdió todas sus posesiones materiales. Dos años más tarde, enviaba a Europa a su esposa y a sus cuatro hijos, mientras él se empeñaba en la tarea de reconstruir su fortuna perdida.

Zarparon el 15 de noviembre de 1873 en el vapor *Ville d'Havre*. Una tarde en medio del océano el barco chocó con un velero.

La señora de Spafford reunió sus niños en la cubierta en cuanto se produjo el choque, y se arrodilló pidiéndole a Dios que los salvara o les diera la disposición de morir si era necesario. A los quince minutos, el barco se había hundido. Cayeron al agua y quedaron separados. Ella fue recogida inconsciente por uno de los que remaban en un bote salvavidas, pero los niños se perdieron.

Algunos días más tarde, cuando la señora de Spafford desembarcó en Cardiff, Gales, le envió un cable a su marido: "Salvada, sola."

Cuando el abogado Spafford recibió la terrible noticia exclamó: "Bien, ¡sea hecha la voluntad del Señor!", y dio expresión a su fe en la letra de un himno que ha sido de bendición a muchas almas en tribulación: "Paz como un río, inunda mi ser."

A un rico que había quedado arruinado en el pánico de 1899 y se había dado a la desesperación, un amigo le contó cómo había sido escrito ese himno. Inmediatamente respondió:

— Si Spafford pudo escribir un himno tan hermoso de resignación, jamás volveré a quejarme.

Y para los que han perdido sus bienes en años recientes, recomendamos la fe del abogado Spafford en Aquél que nos comprende y que nunca falla.

El viento más inpetuoso, jamás logra perturbar la quietud de las estrellas. — J. H. Jowett.

24 de Marzo

Tiempo de callar...
Eclesiastés 3:7.

Es cierto que "no hay poder dado por Dios al hombre que lo distinga más de las bestias que el poder de hablar con inteligencia". Pero también es cierto que el cristiano que conserva la calma y vence el pánico frente a la adversidad y la prueba y que rehúsa criticar despiadadamente a quienes han seguido "un camino más bajo" se halla más cerca del Espíritu de Cristo. "Y siendo acusado por los principales sacerdotes y por los ancianos, nada *respondió.* Pilato entonces le dijo: ¿No oyes cuántas cosas testifican contra ti? Pero Jesús no le respondio *ni una palabra.*" (Mateo 27: 12-14.)

Tenemos aquí el ejemplo que quedó para los cristianos de todos los tiempos. El poderoso, el omnipontente Hijo de Dios, a cuya sola palabra fueron formados los universos con toda su compleja gloria, prefirió conservar una calma absoluta y un silencio total. En semejantes circunstancias ¿cuántos de nosotros hemos sentido que debemos predicar, justificarnos, "tomar cartas en el asunto" y "poner las cosas en su lugar"?

¿Fue la debilidad lo que preparó a Jesús para no responder palabra? ¿Era un cobarde, que, temeroso de las consecuencias, no se atrevió a hablar? ¿Repudió con su silencio sus pronunciamientos anteriores? ¡No! ¡Jamás! Éste es realmente uno de los cuadros más majestuosos de la fortaleza divina en todas las Escrituras. A los que estaban observando el desarrollo de este drama les pareció, sin duda, que el presuntuoso Galileo había sido reducido a la nada, que su derrota era total, que quedaba eternamente desacreditado. Pero tú y yo sabemos que estaban mirando mal las cosas y que los siglos han reducido a polvo y han revelado la infamia de aquellos que asesinaron al Salvador de la humanidad.

La era espacial en que vivimos produce tensiones y presiones, pero esto no es producto exclusivo de nuestra época. Recuerda, si quieres, la peligrosa condición y posición de los hijos de Israel cuando se detuvieron precariamente a orillas del mar Rojo, seguidos por el rugiente ejército de Faraón que envuelto en una densa nube de polvo se acercaba en ardiente persecución. Desde el punto de vista humano, había solamente dos posibilidades: ser masacrados en el desierto, o morir ahogados en las aguas turbulentas del mar Rojo.

¿Qué hicieron? Se olvidaron de Dios, dejaron su fe y olvidaron los hechos poderosos de Dios que poco antes habían presenciado. Murmuraron y se quejaron con amargura expresando su deseo de regresar a la esclavitud y miseria de Egipto, en vez de unir su suerte a la de Dios. La voz de Moisés sonó como trompeta en toda la extensión del campamento, con palabras que llegaron hasta el alma y tranquilizaron a la multitud rebelde: "El Señor peleará por vosotros y vosotros saldréis con paz." Las batallas de la vida no son nuestras, son del Señor. Debemos aprender a guardar silencio y a tener calma. El Salmista dijo: "Estad quedos y conoced que yo soy Dios."

"Que no diga una palabra de error, ociosa o impensada; pon tu sello en mis labios, por este día."

25 de Marzo

El que me envió, conmigo está, no me ha dejado solo el Padre, porque yo hago siempre lo que le agrada.

Juan 8:29.

EL CRISTIANO SE siente impulsado por tres sentimientos:

El sentido de dirección: hace siempre lo que a Él le agrada. Nada puede superar los ejemplos y las prácticas de nuestro Señor Jesucristo. Aunque revisemos todos los tratados sobre relaciones personales y conducta, no podremos hallar ninguna dirección más digna de confianza en asunto de fe y conducta que la que nos fue entregada en este resumen sencillo, pero vital, ocupémonos en hacer (no solamente contemplar) las cosas que agradan a Cristo, y esto "siempre".

Un sentido de misión: Cristo, para darnos el ejemplo, reconoció y aceptó el mandato divino. Para Él no se trataba de algo que se había propuesto a sí mismo, sino que estaba consciente del imperativo divino: "El que me envió." Así debe ser para todos aquellos que llevan su nombre.

Un sentido de compañerismo: Cristo reitera la realidad de la presencia divina: "no me ha dejado solo". Esta afirmación es de importancia suprema. — Seleccionado.

La raza de los ungidos de Dios jamás se acabará. Ellos están delante de su faz y le sirven noche y día. Aunque la razón y la incredulidad se lancen contra ellos como arroyos impetuosos, ellos están allí y allí estarán hasta el fin, sacerdotes del Dios Alto.

26 de Marzo

Hazme saber, oh Tú a quien ama mi alma, dónde haces reposar tu majada al mediodía.

Cantares 1:7.

SE HA PERDIDO el arte de descansar al mediodía y son muchos los que están sucumbiendo a las tensiones de una vida que se vive a alta velocidad. El descanso es un sedante para el enfermo y un tónico para el fuerte. Significa emancipación, iluminación, transformación. Nos libra de ser esclavos.

¡Cuida que no se le acabe la cuerda a tu reloj!, es la oportuna admonición que cantan los negros del sur de los Estados Unidos. Tengo un reloj cuya cuerda dura 8 días. Una noche, después de un día especialmente agotador, con las fuerzas gastadas hasta lo sumo (nos habíamos olvidado que la majada descansa al mediodía), nos dimos cuenta que estábamos llevando cargas que correspondían al día siguiente, al mes siguiente y al año siguiente. El sueño se nos iba, cuando oímos el lento y débil tictac de ese reloj que parecía decir "Se me está acabando la cuerda y no podré seguir por mucho rato." Su sonido se oía cada vez más débil, y pronto se hubiera detenido totalmente si alguien no grita:

—¡Se le está acabando la cuerda al reloj. Es mejor que alguien le dé cuerda antes que se pare!

Y alguien lo hizo. Después de unos momentos pudimos oír el tictac vigoroso y acompasado. El reloj había recibido nuevas fuerzas y ése era el resultado. Una voz queda, suave, me habló a lo profundo del corazón y repitió el refrán del canto negro: ¡Cuida que no se le acabe la cuerda a tu reloj! — Sra. de Cowman.

27 de Marzo

Para todas las cosas hay sazón, y todo lo que se quiere debajo del sol tiene su tiempo.

Eclesiastés 3:1.

LA TRADICIÓN cuenta que un día un cazador encontró al apóstol Juan sentado jugando con una codorniz domesticada. El cazador demostró su sorpresa de que un hombre tan serio estuviera desperdiciando el tiempo de esa manera. Juan le miró y le preguntó:

—¿Por qué llevas el arco sobre el hombro sin la cuerda?

El cazador contestó:

—Si lo tuviera siempre tenso perdería su fuerza.

El buen Apóstol contestó con una sonrisa:

—¡Por eso mismo juego yo con este pajarito!

Tenemos que aprender a dejar a un lado las ocupaciones. En la inacción meditabunda se borran las arrugas del alma.

No todos pueden pasar sus vacaciones en las playas o en las montañas. Somos un pueblo ocupado, y tenemos que aprender el secreto bendito de descansar donde nos encontramos. — Sra. de Cowman.

De cierto, de cierto os digo, que si el grano de trigo no cae en la tierra y muere, solo queda; pero si muere, lleva mucho fruto. El que ama su vida la perderá; y el que aborrece su vida en este mundo, para vida eterna la guardará.

Juan 12:24, 25.

SEGÚN LA ENSEÑANZA del Maestro, uno saca más provecho de la vida si está dispuesto a perderla. Su proposición es perder la vida sirviéndole a Él, porque perderla por su causa es salvarla. El yo debe quedar de lado: el ser inferior debe sujetarse al Ser Superior. La botella de alabastro debe ser quebrada para que fluya el precioso ungüento de la bendición y su perfume llene la casa. Las uvas deben ser exprimidas para que entreguen el buen vino. El trigo debe molerse para que sirva para hacer el pan que alimenta al hambriento.

La parábola de la vida es la misma. Los hombres que no han tenido un quebrantamiento ni han sufrido golpes, son inútiles. La vida es un continuo batallar en que el bien triunfa sobre el mal, el espíritu sobre la carne. Realmente solo comenzamos a vivir cuando dejamos de vivir para el yo. La verdadera vida es morir.

Cuando la ley del sacrificio personal llega a ser el principio por el cual se gobierna nuestro corazón, nuestra vida llega a ser una vida llena de bendiciones para los demás. Mientras no aprendemos esta lección no servimos de gran cosa a aquellos que nos rodean.

Una ilustración de la utilidad que procede de lo inútil, se ve en la extracción del granito y del mármol que se usa para edificar una casa de adoración. Imaginémonos a las piedras quejándose y gruñendo mientras los picapedreros introducen sus taladros en las duras rocas. Suponen que quedarán destruidas cuando se les separe de la roca que las vio nacer, y donde han vivido sin ser perturbadas por miles de años. Después que las cortan en bloques, las sacan de allí y las pulen y les dan forma. Entonces se dan cuenta que han sido destruidas para que puedan llegar a ser útiles. Piensa en esto, en llegar a ser piedra bendita puesta en un lugar en que el Creador sea glorificado, donde la Palabra de Dios sea predicada, donde el pecador encuentre vida, esperanza y un Salvador, donde los dolientes hallen consuelo, y los ansiosos paz en el corazón. Es natural, entonces, que aquellas frías piedras grises sean sacadas de sus oscuras murallas rocosas, aun en medio de gran dolor, para llegar a prestar utilidad. Por medio de su destrucción fueron hechas útiles.

Jesús ejemplificó esta ley con una parábola que demuestra cómo se aplica a la vida humana. Dijo que la semilla debe caer en tierra y morir para llevar fruto. Ilustremos esta verdad con su cruz en el Calvario. Alguien piensa que su preciosa vida fue desperdiciada allí. ¿Es cierto? ¿Fue un desperdicio su crucifixión? — M. Taylor.

Durante treinta y tres años fuiste una semilla viva, un germen solitario, caído en el lado perdido de este mundo. Tranquilo pasaste la muerte y resucitaste. Estuviste rodeado de malezas salidas del suelo fértil del mal y la necesidad. Te despreciaron, tus amigos te negaron, la soberbia te insultó, hasta que al fin lo terrible sucedió: tener que morir, y en sepulcro de piedra por tres días dormir. ¡Sueño divino, breve, para el Varón de Dolores, experimentado en quebrantos! Eras semilla del cielo. Moriste para que de ti se levantara alta y bien arraigada la flor carmesí para bendición de la humanidad.

29 de Marzo

Pobrecita, fatigada con tempestad, sin consuelo, he aquí yo cimentaré tus piedras sobre carbunclo.

Isaías 54:11.

ES QUE NO HAY fin para las tribulaciones? ¿No hay límite para las aflicciones? Preguntas: ¿Podemos estar seguros que Dios conoce nuestras preocupaciones y nuestras flaquezas? ¿Vendrá la mañana con nuevas esperanzas y nuevas fuerzas? Sí, corazón mío, hay esperanza, hay límite. El mismo Señor nos prometió que no tendríamos aflicciones superiores a lo que podemos soportar. Dios envía las aflicciones y Él las quita. Espera en silencio y soporta con paciencia la voluntad del Señor hasta que Él venga. Cuando se ha cumplido el propósito para el cual Él ha usado la vara, pone fin a la tribulación y limita la aflicción. La aflicción es un tiempo de prueba para purificarnos como el oro, para que glorifiquemos a Dios, y su fin vendrá cuando el Señor nos haya usado para testificar de su gracia y su bondad. Cuando le hayamos dado toda la honra que podemos darle. Él hará que la aflicción se aleje de nosotros.

El día de hoy puede ser de calma y quietud. ¿Cómo podríamos saber si pronto las olas furiosas van a estar en lugar del tranquilo mar de vidrio? ¿Estás preparado con el "lino de la vida", de la confianza y la fe, para cuando ese momento llegue? Si estás preparado, las penas, los temores, los fracasos y los errores pueden ser echados por sobre la borda. Al echar esas "cargas" por sobre la borda, el barco se aligera y puedes confiar en que el Timonel te llevará a puerto seguro, libre de la ira del mar de la vida.

Las dificultades de la vida vienen para producir un beneficio posterior. Necesitamos experimentarlas para poder soportar mejor el futuro en el que nos acechan tribulaciones mucho mayores que las del presente. Los caminos fáciles, carentes de piedras agudas, no preparan al peregrino para la cansadora subida al "monte de la dificultad".— M. Taylor.

No son pérdidas las dificultades que he tenido, las piedras en la que he tropezado: las penas, los temores, los fracasos, los errores y todo lo que puso a prueba mi fe y mi paciencia. Ahora las necesito;

han puesto un sólido fundamento sobre el cual puedo edificar las elevadas torres de mi casa de adoración.

30 de Marzo

Porque el siervo del Señor debe ser... amable para con todos.

2 Timoteo 2: 24.

UNA HERMOSA LEYENDA cuenta que un día el ángel de las flores, el ángel que tiene el cargo de cuidar las flores de adorno, estaba acostado durmiendo bajo la sombra de un rosal. Despertó bastante repuesto de su sueño y le dijo a la rosa:

Oh querida, objeto de mis cuidados,
eres la más hermosa donde todo es hermoso,
por la dulce sombra que me has dado,
pide lo que quieras pues te será otorgado.

La rosa pidió que se le concediera otra gracia. El ángel pensó en silencio qué gracia quedaba entre sus regalos y adornos que la rosa aún no tuviera. Entonces puso un velo de musgo sobre la reina de las flores y resultó una rosa musgosa, la más hermosa de todas las flores. Cualquier cristiano, aun el más "cristianísimo", que ore pidiendo un nuevo encanto, o alguna nueva gracia en su carácter, debe pedir más gentileza. Esta es la corona de la benignidad, la más cristiana de todas las cualidades cristianas.

Cada hombre tiene un corazón hambriento de ternura. Hemos sido hechos para amar, y no solo para amar, sino para ser amados. La aspereza nos duele. La falta de amabilidad quema nuestros espíritus sensitivos de la misma manera que la helada quema las flores. Impide el crecimiento de todo lo hermoso. La amabilidad es como un verano cordial en nuestra vida. Bajo su calor crece en nosotros la influencia nutritiva de las cosas hermosas.

Hay mucha gente que tiene especial necesidad de ser tratada con ternura. Nosotros no sabemos cuántas cargas secretas están llevando aquellos que nos rodean. No sabemos las penas secretas que queman los corazones de aquellos con los que a diario nos encontramos. No todas las penas usan el vestido exterior del lamento; las caras sonrientes son a veces el velo de un corazón dolorido. Mucha gente jamás pide que se le tenga compasión. Ciertamente la necesitan, aunque no la pidan, mientras se inclinan bajo su pesada carga. No hay debilidad en tal actitud. Recordemos cómo nuestro Maestro mismo anhelaba recibir expresiones de amor cuando pasaba por sus experiencias más profundas de sufrimiento y cuánta amargura sintió cuando sus amigos le fallaron.

"Jamás será errónea la amabilidad. No existe el día en que la amabilidad esté fuera de lugar. No existe el lugar donde la amabilidad no sea bienvenida. A nadie le causa daño y puede salvar a muchos de la desesperación." — J. R. Miller.

Tu benignidad me ha engrandecido. (Salmo 18:35.)

31 de Marzo

Tú guardarás en completa paz a aquel cuyo pensamiento en Ti persevera, porque en Ti ha confiado.

Isaías 26:3.

LA TENSIÓN ACALLADA no es confianza. Es solamente ansiedad comprimida. Con bastante frecuencia pensamos que estamos confiando, cuando en realidad solamente estamos controlando nuestro pánico. La verdadera fe no solamente da un exterior sereno, sino que también da quietud en el corazón.

Amy Carmichael da una hermosa ilustración de la naturaleza acerca de esta clase de confianza. El pájaro sol, uno de los más pequeños, originario de la India, construye un nido colgante sostenido por cuatro frágiles hebras. Es una obra de arte realmente delicada, con techo, porche, que un poco de agua o el toque de un niño podría destruir. La señorita Carmichael vio que uno de estos pajaritos estaba construyendo su nido justo al comienzo de estación del monzón. Pensó inmediatamente que por primera vez había fallado la sabiduría del reino animal, porque ¿cómo podría sostenerse una estructura tan delicada en tal estación con vientos y lluvias torrenciales? Llegó el monzón, y desde su ventana, miraba el nido que se balanceaba en su rama movido por el viento. Entonces notó que el nido había sido colocado de tal manera que las hojas que estaban más arriba formaban pequeñas canales que impedían que el agua cayera sobre el nido. Allí estaba el pájaro sol echado, con su cabecita en el porche, y cada vez que una gota caía sobre su pico largo y curvado, lo succionaba como si fuera néctar. Las tormentas se desataron con toda su furia, pero el pájaro sol seguía echado sin temor, tranquilo incubando sus huevitos.

Tenemos un reposo de mente y alma más sustancial que el del pájaro sol: ¡Tenemos las promesas de Dios! Ellas bastan, no importa cuan terrible sea la tempestad. — J. C. Macaulay.

1 de Abril

Díganlo los redimidos de Jehová
Salmo 107:2.

EL PENTECOSTÉS DA expresión: "todos comenzaron a hablar...". El testimonio es una forma bien efectiva de esparcir la Palabra de Dios. El Salmista estimuló a los hombres de su tiempo a que proclamaran al Dios Altísimo y sus maravillosas obras entre los hijos de los hombres.

En la actualidad enfrentamos la desesperante necesidad de que los creyentes en este maravilloso Evangelio lo den a conocer a los demás; que proclamen su gracia salvadora en los buses, en los trenes, en la oficina, en el taller y en las calles. Necesitamos que nuestra religión sea proclamada con valentía. "Si te has salvado del naufragio, ¿por qué no le dices a los demás que están en el naufragio quién y cómo te salvó? Si tienes un título de dominio legítimo de una mansión celestial, ¿por qué no se lo dices a tu vecino para que sepa cómo obtener uno en la misma calle celestial donde está la tuya? Muchos cristianos están paralizados con el temor. Permanecen mudos cuando debieran ser locuaces, guardan silencio cuando debieran cantar, se encadenan cuando deben estar libres.

El testimonio es un medio de gracia para el alma. Es para el alma lo que una corriente de aire es para una estufa. Cierra el paso del aire y el fuego se apaga. Cierra tu boca y tu fuego se apagará. Ábrela y el fuego dará una hermosa llama.

Si un hombre tiene religión, debe desistir de ella o debe divulgarla. La religión no es solamente para el deleite personal, es para compartirla con otros. Arrinconarla es matarla. Has pensado alguna vez cómo es que una generación le entrega el Evangelio de Cristo a la otra. Has pensado en lo que pasaría si una generación fallara en realizar esta comunicación.

Alguien contó una vez la siguiente historia: Cuando Jesús terminó su obra en la tierra, se encontró con el ángel Gabriel cerca de la puerta del Cielo. Gabriel le preguntó:

—¿Dejaste un grupo organizado para que divulgue tu obra? ¿Estás seguro que entre ellos hay algunos que cumplirán su labor diligente y fielmente?

Jesús le contestó:

—Le dejé instrucciones a Pedro, Santiago, Juan, María y Marta. En ellos se puede confiar. Ellos van a hablar con la gente y le van a dar a conocer mi Palabra. La obra seguirá adelante. Gabriel, aunque ángel, conocía las fragilidades de la naturaleza humana. Siguió diciendo:

—Y ¿qué pasa si se olvidan? Debieras haber hecho otros planes.

Jesús, con tranquilidad, le respondió:

—No tengo otros planes. Cuento con ellos. — M. Taylor.

El corazón del Señor está llorando
por las almas que lejos están;
Él las ama tanto y tanto,
como nos ama a ti y a mí.
El tiempo raudo va pasando
y para su obra descansa en mi y en ti
¿Podrás cara a cara mirarlo,
si no has hecho lo que espera de ti?

M. M.

2 de Abril

*Estamos atribulados en todo, mas no angustiados; en apuros, mas no
desesperados; perseguidos, mas no desamparados; derribados, pero no
destruidos.*

2 Corintios 4·8, 9.

JORGE MATHESON, el gran predicador escocés, escribió las siguientes
palabras cuando supo por intermedio de un oculista que se iba
a quedar ciego:

¡Oh amor que no me dejarás,
descansa mi alma siempre en ti;
Es tuya y tú la guardarás
y en el océano de tu amor,
más rica al fin será!

Él escribió también lo siguiente: Hay momentos cuando las cosas
me parecen muy oscuras, tan oscuras que aún tengo que esperar la
esperanza. Una promesa que demora en cumplirse trae consigo dolor,
pero esperar la esperanza, no tener el menor vislumbre de esperanza,
sin desesperar; no tener sino noche oscura delante de la ventana, pero
mantenerla abierta para ver las posibles estrellas; tener un vacío en
el alma, pero reservarlo para que no lo llene una presencia indigna,
¡es la más grande paciencia del mundo! Es Job en medio de la tormenta; es Abraham caminando hacia Moria; es Moisés en el desierto de
Madián; es el Hijo del Hombre en el jardín de Getsemaní.

Se necesita verdadera fe para ver el arco iris en medio de la lluvia; pero se necesita una nube con agua para que se forme el arco.
Jorge Matheson aprendió a tener una confianza infantil en Dios, y
su testimonio ha bendecido a millones de personas desde su generación.

¿Qué hacer entonces? ¿Sentarnos y decir:
La noche llegó, el día ha pasado?
Pero cuando la luz del crepúsculo vemos disminuir
las estrellas, invisibles en el día,
el cielo van llenando.

¿Por qué te abates? ¡Espera en Dios! Yo aún le alabaré.

3 de Abril

Porque yo derramaré aguas sobre el sequedal, y ríos sobre la tierra árida.

Isaías 44: 3.

PODEMOS ESPERAR UN avivamiento antes de la venida del Señor? ¿Está el mundo tan afectado por psicosis de guerra que no podemos orar por un avivamiento hasta que las cosas mejoren?

Carlos Finney dijo: "Si hubiera un despertar en vuestra comunidad, en vuestra iglesia, en vuestra vida, luego vendría el combustible y el resultado sería el fuego del avivamiento."

El costo es alto. "Si el grano de trigo no cae en tierra y muere, queda solo; pero si muere, lleva mucho fruto." El único camino que lleva al poder pasa a través de la muerte del yo y del pecado. ¿Nos ofreceremos para ser combustible de Dios? ¿Haremos morir el yo y el pecado en nosotros? Demos la respuesta a Dios hoy mismo en algún lugar secreto, y mientras esperamos en Él hasta que haya llenado nuestra alma con su Presencia.

¡Señor, envía un avivamiento! ¡Señor, hazlo hoy!

> *Aviva tu obra, ¡oh, Dios!*
> *Ejerce tu poder;*
> *Los muertos han de oír la voz*
> *que hoy hemos menester.*
>
> *A tu obra vida da;*
> *las almas tienen sed;*
> *hambrientas de tu buen maná*
> *aguardan tu merced.*

T. M. W.

4 de Abril

En la ley de Jehová está su delicia, y en su ley medita de día y de noche.

Salmo 1: 2.

EL QUE AMA LA Palabra de Dios, el que descansa en lo que ella dice, el que se aprende un texto breve de ella para meditar en él durante su diario trajinar, y medita en "ella de día y de noche", "todo lo que hace prosperará". Si encuentras una persona que hace esto y no prospera, tienes derecho a dudar de la inspiración del Salmo 1. Pero trata de encontrar esa persona primero. — J. H. T.

Juan Wanamaker compró una Biblia cuando tenía once años. Años más tarde dijo acerca de esta compra: "Desde luego, he hecho grandes compras de propiedades, con inversiones de millones de dólores, pero la compra más grande la hice cuando tenía once años de edad y era un niño de campo. En una pequeña escuela dominical compré una pequeña Biblia de cuero rojo por $ 2,75. La pagué en cuotas pequeñas. Al mirar retrospectivamente mi vida, me doy cuenta que aquella Biblia roja puso el cimiento sobre el cual se edificó mi vida y es lo que ha hecho posible todo lo que vale la pena en mi vida. Ahora reconozco que fue la inversión más grande y la compra más importante y de consecución más duraderas que he hecho."

Ayer en la tarde pasé frente a la puerta del herrero, y oí el repicar del yunque, cual campanas vespertinas. Miré, y vi sobre el suelo martillos viejos, gastados por los años de trabajo incesante.

— ¿ Cuántos yunques has necesitado para gastar todos esos martillos ? — le pregunté.

— Solamente uno — fue su respuesta, y luego guiñando un ojo añadió —. El yunque gasta los martillos, como usted sabe.

Pensé: Así es el yunque de la Palabra de Dios. Por siglos la han golpeado los martillos del escepticismo y aunque sus martillazos han hecho mucho ruido, el yunque sigue indemne, mientras los martillos gastados, han quedado en desuso.

5 de Abril

Saulo había visto en el camino al Señor.

Hechos 9:27.

QUE NUESTRO Padre Celestial esté de parte nuestra no significa que no nos alcanzarán las tormentas de la vida, sino que Él estará con nosotros durante esas tormentas. El que ha puesto su confianza en Dios sabe muy bien que hay más seguridad junto a Cristo durante el peligro que la que hay en tiempo de solaz para el que está sin Cristo. Sólo un necio podría poner su confianza en las arenas movedizas. La única confianza que no defrauda es la que se pone en la Roca inamovible de los Siglos.

Los discípulos de Cristo deben perder la confianza en sí mismos antes de poder continuar hacia el final de su jornada. Primero deben experimentar la presencia del Señor en cada paso de su peregrinación, su Presencia constante. Entonces, ¿por qué hemos de temer la tempestad? ¿No está, acaso, bajo el control de la mano de Dios el Padre Celestial?

Cuando el dolor se presenta más profundo,
cuando la vida parece sin destino,
Cuando está fresca la herida que ocasiona el mundo,
¡Mírale! ¡Jesús está en tu camino!

Cuando dispersos y rotos ves
tus planes y proyectos más queridos,
cuando parece que todo sale al revés,
¡Mírale! ¡Jesús está en tu camino!

Cuando desalentado has dejado de orar
porque tu oración, parece no llegar
hasta su celestial destino,
¡Mírale! ¡Jesús está en tu camino!

Cuando tu esperanza más querida se ha desvanecido
Cuando te abandonan y traicionan los amigos,
y se rompen todos los apoyos terrenales,
¡Mírale! ¡Jesús está en tu camino!

Los rayos de luz rotos forman el arco iris;
Los terrones deshechos son tierra fructífera;
La vida podada da los racimos más ricos;
Las gemas cortadas y pulidas dan hermosas luces;

La cosecha proviene del grano sepultado;
La vida nace en medio de dolor y angustia;
Dios habita en seres quebrantados.
Él es Quien guía tu destino.

L. S. P.

6 de Abril

Tu reino es reino de todos los siglos, y tu señorío en todas las generaciones.

Salmo 145:13.

En el año 970 a. de C., 480 años después que los hijos de Israel regresaron de la tierra de Egipto, Salomón, hijo de David, comenzó a edificar "casa al nombre de Jehová". Debido a las guerras y circunstancias adversas, David no pudo edificar el templo. Pero a Salomón se le dio "paz por todas partes y no tenía adversarios, ni mal que temer".

"Con la cooperación de Hiram, Rey de Tiro, se hizo un enganche de constructores por todo Israel, treinta mil hombres." Los materiales fueron trasladados a Jerusalén. "Y envió a Hiram a decir a Salomón: «He oído lo que me mandaste a decir; yo haré todo lo que te plaza acerca de la madera de cedro y la madera de ciprés»." Mientras tanto en Jerusalén, mandó el rey que trajesen piedras grandes, piedras costosas, para los cimientos de la casa. Y lo que la Palabra cuenta de la estructura que siguió es realmente asombroso aún hoy.

"El tamaño y la estructura del templo deben de haber sido de inspiración para la gente de aquellos días más que para nosotros. Después de varias destrucciones y reconstrucciones del templo, aún quedan partes del templo original para que cualquiera pueda verlo. Todavía está allí, sobre el monte Moria, donde está la Mezquita de Omar, llamada a veces Techo de la Roca. Fue allí donde Abraham mostró su disposición a sacrificar su hijo Isaac. Ése es el lugar elegido para que descansara el Santísimo (El arca del Pacto). El área del templo, que cuando fue edificado ocupaba un quinto del área de la ciudad, aún ocupa una superficie de aproximadamente mil metros cuadrados."

*Desde todos los continentes
sube la oración constantemente
y a Dios continua alabanza
su pueblo siempre canta.*

7 de Abril

Pero Jesús, sabiendo todas las cosas que le habrían de sobrevenir, se adelantó...

Juan 18:4.

EL DÍA MÁS RADIANTE del mundo es el de la resurrección, pero los días previos a la resurrección no carecen de hermosura. El día de resurrección es un día de triunfo, pero los días que conducen hasta ese triunfo están cargados con un profundo significado y un sentimiento aún más profundo.

Los días previos a la resurrección nos muestran a Cristo entrando a Jerusalén de una manera emotiva, mientras los cascos de su paciente cabalgadura pisaban una alfombra de hojas de palmera. Celebraron la última cena cuando Cristo, sabedor de la cercanía del fin de su vida en la tierra, partió el pan con aquellos que amaba hasta lo sumo. Allí está el jueves santo, cuando Jesús oraba en el Huerto y fue besado por un traidor, y traicionado por un amigo. Allí está el viernes santo, que coronó con espinas al Supremo Sacrificio. Allí está el sábado santo, período del dolor, paciencia y oración. Y luego, aparecen los lirios en flor, los pájaros cantarines y la resurrección.

Los días previos a la resurrección nos enseñan a recibir el aplauso con mucha humildad: pronto se disipa en el crepúsculo del olvido. Nos enseñan que debemos ser mansos en nuestros momentos de triunfo y que debemos apoyarnos, no en la fanfarria de la multitud, sino en la aprobación aún no expresada del Juez Supremo. Nos enseñan la tolerancia. No al estilo de Pilato, que se lavó las manos y dejó que las cosas siguieran su curso, sino la tolerancia cristiana que ofrece compasión y ayuda y rehúsa tomar parte en malas acciones. Nos enseñan que no siempre la voluntad de Dios coincide con nuestra voluntad, pero que de todos modos debemos aceptarla. Nos enseñan que la vida y el amor sobreviven a las burlas y a la crucifixión.

Sabemos que a veces hay barreras, y que el dolor forma parte de nuestro futuro en la tierra. Cristo sabía — ¡y muy bien! — que el martirio sería su herencia. Sabía que durante aquella semana, la semana santa, se estaba acercando a pasos agigantados al momento de supremo dolor. Sin embargo, el conocimiento de estas cosas no lo transformó en un mero espectador de la fiesta. Conservó su apetito, su filosofía, su buen humor y su confianza en su Padre. Estaba en condiciones de participar en las festividades que colmaban la ciudad. — Margarita Sangster.

8 de Abril

Cuando no era más que uno solo, lo llamé, y lo bendije.

Isaías 51:2.

SIEMPRE QUE Dios ha requerido de alguien que haga algo grande, lo ha enviado a un refugio solitario. Lo ha llamado para que vaya solo. ¡Cuán solitarios andaban los profetas de Israel! Juan el Bautista estaba solo en medio de la multitud. Pablo tuvo que decir: "todos me han desamparado". Y ¿quién ha estado más solo que nuestro Señor Jesucristo?

Las victorias de Dios no las ganan las multitudes. El hombre que se atreve a ir donde otros retroceden, se encontrará solo, pero verá la Gloria de Dios... — Gordon Watt.

Hay un misterio en el corazón humano: aunque estemos rodeados por un ejército de personas que nos aman, y cuyo amor correspondemos, hay momentos en que cada uno de nosotros tiene la sensación de absoluta soledad. El amigo más apreciado es ajeno a nuestro gozo, y no puede comprender nuestra amargura. "Nadie puede entender realmente lo que pasa en mis sentimientos", es el clamor que eleva cada uno en su tiempo, cuando vaga solitario. No importa cuál sea nuestra suerte, cada corazón, ¡profundo misterio!, debe vivir su vida interior en soledad.

Y ¿sabes cuál es la razón? Es porque el Señor desea nuestro amor: desea ocupar el primer lugar en cada corazón. Por eso guarda para sí la llave secreta, para abrir todos los rincones y bendecir con perfecta compasión y santa paz al corazón solitario que acude a Él. Por eso, cuando sientas esta soledad, tan por cierto que Jesús te dice: "Ven a mí." Cada vez que te sientes incomprendido, su voz te llama, porque Cristo solamente puede dar satisfacción al alma. Aquellos que caminan con Él cada día jamás sienten la soledad.

9 de Abril

Cantad a Jehová cántico nuevo.

Salmo 149:1.

EN MEDIO DEL regocijo primaveral oímos un nuevo himno de resurrección. Brota de los corazones de aquellos que han recibido una canción en la noche:; canción que les ha sido enseñada por el Músico Principal. Proviene de corazones quebrantados que le han amado hasta lo sumo. ¿Sabríamos que las notas de la clave mayor no son dulces si no existiera la clave menor?

Cuando las cuerdas del corazón han sido tensadas por un dolor y los vientos de la tristeza y la prueba las soplan, desde el hombre, cual arpa eólica, oímos la música de Dios. Las lágrimas se transforman en melodía y la oración sube desde nuestro corazón: ¡Ayúdame, oh Señor, para que mis penas y aflicciones se conviertan en música para el mundo! ¡Enséñame a comenzar la música celestial! ¡Concédeme la gracia de ensayar muchas veces el eterno aleluya, para que tenga un lugar en el coro celestial y pueda unirme a los que cantan una canción nueva! Señora de Cowman.

Señor, cuán vulgar parece mi calvario cuando considero el tuyo. Solamente Simón te ayudó a levantar tu cruz, pero muchos llevan la mía. No he sido vilipendiado ni ridiculizado y a lo largo del camino muchas verónicas anónimas me enjugan las lágrimas. No tengo heridas de clavos en las manos, ni espinas en la frente y ángeles hay que van conmigo para suavizarme el camino. ¡Pero Tú! ¡Golpeado, molido, sangrante, Señor, mi Dios! Cuando te miro, pienso: ¿cómo me atrevo a llamar Calvario esta vida tan protegida que vivo? — Vera Marie Tracy.

10 de Abril

No está aquí; ha resucitado como dijo.

Mateo 28:6.

CADA AÑO HAY UN culto de resurrección a la salida del sol en el famoso Cuenco de Hollywood, al sur de California. El cuenco es un anfiteatro natural con capacidad para miles de personas sentadas. A él acuden personas de las diferentes áreas de la vida para atestiguar la resurrección de nuestro Señor y recibir una significativa bendición espiritual. A este culto llegó una querida hermana penosamente acongojada. Llegó mucho antes de la aurora y descubrió ¡Él había resucitado, tal como dijo!

Fui una de las primeras en llegar, dijo. Medité en la historia de la primera pascua, cuando ellas llegaron y hallaron la tumba vacía. Me pregunté cómo se sintieron las mujeres cuando hallaron la piedra fuera de su lugar. Aquella mañana tuve un despertar en mi alma mucho antes que las dianas sobre los cerros anunciaran la llegada de la aurora. El sol no brilló esa mañana, pero la seguridad de la resurrección de Jesús se grabó en mi ser como nunca antes lo había sentido. De pronto la oscuridad del escenario se transformó en una cruz iluminada y los niños comenzaron a cantar: "Cristo ha resucitado."

Entonces algo dentro de mí estalló en alabanza y, por primera vez en toda mi vida, comprendí por experiencia el significado verdadero de aquella revelación hecha a las mujeres en su primera visita a la tumba. Entonces miles de voces entonaron "Todos alabad el poder del nombre de Jesús" y comprendí por qué las mujeres se sintieron tan sorprendidas aquella primera mañana de resurrección: la demostración de su poder sobre la muerte había sido abrumadora. Ahora conozco el poder del Señor Resucitado. ¡Él vive! La aurora de la resurrección brilló en mi alma. ¡La noche había pasado!

11 de Abril

Y ciertamente, aún estimo todas las cosas como pérdida por la excelencia del conocimiento de Cristo Jesús, mi Señor, por amor del cual lo he perdido todo, y lo tengo por basura para ganar a Cristo.

Filipenses 3:8.

EN EL HUERTO, Jesús estaba orando que "pasara de Él ese vaso" si era ésa la voluntad del Padre, pero mientras oraba comprendió que *no* era la voluntad del Padre y se rindió a Él.

El Getsemaní es un seguro perpetuo de que si Dios permite el sufrimiento no es por falta de amor.

¡Cuántos golpes y sufrimientos evitaría uno si pudiera ver lo que Job comprendió en sus horas de más profundo dolor, cuando no había quien tendiera su mano sino sólo Dios! Él vio aquella Mano en el terrible silencio de su hogar saqueado, y su fe alcanzó su clímax cuando do el que fuera poderoso príncipe del desierto, sentado en cenizas, pudo decir: "Aunque me matare, en Él confiaré"; "Jehová dio, Jehová quitó; Bendito sea el nombre de Jehová."

Hay un misterio divino en el sufrimiento. Hay un poder extraño y sobrenatural que no ha podido ser descifrado por la razón humana. No hay otro camino para alcanzar estas bendiciones inapreciables. Ellas llegan por el camino que pasa por el monte Calvario.

Me dicen que estaré de pie sobre la cumbre del monte de los Olivos, en las alturas de la gloria de la resurrección. Pero mi anhelo es mayor, ¡Oh Padre, quiero que el Calvario me conduzca hasta allí! Quiero comprender que las sombras de este mundo son las sombras de una avenida: la que conduce a la casa de Mi Padre. Dime que me veo forzado a subir porque tu casa está en la cumbre, y que no recibiré daño alguno de los pesares, aunque tenga que caminar en medio del fuego.

Se arrodilló, juntas las manos,
en el Getsemaní sombrío,
bajo las ramas
de un frondoso olivo
Dormidas las flores, su cabeza gacha,
los pájaros nocturnos acallan su grito
y en el silencio, su mente
recorre los siglos.

Su pasado está lleno
de traición y tristeza,
de mañana, dolor y tormentas;
pero Él se arrodilla, sereno,
bajo el árbol que contempla
una lucha de significado eterno
"No mi voluntad, sino la tuya se cumpla".

12 de Abril

Y muy de mañana, el primer día de la semana, vienen al sepulcro, a la salida del sol.

Marcos 16:2.

MARCOS NOS DICE: "Vienen al sepulcro a la salida del sol." Este grupito de seguidores suyos días antes había caminado junto con la multitud que vilipendiaba a Jesús y se burlaba de Él mientras caminaba hacia el lugar llamado de la Calavera. Pocas horas antes habían sido testigos de cómo los enemigos del Señor clavaban su precioso cuerpo a un viejo madero en forma de cruz, y le habían visto morir en aquel cerro solitario y gris que quedaba en las afueras de Jerusalén. ¡Cuán doloridos se sentían! ¡Cuán abatidos estaban! La luz se había disipado repentinamente y la esperanza se había chasqueado en un abrir y cerrar de ojos. Cuando desaparece la esperanza, la última esperanza, invariablemente aparece la desesperación total.

¿Acaso no había dicho que resucitaría? No le había dicho a María y Marta: "Yo soy la resurrección y la vida"? ¿No había resucitado a Lázaro después de cuatro días de muerto? Con qué facilidad olvidamos sus palabras preciosas cuando estamos sumidos en profundas tinieblas, faltos de fe y no podemos ver la mano del Señor, ni discernir su presencia. Nos olvidamos que "en la noche oscura, cuando no llega luz desde afuera, es cuando la fe debe resplandecer".

A los discípulos agobiados y confundidos les aguardaba una sorpresa maravillosa. Fueron recibidos por ángeles que les tenían un anuncio hecho exclusivamente para ellos: "No está aquí, ha resucitado como dijo." Esto les produjo un gran reposo. Había sido un murmullo de paz, ¡dulce paz! Su amarga noche de lloro se transformaba en una mañana de gozo. Quien no ha experimentado el dolor agudo no puede experimentar la gloria más excelsa. ¡Qué alegría! ¡Qué clamor triunfal saludó a la mañana de aquella primera pascua! Era la mañana de todos los tiempos. Era el triunfo de Cristo sobre Satán. Su triunfo cubre todo el pasado y llega hasta nosotros en este mismo momento. ¡Nosotros triunfamos en la victoria de su resurrección! ¡Satanás es ahora un enemigo derrotado para siempre! — Sra. de Cowman.

13 de Abril

A los cuales, después de haber padecido, se presentó vivo con muchas pruebas indubitables, apareciéndoles por cuarenta días, y hablándoles del reino de Dios.

Hechos 1:3.

QUÉ TIEMPO PRECIOSO es para nosotros la conmemoración de la resurrección! El Señor resucitado realizó una gloriosa conquista. ¡Qué hermoso resulta, cada vez que comienza la primavera, ver cómo tras el frío intenso de los meses invernales brota el canto de los pajaritos, el verdor de las hojas, las flores! ¡Es el despertar de la naturaleza entera a una nueva vida al recibir el toque milagroso de Dios! Todo eso nos tipifica la bendición de la resurrección de nuestro Señor.

¡Cuántas cosas maravillosas ocurrieron durante esos cuarenta días en que Él se presentó vivo delante de los suyos! ¡Cómo ardían sus corazones cuando Él les abría las Escrituras y les revelaba al Cristo vivo! ¡Qué naturales y sencillas fueron sus manifestaciones! Eran los pasos silenciosos de la Omnipotencia. Halla a María temprano en la mañana, y tal como lo hacía en otro tiempo, la llama por su nombre. Saluda a sus queridos pescadores, aquellos que habían dejado sus redes para seguirle, y para ellos, cansados después de toda una noche de trabajo, preparó una comida sencilla en las playas de Tiberias. Se junta con los dos deprimidos discípulos que caminaban hacia Emaús en la tarde de aquel domingo y cuando les oyó decir: "Nosotros esperábamos que Él era el que había de redimir a Israel", dio satisfacción a sus dudas revelándose personalmente. Y aquella revelación especial les hizo "testigos de estas cosas". Desde entonces tuvieron testimonios irrevocables que presentar. ¡Cuán hermosa es la gloria de su presencia!

A través de todos los tiempos, personas de diferentes rangos han testificado de haberse hallado con profundo temor reverente, arrobados ante la presencia radiante del Señor. Abraham en la noche, junto a su altar encendido; Moisés en el Sinaí; Isaías en el templo; Pedro en la transfiguración, acompañado de Santiago, y Juan en la isla de Patmos. Nosotros también podemos conocer su presencia deslumbrante. "El Dios vivo está entre vosotros." (Josué 3:19.) "He aquí, yo estoy con vosotros todos los días ¡hasta el fin del mundo!"

¡Oh, que fueran abiertos nuestros ojos para que podamos ver las riquezas en gloria de nuestra herencia, y la supereminente grandeza de su poder, la cual operó en Cristo resucitándole de entre los muertos!

14 de Abril

Y todo aquel que lleva fruto lo limpiará, para que lleve más fruto.

Juan 15:2.

CADA PROPÓSITO de nuestra vida se cumplirá. Cada planta se verá coronada de flores a su tiempo. Cada sarmiento dará su fruto. "Su Calvario floreció en fertilidad." Nosotros también tendremos un calvario, y también florecerá. De nuestra agonía saldrá fruto abundante. La vida brotará en medio de la muerte. Es una ley del Universo.

El Dr. Vincent cuenta que una vez contemplaba los tentadores racimos de uva que colgaban de las paredes de un gran invernadero. El propietario le contó:

—Cuando llegó el nuevo jardinero, dijo que no se ocuparía de estas vides si no le permitía cortarlas a pocos centímetros del suelo. Así lo hizo, y aparentemente nada quedó. Por dos años no hubo uva, pero ¡éste es el resultado!

Dios tiene grandes perspectivas para nosotros, y no parará hasta que logre atraer nuestra atención a lo que Él quiere. El cuchillo de podar está en la mano de la misericordia divina. Con su toque más suave corta y quebranta. Los que han llevado fruto en su vida, llevarán más fruto. Aquellas personas que Dios quiere usar de una manera significativa, deben soportar la poda. El dolor se ensañó más con José que con sus hermanos, pero él fue bendición a muchas naciones. El Espíritu Santo lo llama "rama fructífera junto a una fuente, cuyos vástagos se extienden sobre el muro" (Gén. 49:22). La historia del hombre proyecta las sombras del sufrimiento en grandes pinturas, grandes filosofías y en grandes civilizaciones. Todas han sido dadas a luz por las sombras del tormento. No le tengas temor al cuchillo que está en manos del Podador.

> *Jesús viene, sí, pronto viene*
> *para llevar en un rapto bendito*
> *a los que compró desde el madero maldito*
> *para compartir con ellos la gloria que tiene.*
> *En un abrir de ojos, en un momento,*
> *se encontrarán a los pies del Señor,*
> *en una dulce y bendita reunión*
> *los redimidos de todos los tiempos.*

15 de Abril

Después de esto miré, y he aquí una gran multitud, la cual nadie podía contar de todas naciones y tribus y pueblos y lenguas, que estaban delante del trono y en la presencia del Cordero, vestidos de ropas blancas, y con palmas en las manos.

Apocalipsis 7:9.

OÍD EL SON DE santas voces que cantan desde el mar de cristal! "Aleluya, Aleluya, Aleluya, a Ti Señor." Multitudes que nadie puede contar, como las estrellas en gloria están vestidos de ropas blancas que la sangre del Cordero lavó. Allí están patriarcas y santos profetas que le prepararon el camino a Cristo, doncellas, matronas y viudas piadosas que han esperado en oración, reyes, apóstoles, santos, confesores, mártires y evangelistas que en concierto Santo, alaban al Señor entonando su canción. Éstos son los que han venido de grande tribulación, y han lavado sus vestiduras con sangre; las han lavado con la sangre del Cordero. Fueron atribulados, pero permanecieron firmes. Sufrieron prisiones, burlas, fueron apedreados, atormentados, aserrados, pasados a cuchillo, pero han vencido la muerte y a Satán por el poder de Cristo el Señor.

Con tu cruz como estandarte han marchado hacia el triunfo, siguiendo tus pisadas, Capitán de su Salvación. Te siguen a Ti, su Salvador y su Rey. Han padecido gozosamente por Ti, Señor, y gustosamente han entregado sus vidas como ofrenda a tu nombre; han muerto por ti, pero al morir, nacieron a la vida inmortal y a la gloria. Ahora reinan en gloria celestial, ahora caminan por sendas de dorada luz; ahora beben como de un río la bendición santa e infinita; gustan el amor y la paz por siempre, y en toda verdad y perfecto conocimiento pueden tener la beatífica visión de la bendita Trinidad.

¡Dios de Dios, Unigénito de Dios, Luz de Luz, Emanuel! ¡Tu, en cuyo cuerpo moran para siempre todos los santos en uno, derrama sobre nosotros tu plenitud, para que podamos adorar para siempre a Dios el Padre, Dios el Hijo y Dios el Espíritu Santo! Amén. — Cristóbal Wordsworth, 1862.

16 de Abril

Por lo cual Dios también le ensalzó a lo sumo, y le dio un nombre que es sobre todo nombre.

Filipenses 2:9.

PARA MUCHOS JESUCRISTO es solamente un buen tema para ser pintado, un acto heroico para la pluma, una forma hermosa para una estatua, un buen pensamiento para una canción. Pero para los que han oído su voz, los que han sentido su perdón, para los que han recibido su bendición, Él es música, calor, luz, gozo, esperanza y Salvación, un amigo que nunca nunca nos abandona y que nos levanta cuando otros tratan de derribarnos. No podemos cansarlo: amontonamos sobre Él nuestros pesares y tribulaciones y Él se muestra siempre dispuesto a levantarnos. Está siempre listo para acudir a ayudarnos. Siempre nos dirige con el mismo amor, nos ilumina con su misma sonrisa y se compadece de nosotros con la misma compasión. No hay nombre que se pueda comparar con el Suyo. Es más inspirador que el de César, más musical que el de Beethoven, más conquistador que el de Napoleón, más elocuente que el de Demóstenes, más paciente que el de Lincoln. El nombre de Jesús palpita con cada vida, llora con los que lloran, gime con los doloridos, se inclina hacia cada demostración de amor. Su aliento es perfume del más fino. ¿Quién puede apiadarse del huérfano, sino Jesús? ¿Quién puede dar la bienvenida al pródigo, sino Jesús? ¿Quién puede transformar a un ebrio en hombre sobrio, sino Jesús? ¿Quién puede dar luz a un cementerio lleno de tumbas, sino Jesús? ¿Quién puede transformar una prostituta en una reina ante los ojos de Dios, sino Jesús? ¿Quién puede recoger en su copa las lágrimas del dolor humano, sino Jesús? ¿Quién como Jesús puede disipar nuestras penas con un beso?

He luchado buscando una metáfora que pueda expresar a Jesús. No es como la música de una orquesta: es muy estridente y podría estar desafinada. No es como el mar en medio de la furiosa tormenta, es muy turbulento. No es como la montaña adornada por el relámpago y coronada de nieve: aquello es muy solitario y remoto.

Es el Lirio de los Valles, la rosa de Sarón, una brisa de especias celestiales. — Billy Sunday.

17 de Abril

Yo Jehová; éste es mi nombre, y a otro no daré mi gloria, ni mi ala-
banza a esculturas.

Isaías 42:8.

EN LA ACTUALIDAD vive en Judea un hombre de virtudes singulares cuyo nombre es Jesús. Los bárbaros lo consideran profeta, pero sus seguidores lo aman y le adoran como hijo del Dios inmortal. Con su llamado hace salir de las tumbas a los muertos y sana toda clase de enfermedades con su palabra o con su toque. Es un hombre alto, bien formado y de un aspecto reverente y amistoso. Su cabello de un color que no puede ser igualado, cae formando rizos llenos de gracia que rodean su cabeza en forma agradable a la manera que usan los nazarenos. Su frente es alta, amplia, imponente. Sus mejillas sin mancha ni peca, hermosamente sonrosadas. Su nariz y su boca están formadas con exquisita simetría. Su barba, del mismo color que su cabello, se divide bajo su mentón. Sus ojos son de un azul claro, limpios, serenos, inocentes, dignos, varoniles y maduros. Su cuerpo proporcionado, perfecto y cautivador. Es delicioso contemplar sus manos y sus brazos. Reprende con majestad, aconseja con suavidad y todo lo que enseña, ya sea por palabra o por acción, es elocuente y tiene autoridad. Nadie lo ha visto reír, sin embargo, sus modales son altamente agradables y ha llorado frecuentemente en presencia de los hombres. Tiene un carácter equilibrado, es modesto y sabio. Es un hombre que por su extraordinaria hermosura y por su perfección divina sobrepasa a los hijos de los hombres en todo sentido." — Se cree que esto lo escribió Publio Lentulus, presidente de Judea durante el reinado de Tiberio César.

"...y he aquí los cielos le fueron abiertos y vio al Espíritu de Dios que descendía como paloma y venía sobre Él. Y hubo una voz de los cielos que decía: Éste es mi Hijo amado en quien tengo contentamiento." (Mateo 3:16, 17.)

18 de Abril

Mas Él herido fue por nuestras rebeliones, molido por nuestros pecados, ... y por su llaga fuimos nosotros curados.

Isaías 53:5.

ALEJANDRO MacLeod tenía un amigo que era profesor en Jamaica. Este profesor tenía como regla inflexible que cualquiera que dijera una mentira en la escuela debía recibir siete correazos en la palma de la mano. Un día una niñita mintió y fue llamada a recibir su castigo en presencia de toda la escuela. Era una pequeñita muy sensible y el profesor estaba verdaderamente pesaroso de tener que castigarla, pero tenía que cumplir el reglamento de la escuela. El grito que ella dio cuando recibió su primer azote, le llegó a lo profundo de su corazón. No pudo continuar con el castigo. Pero su pecado no podía quedar sin castigo. Miró a los niños y preguntó:

—¿Hay algún niño que quiera cargar con el resto del castigo?

En cuanto pronunció estas palabras se puso de pie un muchachito llamado Jaime y dijo:

—Señor, por favor, ¡permita que sea yo!

Jim pasó adelante y recibió sin lamentarse los seis azotes restantes.

El Dr. MacLeod cuenta la historia y añade: La visión de un corazón aún más generoso que el de este valiente niño, pero lleno de la misma generosidad, fue lo que hizo que los ojos de este maestro se llenaran de lágrimas y por ese día cerrara sus libros para reunir sus pupilos alrededor de su escritorio para hablarles del misericordioso que hace mucho tiempo llevó el castigo de todos nosotros. La historia que les contó, es también nuestra historia.

Sobrellevad los unos las cargas de los otros, y cumplid así la ley de Cristo. (Cálatas 6:2.)

No se puede llamar inútil a quien aliviana la carga de otro. — Carlos Dickens.

19 de Abril

Yo estaba en el Espíritu en el día del Señor.

Apocalipsis 1:10.

ERA EL DÍA DE Dios. La tierra parecía una gran esmeralda rodeada por los costados y por arriba con un zafiro: mar azul, montañas azules, cielo azul. Allí estaba la tierra. No estaba durmiendo, sólo tomaba el sol en el silencioso gozo del día del Señor. Parecía que sus dos hermanas mayores hubieran lavado sus pies cansados con lágrimas santas. Era como si hubieran lavado las manchas de la semana pasada producidas por el pecado y el trabajo, y hubieran refrescado su frente cansada y caliente con su aliento de puro incienso, como si la hubieran envuelto en sus vestiduras azules y la hubieran acuñado con sonrisas de amor misericordioso, hasta que la tierra diera su sonrisa de respuesta renovando su vigor y su esperanza para una nueva semana de trabajo agobiador. — Charles Kingsley.

El domingo es el mejor de los siete días para el cristiano. Es cierto que el creyente ama los siete días, pero ama más el domingo porque está relacionado con el nombre bendito del Señor, es el día del Señor. Este día recuerda dos acontecimientos: el término de la creación (Génesis 2:3), y la consumación de la redención (Romanos 4:24, 25). De este modo nos recuerda la felicidad de nuestra posición de salvados por el amoroso Salvador vivo y victorioso.

Es una preciosa provisión de la gracia de Dios que después de seis días de trabajo podamos tener un día diferente de los demás: un día de reposo.

No sólo nuestros cuerpos y nuestras mentes necesitan este descanso semanal, sino también nuestras almas necesitan las bendiciones de este día santificado. Cuando se restablece el día santo, el *Sabbath* del cristiano, el llamado divino al Peregrino se presenta en la siguiente forma: Deja a un lado tus caminos y tus obras y entra al Santuario del Señor. "Guardad mis días de reposo y tened en reverencia mi santuario. Yo Jehová." (Lev. 26:2.)

Cuando pasamos un día del Señor en su presencia, aprendemos más de Él y de su voluntad para con nosotros. Nos unimos en adoración, alabanza y en oración y recibimos una nueva visión del Señor, nuestro precioso Salvador, y de esta manera nuestra alma es vivificada. Como el apóstol Juan, nos hallamos regocijándonos en la bienaventuranza de estar en el Espíritu en el día del Señor. — Seleccionado.

20 de Abril

Entonces invocarás y te oirá Jehová; clamarás y dirá Él: Heme aquí.
Isaías 58:9.

ENTONCES CAYÓ FUEGO de Jehová, y consumió el holocausto, la leña, las piedras y el polvo, y aun lamió el agua que estaba en la zanja. (I Reyes 18:38.)

Era un poderoso hombre de oración. La oración es uno de los privilegios más sagrados y preciosos concedido a los mortales. He aquí una escena de este Elías en oración.

El verano de 1853 fue extraordinariamente cálido y seco, de modo que los pastizales se secaron y todo presagiaba una cosecha desastrosa. Bajo estas circunstancias, la gran congregación se reunió un domingo en la iglesia de Oberlin, como de costumbre, cuando, aunque el cielo estaba despejado, Finney sintió la pesada carga de orar pidiendo lluvia. En su oración profundizó el clamor de angustia que provenía de cada corazón y detalló la prolongada sequía en más o menos las siguientes palabras:

"Señor, no pretendemos dictarte qué es mejor para nosotros, pero tu nos has invitado a que acudamos a ti como niños a su padre terrenal, y te contemos nuestras necesidades. Necesitamos lluvia. Nuestros pastizales están secos, la tierra está boqueando de sed; el ganado vaga de un lado a otro en busca de agua. Aun las ardillas del bosque padecen de sed. Nuestro ganado morirá y nuestra cosecha se perderá si no nos das agua. ¡Oh Señor, mándanos lluvia y que sea ahora mismo! Aunque no vemos señal de lluvia, es fácil para ti producirla. Envíada, Señor, ahora mismo, por amor de Cristo. Amén.

Leyó las Escrituras y comenzó a predicar, pero en unos pocos momentos tuvo que detener su predicación, debido al ruido producido por los truenos de la tormenta. Se detuvo y dijo:

— Es mejor dejar el mensaje en este punto y dar gracias al Señor por la lluvia. — Extracto de la Vida de Finney.

Confía tu suerte al Eterno, coloca en Él tu confianza y Él obrará. Cuando uno anda con Dios, nada es accidental. — H. L. Longfellow.

21 de Abril

Mas a Dios gracias, el cual nos lleva siempre en triunfo en Cristo Jesús, y por medio de nosotros manifiesta en todo lugar el olor de su conocimiento.
2 Corintios 2:14.

UN JOVEN ACUDIÓ una vez a un santo anciano y le pidió que orara por él:
— Me doy cuenta que estoy cayendo continuamente en la impaciencia. ¿Podría orar por mí para que pueda ser más paciente?

El anciano accedió. Se arrodillaron y el hombre de Dios comenzó a orar:

— Señor, mándale tribulaciones a este joven esta mañana, envíale tribulaciones en la tarde...

El joven le interrumpió y le dijo:

— ¡No, no! ¡Tribulaciones no! ¡Paciencia!

— Pero — contestó el anciano —, la tribulación produce paciencia. Si quieres tener paciencia, tienes que tener tribulación.

Si quieres conocer la victoria, tienes que tener un conflicto. Es ridículo que alguien hable de haber obtenido una victoria si no ha tenido un conflicto. Debes estar dispuesto a entrar al campo de batalla con Cristo mismo, y Él te dará las lecciones diariamente. Pero, te advierto, tienes que estar preparado para pagar el precio. Nadie puede disfrutar de una victoria sin pagar el precio, aun en los asuntos más triviales.

Solamente una persona crucificada puede tener comunión con un Señor crucificado. El Señor Jesucristo obtuvo su maravillosa "vía Calvario". Y es solamente "vía la cruz" que tú y yo podemos introducirnos a la experiencia de aquel triunfo.

"Si necesitas paciencia, necesitas tribulación; si necesitas una victoria, debes tener un conflicto." — W. J. Brown.

"Antes en todas estas cosas hacemos más que vencer por medio de Aquél que nos amó. Por lo cual estoy seguro que ni la muerte, ni la vida, ni ángeles, ni principados, ni potestades, ni lo presente, ni lo porvenir, ni lo alto, ni lo bajo, ni ninguna cosa creada nos podrá separar del amor de Dios que es en Cristo Jesús Señor Nuestro. (Romanos 8: 37-39.) "Todo lo puedo en Cristo que me fortalece." (Filipenses 4: 13.)

22 de Abril

Oh Jehová, de mañana oirás mi voz; de mañana me presentaré delante de ti y esperaré.

Salmo 5: 3.

DIRIGIRÉ MI ORACIÓN como quien dirige una flecha y después de eso, levantaré la vista para ver si dio en el blanco. Cuando la oración se *lanza* en la mañana, la vista permanece puesta en las cosas de arriba todo el día. — Charles Stanford.

La Biblia nos presenta muchos madrugadores. Estos datos de Dios encontraron la solución a los problemas de la vida en la oración que dirigían a Aquel que puede oír y ayudar en todas las empresas de cada día, recibieron la confianza necesaria para hacer frente a sus responsabilidades.

Abraham se levantó temprano en la mañana para presentarse delante del Señor (Génesis 19: 27). Jacob se levantó temprano para adorar al Señor (Génesis 28: 18). Moisés se levantó temprano para edificar un altar a Dios (Éxodo 24:4) y para encontrarse con Él en el Sinaí (Éxodo 34:4). Ana y Elcana se levantaron de madrugada para adorar a Dios (I Samuel 1:19). Job se levantaba temprano para ofrecer sacrificios (Job 1:5). David despertaba temprano para orar (Salmo 119:147 y 57:8). Ezequías se levantó temprano y reunió a los gobernadores de la ciudad y subió a la casa del Señor (II Crónicas 29:20). El Hijo de Dios se levantaba temprano para ir a un lugar solitario a orar (Marcos 1:35).

> *Por un momento cada mañana,*
> *apoya tu brazo en la ventana del Cielo*
> *y contempla a tu Dios con visión santa,*
> *para enfrentar el día que te anuncia el Lucero.*

El camello se arrodilla al comenzar el día para que su guiador coloque la carga. Luego se levanta y emprende el camino del desierto nuevamente. De la misma manera, debieras arrodillarte cada mañana, para que Dios pueda brindarte su cuidado cotidiano, seguro que no te cargará más allá de lo que puedas llevar.

23 de Abril

Inclina, oh Jehová, tu oído y escúchame, porque estoy afligido y menesteroso.

Salmo 86:1.

A VECES LA GENTE se pregunta por qué sus oraciones no son contestadas con prontitud, o por qué la respuesta no es como ellos esperaban. La siguiente historia puede ayudarles a comprender: Tres grandes árboles de un bosque oraban pidiendo se les permitiera escoger lo que habían de ser cuando fueran derribados. Uno pidió ser convertido en un hermoso palacio; el segundo pidió ser un gran barco que recorriera los siete mares; el otro pidió quedar en el bosque para estar siempre señalando hacia donde Dios está.

Un día el leñador fue y derribó el primer árbol, pero en vez de un palacio, hicieron con él un establo común, donde nació el Bebé más hermoso que haya visto nacer la tierra. El segundo árbol sirvió para construir un barquito que fue botado en el Mar de Galilea, desde el cual un joven alto, de pie, le dijo a las multitudes: "He venido para que tengan vida y para que la tengan en abundancia." El tercer árbol sirvió para hacer una cruz, y en ella clavaron a aquel Joven, la más hermosa personalidad que ha pisado la tierra. Desde entonces la cruz ha estado señalando a los hombres el camino hacia Dios. De esta manera fue contestada cada oración. — Autor desconocido.

Después de mirar seis días hacia la tierra, necesitamos el día del Señor para mirar al cielo.

24 de Abril

Guardáis los días, los meses, los tiempos, los años.
Gál. 4:10.

Ordena mis pasos con tu palabra.
Salmo 119:133.

UN RELOJITO QUE acababa de ser terminado por el relojero, fue puesto en una repisa en la bodega, junto a dos relojes mayores que estaban muy ocupados marcando los segundos con su tictac.
— Bien — dijo uno de los relojes al recién llegado —. De modo que te has iniciado en este trabajo. Lo siento por ti. Ahora estás dando tu tictac con mucho entusiasmo, pero ya te cansarás cuando hayas marcado treinta y tres millones de tictacs.

— ¡Treinta y tres millones de tictacs! — dijo asustado el relojito —. ¡Yo jamás podré hacer eso!

E inmediatamente se detuvo desesperado.

— No seas necio — le dijo el otro reloj en ese momento —. ¿Por qué prestas oídos a tales palabras? La cosa no es así. Lo único que tienes que hacer, es dar un tictac en este momento. Eso es fácil, ¿verdad? En seguida das otro, lo que es tan fácil como el anterior, y así sucesivamente.

— ¡Ah! Si eso es todo — gritó el relojito —, se hace fácilmente, así que ¡aquí voy!

Y comenzó con nuevo entusiasmo a hacer un tictac a la vez sin pensar en los meses, ni en los millones. Al final de un año, había hecho 33.000.000 de vibraciones sin darse cuenta de ello.

¡Ojalá los cristianos quisieran vivir solamente el momento que les corresponde y no el año completo! En el Padre Nuestro se pide por el día. "Basta al día su afán", dice el Señor. Y la promesa que no se ha agotado en cuatro mil años dice: "Como tus días será tu fortaleza."

¿Por qué te afanas hoy por el mañana?
tu corazón hoy llenas de pesar?
Conoce tus pruebas,
Tus cargas Él lleva;
Si Dios tiene cuidado de las aves,
de ti sin duda ha de cuidar.

Los cristianos tienen que ser superiores a los demás y hacer mucho más que el resto de los hombres. La fruta silvestre, que crece al acaso, no puede superar a la fruta que ha sido cultivada y ha estado bien cuidada. — Spence.

25 de Abril

Por sus frutos los conoceréis.
Mateo 7:20.

Haremos muchas cosas en los años venideros,
pero, ¿qué hemos hecho hoy?
Daremos como príncipes nuestros dineros,
pero, ¿qué hemos dado hoy?

Confortaremos corazones y lágrimas secaremos;
y hablaremos palabras de amor y alegría.
Pero, ¿qué hemos hablado hoy?

Seremos un dechado de bondad en el futuro
pero, ¿qué hemos hecho hoy?
daremos una sonrisa al solitario de este mundo
pero, ¿qué hemos brindado hoy?
Enseñaremos la verdad con profundo amor
confirmaremos la fe para que sea de más valor
daremos el pan de vida al alma hambrienta
pero, ¿a quién hemos alimentado hoy?

Cosecharemos abundante gozo más adelante,
pero, ¿qué hemos sembrado hoy?
Edificaremos mansiones en los cielos,
pero, ¿qué hemos edificado hoy?
Es dulce soñar agradables sueños,
¡pero, es ahora cuando debemos trabajar!
Sí, esto es lo que nuestra alma debe preguntar:
"Dime, ¿qué hemos hecho hoy?"

Si una persona desea demostrar que Confucio era maravilloso, cita algunas de sus palabras de sabiduría. Pero cuando el cristiano quiere mostrar la gloria de Dios, no cita ninguno de los sermones de Jesús; simplemente muestra la cruz y dice: "Esto hizo Dios." Todo lo que Jesús dijo se puede comprender solamente bajo la luz de la disposición de Dios a padecer por los hombres.

La característica del cristianismo es *acción*, no palabras. Comprendemos plenamente a Dios en lo que Él ha hecho, no en lo que los hombres dicen de Él.

26 de Abril

Serán completamente saciados de la grosura de tu casa.
Salmo 36:8.

Nuestro mundo ofrece vívidos contrastes y extremos que se juntan.

QUÉ PROFUNDO CONTRASTE hay entre el desierto, árido, sin vida y estéril y el oasis exuberante lleno de palmeras y de glorioso verdor; entre el ganado flaco y hambriento y el ganado que se cría en verdes praderas junto a aguas de reposo; entre la monotonía de las extensas planicies y las altas montañas, resplandecientes de magnífica hermosura!

¡Qué diferencia hay entre la aridez de una vida artificial, limitada —una existencia desértica— y la casi todopoderosa vida fructífera de un valle fértil y rico, regado con las lluvias y bañado con la luz solar!

Esta lección de contrastes halla su contrapartida en la vida y experiencia del pueblo cristiano. Hay algunos que viven una vida miserable. Sus ropajes espirituales están raídos. Su existencia es estéril y falta de fruto como los desiertos. Parece que la vida se ha secado y el propósito para el cual viven parece haberse deshidratado, de modo que vagan sin rumbo en las márgenes de la vida.

Hay otros cuya experiencia diaria de paz interior y felicidad fluye a través de una vigorosa fe en el Salvador, fe práctica de cada día que asegura la victoria y una vida más abundante. En una palabra es una experiencia que llega a lo infinito y eterno navegando en los mares sin fondo de Dios y su gracia ilimitada. Es una vida garantizada para complacer al alma reseca y árida.

"Pero recibiréis poder..." La palabra recibiréis, no significa escalar para alcanzar, sino que aquello bajará. No es algo que uno va a conseguir por agonías y esfuerzos, sino algo que será sembrado como quien pone una semilla en la tierra. Recibir, por supuesto, que uno puede recibir. No se necesita ser genio, no es necesario ser bueno, sólo hace falta tener la necesidad. Cualquier mendigo puede tomar una moneda si alguien se la da. — Sra. de Cowman.

27 de Abril

Hermanos, si alguno fuere sorprendido en alguna falta, vosotros que sois espirituales, restauradle con espíritu de mansedumbre, considerándote a ti mismo, no sea que tú también seas tentado. Sobrellevad los unos las cargas de los otros y cumplid así la ley de Cristo. Porque el que cree ser algo, no siendo nada, a sí mismo se engaña. Así que cada uno someta a prueba su propia obra y entonces tendrá motivo de vanagloriarse sólo respecto de sí mismo y no en otro.

Gálatas 6: 1-4.

UNA SEMILLITA enterrada en la tierra comenzó un día a brotar. Desde entonces su pregunta era "¿A qué flor me iré a parecer?"

Entonces la semillita dijo:

— No quiero ser un lirio, porque los lirios son fríos y tiesos. No quiero ser rosa, porque está orgullosa de su color, muere pronto y no es una flor muy práctica. No quiero ser violeta porque es muy pequeña, demasiado oscura y crece muy apegada a la tierra.

Esta semillita era como cierta gente que conocemos. Le gustaba criticar. Criticaba cuanto la rodeaba. Hallaba faltas en todos sus vecinos. No le gustaba el color de algunos, el perfume de otras, la estatura y la forma de otros. No tenía nada constructivo que ofrecer, ni aun para sí misma. El tema de toda su vida era la crítica.

De esta manera criticó a cada flor, hasta que un día de verano despertó, y para sorpresa suya ¡era un cardo!

Ha habido solamente una persona intachable en el mundo y prometió presentar a todos los creyentes "sin mancha delante de su gloria con grande alegría". Hasta entonces, que cada creyente sea una flor y no un cardo en esta escena de su rechazo. — Boletín de la Alianza Cristiana y Misionera.

28 de Abril

¡Oh, quién me diera que me escondieses en el sepulcro, que me encubrieras hasta apaciguarse tu ira, que me pusieses plazo y de mí te acordaras!

Job 14: 13.

SIN DUDA, DEBIÓ ser un día maravilloso aquel en que el Dios Todopoderoso le habló a su siervo y le dijo más o menos lo siguiente: "Bezaleel, necesito que durante este tiempo determinado, me hagas tal trabajo." No deben haber quedado dudas en Bezaleel, porque su llamado llevaba la "marca" de Dios. No era llamado a una obra portentosa, como aquella encomendada a Moisés de emancipar a Israel. Sin embargo, Dios consideraba su trabajo de tal importancia que no quiso dejar el llamamiento a cargo de alguna influencia inferior. ¡Cuánta confianza debe de haberle dado a Bezaleel el saber que Dios mismo lo había designado para ejecutar el trabajo que tenía entre manos! Ningún hombre, ni siquiera Moisés estaba sobre él. Esto debe de haberle dado valor y gozo para continuar con su trabajo hasta hacer la última cosa diseñada para el tabernáculo en que había de habitar Dios. — Pameii.

Hay personajes del pasado que tienen algo más que su nombre registrado en las Sagradas Escrituras. Sin embargo, a su debido tiempo cumplieron una función para el progreso de la obra de Dios. Simeón, citado en Lucas 2, fue uno de aquellos hombres. Esperó toda una vida para realizar una sola tarea que Dios le había señalado. Esperaba la aparición del Mesías y supo que no había esperado en vano.

Los científicos nos dicen que aunque las flores de los Alpes permanecen largos meses bajo la nieve, están siempre llenas de energía y expectación. En cuanto el sol derrite la nieve, abren en forma gloriosa sus pétalos. De la misma manera el anciano Simeón esperó durante su larga vida, como si hubiera estado bajo la nieve, pero al recibir el primer beso del Sol de Justicia, floreció y fue aceptado para una gloriosa responsabilidad: la de profetizar la obra de Salvación que se realizaría por medio del Bebé que tenía en sus brazos. — Sra. de Cowman.

29 de Abril

He aprendido a contentarme con lo que tengo.
Filipenses 4:11.

Cuando menos lo esperaba, me sobrevino la enfermedad que culminó con una operación. Daba la impresión que la vida se había detenido. Perdí mi identidad. Mi personalidad quedó colgada junto con mi ropa en el armario y pasé a ser un caso: el paciente número 12. Dejé de ser un hombre y pasé a ser una situación, un problema que cada día era extendido para ser examinado. Se me miraba de arriba abajo. Me miraban por dentro y todo se anota en unas gráficas semejantes a las de las fluctuaciones del precio del trigo. Este trato indigno fue más difícil de soportar que el dolor, la debilidad y el aburrimiento. ¡Ser alguien hasta cierto momento y luego no ser nada! Uno es señalado para sufrir y entra solo al sufrimiento, no puede llevar acompañante.

Es verdad que todo lo que constituía un placer y una satisfacción para mí, me había sido arrebatado: mi buena salud, mi trabajo, mi interesante trabajo, mis libros, mis cartas, mis amigos. Pero también es cierto que aún poseía mente y pensamientos. Después de todo, aún tenía mi vida interior. ¡Tenía mi vida!

Comencé a reflexionar que muchos hombres han hecho sus contribuciones más duraderas a la cultura y al progreso en medio de alguna desventura: enfermedad, ruina, catástrofe, encarcelamiento u otra cosa semejante. Allí han dominado sus espíritus, lo que les ha permitido vivir después una vida más plena. Cervantes escribió Don Quijote en la cárcel. Pablo escribió sus mejores cartas desde su confinamiento en Roma.

El momento presente, este instante de tiempo que quema, es todo lo que yo o cualquier humano posee en realidad. Yo estaba dejando que esa posesión se arruinara por ansiedades que yo mismo había creado. Me llegó entonces en forma poderosa el pensamiento que si podía estar contento en ese instante, estaría siempre contento. — Grayson (fue encontrado en un papelito que estaba afirmado con una presilla a una de las páginas de su Biblia).

30 de Abril

Tened buen ánimo porque yo confío en Dios.
Hechos 27:25.

No hay desilusión más grande para una mujer que descubrir que el color de algún material nuevo se "corre" cuando se lava. La mayoría de las aves pueden jactarse de poseer un plumaje de colores firmes, pero el pobre luraco de África se escurre desde la copa de los árboles hasta debajo de los más tupidos follajes para pre-

105

servar su plumaje de la lluvia. Su plumaje carmesí podría desteñirse. La fe de algunos es como el carmesí del luraco. Es una fe para buen tiempo, que se ve resplandecer en los días de sol, pero que destiñe miserablemente en los días de lluvia de la aflicción.

Los discípulos parecían llenos de confianza hasta que la tempestad azotó su barquito. Entonces hicieron lo que la tempestad no había podido hacer: despertaron a su Maestro y le preguntaron llenos de pánico: "Maestro, ¿no tienes cuidado que perecemos?" La fe expresada en el Salmo 46 es de otra calidad: "Dios es nuestro amparo y fortaleza, nuestro pronto auxilio en las tribulaciones. Por tanto, no temeré aunque la tierra sea removida, y se traspasen los montes al corazón de la mar; bramarán, turbaránse sus aguas, temblarán los montes a causa de su braveza."

La fe de Pablo triunfaba ante toda clase de situaciones. En medio de la tempestad, amenazados de destrucción total, se puso en pie delante de todos y dijo: "Creo en Dios." ¿Puede tu fe soportar un tiempo inclemente como ése?

La fe para tiempo bueno contrasta con la fe para todo tiempo. También hay una fe falsificada que se levanta contra la verdadera fe: la fe que se tiene en uno mismo, no en Dios. Esta fe está ejemplificada en uno de los trozos más tristes que he leído, que se ha hecho popular en los círculos religiosos, y que ahora le han puesto música y lo cantan destacados artistas y que es el reverso del sentimiento del cristiano.

De en medio de las tinieblas que me cubren,
negras, profundas tinieblas,
doy gracias a quienquiera que sea Dios
por mi alma invencible.

No importa cuán estrecha sea la puerta
ni cuántos castigos haya escritos,
soy el amo de mi destino
y el capitán de mi alma.

1 de Mayo

Se han mostrado las flores sobre la tierra, el tiempo de la canción ha venido, y en nuestro país se ha oído la voz de la tórtola.

Cantares 2:12.

BASTANTE TORCIDA debe estar el alma que no da una alegre bienvenida a la primavera. ¡Qué cambios maravillosos producen unos pocos días de calor! Un día la madre naturaleza parece poco atrayente con sus raídas vestiduras invernales. Pero, observen, soplan las tibias brisas primaverales, que penetran entre sus andrajos. El sol la mira con cálido ardor por un momento y luego las lluvias la refrescan. De pronto, ante nuestros ojos maravillados se viste del más tierno verdor y llena el aire de los más deliciosos perfumes provenientes de las flores más preciosas. Siempre nueva y deliciosa es la hermosura y la influencia vivificadora de la primavera. El dador de todo bien nos puso en un mundo muy hermoso. Pero nosotros seguimos nuestro sendero con ojos que no ven, y los cerramos a las dulces influencias de este maravilloso santuario exterior, de modo que nos impedimos nosotros mismos la llegada a un lugar más cercano al palpitante corazón de la naturaleza. No estamos preparados para aprender las lecciones esparcidas en el libro abierto de Dios que es la naturaleza; lecciones que sólo puede interpretar correctamente quien las entiende. Son tan intangibles, tan esquivas. Pero, una vez comprendidas, la comunión con la naturaleza y el Dios de la naturaleza resultan tan dulces, tan satisfactorias, tan santas. — Adelaida S. Seaverns, de Pensamientos para los que piensan, 1893.

2 de Mayo

El que es mayor entre vosotros, sea como el más joven; y el que es príncipe como el que sirve.
Lucas 22: 26.

NO CUESTA MUCHO decir una palabra de alabanza, de condolencia o de aliento, pero con qué frecuencia el orgullo, la envidia o la indiferencia nos impiden decirla. La taza de agua fría, los panes de cebada, las dos blancas... somos mezquinos y estamos tan absortos en nuestro yo, que ni siquiera estas cosas somos capaces de dar. No las damos porque no podemos donar hospitales, edificar catedrales o escribir poemas épicos. Si somos sinceros en lo poco, si tenemos fervor para lo pequeño, cobremos valor. El mundo desprecia los pequeños dones de nuestra pobreza, los pequeños servicios de nuestra insignificancia, los panecillos de cebada del niño galileo, el talento único de personas pobres como nosotros. Pero hay Alguien que las mira con cariño y las acepta. Serán infinitamente recompensadas por Aquél que da habitación a los conejos en una roca, que sabe cuándo cae cada gorrioncillo, que tiene contados todos los cabellos de nuestra cabeza, que con el trabajo de minúsculos corales levanta extensos continentes y que con sus granos de arena pone límites al mar. — Federico Farrar, 1895.

Es tan poco lo que puedo hacer
es tan poco lo que puedo decir...
Pero Dios demanda de ti,
solamente esto: obedecer y oír.

J. L. M. W.

Las vidas más dulces son aquellas que se han unido al deber, cuyos hechos, grandes y pequeños son un tejido apretado de una inquebrantable fibra en que el amor lo ennoblece todo. El mundo no hará sonar trompeta, ni echará al vuelo sus campanas, por un acto pequeño que hayamos realizado, pero el Libro de la vida lo registrará con letras resplandecientes.

Las victorias obtenidas en oración,
por la oración deben ser mantenidas;
porque el enemigo solo se retira
cuando es expulsado por la oración.

3 de Mayo

Ésta ha hecho lo que podía.

Marcos 14:8.

ESTOY SEGURO QUE las personas que son fieles en lo muy poco usarán coronas radiantes. Son aquellos que nos sobrepasan cuando son llamados a realizar las tareas más humildes... y no murmuran. Avanzan meticulosamente por los caminos arados del trabajo penoso. Son personas que cuando ascienden por la "colina de la dificultad" lo hacen bien. Es gente que gana la victoria en medio de las provocaciones triviales. Son igualmente constantes cuando están vestidos con ropa de casa o de trabajo, como cuando usan la púrpura real o las sedas más exquisitas en la presencia de un rey. Realizan las tareas más insignificantes con tal dedicación que da la impresión que su trabajo habría de ser examinado por una gran asamblea de jueces. Los que son fieles en lo muy poco, son personas realmente grandes.

Los villorrios viven su drama en medio de acontecimientos sin importancia. Jesús vivió la mayor parte de sus primeros treinta años en medio de los incidentes insignificantes de Nazaret. Trabajó fielmente en la carpintería de su padre. Trabajó en medio de la monotonía, las pequeñas preocupaciones y los chismes de la aldea. Sin embargo, fue fiel en lo muy poco, sí, hasta en lo ínfimo. Usó su corona con dignidad y honor. Siempre la tuvo sobre la frente. — M. Taylor.

4 de Mayo

Hasta que sobre nosotros sea derramado el Espíritu de lo alto, y el desierto se convierta en campo fértil y el campo fértil sea estimado por bosque.

Isaías 32:15.

NO ESTAMOS EN condiciones de considerar nuestro trabajo cotidiano como uno de los "lugares de delicados pastos" de nuestro Buen Pastor. Por el contrario, prestamos mucha atención a la distinción miserable entre lo sagrado y lo secular. En consecuencia, procuramos apartarnos de lo que es secular para ir en busca de lo que llamamos sagrado, pensando que allí hallaremos los delicados pastos para el espíritu.

Tú y yo sabemos que el gran Martín, que colgó sus hábitos monásticos para dedicarse a un trabajo significativo en su vida cotidiana, tenía razón. El servicio más sagrado incluye tanto de la fabricación de tiendas de Pablo, como de la predicación de Pablo. El servicio sagrado, la obra de Dios incluye lo siguiente: oración, comunión, predicación, comprar, vender, colocar ladrillos y hacer todo lo verdadero, todo lo honesto, todo lo puro, todo lo que es de buen nombre y que Dios te haya puesto en las manos para hacer. Hacer estas cosas por amor a Dios y en Su Nombre, motivado por el deseo de ver glorificado el nombre de Dios, es realmente sagrado. — Wayland Hoyt (1893).

— Ángel de la Primavera — dijo ella —, muéstrame dónde puedo sembrar el grano. ¿Lo haré al pie de mi escalera de salida? ¿O iré allá lejos para sembrarlo en la llanura?

La respuesta fue:

— Llena de alegría el lugar más cercano a ti, llena tu hogar con el perfume de la bondad. ¡Verás que campos más extensos te llamarán a sembrar, si primero siembras donde pisa tu pie! De este modo obtendrás cosechas maravillosas que te rendirán sesenta por uno, ciento por uno y adornarán tu patio y la llanura. — Merril Gates (1893).

5 de Mayo

Se sentó solo y calló, porque lo llevó sobre sí.
Lamentaciones 3:28.

HAY MUCHA GENTE en este mundo, miles de millones. Pero en un sentido cada uno de nosotros está solo. Cada vida particular tiene sus propias relaciones en las que debe permanecer solo y a las que no lo puede acompañar otra persona. Las amistades pueden ser muy íntimas, y pueden ser de mucho consuelo e inspiración, pero en el sentido interno de la vida cada individuo vive solo y aparte. Nadie puede vivir por ti. Nadie puede dar respuestas a tus dudas, solamente tú. Nadie puede tomar tus responsabilidades, y hacer tus decisiones y elecciones. Nadie puede realizar tus relaciones con Dios, sino tú. Nadie puede creer por ti. Mil amigos pueden rodearte y orar por ti, pero solamente cuando eleves el corazón en oración a Dios habrás puesto el alma en comunicación con Dios. Nadie puede obedecer a Dios en tu lugar. Nadie puede realizar tu trabajo por Cristo, ni nadie puede rendir cuentas por ti ante el trono del juicio.

Esta soledad de la vida a veces se hace muy real en la conciencia. Las grandes almas lo han experimentado cuando se destacan por sobre el común de los hombres en sus pensamientos, esperanzas y aspiraciones, al igual que las montañas que se elevan sobre los valles y cerros menores. Los grandes líderes deben permanecer solos con mucha frecuencia, pues deben avanzar al frente de sus seguidores. Las batallas por la verdad y el progreso siempre han sido llevadas a cabo por almas solitarias. Elías, por ejemplo, en tiempo de desaliento, dejó bien claro que su soledad como hijo de Dios era la carga más grande que soportaba en su vida. En todas las épocas ha sido igual. Dios llama a un hombre para que le sirva con fidelidad y luche por Él.

Pero esta experiencia no es solamente para las almas grandes; en la vida de cualquiera que vive fielmente y en forma digna hay momentos en que debe luchar solo por Dios, sin compañía, y quizá sin que haya quien muestre simpatía por nuestro trabajo o pronuncie las necesarias palabras de aliento. — J. R. Miller (1891).

6 de Mayo

No fui desobediente a la visión celestial.
Hechos 26: 19.

SI YO HABLASE de misiones extranjeras con gran elocuencia, y no tengo visión, vengo a ser como metal que resuena o címbalo que retiñe.

Y si pasara largas horas estudiando y leyendo literatura sobre misiones, de modo que llegara a conocer todas las dificultades y privaciones de la vida misionera y no tengo visión, de nada me sirve.

La visión hace que uno permanezca continuamente delante del Señor; la visión permite orar con fervor; la visión nos carga con el deseo de ver que otros obtengan salvación.

No ensalza a nadie, sino a Cristo; busca solamente la redención de los perdidos; se da a todos los que con fervor la buscan; piensa que ningún precio es demasiado alto para su propósito.

Trata de no desalentar a los misioneros en perspectiva, mas les alienta a responder el llamado de Dios.

Lleva la carga de los demás, cree que Dios está dispuesto a llevar adelante su empresa, anhela la salvación de muchos, soporta los fracasos y desengaños aparentes.

La visión no fracasa; pero fracasa si se trata de despertar el interés con historias espeluznantes; cesará la visión si se promueve la obra misionera con lágrimas que no están acompañadas de sentimiento sincero; la visión se disipará si sólo hay intereses personalistas.

Porque en parte conocemos y en parte vemos; pero cuando hay una visión verdadera, se hace a un lado la tibieza y el interés intermitente.

Cuando yo no tenía visión, hablaba como uno que no tiene visión, y oraba como quien no tiene visión, pero cuando recibí la visión, dejé todo lo que era mediocridad.

Ahora tengo una visión velada de la necesidad que solamente Cristo puede satisfacer, pero algún día comprenderé plenamente; ahora

110

conozco en parte el precio de la salvación, pero entonces lo veré claramente, incluso que ha sido comprada para mí.

Ahora para ser un misionero verdadero se necesitan un corazón que ora sin cesar, una vida rendida y una visión; estas tres, empero, la mayor de todas es la visión. — Adaptado de un recorte.

7 de Mayo

Porque esta leve tribulación momentánea produce en nosotros un cada vez más excelente y eterno peso de gloria.

2 Corintios 4:17.

LOS TIEMPOS DE prueba son los períodos de mayor gozo en nuestra vida. Cuando los apóstoles fueron expulsados de Antioquía por una turba compuesta por mujeres honorables y hombres respetables, se agregó lo siguiente en las Escrituras: "Los discípulos fueron llenos de gozo y del Espíritu Santo." Cuando la higuera no floreció y las viñas no produjeron su acostumbrado fruto y la naturaleza entera se vio envuelta en un manto de muerte, Habacuc elevó su canción con las más altas notas de triunfo y pudo decir: "Me gozaré en el Señor y me gozaré en el Dios de mi salvación."

Si hemos de conocer el pleno consuelo del Espíritu Santo, debemos cooperar con Él y regocijarnos por fe. Y esto debemos hacer aun cuando nuestras circunstancias nos lo prohíban y nuestros propios sentimientos no nos den la respuesta de compasión o de gozo consciente. Es una gran cosa aprender a contarlo todo como motivo de gozo. Contar no corresponde al lenguaje de la poesía o del sentimiento, sino al cálculo frío e infalible. La suma se realiza de la siguiente manera: Penas, tentaciones, dificultades, oposición, depresión, deserción, peligro, desaliento por todos lados, pero al final de la columna aparecen la presencia de Dios, la voluntad de Dios, el gozo de Dios, las promesas de Dios y la recompensa de Dios. ¿Cuánto suma esta columna? Aquí está el resultado: la adición es *todo gozo* porque "lo que al presente se sufre no se puede comparar con la gloria que será revelada".

Ésta es la forma de contar tu gozo. Tomada en forma aislada una circunstancia dada puede parecernos causa de tristeza y no de gozo, pero sacando bien las cuentas e incluyendo en ellas a Dios, su presencia y sus promesas, resulta una suma gloriosa en la aritmética de la fe. Podemos gozarnos en el Señor como un acto de la voluntad; y cuando lo hacemos el Consolador pondrá nuestras emociones en su centro al igual que nuestras circunstancias. Los que entraron a la batalla con cantos de alabanza en las primeras líneas, contagiaron con su gozo al ejército entero y tuvieron luego, en la victoria, la causa visible de su acción de gracias. Por tanto, digamos junto con los apóstoles; "por lo cual me gozo y aún me gozaré". — Seleccionado de "Mensaje de Dios". Editado por Heyman Wreford, 1884-1934, Exeter, Inglaterra.

8 de Mayo

Si nos hubiésemos olvidado del nombre de nuestro Dios, o alzado nuestras manos a dioses ajenos, ¿no demandaría Dios esto? Porque Él conoce los secretos del corazón.

Salmo 44: 20, 21.

UN MISIONERO EN la India dijo que si Cristo hubiera comenzado a predicar el Evangelio a cada ciudad y pueblo de la India, dedicando un solo día a cada uno, todavía estaría predicando en la India y estaría lejos de terminar su recorrido. En el día de hoy nos enfrentamos a una tarea no terminada. Pero podemos encararla en plena certidumbre de fe, sabiendo que es posible realizarla. Millones de almas esperan para ser evangelizadas. Pocos días antes de morir Tolstoi dijo unas palabras que parecen palabras de un profeta: "El mundo moderno ha perdido temporalmente a Dios y sin Él no puede vivir." ¿No es ésta la causa básica del sufrimiento en nuestro mundo quebrantado y sangrante en estos momentos? ¡Un mundo que ha perdido a Dios! Muchos lloran junto con Job: "¡Quién me diera a conocer dónde puedo hallar a Dios!" (Job 23: 3.) — Sra. de Cowman.

Recordemos, los hombres son todavía el método que Dios usa para alcanzar a los hombres. Hombres completamente rendidos a Dios, hombres como Gedeón son los que necesita. ¿Y quién era Gedeón? La Palabra dice que el Espíritu de Jehová se vistió con Gedeón. Y Gedeón no era en la refriega sino un traje de trabajo que el Espíritu Santo estaba usando aquel día. Actualmente Dios está buscando personas tan pequeñas e insignificantes que cuando las usa, la gente exclama asombrada: "¡Dios está usando a esa persona!" Cuando Dios usa a una persona, los instrumentos ordinarios se convierten en extraordinarios. Recordemos a Abraham, Moisés, José, David: "La espada del Señor, y..." hombres. Pensemos en Spurgeon, Moody, Lutero, Wesley. Y otra vez, la espada del Señor, y... hombres. Éstos fueron hombres para su generación y para su hora. Tú puedes ser la persona para esta hora, esta hora portentosa, esta hora trascendental, previa al regreso de nuestro Señor Jesucristo que viene a buscar su Esposa.

¡Sólo Cristo puede salvar nuestro mundo, pero no puede hacerlo si tú no cooperas!

Alarga su mano al pobre, y extiende sus manos al menesteroso. Fuerza y honor son su vestidura; y se ríe de lo por venir. Abre su boca con sabiduría, y la ley de clemencia está en su lengua. Considera los caminos de su casa, y no come el pan de balde. Se levantan sus hijos y la llaman bienaventurada y su marido también la alaba. Muchas mujeres hicieron el bien, mas tú sobrepasas a todas.

Proverbios 31:20. 25-29.

LA JOVEN MADRE puso su pie en el sendero de la vida.

— ¿Es largo el camino? — preguntó.

Su guía le contestó:

— Sí, y el camino es arduo. Te envejecerás antes de llegar a su final. Pero el final será mejor que el principio.

Pero la joven madre estaba feliz y pensaba que nada podía ser mejor que el tiempo que estaba viviendo. Por eso, se puso a jugar con sus hijos, a recoger flores para ellos a lo largo del camino, y los bañó en los arroyos cristalinos; el sol brilló sobre ellos, la vida era buena y la joven madre gritó:

— Nada podrá superar la hermosura de esto.

Llegó la noche, y la tormenta, el sendero se oscureció y los niños temblaron de frío. La madre los allegó a su seno, y los cubrió con una manta. Los niños dijeron:

— Mamita, no tenemos miedo porque tú estás con nosotros, y nada nos puede dañar.

La madre dijo:

— Esto es mejor que la luz brillante del día, porque he infundido valor a mis hijos.

Llegó la mañana, y vieron una montaña por delante. Los niños subían y el cansancio los vencía, pero la madre, aunque cansada, les decía siempre:

— Tengamos un poco de paciencia y llegaremos.

Llegaron a la cumbre y allí dijeron:

— Sin ti jamás hubiéramos llegado, mamá.

Aquella noche la madre, acostada, miró las estrellas y dijo:

— Este día es mejor que el anterior, porque mis hijos han aprendido a enfrentar las asperezas de la vida con entereza. Ayer les di coraje, hoy les he dado fortaleza.

El día siguiente trajo extrañas nubes sobre la tierra, que la cubrieron de tinieblas. Eran las nubes de la guerra, del odio y del mal. Los hijos caminaron a tientas y tropezaron. La madre les dijo:

— Miren hacia arriba. Levanten la vista hacia la Luz.

Y ellos miraron y vieron por sobre las nubes una Gloria eterna que los dirigió y los llevó más allá de las tinieblas. Aquella noche la madre dijo:

— Éste es el mejor de todos los días porque he conducido mis hijos al conocimiento de Dios.

Los días pasaron, las semanas, los meses, los años. La madre envejeció y sus espaldas se curvaron. Ya sus hijos eran grandes y fuertes y caminaban sin temor. Cuando el camino se ponía difícil, ellos ayudaban a su madre. Si el camino era muy áspero, la levantaban porque era liviana como una pluma. Por fin llegaron a una colina, detrás de la cual divisaron un camino resplandeciente y las puertas de oro abiertas de par en par.

La madre dijo:

— He llegado al final de mi viaje. Ahora sé que el final es mejor que el principio, porque mis hijos pueden caminar solos y sus hijos les siguen.

Y los hijos dijeron:

— Siempre caminarás con nosotros, mamá, aun después que hayas pasado por aquellas puertas.

Y de pie, se quedaron mirándola cuando sola siguió caminando hasta que las puertas de oro se cerraron tras ella. Y se dijeron:

— No podemos verla, pero todavía está con nosotros. Una madre como la nuestra es más que una memoria. Es una presencia viva. — Temple Bailey (de Alimento para el pensamiento).

10 de Mayo

En tu mano están mis tiempos.

Salmo 31:15.

A FINES DEL SIGLO pasado hubo un banquete memorable en Londres. Christopher Neville lo organizó en honor de las personalidades prominentes del pensamiento inglés. Había políticos ilustres, y los mejores representantes del arte, la literatura, las finanzas y la religión. Se pidió al decano Stanley que presidiera la hora de los discursos. No había discursos predeterminados, ni tópicos a considerar. El decano se puso de pie y propuso para la discusión la siguiente pregunta: ¿Quién dominará el futuro? El primero en tomar la palabra fue el profesor Huxley. Después de dar algunas razones en pro y refutar las posibles oposiciones, dejó como su pensamiento principal que el futuro será dominado por la nación que se apegue más a los hechos. La audiencia quedó profundamente impresionada. Después de unos momentos de silencio, el decano se puso de pie y cedió la palabra a un escritor inglés, miembro del Parlamento, y presidente de la Comisión Real de Educación. En forma sencilla y tranquila, comenzó diciendo:

— Señores, he escuchado con profundo interés la exposición del orador que me precedió. Concuerdo plenamente con él. Creo que el futuro pertenece a la nación que se atenga más a los hechos. Sólo quiero añadir una breve sentencia: *"a todos los hechos,* no a algunos de ellos, sino *a todos*". Y prosiguió: Ahora bien, el mayor hecho de la historia, es Dios.

¡Dios es la respuesta!

Aquel banquete en Londres es ahora algo del pasado, pero la pregunta "¿Quién dominará el futuro?" aún permanece con nosotros y en forma aún más perentoria. Los días más tenebrosos son los que se hallan más cerca del Gran Amanecer.

"Los hombres no ven la luz en las nubes." (Job 37: 21.) — Sra. de Cowman.

11 de Mayo

El que sea capaz de recibir esto, que lo reciba.
Mateo 19:12.

NO ES TAN DIFÍCIL recibir, como *tener* que recibir. Cuando nos vemos obligados a recibir un regalo, recordamos prontamente las palabras de nuestro Señor Jesucristo: Más bienaventurada cosa es dar que recibir." Entonces vemos que es más difícil tomar con gracia una demostración de bondad de nuestros amigos, que recibir la reprobación de nuestras faltas. Pero cuando debemos recibir, aquello es la voluntad de Dios para nosotros y es más beneficioso que dar. Debemos estar dispuestos, no solamente a servir, sino a ser servidos; no solamente a llevar las cargas de los demás, sino a dejar que otros lleven las nuestras; no solamente a ministrar a los enfermos, sino también a ser ministrados; no solamente a dar, sino también a recibir. A veces es la voluntad de Dios que dejemos que otros hagan la voluntad de Dios, y que seamos por esta vez, la ocasión en vez de ser los autores del acto de bondad. — Maltbie Davenport Babcock.

¿Cómo podría haber regalos, y servicios si nadie los recibe? Si alguien da, alguien tiene que recibir. Nosotros *damos* gozo al que da cuando somos recibidores agradecidos. De este modo, aunque parezca paradojal, el que recibe da. El que recibe con nobleza, da con nobleza. — M. Taylor.

12 de Mayo

Bueno es Jehová a los que en Él esperan, al alma que le busca. Nunca decayeron sus misericordias.
Lamentaciones 3:25, 22.

SE CUENTA DE UN anciano andrajoso que cada día a las doce entraba a la iglesia, permanecía unos pocos minutos dentro y se iba. El cuidador estaba preocupado por los valiosos adornos del altar. Todos los días lo vigilaba cuidadosamente para estar seguro que nada se llevaba. Y todos los días, a las doce en punto entraba la andrajosa figura. Un día el cuidador se le acercó:

— Oiga, amigo, ¿a qué viene todos los días a la Iglesia?

— Vengo a orar — contestó cortésmente el anciano.

— Pero — dijo cautelosamente el cuidador — usted no se queda tanto tiempo como para orar.

— Solamente lo necesario. No sé hacer largas oraciones, pero todos los días vengo y digo: "Jesús, soy Jaime." Entonces espero un minuto, y me voy. Pienso que Él me escucha aunque sea corta la oración.

Un día, cuando cruzaba la calle, un vehículo arrolló a Jaime, y éste fue hospitalizado con una pierna quebrada. La sala donde lo pusieron era un lugar molesto para las enfermeras encargadas. Algunos de los hombres estaban malhumorados y en actitud miserable y otros no hacían más que quejarse y gruñir desde la mañana hasta la noche. Poco a poco los hombres fueron dejando sus rezongos hasta que llegaron a demostrar alegría y conformidad.

Un día cuando la enfermera recorría la sala oyó reír a los hombres.

— ¿Qué les ha pasado? ¡Se ven tan contentos!

— Es el viejo Jaime — contestaron —, siempre está alegre, jamás se queja aunque su posición es bastante incómoda y padece fuertes dolores.

La enfermera fue hasta la cama de Jaime, donde con su cabeza de plata yacía acostado con una mirada angelical en el rostro sonriente:

— Bien, estos hombres dicen que eres el causante de la transformación de esta sala. Dicen que estás siempre feliz.

— Es verdad, enfermera. Pero no puedo evitarlo. Usted comprenderá, enfermera, es mi visitante. Él me hace feliz.

— ¿Visitante? —. La enfermera estaba asombrada, porque no había notado que alguien estuviera visitando a Jaime. Su silla estaba siempre vacía en las horas de visita —. ¿Cuándo viene la visita?

— Todos los días — contestó Jaime con los ojos iluminados por una brillantez creciente —. Sí, todos los días a las doce. Él viene y se para junto a mi cama. Yo lo veo allí. Él me sonríe y me dice: "Jaime, soy Jesús." — Historia verídica.

13 de Mayo

¿Quién de vosotros podrá, por mucho que se afane, añadir a su estatura un codo?

Mateo 6: 27.

A SÍ DE INÚTIL es la ansiedad! Una persona de baja estatura, por mucho que se afane, no puede crecer aquella pulgada de estatura que codicia. Entonces, ¿por qué malgasta sus energías y desperdicia su vida deseando ser una pulgada más alta? Uno se preocupa por su baja estatura, otro porque es demasiado alto, otro porque es muy flaco, otro porque es muy gordo; otro porque tiene una pierna corta y otro porque tiene un lunar en la cara. Ninguna cantidad de preocupación podrá cambiar ninguna de estas cosas. La gente se preocupa también por las circunstancias que les rodean. Son pobres y tienen que trabajar duramente. Tienen problemas, pérdidas y desengaños por causas que están completamente fuera de su control. Hallan dificultades en su medioambiente que no pueden superar. Su suerte les ha conducido a situaciones tales, que no pueden cambiar.

Ahora bien, ¿por qué han de preocuparse por esas cosas? ¿Podrá la preocupación cambiar en algo las cosas? ¿Podrá la disconformidad alargar la pierna corta, remover el lunar, reducir la corpulencia o añadir carne al cuerpo flaco? ¿Podrá el enfado alivianar el trabajo pesado, aligerar las cargas o aminorar las dificultades? ¿Podrá la ansiedad alejar el invierno, detener la tormenta, colocar el carbón en la bodega, poner pan en la despensa o conseguir ropa para los niños? La filosofía más sabia demuestra que la preocupación es inútil, puesto que en nada ayuda y sólo consigue gastar las fuerzas y descalifica a la persona para realizar sus mejores esfuerzos. La religión va más allá aún y dice que aun las dificultades y obstáculos son bendiciones si las enfrentamos con el espíritu correcto; son escalones que llevan nuestros pasos hacia arriba, experiencias disciplinarias que nos ayudan a crecer espiritualmente. De este modo aprendemos que debemos aceptar la vida serenamente y con fe, tal como se nos presenta, sin gastarnos inútilmente, y cambiando las circunstancias difíciles si está a nuestro alcance el hacerlo. Si no podemos, debemos usarlas como medios para el crecimiento y para ir adelante. — J. R. Miller.

14 de Mayo

No con ejército ni con fuerza, sino con mi Espíritu, ha dicho Jehová.
Zacarías 4:6.

NO PUEDO siempre comprender los caminos por los que Dios me conduce. Él porqué, el cuándo y el dónde son con frecuencia un misterio. Pero puedo confiar en su sabiduría, y sé que su camino es el mejor; su corazón es misericordioso, y en su amor descanso.

Parado a orillas de un río, observé los remolinos cercanos a la ribera. El remanso hacía que el agua hiciera su recorrido río arriba a lo largo de la ribera. Mi primera impresión fue que el río estaba corriendo en sentido inverso al que le correspondía, pero cuando miré hacia la corriente principal vi que seguía su camino directamente hacia el mar.

Dios, con toda la fuerza y el poder que tiene a su disposición, trabaja de esta misma manera. Sus realizaciones silenciosas son serenas, indirectas, profundas y lentas en apariencia, de modo que tenemos que explorarlas para poderlas comprender y apreciar en su verdadera magnitud. En silencio, pero confiadamente, mueve sus obras maravillosas día tras día. En las experiencias cotidianas, en el trabajo, en la iglesia y en la sociedad Dios da a veces la impresión que estuviera sufriendo una derrota y que los movimientos de su gracia y providencia fueran fracasos de modo que todos sus planes están trastornados y todo resulta en el sentido inverso del que quiere darle. Uno tiene que quitar la vista de la orilla, de los remolinos de la frustración del presente, y fijarla en la corriente completa del propósito de Dios para su pueblo, para darse cuenta que Él siempre está ganando las batallas por métodos silenciosos y difíciles de comprender.

Dios obra por medio de individuos. Conquista un corazón y por medio de ese corazón derrama su propósito como un río. Dios realiza sus conquistas por medio de los santos que permanecen en absoluta dependencia de Él; hace que vivan por fe. En su programa no hay lugar para el *yo*. Todo está destinado a Cristo. Sus hijos tienen éxito cuando son lo que los escépticos piensan es un fracaso. Vencen a sus enemigos por medio del amor. El resto lo dejan al cuidado de Dios. El Señor sale siempre vencedor. Él sigue haciendo sus maravillas entre los telones y bajo la superficie de las aguas rugientes. — M. Taylor.

15 de Mayo

En lugar de lo cual deberíais decir: Si el Señor quiere.
Santiago 4:15.

Tú, oh Jehová, no desamparaste a los que te buscan.
Salmo 9:10.

LAS PERSONAS QUE mejor oran y más aman a Dios, son aquellas que sienten cada palabra que hablan, y cada pensamiento que presentan en oración; son aquellas cuya comprensión de Dios es más abrumadora; son aquellas cuyos afectos por Dios son más espiritualmente apasionados; son aquellos cuyas oraciones son más esforzadas y graciosamente exigentes. — Dr. Annesley.

Aunque el arquero no logre alcanzar con su flecha tan alto como se lo ha propuesto, mientras más alto apunta, más arriba llega. — Leighton.

No existe ni existirá la oración de fe que no haya sido contestada. — McCheyne.

Hace muchos años, la población de cierto pueblo se hallaba en dificultades durante el invierno. Un ejército hostil marchaba hacia ellos y no les cabía dudas acerca de la destrucción de sus hogares que aquellos soldados realizarían. En una de las familias había una anciana abuelita. Mientras los demás temblaban y se preocupaban, la abuelita oraba a Dios para que les diese protección y levantara una muralla de defensa en torno a ellos.

Durante la noche oyeron el ruido producido por las botas de los soldados que marchaban además de otros ruidos terroríficos, pero ningún daño les sobrevino. Al día siguiente encontraron que, justa-

118

mente al lado de su casa, la nieve amontonada había construido una muralla que había impedido la llegada de los soldados hasta su casa.

— ¿Ven? — dijo la abuelita —. Dios edificó un muro a nuestro rededor.

No creo que exista en la historia del Reino de Dios una oración ofrecida en espíritu correcto que haya quedado sin respuesta. — T. L. Cuyler.

Orar es desear; pero desear lo que Dios quiere que deseemos.

El que no siente el deseo en lo profundo de su corazón, ofrece oraciones engañosas. — Fenelon.

16 de Mayo

Y todo lo que pidiereis al Padre en mi nombre, lo haré, para que el Padre sea glorificado en el Hijo.

Juan 14:13.

ORAR EN EL NOMBRE de Jesús no es solamente usar su nombre para terminar la oración. Es orar en la mente y el Espíritu de Jesús de modo que, mientras creemos sus promesas, descansamos en su gracia y obramos sus obras.

¿Qué es orar en el nombre de Cristo? No hay nada místico o misterioso en esta expresión. Si uno recorre la Biblia y examina todos los pasajes en que se usan las expresiones "en mi Nombre", o en su nombre, u otras semejantes, se da cuenta que significa exactamente lo mismo que en el lenguaje moderno. Si voy a un banco y muestro un cheque firmado por mí, estoy pidiendo *en mi nombre* a aquel banco que me dé dinero. Si tengo dinero depositado, el cheque me será pagado; si no, no me lo pagan. Sin embargo, si voy al banco con un cheque que lleva la firma de otra persona, estoy pidiendo *en su nombre,* y no importa si yo tengo o no dinero depositado en ese banco o en algún otro; si la persona que firmó el cheque tiene fondos en ese banco, el cheque será pagado sin dificultad. Así es cuando voy al Banco Celestial, cuando voy a Dios en oración. No tengo nada depositado allí, no hay crédito para mí y si voy en mi propio nombre, nada lograré; pero Jesús tiene crédito ilimitado en el cielo y me ha concedido el privilegio de ir al Banco con su nombre escrito en mis cheques; y cuando voy en este espíritu, mis oraciones serán honradas con una respuesta. — R. A. Torrey.

Dios puede hacer valer sus promesas cuando parece que las ha quebrantado; puede hallar medios cuando los inventos humanos fracasan. Hace más que lo que podemos pedirle cuando parece que está haciendo menos que lo que ha prometido. A veces abiertamente, otras veces en secreto, pero siempre en forma segura. Él es tan bueno como Su Palabra.

17 de Mayo

Confíe en el nombre de Jehová, y apóyese en su Dios.

Isaías 50:10.

La relación del hombre con su Dios no debe verse sacudida por el hecho de no comprender la providencia de Dios. Al contrario, cuando la ascensión se hace difícil y el camino se pone áspero y tenebroso, debemos aferrarnos más desesperadamente de nuestra fe. Ella es la única cosa a este lado del cielo que puede darnos fortaleza y valor para encarar los obstáculos del viaje de la vida.

Alejandro Duff estaba en viaje hacia la India para entregarse al servicio de Cristo. Iba a dedicar su vida a la enseñanza de los niños de aquella triste tierra para guiarlos en el Evangelio glorioso. Pero antes de llegar a su destino se vio sometido a asperezas tales que hubieran descorazonado a cualquiera, menos a quien tuviera una fe en Dios como la de Alejandro Duff.

Su barco se estrelló contra las rocas cerca del cabo de Buena Esperanza. Afortunadamente Alejandro Duff y los demás se salvaron, pero se perdió todo. Duff se encontró con que no tenía nada, ni ropas ni baúles. Y la hermosa biblioteca de ochocientos volúmenes que traía consigo fue a parar al fondo del mar.

Se quedó parado a orilla del mar en aquel desolado país, mirando las olas. Esperaba ver algo que pudiera ser rescatado. Entonces vio un pequeño objeto que se hundía y salía del agua. Cada vez se acercaba más y más. "Nada que valga la pena", se dijo Duff. Era un libro, uno de los que componían su biblioteca. Una gran ola lo lanzó sobre la arena y Duff lo tomó. ¡El libro era su Biblia, la que leía todos los días!

Silenciosamente Duff dio gracias a Dios porque de aquellos ochocientos volúmenes el único que se había salvado era la Biblia. Llamó a sus compañeros y les contó el caso. La abrió y les leyó el hermoso salmo: "Los que descienden al mar en naves, y hacen negocios en las muchas aguas, han visto las obras de Jehová y sus maravillas en las profundidades." (Salmo 107:23, 24.)

Reiniciado el viaje a la India, sufrieron un nuevo desastre. Estalló una terrible tempestad cuando estaban en la costa de la India. El barco encalló en la playa, a unos pocos kilómetros del lugar donde iba a servir al Señor. No teniendo otro refugio a la mano, pasó la noche en un templo pagano, y al día siguiente inició su ministerio entre aquellos que había sido llamado a servir. — Seleccionado.

18 de Mayo

Cuando alzó Jesús los ojos, y vio que había venido a Él gran multitud, dijo a Felipe: ¿De dónde compraremos pan para que coman éstos? Pero esto decía para probarles; porque Él sabía lo que había de hacer.

Juan 6: 5, 6.

EL EJEMPLO A QUE nos hemos referido, es uno de los más interesantes aspectos en la preparación de sus discípulos. Siempre les daba instrucciones sobre las leyes espirituales del Reino. Pero también procuraba que pusieran en práctica las lecciones que estaban aprendiendo tan lentamente. Cuando el Señor lo sometió a prueba, Felipe falló. Vio solamente lo inadecuado de sus pocos recursos. Los discípulos habían visto el milagro de la transformación del agua en vino, la sanidad de los enfermos, la expulsión de demonios, y su dominio sobre la tempestad; pero, tal como nosotros, se olvidaban fácilmente que estaba entre ellos el Señor de la creación, el Hacedor de los cielos y la tierra, que podía suplir abundantemente a su necesidad.

Constantemente nos enfrentamos con circunstancias en nuestra vida que nos ponen en peligro, y con situaciones que, el Señor nos ha declarado, somos completamente incapaces de solucionar; pero si las interpretamos correctamente, veremos que se trata de llamados para entrar a una vida de mayor fe. Si nos ponemos en sus manos, junto con todas nuestras pocas posesiones, descubriremos que por su bendición y su toque milagroso será suplida toda necesidad.

Cristo está dispuesto a conocer las demandas más grandes que podamos hacerle, porque sus recursos son inagotables, y quiere todavía que le pidamos más para que nuestro gozo sea completo. Si nuestro corazón permanece lleno de su amor y buscamos la bendición de otros y la gloria de Dios, tenemos el privilegio de confiar de tal modo en Dios que experimentaremos continuas respuestas a nuestras oraciones. Las dificultades que enfrentamos no son para desalentarnos, sino para enseñarnos nuevas lecciones en la vida de fe y para probarnos si dependemos de lo natural o si confiamos en Él para realizar lo imposible. — Recorte de un periódico desconocido.

19 de Mayo

Porque el Espíritu todo lo escudriña, aun lo profundo de Dios.
2 Corintios 2:10.

Habitad en lugares profundos...
Jeremías 49:8.

Los geólogos nos aseguran que aún existen en las profundidades del mar especies vivas de animales que en períodos geológicos anteriores vivieron en las zonas costeras del mar. Parece que allí encontraron un refugio de los peligros que amenazaban su existencia.

Tal como la seguridad de esos animales dependía de la profundidad en que ellos vivieran, nuestra seguridad como creyentes de nuestro Señor Jesucristo depende de nuestra permanencia en los lugares secretos del Altísimo. Si hay peligros que nos rodean, si estamos cercados por circunstancias desagradabilísimas, si el clima nos resulta insalubre, al hijo de Dios no le importa en lo más mínimo, por cuanto ha aprendido a habitar en lugares profundos, en el Refugio que Dios le ha provisto y no hay peligro de zozobra, sea cual sea la adversidad que se le oponga.

Es indudable que el Salmista comprendió esto, de otro modo no se habría jactado con tanta fidelidad de su lugar de refugio, su eterno refugio. Hijo de Dios, ¡apártate de las moradas superficiales! ¡Zambúllete en el océano del amor de Dios! ¡Habita profundamente! Hay quienes viven superficialmente y padecen cada tormenta que viene. Hay otros que viven profundamente con Dios. Están a tales profundidades, tan lejos de la superficie, tan lejos de las olas, que, pase lo que pase, permanecen inamovibles, intactos, ilesos. Gracias a Dios por los que habitan en las profundidades. Ellos permanecerán en lugar seguro.

¡Habita en lugares profundos, alma mía! No te quedes en la superficie. Haz que tus pensamientos, tus propósitos, tus anhelos y tu voluntad sean profundos. Habita en lugares profundos en Dios, que su Presencia sea santificada; que tu ser interno esté lleno de su presencia. ¡Habita en lugares profundos, alma mía! Los que viven superficialmente pueden retrasar el retorno del Maestro. Los tibios, los que no conocen el santo ardor, pueden retardar mucho la venida de aquel bendito día. — J. Danson Smith.

20 de Mayo

Sed sumisos unos a otros, revestíos de humildad, porque Dios resiste a los soberbios y da gracia a los humildes.

1 de Pedro 5:5.

YO PENSABA QUE el mundo me pertenecía: los bienes, el oro y la gente, la tierra y el mar. Dondequiera que andaba bajo el cielo de Dios, mi palabra era "YO". Pasaron los años. Mi sendero se iluminó en el fragmento de una visión querida. La palabra YO ya no era suficiente, de modo que decía: Yo y Cristo. Pero, mientras más lo he contemplado, su gloria ha ido en aumento y la mía ha ido menguando. Me sentía tan pequeño y Él tan grande, que sólo me atrevía a decir: "Cristo y yo." Muchos años más permaneció allí la visión y me miró a la cara y yo hablé en el tono más humilde: "Cristo..."

Humildad es perfecta quietud del corazón. Consiste en no tener problemas. El humilde no se enoja, no se irrita, no se resiente ni se desengaña; no espera nada, no se extraña del daño que se le causa, ni tiene sentimientos malos contra el causante. Cuando se le calumnia e insulta permanece sereno. Tiene un bendito hogar donde mora el Señor y donde puede acudir, cerrar la puerta y arrodillarse delante del Padre en secreto. Está en paz, como el profundo del mar permanece calmo cuando la superficie está en tempestad.

Nosotros caminamos por el sendero superior de la vida si caminamos humildemente con Dios.

21 de Mayo

Palpamos la pared como ciegos y andamos a tientas como sin ojos; tropezamos a mediodía como de noche; estamos en lugares oscuros como muertos.

Isaías 59:10.

QUÉ PALABRAS MÁS gráficas! Son un cuadro perfecto del mundo confundido en que vivimos. En toda tierra y en todas las esferas de actividad, tanto entre creyentes como entre inconversos, se piensa que nuestro mundo se halla cara a cara con un cambio cataclísmico. El corazón de cada cristiano rebosa de emoción ante tal espectación, porque el Espíritu Santo dice a cada alma regenerada: "El día del gran amanecer se acerca." Pero para los ciegos guías de ciegos, cada día que pasa trae consigo un temor creciente por algo indefinido, sin nombre, que lenta e irresistiblemente se va apoderando del corazón y las actividades del hombre.

Una madre, con su hijita de más o menos cuatro años de edad, subió a un autobús. Se sentó y sentó a la hijita en la falda. A su lado se sentó una mujer que llevaba un hermoso ramo de rosas. Atraída por el dulce rostro de la niña y por sus grandes ojos azules, sacó una de las flores del ramo y se la ofreció a la pequeñita.

— Esta rosa es para ti, querida, tómala — le dijo.

La niñita la miró extrañada y se apartó de ella. La mujer, asombrada, repitió su oferta y esta vez tocó la manita de la niña con un pétalo. Ésta parecía estar asustada porque, confundida, le tocó la cara a la mamá para llamarle la atención. La madre se volvió hacia su amable vecina de asiento y le dijo cuatro palabras. En su cara cansada había una triste sonrisa que hacía eco elocuente a las palabras que le salieron del corazón:

— Mi hijita es ciega.

¡Ciega! Oh, sí; la ceguera física produce un profundo sentimiento de compasión en el corazón de todos nosotros. ¡Cuánto más trágica es la situación de innumerables millares de hombres y mujeres que padecen de ceguera espiritual! ¡Ojalá pudieran ver y admirar las bellezas de la hermosa Rosa de Sarón!

22 de Mayo

Pelea la buena batalla de la fe.
1 Timoteo 6:12.

Ésta es la victoria que vence al mundo, nuestra fe...
1 Juan 5:4.

NAPOLEÓN OBSERVABA rápidamente cuál era la posición estratégica para ofrecer combate. Entonces lanzaba todas sus fuerzas y recursos a la conquista y conservación de aquel lugar, sin importarle el sacrificio de sus tropas.

Para lograr conquistas espirituales, los soldados del ejército de Dios deben estar preparados y alertas para hacer lo mismo. Gordon B. Watt dijo una vez: "Debemos hallar el punto de obstrucción y orar definidamente acerca de él. La mente debe adquirir la convicción. La voluntad debe ponerse en juego para realizar la acción correcta. La oración debe concentrarse sobre el estorbo, sea cual sea, en cuanto sea revelado por Dios."

¡Cuán maravillosa es la oración! Oró el siervo de Abraham y apareció Rebeca. Jacob lucha, ora y prevalece con Cristo... y los sentimientos vengativos de Esaú, acariciados durante veinte años, desaparecen. Moisés clama a Dios... y el mar le abre paso. Moisés ora... y Amalec es derrotado. Josué oró... y Acán queda en descubierto. Ana ora... y nace Samuel. David ora... y Anitofel se cuelga. Asa ora... y obtiene la victoria. Josafat clama a Dios... y Dios hace huir a sus enemigos. Isaías ora... y recibe la revelación del sueño. Daniel oró... y los leones permanecieron con las bocas cerradas. Daniel ora... y le son reveladas las setenta semanas. Esdras ora en Acaba... y Dios responde. Nehemías empieza una oración... y el corazón del rey se ablanda en un minuto. Elías ora... y hay tres años y medio de sequía. Elías ora... y la lluvia desciende nuevamente. Eliseo ora... y se abre el Jordán. La Iglesia ora ardientemente... y un ángel libra a Pedro de la cárcel.

El arma de la oración prevalece contra las armas del mal. Trae poder. Trae fuego. Trae lluvia. Trae vida. ¡Trae a Dios mismo a nuestra vida! No hay poder semejante al de la oración que prevalece. Procura ser bien definido con Dios. Atrévete a aferrarte de sus promesas y espera en fe hasta que venga la respuesta. ¡La victoria nos viene a través del Calvario! — Autor desconocido.

23 de Mayo

Conforme a mi anhelo y esperanza...

Filipenses 1:20.

LA PALABRA "AMBICIÓN" ha sido tan denigrada por un uso indigno, que a primera vista parecería estar fuera de lugar en el pensamiento de un cristiano. Sin embargo, el gran Apóstol usa esta palabra una y otra vez. *Filotimia*, "amor al honor", es una palabra favorita del apóstol Pablo. Por ejemplo, en 2 Corintios 5:9 dice: "Procuramos... serle agradables." En el griego dice literalmente: "Ambicionamos ser aceptados." Se puede *amar* el *honor* por muy diversos motivos. Uno puede procurar el honor por motivos completamente egoístas. Por otra parte, se puede buscar por fines que son puros y desinteresados. Observa al estudiante universitario que procura obtener una distinción intelectual para ofrendarla a sus padres o a sus instructores. Observa al soldado en el campo de batalla que está resuelto a distinguirse, para que su apreciado comandante pueda obtener una nueva victoria con su cooperación.

El cristiano puede *buscar honor,* que en último análisis proviene solamente de Dios, "para alabanza de la gloria de su gracia" y puede buscarlo con el puro deseo de añadir nuevos laureles a la corona del Señor victorioso. El que así actúa es ambicioso.

El versículo que encabeza esta meditación da en el clavo. El Apóstol revela su ambición: que Cristo *sea magnificado* en mi cuerpo, o por vida, o por muerte. Se muestra ambicioso, pero para su Señor. Quiere que el mundo vea que Cristo es glorioso y para conseguir eso, desea personalmente vivir y morir de una manera distinta. Es ambicioso, pero es para Cristo. — Handley C. G. Moule (1906).

Señor, hazme obrero de tu viña, que no piense en mirar atrás. Haz que mis rodillas no tiemblen y que mis manos no sean negligentes. Dame fuerzas para trabajar, fuerzas para llevar la carga desde el alba hasta cuando el cielo se tiñe con las primeras sombras, y aparecen las estrellas.

24 de Mayo

En el mar fue tu camino, y tus sendas en las muchas aguas; y tus pisadas no fueron conocidas.

Salmo 77:19.

EL MAR PARECE SER un mundo sin caminos. El mar es el símbolo del misterio. Es la habitación de innumerables cosas perdidas. Pero los caminos de Dios se mueven de un lado a otro a través del mar impetuoso y sin senderos. Dios no se pierde como los otros misterios. Él conoce su camino. Cuando nosotros estamos confundidos, Él ve el camino, y ve el final desde el principio. Aún en el mar, en todas sus partes, es camino real por el que transita Dios. No podemos seguir su rastro en el mar. El misterio es parte de la disciplina que Él nos ha señalado. La incertidumbre nos prepara para una seguridad más profunda. El espíritu inquisitivo es uno de los medios de gracia que Dios ha establecido. Por lo tanto, el mar turbulento debe ser considerado nuestro amigo, como lo entendemos algún día. Nos gusta "en lugares de delicados pastos descansar" y ser pastoreados junto "a aguas de reposo" y Dios nos concede lo que corresponde de este descanso restaurador. Pero necesitamos el misterioso mar, la experiencia que nos abruma, los aluviones de tristeza que no podemos explicar. Si no tuviéramos mar, no seríamos robustos. Seguiríamos siendo débiles hasta el fin de nuestros días.

Dios nos mete en las profundidades, pero su camino está en el mar. Él conoce la bahía, conoce el sendero, y ¡llegaremos a lugar seguro! J. H. Jowett, de Meditaciones diarias (1914)

Un marinero cuenta que cuando estaba aprendiendo a navegar, salió en un barco por su cuenta varias veces y se perdió. Le dijeron que usara la brújula. Salió nuevamente, y se perdió. Pasó la noche sin moverse hasta que lo encontraron. Entonces le preguntaron por qué no había usado su brújula. Dijo que no se había atrevido. Quería ir al norte y trató en vano de hacer que la "cosa indicara el norte, pero se movía de un lado a otro, daba la vuelta y marcaba siempre el sudeste. Muchos fracasan y no toman el rumbo correcto en el mar de la vida por la misma razón que frustró a nuestro marinero: no se atreven a tomar literalmente la Palabra del Gran Capitán para tomar la dirección que Él indica. — M. Taylor.

25 de Mayo

Toda la creación gime a una y a una está de parto hasta ahora. Y no sólo ella, sino también nosotros mismos, que tenemos las primicias del Espíritu, gemimos dentro de nosotros mismos esperando la adopción, es a saber, la redención de nuestro cuerpo.

Romanos 8: 22, 23.

RALPH CONNOR cuenta la historia de Gwen en uno de sus libros. Gwen era una muchachita salvaje y voluntariosa que estaba acostumbrada a hacer lo que se le antojaba. Un día tuvo un terrible accidente y quedó inválida para toda la vida. Se convirtió en una muchachita rebelde y murmuradora. En ese estado la encontró el Piloto del Sky cuando la visitó. Piloto de Sky le decían al misionero que trabajaba entre los montañistas.

Él le contó la parábola del cañón. Al principio no había cañones; había solamente una pradera extensa, muy grande. Un día el Amo de las Praderas preguntó a la Pradera mientras caminaba por los grandes pastizales:

—¿Dónde están tus flores?

Y la pradera contestó:

—Amo, no tengo semillas.

Entonces Él habló con los pájaros, los que en obediencia a sus palabras trajeron semillas de todo tipo de flor y las sembraron a lo largo y ancho de la pradera. Pronto la Pradera floreció con rosas, claveles, girasoles, lirios y otras flores que duraron todo el verano. El Amo vino y quedó complacido, pero echó de menos las flores que más amaba y dijo a la Pradera:

—¿Dónde están la clemátide, la pajarilla, las violetas, las anémonas, los helechos y los arbustos de flor?

Habló nuevamente con los pájaros que trajeron semillas y las sembraron a lo ancho y largo de la pradera. Pero, cuando el amo vino, no pudo hallar las flores que más amaba, y dijo:

—¿Dónde están las flores que más amo?

La pradera lloró con profundo dolor:

—¡Oh Amo, no puedo conservar las flores porque los vientos soplan con furor, el sol me golpea fuertemente el pecho y marchita las flores y se las lleva el viento!

Entonces el Amo habló con el Rayo, quien dio un fuerte golpe a la pradera en el corazón. La pradera se estremeció y se quejó de dolor y por muchos días se lamentó amargamente de la negra, dispareja y quebrada herida.

Pero el río derramó sus aguas hacia la hendidura, y llevó consigo tierra negra muy fértil; los pájaros salieron una vez más a buscar semillas y las sembraron en el cañón. Después de largo tiempo, las ásperas rocas estaban cubiertas con suaves musgos y enredaderas y todos los rincones quedaron bajo las clemátides y las pajarillas, y los olmos elevaban su esbelta estampa hacia el sol; y abajo, a sus pies, los cedros y los bálsamos. Por doquiera se podía ver las violetas, las amapolas y las breneas. Todo floreció hasta que el cañón llegó a ser el lugar favorito del Amo para ir a reposar en paz y gozo.

En seguida el Piloto del Sky le leyó: "El fruto — aquí voy a leer flores —, las flores del Espíritu son: amor, gozo, paz, benignidad, bondad y algunas de ellas solamente crecen en el cañón."

— ¿Cuáles son las flores del cañón? — preguntó suavemente Gwen. El Piloto le contestó:

— Bondad, mansedumbre, paciencia. Pero, aunque las otras también crecen en la Pradera, no son nunca tan perfumadas como cuando crecen dentro del Cañón.

Gwen se quedó un buen rato meditando en silencio y luego dijo pensativa mientras sus labios temblaban:

— No hay flores en mi cañón. Hay solamente rocas ásperas.

— Gwen querida, algún día florecerán; el Amo las encontrará, y nosotros también podremos verlas.

Amado lector, ¡recuerda esto cuando llegues a tu cañón!

26 de Mayo

Mi presencia irá contigo.

Éxodo 33:14.

L A PRESENCIA DE Cristo no previene las tormentas, pero Él está con nosotros en las tormentas. Estamos más a salvo en el peligro con Cristo, que en la quietud sin Él. Nosotros no ponemos las esperanzas en las arenas movedizas del tiempo. Nuestra confianza está puesta en la inamovible Roca de la Eternidad. Pero debemos ser como nuestro Maestro. Lo que le da valor a nuestra vida es el espíritu de sacrificio y de sumisión a la cruz. En medio del más salvaje tumulto, Cristo estuvo siempre en disposición de escuchar los gritos de angustia del hombre. Jamás demostró cansancio al respecto. Entonces, ¿por qué temer la tempestad, si está bajo el control de nuestro Padre Celestial?

Jesús nunca se vio tan absorbido por un necesitado que no tuviera tiempo para prestar atención a otros. La restauración de un hijo enfermo a sus padres representa cómo restaurará la amistad interrumpida entre dos amigos. Algunas personas que se hallan altamente necesitadas de su ayuda no se dan cuenta del deseo que Él tiene de ayudarles, de la misma manera que el que se ahoga queda asombrado por la belleza del bote salvavidas y se queda en el agua para morir. Las olas que al parecer iban a alejar al Señor de los discípulos en realidad lo acercaron al barco. Los pescadores habían perdido la serenidad antes de terminar la jornada. ¡Con cuánta frecuencia el Señor ha debido intervenir cuando las fuerzas de sus hombres han estado agotadas! — F. G. Cawston.

27 de Mayo

Los afligidos y menesterosos buscan las aguas, y no las hay; seca está de sed su lengua; yo Jehová los oiré... En las alturas abriré ríos y fuentes en medio de los valles; abriré en el desierto estanques de agua y manantiales de aguas en la tierra seca.

Isaías 41:17-21.

EL ALMA QUE hambrienta y sedienta va tras Dios y su plenitud para saciarse de sus vivos manantiales, encontrará que esta promesa es literalmente verdadera. Ven, alma sedienta, trae tu copa de necesidad al Dios de la provisión abundante. Ven y bebe. Sí, bebe en abundancia.

Aunque millones de sedientos están saciando su sed, este manantial no deja de manar. Millones más hay que vendrán, pero este manantial no cesará de manar.

Una caravana oriental se halló en el desierto con que se les había acabado la provisión de agua. Las fuentes donde solían abastecerse estaban secas. Los oasis eran un desierto. Se detuvieron una hora antes de la puesta del sol para darse cuenta, después de un día de calor abrasador, que perecerían por falta de agua. Exploraron en vano las fuentes conocidas, pero estaban todas secas. El desaliento se pintó en todos los rostros; estaban todos desesperados. De pronto un anciano se acercó al *sheik* y le recomendó que soltara los dos hermosos venados que llevaba a su casa como regalo para su novia. Seguramente el olfato agudo de los venados denunciaría la presencia de agua si es que la había. Tenían la lengua afuera debido a la sed, y sus vientres jadeaban con angustia. Pero cuando los llevaron hasta la orilla del campamento, levantaron la cabeza, y olfatearon el aire. Entonces, con instinto infalible, con un rumbo tan directo como el de una flecha, y veloces como el viento, corrieron a través del desierto. Jinetes en veloces corceles los siguieron, y un par de horas más tarde regresaban con la buena noticia de que habían encontrado agua. El campamento se cambió con gritos de alegría a las fuentes recién descubiertas. — Sra. de Cowman.

28 de Mayo

Aun los perrillos comen las migajas que caen de la mesa de sus amos.

Mateo 15:27.

MIENTRAS JESÚS ministraba en Tiro y Sidón, se le acercó una mujer, y le pidió que sanara a su hija. Conforme a su sabiduría, esperó hasta que brotara el ruego insistente de aquélla y entonces le dijo:

— No está bien tomar el pan de los hijos y echarlo a los perrillos.

En la respuesta de esta mujer se reflejan su fe viva y ferviente y su gran humildad:

— Sí, Señor, pero aún los perrillos comen de las migajas que caen de la mesa de sus amos.

No se ofendió con aquello con lo que el Señor la había comparado. Quería ser como un perrillo que está junto a la mesa de su amo. Los hijos serían servidos en primer lugar, y los pedazos que dejasen caer serían de los perrillos. Lo que ella pedía era la porción que ordinariamente se daba a los perros. Aun las migajas de aquella mesa serían suficientes para ella, más que los deliciosos manjares que pudiera servirse en otras mesas.

De esta manera su respuesta mostró humildad y fe, y en ambas cosas es un ejemplo para nosotros. Deberíamos ir a Cristo con un profundo sentimiento de nuestra indignidad, dispuestos a tomar el lugar más bajo. Es tan precioso poder tomar aunque sea las migas de la mesa del Maestro, que deberíamos ensalzarle por tal privilegio. Las migajas de su gracia y amor son mejores que los más ricos banquetes del mundo.

¡Señor, no soy digno de recoger las migas que caen de tu mesa! ¡Soy un pecador cansado y trabajado, y vengo a rogarte cumplas en mí tu promesa, pues quiero obedecer tu llamado!

Sin embargo, no somos alimentados con migajas. Estamos sentados a la mesa del banquete, con las más deliciosas provisiones delante. El hijo pródigo, al regresar, pidió solamente ser hecho como uno de los jornaleros, pues se sentía indigno de ser restaurado a la posición de hijo. Pero el padre de misericordia no sabe hacer restauraciones a medias. Le pusieron la ropa blanca, el anillo, los calzados, señal todo esto de relación filial. Dios pone al más bajo e indigno en la calidad de hijo y le da abundante comida. — J. R. Miller.

29 de Mayo

Así dijo Jehová: En tiempo aceptable te oí, y en día de salvación te socorrí; y te guardaré.

Isaías 49:8.

ES DIFÍCIL TRABAJAR para el Señor, levantarse y tomar parte en esta batalla en la tierra sin perder el coraje!

Él suele a veces esconderse de tal manera que da la impresión que no hubiera Dios. Cuando los poderes del mal nos rodean, cuando la batalla está totalmente perdida o parece que nos abandona.

¡Pero no! Dios es muy distinto de lo que pensamos. Sus caminos son muy elevados. Se hallan más allá de las alturas que alcanza la razón, y se alcanzan solamente con un amor semejante al que manifiestan los niños.

¡Obrero de Dios! ¡No te desanimes! Aprende cómo es Dios, y en el campo de batalla más tenebroso su luz te alumbrará.

Tres veces bienaventurado es aquel que recibe el don de decir que Dios está en el campo cuando Él es invisible.

Bienaventurado también aquel que puede discernir de qué lado está la justicia, y se atreve a tomar el lado que parece cerrado a los ojos cegados de los hombres. — F. W. Faber.

¡Oh profundidad de las riquezas de la sabiduría y de la ciencia de Dios! ¡Cuán insondables son sus juicios, e inescrutables tus caminos! Porque, ¿quién entendió la mente del Señor? ¿O quién fue su consejero? — (Romanos 11: 33, 34.)

30 de Mayo

Va al sepulcro a llorar allí.

Juan 11:31.

LOS JUDÍOS PENSABAN que María iba a llorar al sepulcro, y tenían razón. Pero ella oyó decir que el Maestro había llegado, y fue hasta Él primero, y Él la acompañó hasta el sepulcro. Él fue con ella a llorar primero para tornar luego su llanto en gozo, al devolver a la vida al que estaba muerto. ¡Ah amigo mío, sea lo que fuere lo que vas a hacer, ve a Jesús primero!

María lloró y tuvo la compañía de Jesús en su llanto. Tenemos el bendito privilegio de clamar a Él como nuestro hermano mayor. Pero la viuda que llora al que fuera el compañero de su vida hasta que agradó a Dios recibirlo en su presencia ya santificado por Cristo, puede apelar al corazón del Mediador en demanda de un nombre más amado aún. A ella el Señor le mostraría cuán tierna y fielmente Él "sustenta y cuida Su Iglesia". El se llama a sí mismo *Marido:* precioso, santo y amante marido de su Iglesia. "Tu marido es tu Hacedor." (Isaías 54: 5.)

De modo, alma enlutada, que Él conoce tu pena y tu angustia; Él conoce la desolación de tu espíritu y el anhelo que tienes de un solaz que el mundo no te puede dar. Anda hasta la tumba de tu amado, pero no permitas que las lágrimas te cieguen, ni te quedes con la cabeza gacha; de otro modo, no verás que Jesús se halla a tu lado para sustentarte. Escucha su voz llena de gracia que te dice desde el lado de la tumba: "Yo soy la resurrección y la vida."

El ser amado que lloras no está muerto. Su alma de creyente que vivió con Cristo en esta tierra vive ahora con Cristo en los cielos. Su cuerpo cristiano duerme dulcemente hasta el día que se levante inmortal, glorioso e incorruptible en la resurrección del día final. Tus desvelos, cuidados, ansiedades y el amor que le demostraste, no pudieron salvarlo del sufrimiento, de la enfermedad ni de la muerte; pero el amor de Jesús lo libró de todo eso y lo trasladó hasta el hogar donde no existe el pecado ni el dolor, "donde no habrá más muerte, dolor ni llanto, porque las primeras cosas ya pasaron".

Aquí te uniste a él en un amor superior al amor terrenal, el amor de Cristo, y en ese amor siguen unidos para siempre. ¡Levanta la vista y mira más allá de tu pena mortal! ¡Mira hacia el hogar donde tendrás perpetua bendición! Cristo estuvo en la tumba y la endulzó para que en ella durmieran sus amados y los tuyos. Pero tú, cuando te paras a mirar el sepulcro, no mires lo que hay dentro, mira lo que Jesús hizo. El sepulcro está derrotado. El Maestro resucitado abrió un camino en medio de él que ha traspasado el velo y cruza las puertas eternas hacia el Paraíso de Dios. Hacia allá dirígete, y cuando te encuentres cerca de la patria celestial verás que está esperando para darte la bienvenida alguien más resplandeciente que un ángel, en cuyo acpecto transfigurado reconocerás a aquel que no has perdido, pero que ha partido antes que tú a la casa de nuestro Padre Celestial.

Si muero y te dejo sola por un momento, no seas como las demás que guardan largas vigilias por el polvo silencioso y lloran. Demuéstrame tu amor: regresa a la vida, sonríe, anima tu corazón y tu mano temblorosa para que hagas algo en favor de almas más débiles que tú. Completa esa tarea que no alcancé a terminar y yo, tal vez podré consolarte a ti.

31 de Mayo

Cualquiera que se enoje con su hermano sin causa, quedará expuesto al juicio.
Mateo 5:22.

NUESTRO SEÑOR NOS lleva siempre hasta las más recónditas raíces de las cosas. No le importan los síntomas, sino las causas. Él no se preocupa de la lava derretida que corre por la montaña y destruye los viñedos. Se preocupa del fuego principal que produce la lava. Él no se preocupa de la inmundicia: se preocupa de los pensamientos que la producen. Él no habla del asesinato, sino de la ira que lo produce. El que odia a su hermano es homicida. Esto no significa que el odio es un pecado tan grande como el asesinato, sino que nace de la misma raíz y tiene, por lo tanto, la misma naturaleza. El asesinato es solamente la ira en su mayoría de edad.

Hay enojos que son como una hoguera humeante: lo ensucia todo mientras destruye. La ira es inmunda, pecaminosa: busca la venganza en vez de la justicia, persigue fines egoístas en vez de procurar que el pecador vuelva a Dios, persigue el mal con mayores males y anda esparciendo el fuego diabólico. La mejor manera de prevenir tales sentimientos es ceder a los suaves y cariñosos impulsos del Espíritu: vencer con el mal con el bien.

Ahora bien, no toda ira es pecado. El apóstol Pablo ordena a sus lectores: "airaos y no pequéis". La incapacidad de enojarse no ofrecería resistencia a los males y a las presiones del mundo. "¿Quién se escandaliza y yo no me quemo?" (2 Corintios 11 : 29), exclama el Apóstol. Si el mal le tendía celadas, él ardía con santa pasión. Hay ira que es llama limpia, clara y pura, como "el mar de vidrio mezclado con fuego". — John H. Jowett, Mi meditación diaria, 1914.

1 de Junio

Para que seáis llenos de toda la plenitud de Dios.

Efesios 3 : 19.

Vivo no ya yo, mas Cristo vive en mí.

Gálatas 2 : 20.

CUANDO CRISTO VIVE en el corazón, produce un gozo interior que ni aun todas las tinieblas de las tribulaciones terrenales pueden apagar. Hay gran diversidad de experiencias en el dolor. Cuando las luces de este mundo se apagan, algunos se sumen en la más profunda melancolía, como una casa sin lámpara, ni vela, y sin la llama vacilante del hogar. Otros, en una oscuridad semejante, permanecen radiantes a pesar de las profundas tinieblas: tienen una luz brillante en su interior. Cristo vive en ellos, y los resplandores de su bendita vida transforman la noche en día.

Cristo realmente habita en corazones entenebrecidos por las penas. La luz que procede de Aquél que es la Luz del Mundo, en el cual no hay ningunas tinieblas, ilumina la lobreguez de la tristeza. Cuando Cristo habita en el corazón, los pesares son una bendición, porque revelan hermosuras y goces que no habríamos visto con la luz terrenal. Una de las grandes bendiciones de la noche es que sin ella no podríamos ver las estrellas; una de las bendiciones del sufrimiento es que sin él no conoceríamos los preciosos consuelos de Dios.

Si no hubiera noche, no podríamos ver las estrellas y los cielos serían sólo un resplandor enceguecedor. La libertad se aprecia mejor desde detrás de los barrotes de una cárcel, y el mar embravecido permite valorar mejor el puerto de abrigo. No podemos medir el gozo hasta cuando lo perdemos, y las bendiciones se ven mejor cuando se disipan. Nuestros racimos más preciosos los producimos en la adversidad y en las noches los ángeles nos traen su canción.

Cuando Cristo vive en nosotros, el sufrimiento produce revelación. Es como la nube que coronaba la cumbre del monte Santo cuando Moisés subió y estuvo escondido de los ojos de su pueblo tanto tiempo. Mientras estaba envuelto por las nubes, estaba mirando la faz de Dios. Las nubes del pesar esconden el mundo y envuelven al que duda en profundas tinieblas; pero en medio de las tinieblas Cristo revela el esplendor y la gloria de su faz. Hay muchos que jamás vieron la hermosura de Cristo y no le pudieron conocer en la intimidad de una amistad personal, hasta que le vieron y aprendieron a conversar con Él de amigo a amigo, en medio de las tinieblas del sufrimiento. Cuando desaparecen las luces terrenales, aparece la faz de Cristo. — J. R. Miller.

2 de Junio

Y se fueron en un barco a un lugar desierto aparte.

Marcos 6:32.

SI TIENES UN LUGAR desierto en el corazón al cual debas ir a veces, debes hacerlo privadamente. Nadie debe transformar "su desierto" en vía pública. Guárdate la pena para el momento en que estarás "aparte". No vayas nunca en compañía de una mente abstraída; es como dar a conocer tu desierto. A veces no has podido participar de la mesa de comunión de Dios porque tus pensamientos han estado lejos de allí. Hiciste bien. La mesa de comunión del hombre tiene la misma necesidad. Si estás invitado a una fiesta y te hallas atribulado, procura ver primero si puedes dejar a un lado tu carga. Deja que el corazón se te reconcilie con el Padre, y en seguida anda y ofrece tu presente al mundo.

¡Señor, Tú que escondiste tu espina bajo una rosa, hazte cargo del barco en que tengo escondida mi carga! ¿Dónde escondiste la huella de los clavos? ¡La escondiste debajo del amor! ¡Llévame hasta ese punto! ¡Haz que mi barquilla, rumbo a mi desierto, se detenga por un momento en el desierto de mi hermano! ¡Haz que pueda sentirme unido en amor al que sufre, que pueda tener comunión con el que llora, que sea hermano del que se duele! Permíteme oír las voces que provienen de otros desiertos, los lamentos de otras almas, los gemidos de otras tumbas. Así, cuando haya llegado a mi destino y extienda las manos para sacar la carga, me encontraré con una maravillosa sorpresa: Estará allí, pero reducida a la mitad de su tamaño. Ya no será pesada; lo que me parecía imposible estará a mi alcance. La levantaré fácilmente; la transportaré sin dificultad, y la sepultaré rápidamente. Entonces, en una hora estaré listo para ir a Caná; estaré en condiciones para el Calvario en unos pocos minutos. Volveré a la lucha en medio de la multitud; y la multitud dirá: "No hay méritos en él." — George Matheson (1904).

3 de Junio

Yo soy la vid, vosotros los pámpanos: el que permanece en mí y yo en él éste lleva mucho fruto; porque separados de mí nada podéis hacer.

Juan 15:5.

NO LUCHES POR permanecer en Él, ni te esfuerces por llevar fruto. Sólo deja que Jesús te una a sí, como el pámpano a la vid. La unión con Él será tan sencilla, tan profunda, tan firme, que su vida reemplazará la tuya, y su amor fluirá por medio de tu ser. — Estos dos párrafos fueron hallados escritos en la Biblia de Charles E. Cowman.

El fruto es resultado de vivir en Dios. Es su vida que fluye dentro de nosotros; es el resultado de nuestro sometimiento a su poder. De ninguna manera es el resultado de nuestros esfuerzos y luchas. En los valles valdenses, Italia, las vides se hacen crecer sobre grandes cruces de madera, y en septiembre la vista se deleita al verlas cargadas de uvas. Las ramas se extienden por los brazos de la cruz, de modo que reciben cada gota de lluvia y cada rayo de sol. Creo que estas ramas no están tan conscientes de la cruz, como lo están del calor, la vida y el gozo de producir fruto. Ésta es una parábola de la vida cristiana. Explica el gozo y la paz de la iglesia primitiva aun en la persecución. Se había dado a otro. El yo estaba crucificado con Cristo y el resultado natural era gozo y fruto, tal como será en nuestros días si escondemos nuestras vidas con Cristo en Dios. — S. T. Fraser.

La rendición incondicional al Señor nos lleva a una unidad completa con Cristo, de modo que permanecemos en Él y Él en nosotros, lo que nos permite caminar con humildad entre nuestros semejantes. Nos coloca en dulce comunión con Él y con los que son suyos. Mientras esperamos su glorioso retorno tenemos el privilegio de vivir su vida, de recibir de Él el crecimiento, el alimento y la fortaleza, de ser llenos continuamente de su Espíritu y de su presencia. Lo que corresponde por nuestra parte es entregarnos a Él, reconociendo nuestra propia indignidad, y permanecer siempre en Él.

Te traigo con mano temblorosa y feble,
mi voluntad, oh Señor, bien me comprendes!
El presente es pequeño, insignificante,
pero cuando entrego esto, lo entrego todo.

135

4 de Junio

Antes que fuera humillado, descarriado andaba; mas ahora guardo tu palabra.

Salmo 119:67.

U N MAESTRO EN la metáfora cuenta que un día la cera se quejaba:

— ¡Esto es increíble! — dijo la cera mientras la llama la hacía caer derretida sobre el papel que había debajo.

— No te preocupes — le dijo el papel —, estoy seguro que todo te va a salir bien.

— ¡Jamás había sufrido tanto como ahora! — exclamó la cera mientras seguía goteando.

— Esto no ocurre por casualidad, hay un buen designio tras todo, y ya verás que va a tener un buen fin — replicó el papel.

La cera no pudo responder de inmediato, pero cuando miró hacia arriba tenía una hermosa impresión en el rostro: el sello que se le había aplicado.

— ¡Ah, ahora entiendo! — dijo la cera —. Me derritieron para que pudiera recibir esta hermosa y duradera impresión.

Sus sufrimientos ya habían terminado.

> *No es bueno gemir ni quejarse,*
> *es tan fácil regocijarse.*
> *Cuando Dios la lluvia envía*
> *pienso, ¡esta lluvia es mía!*

Dios usa la aflicción en la misma forma que usa la lluvia para el pasto verde.

Debemos ir a la gloria por el camino de la doliente cruz. En ninguna parte se nos ha prometido que volaríamos al cielo en un colchón de plumas, por lo que no debemos desalentarnos cuando el camino se nos presenta áspero, tal como lo transitaron nuestros padres antes que nosotros. — C. H. Spurgeon.

Antes pensaba que los dones de Dios estaban en estanterías puestas una sobre la otra, y que mientras más creciéramos en el carácter cristiano, más fácil nos resultaría alcanzarlas. Pero he descubierto que los dones de Dios están en repisas colocadas una debajo de la otra, y que no es cuestión de crecer para alcanzarlas, sino de ir cada vez más abajo. Tenemos que descender siempre para obtener sus más preciosos dones. — F. B. Meyer.

5 de Junio

Hablando entre vosotros con salmos, con himnos y cánticos espirituales, cantando y alabando al Señor en vuestros corazones.

Efesios 4: 19.

UNA HERMOSA MAÑANA de junio salí a trabajar al patio al comienzo del día, cuando el sol comenzaba a alumbrar. Un canarito montañés estaba en la rama de un árbol cerca de donde yo estaba parado. Ya había comenzado a cantar sus alabanzas matutinas al Creador. Al principio yo estaba tan ocupado en mi trabajo que no había notado su canto. Parece que el pajarito pensó que su canto merecía tener una audiencia segura que apreciara su arte, porque saltó hasta llegar a una rama que yo tenía al alcance del brazo, y comenzó a trinar en forma por demás resonante. Esta vez me detuve, miré y escuché. El avecita amarilla puso el alma entera en su etéreo cantar. Y tuve la impresión que Dios la había enviado para que me alegrara el día con su aria.

Alguien dijo que una canción en el momento oportuno y en el lugar adecuado es mucho mejor que un sermón. Quizá se deba a que la canción sale realmente del corazón. A través de los tiempos el canto ha sido el medio de expresión del pueblo. El canto ha inmortalizado los grandes acontecimientos nacionales, ha unido a los parientes, ha hecho encariñarse con las experiencias. A los que se separan, una canción los vuelve a unir.

El mensajero emplumado me impresionó de tal modo, que prometí tener un espíritu cantor durante mi vida; ser útil y ser motivo de inspiración a los que queden al alcance de mi voz. El amado salmista canta. "Despierta, oh gloria mía, cantaré al Señor mientras viva, cantaré alabanzas en medio de las naciones." Cantemos juntos nuestro cántico hoy: "porque el Señor es bueno, para siempre es su misericordia".
— M. Taylor.

6 de Junio

Él quebrantará a los fuertes sin indignación...

Job 34: 24.

UNA PERSONALIDAD humillada y quebrantada despide la fragancia de Cristo. Jacob fue quebrantado en Peniel cuando luchó con Dios. María fue quebrantada en Betania cuando Lázaro le fue quitado.

¿Por qué tiene que cumplirse tal cosa en una personalidad quebrantada? ¿No es la entereza de carácter lo que despide fragancia de santidad? ¿No es eso lo que siempre se dice? La integridad está relacionada con la santidad y la salud espiritual. Sabemos que integridad sin Dios es sinónimo de peligro y fracaso.

Charles Fox sabía que tenía que ser quebrantado. Escribió durante un tiempo de reforma:

"Las aguas turbias se ven blancas cuando se estrellan contra las rocas. Las almas se hacen grandes cuando deponen lo que son, o lo que creen ser."

Las aguas negras cuando revientan se unen con el oxígeno invisible, lo que les permite reflejar la gloria de la luz.

Se nos da otra ilustración acerca de una personalidad quebrantada: James McConkey, decidido a ser abogado, estuvo por muchos años preparándose con tal propósito. Las privaciones de su familia le hicieron combinar sus estudios con los negocios. Fue demasiado para él. Aunque llegó a la ansiada meta, quedó quebrantado por el esfuerzo. Pero en su quebrantamiento Dios lo condujo a una vida de completa rendición, en la que reflejó la gloria de Dios. Escribió muchas meditaciones y pensamientos para aquellos que necesitan aliento y fortaleza. En su libro "La vida planeada por Dios" usa la siguiente ilustración: "Una hermosísima ventana de vidrios de colores de una catedral era objeto de gran atracción turística. Una noche, a causa de una terrible tormenta, la ventana se dio un fuerte golpe y los vidrios cayeron hechos trizas al suelo. Los habitantes de la ciudad recogieron los pedazos en una caja y los llevaron hasta el sótano. Un día llegó un forastero, pidió permiso para ver los vidrios y luego preguntó si podía llevárselos.

— Sí — le dijeron —, aquí no los necesitamos.

Poco tiempo después las autoridades de aquella ciudad recibieron una misteriosa invitación de un famoso artista en vidrios de colores. Una vez en su estudio, corrió una cortina y dejó a la vista la hermosa ventana, con la única diferencia que ésta era mucho más hermosa que la anterior: un obsequio del artista para que ellos lo llevaran a su ciudad. — Sra. de Cowman.

7 de Junio

...y otras muchas que le servían de sus bienes.
Lucas 8: 3.

UNA LEYENDA CUENTA que hace mucho tiempo vivían en un palacio real tres hermosas damas. Una mañana, mientras paseaban por el maravilloso jardín con sus fuentes y rosales, empezaron a preguntarse cuál de las tres tenía las manos más hermosas. Elena, que se había teñido los dedos mientras sacaba las deliciosas fresas, pensaba que las suyas eran las más hermosas. Antonieta había estado entre las rosas fragantes y sus manos habían quedado impregnadas de perfume. Para ella las suyas eran las más hermosas. Juana había metido los dedos en el claro arroyo y las gotas de agua daban resplandores como si fueran diamantes. Ella pensaba que sus manos eran las más hermosas. En esos momentos, llegó una muchacha menesterosa que pidió le dieran una limosna, pero las damas reales apartaron de ella sus vestiduras reales y se alejaron. La mendiga pasó a una cabaña que se hallaba cerca de allí y una mujer tostada por el sol y con las manos manchadas por el trabajo, le dio pan. La mendiga, continúa diciendo la leyenda, se transformó en un ángel que apareció en la puerta del jardín y dijo:

—Las manos más hermosas son aquellas que están dispuestas a bendecir y ayudar a sus semejantes.

"El Señor miró desde el cielo y buscó por todo el mundo a los que trabajan por amor a Él, y encontró sólo unos pocos. Dijo entonces el Señor: No trabajarán en vano aunque la tierra se llene de miseria. Yo les fortaleceré las manos para que trabajen y bendeciré los campos que están sembrando." — Berta Martin.

"Toma estas manos mías y haz que se muevan al impulso de tu amor." — Frances R. Havergal.

8 de Junio

Orando en todo tiempo con toda oración y súplica en el espíritu, y velando en ello con toda perseverancia.

Efesios 6: 18.

ES UNA EXPERIENCIA fascinante ir detrás del escenario. Es un gran privilegio el acceso al estudio donde algún artista famoso está en actividad. Y es muchísimo más interesante informarse sobre los métodos de estudio de algún gran erudito, tener acceso a sus cuadernos de apuntes y observar su manera de trabajar. La mente de todo estudiante de teología se pone en estado de alerta y dispuesta a absorberlo todo cuando entra al estudio de algún predicador eminente. Allí puede ver sus útiles de trabajo, y, mejor aún, puede escuchar de él mismo la explicación sobre la forma como los usa. Pero con seguridad, el mayor de los privilegios es lograr la entrada a la vida de algún santo de vida radiante, y ver cómo se aferra de lo invisible, cómo se pone a orar, y cuál es el carácter de su súplica. Ahora bien, tenemos delante de nosotros a un gran experto en la vida de devoción, el apóstol Pablo. En la Epístola a los Efesios nos lleva hasta su cámara secreta, nos dice lo que piensa acerca de la oración, y permite que le escuchemos mientras está ocupado en el sagrado ejercicio. Propongo que aceptemos el privilegio y lo aprovechemos para instrucción de nuestra alma.

¿Cómo debemos dedicarnos a la oración? El Apóstol nos responde: *en el Espíritu.* De esta manera distingue la verdadera oración de aquellas oraciones que se forman en los labios solamente. Luego nos dice que: *siempre* o *en todo tiempo.* Para él la oración no era el ejercicio de una hora, sino una manera de vivir. Y ¿qué otra implicación hay en la gran concepción del Apóstol sobre la oración? *Velando en ello con toda perseverancia.* Es razonable, cuando hemos disparado un proyectil, esperar para ver si ha dado en el blanco. Cuando oramos para que China sea iluminada, es razonable que mantengamos los ojos abiertos mirando con perseverancia la aparición de la aurora; y cuando llegan los consagrados exploradores, es natural que les preguntemos: "Guarda, ¿qué de la noche?" — Dr. J. H. Jowett (1911).

9 de Junio

Si puedes creer, al que cree todo le es posible.

Marcos 9:23.

CUÁL DEBIERA SER la actitud del cristiano cuando se encuentra en una situación difícil y angustiosa en una prueba severa? ¡Sólo puede haber una actitud! ¡Una confianza sencilla e inamovible en Dios! Una negativa a mirar la circunstancia difícil, y disposición a mirar por sobre ella. La única manera de lograr esto, es vivir muy cerca de Dios. De la manera como el turbosupercargador permite que el aeroplano conserve toda su potencia a una altura de diez mil metros, altura en que el avión ordinario ha perdido los cuatro quintos de su potencia, así el cristiano que camina con Dios con el oído atento y en obediencia, conserva las fuerzas en los más rudos altibajos de la vida. La realidad es que Dios es más poderoso que cualquier tentación o peligro. La persona que tiene a Dios en el corazón es invencible.

Es cierto que a veces parece que Dios pone a sus hijos en situaciones de profunda dificultad. Los arrincona en callejones sin salida produciendo una situación que la discreción humana jamás habría admitido.

En esos períodos las palabras de Cristo que hemos citado arriba resuenan con renovado significado. Debe comprenderse que este tipo de fe en Dios es la forma más práctica de enfrentar los problemas de la vida: no se trata de sentido común, de visión, ni de razón. Es tomar literalmente la Palabra de Dios y pedirle su cumplimiento. La experiencia revela que este tipo de fe no hace que el sol amanezca más temprano, pero hace que la noche parezca más corta.

Francis Browne cuenta la historia de un pequeño grupo de peregrinos que sentados en la playa hacían un recuento de sus pérdidas. Uno contaba de un barco que se había hundido con toda su familia. Otro hacía memorias de una dulce juventud ya perdida, y otros hablaban de oro que ya se había desvanecido, de honores perdidos y de amigos sin fe. Un desconocido que parecía estar libre de pena dijo:

— Tristes pérdidas habéis relatado, pero la mía es más pesada, porque he perdido la fe que tenía en el corazón.

— ¡Ay! — dijeron los peregrinos —, forastero, la tuya es la pérdida más grande y la última que se tiene en la vida.

La pérdida más grande de la vida, es la pérdida de la fe. La ansiedad de Cristo por hacer que Pedro retuviera su fe, dice un escritor, sólo admite una explicación. El no se interpuso entre Pedro y el fracaso, pero sí entre él y la pérdida de su fe. Cuando un hombre pierde la honra, la verdad y el carácter, está perdido; pero cuando pierde la fe sufre la mayor de las pérdidas. — Sra. de Cowman.

10 de Junio

Porque el amor de Dios ha sido derramado en nuestros corazones.

Romanos 5: 5.

ES INTERESANTE pensar en la nueva era de amor que Cristo inició. Desde luego, la cortesía existía en el mundo antes que Él hiciera su aparición. También existía el amor maternal. Existía la amistad profunda, verdadera y tierna. Había amantes que estaban unidos por los más sagrados vínculos. Había corazones paganos en los que reinaba una gentileza hermosa como para que hubieran podido entrar al cielo. Había lugares donde se ministraba el afecto con ternura angelical.

Sin embargo, el mundo en general estaba lleno de crueldad. Los ricos oprimían a los pobres. El fuerte aplastaba al débil. Las mujeres eran esclavas, los hombres tiranos. No había una mano de amor que se tendiera al enfermo, al cojo, al ciego, al deforme, al insano. No había cuidado para las viudas, los huérfanos y los desamparados.

Entonces apareció Jesús y durante treinta y tres años anduvo haciendo bienes entre los hombres. Tenía un corazón tierno y la gentileza le fluía en el hablar. Decía palabras que palpitaban ternura. Longfellow dice que no hay sermón suyo, elocuente, docto o hermoso en que no pueda oír los latidos de su corazón. No puede haber dudas acerca de la profunda emoción que había en las palabras de Jesús. Palpitaban con compasión y ternura.

La gente siempre sabía que Jesús era su amigo. La vida de éste estaba llena de rica disposición para ayudar. Ni la comisión de errores ni las crueldades cometidas en su contra hicieron que perdiera su suavidad. Esparcía bondad por dondequiera que andaba.

Un día clavaron sus manos bondadosas sobre una cruz. Después de eso la gente le echó de menos, porque Él ya no iba a sus hogares. Había sido una pérdida lamentable para los pobres y los tristes, y debe haber habido dolor en muchas familias. Pero, aunque el ministerio personal de Jesús terminó con su muerte, la influencia de su vida siguió adelante. Había puesto ante el mundo un nuevo ejemplo de amor. Había enseñado lecciones de paciencia y mansedumbre que ningún otro maestro ha podido dar. Impartió un nuevo significado al afecto humano. Hizo del amor la ley de su Reino.

De la manera que uno puede lanzar un puñado de especias aromáticas al mar y con eso endulzar sus aguas salobres, las enseñanzas de Jesús cayeron en un mundo de desamor, falto de bondad y al momento comenzó el cambio hacia la bondad. Dondequiera que el Evangelio ha llevado los dichos del Gran Maestro, al tocar los corazones los bendice con el don de la dulzura. — J. R. Miller (1904).

11 de Junio

Si sufrimos, también reinaremos con Él.
2 Timoteo 2:12.

UNO NO PUEDE ir muy lejos en el sendero de la vida sin encontrarse con tribulaciones. Tribulación es un término relativo que no significa lo mismo para todas las personas. Algunas de las experiencias humanas que denominamos tribulación tienen que ver con aflicciones corporales. Para otros es una gran tristeza producida por la muerte de algún ser amado. Para otros puede tomar la forma de un fracaso o de un desengaño.

Algunas personas piensan que la mejor manera de enfrentar las tribulaciones, es sonreír: "¡Sonría!" Esa filosofía es buena hasta donde es aplicable; pero ¡cuán inadecuado resulta reírse de las tribulaciones cuando tenemos que enfrentarlas en la cruda realidad! La pregunta decisiva no es ¿qué nos pasa?, sino ¿qué pasa dentro de nosotros? Lo importante no es qué tipo de tribulación nos ha venido, sino qué actitud hemos tomado en este caso. La autoconmiseración y el resentimiento están mal y son anticristianos. ¡Hay tantos que reaccionan de esta manera ante el dolor y la tribulación! Dios nos capacita para vencer en nuestras tribulaciones. Esto es siempre así si dejamos que Él cumpla sus planes en nosotros.

El método cristiano es transformar las tribulaciones en triunfos. De la misma manera que la ostra herida por el grano de arena sufre el largo proceso de envolver el lugar afectado con una sustancia gomosa hasta producir una perla, nuestro sufrimiento puede ser transformado en una bendición. El pasivo puede ser transformado en activo. La adversidad y el desengaño pueden engendrar la victoria. ¿Procuraremos transformar nuestras tribulaciones en triunfos?

12 de Junio

Jehová guarda a todos los que le aman.
Salmo 145:20.

CUÁN GRANDES SON sus señales, y cuán potentes sus maravillas! Su reino, reino sempiterno, y su señorío de generación en generación. (Daniel 4:3.)

La esposa de Starr Stuart reveló en un culto la siguiente aventura ocurrida durante la segunda guerra mundial para ilustrar los pasajes citados. Ella era una de las tantas víctimas de la brutalidad germana en alta mar. Estaba a bordo del vapor Rangitane cuando fue atacado y hundido en el Pacífico en noviembre de 1940, mientras hacía la travesía entre dos islas. Después de su captura, fueron abandonados en la isla de Emirau, poblada por caníbales. La isla era hermosa, pero estaba infectada de malaria. Allí fueron abandonados con la intención de dejarlos morir.

El juez Stuart, experto conocedor de los polinesios de las islas de la Amistad, y conocedor, además, de la maravillosa influencia de los misioneros sobre las razas salvajes, propuso que visitaran la aldea de los nativos y vieran qué perspectivas había de conseguir alimentos. Conscientes del peligro que corrían, él y su esposa partieron. Caminaron cautelosamente para no alarmar a los nativos que podrían no tener costumbre de ver gente blanca. La pintoresca aldea oculta bajo la densa vegetación tropical estaba silenciosa, vacía y desierta. Cuando se aproximaron, alcanzaron a oír el sonido de voces que cantaban:

Cristo me ama, Cristo me ama
Cristo me ama, la Biblia dice así.

¡Qué palabras más confortables! Sin temor entraron en la choza. Era la Iglesia de la aldea. Un nativo de las islas Salomón, alto, bien parecido, estaba dirigiendo el culto. Les cedieron una pequeña choza para que pasaran la noche. Dormían incómodamente en el suelo cuando sintieron un ruido entre los arbustos. El corazón les dio un vuelco. ¡Los nativos! ¿Eran hostiles o amistosos? En la semipenumbra vieron un par de brazos negros que les tendían unas bandejas con alimentos y agua. Una voz dijo unas palabras que significaban "Alimento. Coman". Al amanecer, cuando hubieron terminado de comer, fueron a ver el misionero.

Era hijo de caníbales de la isla Salomón, pero bajo la influencia de unos misioneros wesleyanos se había convertido. Fue a la isla Fiji donde estudió como catecúmeno. Terminada su educación, había sentido deseos de ir a la isla Emirau, que ningún misionero había visitado y cuyos habitantes eran salvajes caníbales. Muchos se habían convertido y bautizado durante su ministerio.

—Creo no haber caníbales. Creo ser todo amigos.

Habiendo dicho esto, tomó la guitarra y pulsando las cuerdas cantó dulce y melodiosamente el corito: "Pescadores yo os haré, si me seguís." — Adaptado de una historia relatada por Leticia M. Rae.

13 de Junio

Hombre de verdad, ¿quién lo hallará?

Proverbios 20:6.

Han desaparecido los fieles de entre los hijos de los hombres.

Salmo 12:1.

ERA UNA NOCHE gloriosa en pleno verano: luna llena, cielo estrellado. El viejo colmenar estaba bañado con la luz suave y cristalina. Una suave brisa hacía susurrar la copa de los árboles. Nos detuvimos ante una de las colmenas. De dentro de la colmena se oía un extraño zumbido, persistente... parecido al sonido del mar... aumenta... disminuye...

— Son las abejas abanicadoras — explicó el apicultor —. Su tarea consiste en conservar la colmena agradable y fresca. Están paradas con sus cabezas gachas dirigidas hacia el centro de la colmena. Mueven las alas a tal velocidad que al mirarlas uno parecen un poco de neblina gris. Sacan el aire enrarecido por un lado de la entrada, mientras introducen aire fresco por el otro lado.

Parado allí, cerca de la naturaleza, mientras escuchaba las abejas abanicadoras, me sentí muy cerca de una de las maravillas de la naturaleza: el misterio de la vida de las abejas. El apicultor se acercó a la colmena con una vela encendida en la mano. La luz se apagó instantáneamente por la fuerte corriente de aire. Aquellas pequeñísimas alas de abeja, movidas al unísono, producían una corriente suficientemente fuerte como para apagar instantáneamente la luz de la vela.

Parados en el huerto iluminado por las estrellas, el viejo apicultor dijo:

— Las abanicadoras están sacando el aire malo para dejar entrar el aire puro. Es así como deberíamos actuar los cristianos.

Si tuviéramos suficientes abanicadores que fueran tan fieles en su trabajo como las abejas en el suyo, la gran colmena del mundo se pondría agradable y fresca.

La Iglesia está llena de gente de buenos deseos: algunos desean trabajar, y los demás desean que aquéllos trabajen.

Lo único que se necesita para que triunfe el mal es que los hombres buenos no hagan nada. — Edmundo Burker.

144

14 de Junio

Tu vara (para proteger) y tu cayado (para dirigir) me infundirán aliento.

Salmo 23:4.

LOS PASTORES DE Palestina le harán saber el propósito de su cayado. Le preguntaron a uno en qué sentido se podría decir que el cayado da alimento a las ovejas. El experimentado conductor de rebaños explicó que durante el día siempre llevaba el cayado sobre los hombros. Cuando las ovejas lo veían, sabían que el pastor estaba presente para guiarlas. De este modo se sentían alentadas. Por otra parte, si les sorprendía la noche en los faldeos de una montaña, o si una densa niebla los envolvía, de modo que las ovejas no pudieran ver el cayado, lo tomaba y caminaba dando golpecitos en el suelo para alentar a las ovejas que de ese modo, por el oído, no por vista, podían estar conscientes de la presencia del pastor. Si los animales salvajes hubieran querido devorar el rebaño, él habría usado la vara para defenderlos. A veces los corderitos caían en hondonadas cubiertas de zarzales. En esos casos el pastor usaba la parte curvada del cayado para levantar la oveja caída hasta un lugar seguro. La persona que lleva la vara es el pastor del rebaño. Las ovejas conocen al pastor por la vara, y le siguen. No siguen a cualquier persona que pase cerca de ellas o que intente desviarlas del camino.

David recordaba estas cosas y pensaba: "Sería irrazonable suponer que Dios tiene menos cuidados hacia mí que los que yo tengo por mis ovejas."

"Aunque ande en valle de sombra de muerte, no temeré mal alguno, porque tú estás conmigo; tu vara y tu cayado me infundirán aliento." (Salmo 23:3-4.)

15 de Junio

Sal fuera y ponte en el monte delante de Jehová.

1 Reyes 19:11.

LA REPRENSIÓN ES una bendición disfrazada. Elías necesitaba que le hablaran de esta manera para poder entender que el temor que sentía era infundado. Una persona como él no tenía derecho a vacilar ni a lamentarse. Si "salía y se ponía en el monte delante de Jehová", en vez de esconderse, iba a encontrar nueva inspiración y una nueva visión del poder de Dios. Y siempre es así. Cuando vivimos con nuestros pensamientos puestos en los bajos niveles de la tierra, no podemos captar las visiones de Dios que son el verdadero sostén de la vida profética. Debemos salir hacia la luz del sol y subir al monte si queremos discernir la evidencia del poder de Dios. Su poder está siempre disponible para dar nueva fe y nuevo valor.

No quiero que mi vida se extienda horizontalmente y pierda las gloriosas visiones del Calvario y del olivar. Los caminos ásperos que me hieren los pies, las tribulaciones que encuentro, son peldaños de piedra por los cuales subo a las glorias eternas y sublimes.

16 de Junio

Jehová es tu sombra a tu mano derecha.

Salmo 121:5.

EN EL JARDÍN del alma hay helechos y flores. Las flores crecen mejor a la luz del sol, y los helechos se desarrollan mejor en la sombra.

Allí están el helecho de la paciencia, el helecho de la benignidad, y el de la mansedumbre. El Gran Jardinero del alma se deleita en los helechos y quiere salvarlos de la destrucción en los días muy brillantes. Por eso los pone a la sombra: la sombra del desengaño, la sombra de las penas o la sombra de la enfermedad y el dolor. Es una sombra bendita, porque es la sombra del Todopoderoso. Aquí florecen los helechos y en los días cubiertos de nubes el jardín se pone hermoso. — J. H. Jowett.

Sin sol no hay sombra. No hay noche sin día. Más arriba de las nubes los cielos están despejados. Solamente el que ha descansado a la sombra, o que ha velado durante la noche, o que ha caminado bajo las nubes, puede iluminar el sendero de los demás. — M. T.

Dios está sobre las nubes, no importa cuan oscuras y deprimentes sean las nubes del desengaño, las cargas, las angustias, el dolor; las nubes de las ansiedades interminables. ¡Dios está sobre esas nubes, y los cielos te sonreirán otra vez! — J. Danson Smith.

17 de Junio

Los verdaderos adoradores adorarán al Padre en Espíritu y en verdad.

Juan 4:23.

ADORAR A DIOS en espíritu y en verdad significa ofrecerle la adoración que le debemos. Dios es Espíritu, por lo tanto, debemos adorarle en Espíritu y en verdad, es decir, debemos ofrecerle un culto verdadero y espiritual con toda la profundidad de nuestro ser. Solamente Dios puede ver esta adoración, que ofrecida incesantemente llegará a ser completamente natural. Será como si Él estuviera unido a nuestra alma como si nuestra alma fuera una con Él; la práctica puede aclarar este concepto.

146

Adorar a Dios en verdad es reconocer que Él es, lo que es, y que nosotros somos lo que en realidad somos. Adorarle en verdad es reconocer con cordial sinceridad lo que Dios en verdad es: infinitamente perfecto, digno de infinita adoración, infinitamente apartado del pecado, y así sucesivamente con cada uno de sus atributos divinos. El hombre que no emplea todos sus poderes para tributarle toda la adoración que este gran Dios merece, está usando muy poco su razón.

Adorar a Dios en verdad es confesar que vivimos completamente contrario a su voluntad, y contrario a nuestro conocimiento de que Él estaba dispuesto a hacernos conforme a su imagen. ¡Oh que nadie sea culpable de la locura de negar por un momento la reverencia y el amor, el servicio y la continua adoración que le debemos! — De las máximas Espirituales del Hermano Lawrence.

18 de Junio

¡Cuán preciosos me son, oh Dios, tus pensamientos! ¡Cuán multiplicadas son sus cuentas! Si los cuento, multiplícanse más que la arena.
Salmos 139: 17, 18.

EN UN CULTO vespertino junto a una colina, el mensajero de Dios habló sobre "Las señales de los tiempos y las condiciones mundiales". Había muchos congregados allí, un gran grupo de creyentes que enfrentaban el futuro, invisible y desconocido, y la realidad de los horrendos hechos actuales. La pregunta dominante en todos los corazones era: "¿Cómo van a enfrentar los cristianos las pruebas que con toda seguridad les vendrán en los meses venideros? Los creyentes no pueden ser como las avestruces que entierran la cabeza en la arena para no ver las cosas tal como se presentan. Deben estar preparados para enfrentar los problemas. Pero, ¿cómo se hará esto? ¡Dios prepara los suyos para que en los días de la prueba sean *vencedores!*

Él no dice:

> *No pasarás por la tormenta*
> *No serás fatigado*
> *No serás afligido:*

sino dice:

> *¡No serás vencido!*

Pero cuando el cristiano pierde el valor, ¡lo pierde todo! Conservar el valor en medio de las corrientes de la vida y mantener un frente que no conoce derrotas ante las dificultades, es un logro que no puede ser demostrado por pruebas de laboratorio y que ninguna lógica puede explicar. ¡Es un triunfo de la fe! Si pierdes tu cielo, perderás también tu tierra.

Citamos unos párrafos del mensaje de un pastor en Escocia: "No hay nada más hermoso que el pensamiento anticipado de nuestro Señor. Su pensamiento siempre se anticipaba al de sus discípulos. Cuandos los mandó a preparar la faena, encontró un aposento alto amueblado y preparado. Sus planes no eran para el día solamente. Él siempre se adelantaba. Cuando los discípulos regresaban de la pesca, Jesús estaba ya en la playa asando pescados. Por las mañanas Él piensa en el día que te espera antes que te pongas en movimiento. Antes que despiertes, Él ya ha estado esperando largo rato. El se anticipa a tus pensamientos continuamente a lo largo de la vida.

Después de la resurrección, los discípulos estaban confundidos y el sendero lo veían negro. Pero el ángel les dijo: "He aquí Él va delante de vosotros a Galilea." Él siempre piensa antes que nosotros. Siempre se prepara con anticipación a nosotros. "¡No se turbe vuestro corazón ni tenga miedo! ¡Voy a preparar lugar para vosotros!" Vas a ver su penetración, su cuidado y su visión anticipada en favor tuyo. Quizá no siempre le veas, pero puedes caminar por fe en la oscuridad si sabes que Él te está mirando; y puedes cantar mientras viajas aun cuando sea de noche. — Sra. de Cowman.

Venga lo que venga,
sombras, pesar, tinieblas,
estoy contento:
El Señor piensa en mí.

Venga lo que venga, sombras, pesar, tinieblas, estoy contento: El Señor piensa en mí.

19 de Junio

El hijo honra al padre... si pues soy padre, ¿qué es de mi honra?
Malaquías 1:6.

NO ES SORPRENDENTE que en la Biblia haya muchas más referencias a "padre" y al Padre que las que hay a la madre, si uno toma en cuenta cuán importante es para el individuo la comprensión de Dios el Padre. Es imposible que uno llegue a comprender plenamente la "imagen paternal de Dios" si no conoce un padre terrenal.

Puede ser que algunos discrepen en cuanto a cuál tiene más influencia en la vida de un hijo, la madre o el padre. La madre guía al hijo en las metas del diario vivir, mientras que el padre, generalmente hablando, establece las metas de más largo alcance: los ideales por los que debe luchar para tener éxito en la vida.

Es extremadamente difícil que una persona establezca un parentesco correcto con su Padre Celestial sin haber establecido relaciones buenas y cariñosas con su padre terrenal. ¿Cómo podría uno experimentar la paternidad de Dios si no ha conocido el amor paternal, su preocupación, su apoyo, su protección, su comprensión, su actuación como confidente, su disciplina, su sabiduría y aun su mano firme, aunque cariñosa?

Un hijo estima que lo que es importante para su padre para él es supremo. Como hijo de Dios uno desea agradarle porque sabe que Él se agrada de tal comportamiento. Lo que es importante para Dios es significativo para su hijo.

"El padre sabe mejor las cosas", dice la antigua máxima, pero a veces los hijos deben sufrir a causa de sus propias decisiones para apreciar mejor la sabiduría del padre. El Padre Celestial permite que sus hijos realicen sus propios antojos para que aprecien mejor la voluntad de Dios.

Los padres piensan que sólo son necesarios para dispensar favores especiales a su hijo o hija. El Padre Celestial se distingue por otorgar favores especiales a sus hijos.

Un hijo goza de momentos de diversión y alegría con su padre. ¡Cuánto gozan los hijos de Dios de los dulces momentos de comunión que pueden tener con el Padre Celestial!

Un padre trabaja día tras día para sustentar a su familia. Uno de los atributos de Dios es el de ser el que satisface nuestras necesidades.

Un padre se da tiempo para oír y comprender las dificultades de su hijo. Dios el Padre lo sabe todo acerca de nuestras tribulaciones. Él oye, comprende y promete aligerar nuestras cargas.

Por lo tanto, es una responsabilidad, un desafío de importancia mayor que un padre sea "realmente un padre" para sus hijos. El padre que conoce a Dios el Padre será un padre más completo, un padre con la honra más elevada. No puede arriesgarse a ser menos que eso. — Marie Taylor.

20 de Junio

Y las repetirás a tus hijos, y hablarás de ellas estando en tu casa, y andando por el camino, y al acostarte, y cuando te levantes.

Deuteronomio 6:7.

Por tanto, guárdate, y guarda tu alma con diligencia, que no te olvides de las cosas que tus ojos han visto, ni se aparten de tu corazón todos los días de tu vida; y enseñarlas has a tus hijos y a los hijos de tus hijos.

Deuteronomio 4:9.

En la "Bitácora del Barco de la Gracia" el piloto Bob repite la versión de la parábola del hijo pródigo del Dr. Joplin que es un tema muy a propósito para el día del padre. Exige la admonición tocante a la ley de Dios que fue dada a los padres en los pasajes de Deuteronomio citados arriba.

Un hombre tenía dos hijos y el menor le dijo a su padre:

—Padre, dame la porción de tu tiempo y de tu atención, de tu compañía y de tus consejos y dirección que me corresponde.

Y dividió con él su vida: pagó las cuentas de su hijo, lo envió a un colegio muy selecto, le pagó clases de baile y trató de convencerse de que estaba cumpliendo sus deberes para con su hijo.

Y no muchos días después el padre juntó todos sus intereses, aspiraciones y ambiciones y emprendió viaje a una tierra lejana de acciones, bonos, inversiones y otras cosas que no interesan a un niño, y allí desperdició la preciosa oportunidad de ser un compañero para su hijo. Y cuando hubo malgastado lo mejor de su vida, y hubo ganado dinero sin encontrar satisfacción, hubo una grande hambre en su corazón y comenzó a anhelar compasión y verdadero compañerismo.

Y fue y se allegó a uno de los clubs de aquel país, y lo eligieron presidente del comité y presidente del club y lo enviaron a la legislatura. De buena gana hubiera deseado hartarse con los desperdicios de lo que los otros hombres participaban, pero nadie lo convidaba a una amistad real.

Pero cuando volvió en sí, se dijo: "¡Cuántos hombres que yo conozco tienen hijos con los que se comprenden mutuamente, que conversan con sus hijos, se asocian con sus hijos y parecen perfectamente felices en compañía de sus hijos, y yo aquí perezco de hambre! Me levantaré, e iré a mi hijo y le diré: Hijo, he pecado contra el cielo y contra ti, y no soy digno de ser llamado tu padre. Hazme como a uno de tus conocidos." Y se levantó y fue a su hijo.

Pero, hallándose aún lejos, viole su hijo y se asombró, y en vez de correr a abrazarle, retrocedió y se incomodó. Y el padre le dijo:

—Hijo, he pecado contra el cielo y contra ti. No fui el padre que debí haber sido, y no soy digno de ser llamado tu padre. Perdóname y hazme tu compañero.

Y el hijo le dijo:

—No, de ninguna manera; es demasiado tarde. Hubo un tiempo cuando necesité tu compañía, tu ayuda y tu consejo, pero estabas muy ocupado. La información y el compañerismo que necesitaba lo busqué en otras fuentes y me equivoqué, y he aquí me encuentro perdido en cuerpo y alma. Es demasiado tarde, ¡demasiado tarde!, ¡demasiado tarde!

21 de Junio

Pero si esperamos lo que no vemos, con paciencia lo aguardamos.
Romanos 8:25.

E S MARAVILLOSO ESTAR vivo para Dios, y creo que es la única manera de estar vivo para todo lo que es bueno y vale la pena. Podemos vivir con Dios de tal manera que estemos en contacto con el pasado, el presente y el futuro. Las cosas más interesantes son las que aún no hemos visto. Lo mejor de la vida está aún delante de nosotros, porque la vida no es extensión, sino satisfacción. Aún no hemos visto el rostro del Señor; aún no hemos visto a nuestros seres amados en sus nuevos cuerpos, y aún esperamos ver la venida del Cristo; veremos cuando Él arrebate los suyos con su gran poder y reine sobre todos los términos de la tierra. Esto está aún delante de nosotros.

"Si el Padre se digna tocar con su divino poder el corazón frío y sin pulso de una bellota para que salga de las paredes que la aprisionan", escribe William J. Bryan, "¿dejará olvidado en tierra el cuerpo del hombre hecho a la imagen del Creador? Si dejara de darle al rosal, cuyas flores marchitas son llevadas por las brisas veraniegas, la dulce seguridad de una próxima primavera, ¿dejaría acaso de dar palabras de esperanzas a los hijos de los hombres al llegar las heladas invernales?

"Si la materia, muda e inanimada, no puede morir, aun cuando es cambiada por las fuerzas de la naturaleza en una multitud de formas. ¿Cómo podrá sufrir la aniquilación el espíritu del hombre que sólo ha hecho una breve visita como huésped real a este edificio de barro? ¡No! Estoy seguro que aún hay otra vida semejante a la que ahora tengo."

El Dr. Hinson dijo desde el púlpito un año después del comienzo de la enfermedad de la cual murió: "Recuerdo que hace un año un habitante de esta ciudad me dijo: «Usted es un moribundo.» Caminé los ocho kilómetros de distancia entre su oficina y mi casa: miré la majestuosa montaña que tanto amo, y miré el río en el cual me regocijo, miré los árboles que son poesía de Dios para mi corazón. Luego, al anochecer, miré el cielo inmenso donde Dios comenzaba a encender sus lámparas, y dije: «Quizá no os vea dentro de algún tiempo; pero montaña, cuando te hayas ido, yo estaré vivo aún; río, yo viviré cuando hayas cesado de correr hacia el mar; estrellas yo estaré vivo cuando hayáis caído de vuestros lugares.»"

22 de Junio

Escóndete un poquito, por un momento...
Isaías 26:20.

E N EL TALMUD se cuenta la historia de un labriego que se enamoró de la hija de un rico emperador. Ella correspondió su amor y, a pesar de la violenta oposición de su padre, se casó con él. Ella se dió cuenta de los grandes anhelos de saber que tenía su marido, por lo que insistió en que fuera a la gran academia rabínica de Jerusalén a saciar su sed intelectual. Estudió doce años, mientras ella, desheredada por su familia, sufría pobreza y soledad. Él regresó al hogar aún cuando tenía ansias de conocimientos más avanzados. Cuando llegó a la puerta de su casa, alcanzó a oír que su esposa decía a una vecina que a pesar del dolor de la separación que le parecía más de lo que podía soportar, ella tenía esperanzas y oraba para que él pudiera regresar a la academia para proseguir sus estudios. Sin decir una palabra a nadie, él regresó y estudió doce años más. Una vez más dirigió sus pasos hacia su aldea natal, pero esta vez toda Palestina lo alababa porque poseía la mente más brillante y erudita de su generación. Cuando entró al mercado, se sorprendió al ver la multitud que se había reunido para dar la bienvenida a un hijo de su tierra. Mientras la gente se apretaba alrededor de él, vio a una mujer de espaldas dobladas y rostro arrugado que trataba desesperadamente de abrirse paso hacia él. De pronto comprendió que aquella mujer prematuramente envejecida era su mujer.

— ¡ Dejadla pasar! — gritó —. Dejadla pasar. Es a ella y no a mí a quien debéis honrar. Ella se sacrificó mientras yo estudiaba. Si no hubiera sido por su disposición de trabajar y esperar, servir y sufrir, en la actualidad yo sería un labriego en vez del rabino Akeba.

Actualmente nos hallamos condicionados para lo espectacular solamente. Hojeamos nuestros diarios solamente para ver noticias trascendentales. Nuestra admiración está tan ligada a lo que nos deja embelesados, que hemos olvidado las actividades cotidianas de la persona promedio. Hemos estado tan ocupados aclamando y aplaudiendo las espectaculares maniobras de nuestros expertos militares, y las acciones extraordinarias de los estadistas nacionales e internacionales que dirigen los destinos de las masas, de los descubrimientos milagrosos y de las contribuciones de los genios de la ciencia y de la industria, que hemos olvidado el aprecio debido a aquellos individuos que han jugado una parte vital en el drama de la vida con su trabajo silencioso pero efectivo detrás del escenario, donde han realizado los así llamados papeles menores. — Sra. de Cowman.

A veces encontramos en el corazón de aquellos que son despreciados el firme deseo de hacer su parte y bendecir al mundo antes de su muerte. Yo quiero elevar una oración sincera cada día y preocuparme cordialmente por aquellos que el mundo desprecia.

23 de Junio

Se sostuvo como viendo al invisible.

Hebreos 11:27.

E N EL PROGRAMA misionero de Dios no hay lugar para los que buscan en primer lugar la seguridad. Somos llamados a vivir una vida peligrosa." Éstas son palabras de la difunta Sra. de Cowman que pasó muchos años sirviendo al Señor en tierras extranjeras. "A veces en el silencio de la noche oíamos voces que nos llamaban del pasado, voces de mártires que no amaron sus vidas hasta la muerte, mártires que caminaron con gozo hasta el lugar del suplicio y que cantaban alabanzas a Dios mientras las llamas los consumían; las voces de aquellos que entregaron sus vidas en el servicio del Señor, las voces de los peregrinos de la noche que con sus rostros vueltos hacia la luz que descendía desde la ciudad de Perlino Albor, ascendieron valientemente la escarpada montaña hacia el lugar de la muerte. «¿Hasta cuándo, Señor?», preguntan los mártires que están bajo el altar.

> *Subieron la empinada cuesta hasta el cielo*
> *a través de peligros, trabajos y sufrimientos*
> *¡Oh Dios, concédenos la gracia*
> *de seguir fielmente sus pisadas!*

"Se sostuvieron como viendo al invisible. ¡Qué desafío! ¿Qué nombres aparecerán en la próxima lista de mártires? «Exhortémonos unos a otros... por cuanto aquel día se acerca.» «Teniendo en derredor nuestro una tan grande nube de testigos, corramos con paciencia la carrera que nos es propuesta, puestos los ojos en Jesús.»

"Mirando por sobre las almenas del cielo; observan nuestra carrera. Al parecer están preocupados por nosotros. ¿Desmayaremos y caeremos en el camino? ¿Desmayaremos en el día de la adversidad? Ellos pelearon la buena batalla, guardaron la fe y portan coronas de victoria. Ellos miran aquel rostro que fuera desfigurado más que el de cualquier hombre. Le siguieron en su ascensión al Calvario, y ahora Él los contempla con amor. Mira el trabajo de su alma y se siente saciado."

24 de Junio

Queda en claro que vosotros sois carta de Cristo expedida por nosotros, escrita no con tinta sino con el Espíritu del Dios vivo, no en tablas de piedra, sino en tablas de carne del corazón.

2 Corintios 3:3.

ANHELAMOS DEJAR A nuestro paso algo que perdure, alguna buena influencia que se transmita a través de nuestros hijos, alguna impresión del carácter nuestro o alguna acción que perdure y se perpetúe. Sólo hay un modo de conseguir esto, una sola forma de recibir hermosura y dignidad perdurables para nuestra vida: ser tomados en cuenta en el *gran plan de Dios*. Entonces los fragmentos del vidrio roto brillarán con significado inmortal en el diseño de tu gran mosaico divino. Entonces queda determinado nuestro trabajo porque llega a ser parte de la obra de Dios. — Henry Van Dyke, 1907.

La influencia del Maestro fue: amor, bondad, mansedumbre, tolerancia, paciencia, benignidad. Aunque él tuvo una devoción extrema a la causa de su Padre, no hizo el papel de un fanático. El Maestro no fue un zelote. La violencia no es fuerza; el bullicio no es fervor. El bullicio es señal de falta de fe, y la violencia indica debilidad.

Nosotros saldremos gananciosos mediante el uso de la influencia silenciosa, modesta, tranquila y sencilla. "No luchéis, no gritéis, ni vuestra voz sea oída en las calles", era un buen consejo para los siglos pasados y hoy todavía nos sirve. Muchos movimientos han triunfado con este lema. Muchos han intentado mediante el uso del otro método y han salido a luchar, gritar y hacer mucho bullicio en las calles, pero hasta ahora no han tenido éxito, ni lo tendrán en el futuro. Se inflaman y arden con un repentino estallido de entusiasmo, pero pronto se apagan y humean convertidos en tizones que ocasionalmente dan chispas de interés hasta que se apagan completamente y quedan convertidos en cenizas. Los zelotes nunca ganaron las batallas. — Marie Taylor.

Aprendí de la sombra de un árbol que subía por la muralla que la sombra de mi ser, mi influencia, puede llegar hasta lugares donde yo no puedo entrar. — Dwight M. Kitch.

25 de Junio

Hasta ahora nada habéis pedido en mi nombre; pedir y recibiréis, para que vuestro gozo sea cumplido.

Juan 16:24.

CUANDO ORES, NO limites a Dios con tu incredulidad, ni dándole a entender que sabes cuánto Él puede hacer. Espera cosas muy superiores a las que estás pidiendo. "El Señor puede dar mucho más que eso." (2 Crónicas 25:9.)

Pide con larguez y tu Dios será Rey dadivoso.

Dios da a sus hijos la libertad de pedir lo que quieran porque por medio del crecimiento en Cristo alcanzan una posición de inteligente responsabilidad en su Reino. Él reconoce a quien alcanza esa sabiduría y honra al que pide correctamente. "Pedid todo lo que quisiéreis y os será hecho." (Juan 15:7.)

Alejandro el Grande tenía en su corte a un filósofo famoso pero indigente. Un día este adepto a las ciencias se encontró especialmente necesitado de dinero ¿A quién podía acudir sino a su amo, el conquistador del mundo? Aún no terminaba de presentar su petición cuando ya le había sido concedida. Alejandro le dio el encargo de recibir del tesorero todo lo que quisiera. Inmediatamente pidió en nombre de su soberano diez mil libras. El tesorero, sorprendido por una demanda tan grande, rehusó pagarle, se dirigió al rey para presentarle el asunto, y le dijo que le parecía totalmente irrazonable la petición de una suma tan exhorbitante de dinero. Alejandro lo escuchó con paciencia, pero en cuanto hubo oído el argumento, replicó:

— Entregue ese dinero inmediatamente. Estoy verdaderamente complacido de la manera de pensar de este filósofo. Él me ha hecho un honor muy singular: por la larguez de su petición muestra que se ha formado una idea muy elevada de mis riquezas y de mi real munificencia.

Honremos de esta manera el amor inmenso de Jehová que el escritor inspirado expresa de esta manera maravillosa: "Él que a su propio hijo no escatimó, sino lo entregó por todos nosotros, ¿cómo no nos dará también con Él todas las cosas?

La oración es la puerta de acceso a los tesoros de Dios, la fe es la llave que la abre.

Pedid y se os dará, buscad y hallaréis, llamad y se os abrirá. (Lucas 11:9.)

26 de Junio

Porque día santo es a nuestro Dios; no os entristezcáis, porque el gozo de Jehová es vuestra fortaleza.

Nehemías 8:10.

CRISTO NO ES solamente amigo de las penas. No es necesario que esperemos hasta cuando llegan las tribulaciones para disfrutar de su amor, y recibir la bendición de sentir su presencia dentro de nosotros. Su luz brilla en muchos lugares donde brilla la luz de otras lámparas. Sí, y aún allí no brilla en vano. Cristo en el corazón tiene un profundo sentido para el que está gozoso y para el que está triste. Las bendiciones son más ricas, los goces son más dulces, el amor es más puro, cuando Cristo está presente. La paz en el corazón hace que las bellezas de la tierra sean más bellas. Desde luego, las alegrías humanas son pasajeras, son una ilusión que pasa, si el gozo del Señor no es el motivo que está tras ellas.

¡Qué confianza produce en nosotros cuando, al gozar de las cosas perecederas de la tierra, sabemos que no son nuestra única posesión! Si las perdemos, seguiremos siendo ricos y estaremos seguros porque aún conservaremos a Cristo en nosotros. Las estrellas están siempre en el cielo. No las podemos ver durante el día debido al resplandor del sol; pero nos tranquiliza el saber que están allí, y que cuando oscurezca darán su luz. De la misma manera, en medio del abundante gozo humano, tenemos la preciosa confianza de saber que hay consuelos invisibles a nuestros ojos debido al brillo del gozo momentáneo, pero que brillarán en el momento mismo que el gozo terrenal se oscurezca.

Me pregunto si el mundo estará lleno de otros secretos hermosos difíciles de adivinar y difíciles de ver como el dulce misterio de las estrellas ¿Es que los ángeles se esconden en el espacio y se esconden tras la luz del sol? ¿Hay alas blancas que se mueven de aquí hacia allá mientras que nosotros no nos damos cuenta cuán cerca de nuestras vidas están? Si es así, a la puesta de la vida podremos ver en la penumbra silenciosa dulces rostros que conocimos, ojos queridos como estrellas de suave resplandor, manos queridas que nos indican el camino, y estimaremos que la noche es más hermosa que el día.

Para el alma feliz que realmente ha dado lugar a Cristo en su corazón, existe siempre la seguridad de un mundo de bendiciones espirituales, esperanzas y gozo que se encuentran ocultas debido al brillo de la alegría humana, de la misma manera que las estrellas en el cielo del mediodía, y que están listas para dar su luz en el momento que la noche llegue con sus sombras. De modo que, haya luz o tinieblas, Cristo da bienaventuranza y paz. — J. R. Miller.

27 de Junio

Exaltad a Jehová nuestro Dios, y postráos ante el estrado de sus pies: Él es Santo.

Salmo 99:5.

SI QUIERES QUE tu tiempo de adoración sea más rico y significativo, observa y haz lo siguiente:

I. Te levantarás temprano en el Día del Señor y te prepararás para adorar a Dios en su santuario mediante estas palabras: "Éste es el día que instituyó Jehová, nos gozaremos y alegraremos en Él."

II. Irás al templo de adoración con la esperanza de encontrar a Dios allí, recordando las siguientes palabras: "Donde hay dos o tres congregados en mi nombre, allí estoy yo en medio de ellos."

III. Llegarás a tiempo y no te atrasarás para que no parezca que te pesa dirigir tus pasos al Altar del Señor.

IV. Cuando llegues al lugar indicado oraré por ti, por los que ministran y por los que adoran junto a ti, sabiendo que de esta manera todo el mundo se halla unido con cadenas de oro a los pies de Dios.

V. Si tienes algo contra alguien, lo perdonarás de la misma manera que Dios te perdonó en Cristo. Haz esto y vivirá tu alma.

VI. Te sentarás tan cerca del altar como los ujieres te indiquen. Recuerda que está escrito: "Allegaos a mí, y yo me allegaré a vosotros."

VII. Cantarás con gozo y alegría en el corazón los cantos e himnos que se indiquen: "Con gozo cantando en vuestros corazones al Señor."

VIII. Participarás plenamente del culto, y adorarás a Dios con todo el corazón, con toda la mente y con todas las fuerzas de tu ser.

IX. Recibirás la palabra hablada como del Señor, con mente dispuesta, y luego escudriñarás las Escrituras con diligencia para ver si lo que han dicho es cierto.

X. Amén y Amén. Además guardarás silencio y reverencia y esperarás en el Señor: "Espera en Jehová y verás las maravillas que Él hará por ti." — E. R. Mac Williams.

¿Podían haberse escrito palabras más grandes que éstas? "Caminó con Dios." No se nos dice qué pensaba o qué dijo, ni en qué trabajaba, ni dónde, solamente: "caminó con Dios"; breves palabras de oro incorruptible. No podemos saber cuántas almas socorrió en su viaje, ni a cuántos consoló con sus palabras, ni por cuántos oró. Solamente leemos, palabras de gran esplendor: "Caminó con Dios." — J. Danson Smith.

156

28 de Junio

Ciertamente el bien y la misericordia me seguirán todos los días de mi vida.

Salmo 23:6.

Hudson Taylor dijo una vez: "Jehová es mi pastor, el domingo, el lunes y cada día de la semana; en enero, en diciembre y cada mes del año; en Inglaterra y en China; en tiempo de paz y en tiempo de guerra; durante la abundancia y durante la escasez."

En otra oportunidad escribió: "Todos los tratos de Dios con el creyente están llenos de bendiciones: Él es bueno, hace lo bueno, lo bueno solamente, y lo hace continuamente. El creyente que ha recibido a Jehová como su Pastor, puede repetir con toda confianza las palabras del salmista: «Ciertamente el bien y la misericordia me seguirán todos los días de mi vida.» Por eso podemos estar seguros que los días de adversidad, al igual que los de prosperidad están llenos de bendiciones. El creyente no necesita esperar hasta cuando puede discernir las razones de una aflicción que le haya sobrevenido para estar tranquilo; él sabe que todas las cosas ayudan a bien a los que a Dios aman."

El pastor es responsable por las ovejas, no la oveja por el pastor. Lo malo que hay en nosotros es que a veces pensamos que somos pastor y oveja, ¡y que tenemos que guiar y seguir! Bienaventurados somos cuando nos damos cuenta que Él es responsable por nosotros; Él va adelante y el bien y la misericordia nos seguirán.

Esta meditación debiera leerla cualquiera que esté bajo severas pruebas hasta el punto del quebrantamiento; alguien que esté afligido por el mañana. ¡Él conoce tu mañana, y piensa en ti antes que tú! ¡Sí, lo hace por ti! ¡Él se preocupa por ti! Guarda en el corazón la promesa de gracia: "Cuán preciosos me son tus pensamientos, ¡oh Dios! — Sra. de Cowman.

Venga lo que venga,
sombras, pesar, tinieblas,
estoy contento:
El Señor piensa en mí.

29 de Junio

¿Por qué te abates, oh alma mía, y te turbas dentro de mí? Espera en Dios.

Salmo 42:5.

En el sendero del cristiano no siempre brilla el sol; tiene sus tiempos de tinieblas y tempestades. Sí, está escrito en la Palabra de Dios que sus caminos son deleitosos y que todos sus senderos son paz; también es cierto que la religión está calculada para dar felicidad al hombre acá abajo, del mismo modo que recibirá bienaventuranza allá arriba. Pero la experiencia nos enseña que si bien la senda de los justos es como la luz de la aurora que va en aumento hasta que el día es perfecto, esa luz a veces se eclipsa. Hay períodos en que las nubes cubren el sendero del creyente, y éste camina en tinieblas y no ve la luz.

Hay tantos que han gozado de la presencia de Dios un tiempo; han tenido momentos de solaz a la luz del sol en las primeras etapas de su carrera cristiana; han caminado por los delicados pastos, y junto a las aguas en reposo, pero de pronto ven que el cielo se les ha nublado; que en vez de andar por la tierra de Gosén han estado caminando por el desierto arenoso, y dicen: "Ciertamente, si yo fuera hijo de Dios no me pasaría esto."

¡No digas eso! El mejor de los santos de Dios debe beber ajenjo: ¡su Hijo más amado tuvo que cargar la cruz! Al principio el Señor te concedió un camino suave y despejado, porque eras débil y tímido; pero ahora que tienes una vida espiritual más robusta debes entrar a las experiencias más a propósito y duras que Dios tiene para sus hijos crecidos. Necesitamos vientos y tormentas para ejercitar la fe, para arrancar las ramas apolilladas de la independencia personal, y enraizarnos más firmemente en Cristo. El día malo nos revela el valor de nuestro glorioso evangelio. — Spurgeon.

30 de Junio

El cual, por el gozo puesto delante de él sufrió la cruz, menospreciando el oprobio...

Hebreos 12:2.

SI PODEMOS DAR aunque sea un leve vistazo de la gloria que nos espera en la ciudad celestial, recibiremos nuevas fuerzas. Nuestro precursor "por el gozo puesto delante de él sufrió la cruz, menospreciando el oprobio".

La lucha en esta hora undécima no es con carne ni sangre: es una lucha de fe. Con una visión ungida podemos discernir la marcha de los tiempos en que vivimos, con lo que se renueva nuestro llamamiento a contender eficazmente por la fe una vez dada a los santos. ¿Estamos guardando aquella fe como un sagrado tesoro? "Cuando el Hijo del Hombre venga otra vez, ¿hallará fe en la tierra?" ¡Qué pregunta tan inquietante! Podemos cantar de lo profundo de nuestro corazón:

Fe de los padres, viva fe,
la fe bendita del Señor,
que al afligido da la paz,
la fe que salva del temor;
fe de los santos galardón,
gloriosa fe de salvación.

Fe de los padres, viva fe,
conciencia libre siempre nos des

que fieras no podrán vencer,
ni dominarla el opresor;
que pueda hogueras soportar,
premio de mártir alcanzar.

Fe de los padres, viva fe
que ayuda al débil a triunfar,
que todo sufre con amor
para alcanzar al pecador.
Fe de los padres, santa fe
hasta la muerte, fiel seré.

Federico W. Faber
Sra. de Cowman

1 de Julio

¿Por qué te abates, oh alma mía, y te turbas dentro de mí? Espera en
Dios, porque aún he de alabarle.

Salmo 42:5.

ESPERA", ¡PALABRA PRECIOSA! David contesta su pregunta diciendo: "Espera". Cuando los hijos de Dios están confundidos y cargados se dirigen a los Salmos y encuentran la palabra precisa para darles fortaleza, ánimo y valor.

Los periodistas y comentaristas presentan continuamente hechos alarmantes en cuanto a las condiciones que imperan en el mundo de hoy. La televisión muestra a los líderes del mundo sentados en conferencias de paz. Se nos muestra a las Naciones Unidas en su búsqueda de alguna vía satisfactoria de escape para la condición caótica y desesperanzada de nuestros días. ¿Qué se gana con gritar "¡paz!, ¡paz!", cuando no hay paz? La humanidad vive en medio de las ruinas de un mundo lleno de hogares destruidos, esperanzas rotas y corazones quebrantados. Uno ya no se asombra de la verdad de la expresión: "El mundo está hecho trizas." El hombre con toda su sabiduría, sus inventos y sus planes no solucionará los problemas del tiempo presente. ¡Levanta la mirada, alma querida! Allí hay un camino, el único camino: ¡el camino de Dios!

Jorge Müller, maravilloso apóstol de la fe, dejó este testimonio: "No existe el momento en que no podamos esperar en Dios." No importa cuál sea la necesidad, cuán grandes sean las dificultades, y que todas las posibilidades de ayuda sean nulas, tu parte es esperar en Dios, ¡Verás que no es en vano!

A un anciano muy amado, que evidentemente caminaba muy cerca de su Dios y que después de un arduo día de trabajo en los campos caminaba con dificultad, se le oyó dar palabras de aliento a sus compañeros de labores: (Cuando Él te oye cantar, se inclina con una sonrisa y dice «Sigue cantando, hijo, yo te escucho, vengo a librarte, y voy a llevar esa carga por ti. Sí, descansa en mí, y el camino será más suave.»"

159

Y Él os dará otro consolador que esté con vosotros para siempre. (Juan 14: 16.)

2 de Julio

Mantengamos firme, sin fluctuar, la profesión de nuestra esperanza, porque fiel es el que prometió.

Hebreos 10:23.

LOS HIJOS DE Dios se hallan a veces en situaciones de agudas dificultades. Él los conduce a callejones sin salida. La razón humana, si hubiera sido consultada previamente, jamás hubiera aceptado tal procedimiento.

¿Qué actitudes asumen los hijos de Dios cuando enfrentan tales circunstancias? ¡Solamente una: confianza firme y segura en Dios! No miran a las circunstancias. Miran por encima de ellas. La luz y las tinieblas son iguales para Aquél que vive en ellos. Nuestro amante Padre Celestial busca el supremo bien para los suyos. Estamos en la escuela de la fe y hay lecciones que aprender. Aun los procedimientos severos de Dios son procedimientos de amor. "Si sufrís el castigo, Dios se os presenta como a hijos. El azota a cualquiera que recibe por hijo."

La fe se entiende con las cosas sobrenaturales, desde lo que se ve hasta lo invisible, las cuales son eternas. La fe no se apoya en lo que se ve. El pájaro que quiere volar debe dejar su rama y lanzarse al espacio. El que quiere nadar debe dejar la playa y lanzarse a los lugares profundos. La fe no puede apoyarse en ninguna cosa, solo en la Palabra inviolable de Dios. Cuando uno da el paso hacia ese vacío aparente, halla que debajo del pie hay terreno sólido.

¿Dónde podemos encontrar fe? En la hora de desesperada necesidad nacerá en nuestro interior, cuando ya parece que nos hallamos al final de la cuerda. Al Hijo de Dios se le concede la preciosa experiencia de no conocer otro ayudador fuera de Dios. Cuando nos ha probado, salimos como el oro.

De la Biblia uno aprende el secreto de la vida victoriosa. Los santos del Antiguo Testamento describen cómo Dios los condujo a través de situaciones imposibles. Sus ejemplos nos alientan. ¡Lee la historia del mar Rojo y la forma en que los hijos de Dios fueron librados! (Éxodo 14 y 15). Estudia las oraciones de Josafat y Asa en el libro de las Crónicas, cuando clamaron: "No sabemos qué hacer, pero nuestros ojos esperan en ti." Y acuérdate de Ezequías vuelto hacia la pared en medio de gran angustia. Cuando estos santos se vieron duramente oprimidos y no supieron qué hacer, buscaron en Dios refugio infalible! Daniel en el foso de los leones y los tres jóvenes hebreos en medio del horno de fuego siempre han sido un desafío a nuestra fe. Tú que estás pasando por pruebas y tribulaciones ten valor, y saldrás adelante con un grito triunfal y podrás decir con el salmista: "He pasado por fuego y agua, pero Tú me llevaste a lugares de riquezas."

3 de Julio

La memoria del justo será bendita.

Proverbios 10:7.

UN PERAL DE mi huerto se lamentaba, mientras temblaba de frío debido al helado viento otoñal que precede a las primeras nevadas:

— ¿Para qué sirve el verano si pasa tan pronto? ¿Para qué me calenté bajo los benditos rayos del sol y bebí el rocío, si ahora se me abandona a la amargura de esta desolación invernal?

Y se retorcía y lloraba en la agonía de la tormenta. Un viejo manzano que se hallaba cerca le dijo:

— Te has olvidado que ayudaste a hermosear el huerto con el esplendor de tu follaje; has perfumado el aire con la fragancia de tus flores y has alegrado a la familia con tus deliciosos frutos. Te olvidas de los niños que han jugado bajo tu sombra, y más que todo, te olvidas que has crecido y que las seis pulgadas que te obsequió este verano las retendrás, con lo que te hallas más cerca del cielo, tienes más fuerzas para enfrentar las tormentas y estás listo para esperar la llegada de otra primavera y más apto para entrar en la nueva carrera con ventaja.

Los seres queridos se van, pero la influencia del verano de sus vidas queda con nosotros. Nuestros corazones reciben las bendiciones con más calor y son más útiles a los demás debido a los beneficios recibidos de ellos. Podemos descansar a su sombra y hallarnos más aptos para la primavera de la inmortalidad, donde el sol jamás se pondrá. Cuando Jesús dejó a sus discípulos, amigos y seres amados en la tierra, les dejó una promesa muy consoladora: "Voy pues a preparar lugar para vosotros." Al decir esto hablaba a sus seguidores de todos los tiempos y quería que estuvieran contentos de que era Él quien preparaba el lugar. Por tanto, la imaginación puede anticiparse prudentemente a describir tal lugar. Un escritor expresó muy bien su pensamiento cuando dijo: "Su gloria sobrepasará la salida del sol, cuando el orbe se levanta con temblorosos trazos de luz, que atravesando las finísimas cortinas de nubes llenan el cielo oriental con iridiscente esplendor."

4 de Julio

Levantémonos y edifiquemos.

Nehemías 2:18.

LA EDIFICACIÓN ES la tarea más noble de la raza, ya sea que se edifique una cabaña en la selva, una mansión en la ciudad, un ferrocarril sobre un río o un canal a través de un istmo. Los edificadores son soñadores, soñadores que han levantado el mundo del desorden y el vacío a un orden.

Nehemías era un soñador y un patriota. Judío nacido en el cautiverio, se sentía apesadumbrado porque la ciudad donde estaban las tumbas de sus antecesores yacía en ruinas. El rey le dio permiso para ir a Jerusalén con un grupo de acompañantes y restaurar la ciudad. Aliviado, salió una noche e hizo un balance de las ruinas. Luego, reuniendo a los judíos pobres que aún permanecían aferrados a las viejas ruinas, les dijo:

— Vamos, reedifiquemos los muros de Jerusalén.

El pueblo, como si despertase de un letargo, replicó:

— Levantémonos y edifiquemos

De este modo, con corazones encendidos, se pusieron a trabajar.

Nuestro Señor dijo de su cuerpo: "Destruid este templo, y en tres días lo levantaré." (Juan 2:19.)

Si Nehemías no hubiera reedificado a Jerusalén, la historia del mundo no habría cambiado mucho, porque alguien podría haberlo hecho después. Pero si Jesucristo no hubiera reedificado su cuerpo marchito, contraído y desangrado, la historia del mundo hubiera sido muy diferente. No habría iglesias cristianas en ninguna parte, porque fueron edificadas sobre el Cristo resucitado. Ésta era la mayor gloria de los cristianos primitivos. Es lo que diferencia el cristianismo de las demás religiones.

Mateo, que escribió su evangelio algunos años después de aquel suceso dice: "Este dicho fue divulgado entre los judíos hasta el día de hoy..." La resurrección era un hecho que todos conocían y que nadie ponía en duda. ¿Por qué habríamos de ponerla en duda en el día de hoy? No tenemos más derecho a dudar de la resurrección que el que tenemos de dudar de la declaración de indepencia de cualquier país. Esto también ocurrió una sola vez, pero como era un asunto de conocimiento común, la aceptamos en la actualidad. Además están las provincias, estados, o departamentos del país para comprobarlo. Son el resultado de la firma de aquel documento. De igual modo, las iglesias son el resultado de la resurrección de Cristo. — Adaptado de un sermón radial de J. B. Baker, 1946.

5 de Julio

Fue duro trabajo para mí hasta.
Salmo 73:16.

DIOS SE ENCUENTRA con los suyos en lugares y por métodos inesperados. Muchas veces los que están profundamente angustiados reciben una nueva revelación de la presencia divina. Él lleva el bálsamo de la sanidad. Si uno acepta la mano horadada por el clavo, o escucha la palabra de Aquél que nos habla de paz, todo cambia.

Dos hombres iban completamente confundidos en el camino de Emaús, cuando el Salvador se les presentó. Ellos lloraban la muerte del Señor. La crucifixión había sido una experiencia trágica, demasiado dolorosa como para soportarla. Se les acercó silenciosamente mientras ellos seguían su camino y su conversación. Con su aparición alivianó la pesada carga de sus atribulados corazones.

Iban de regreso a tomar sus redes, a reiniciar el trabajo que les daba el sustento hasta hacía tres años. Al amanecer, después de una noche de trabajo desesperado, hallaron una comida preparada por Aquél que estaba parado en la playa. El Señor Jesucristo, con toque tierno, se les presentaba como una radiante realidad.

Él todavía se encuentra con los suyos en sus horas de más amargo desengaño. Ésa fue la experiencia de alguien cuyo corazón se hallaba profundamente quebrantado. Una pérdida muy sensible le había destrozado un hermoso hogar y la vida era como un árbol que ha sido desarraigado por una terrible tempestad. Mientras caminaba por las calles de una ciudad inglesa para asistir a un servicio dominical, pasó frente a una hermosa iglesia de piedra. En el tablero de anuncios cerca de la entrada se leían estas palabras: "Todos los que estáis cargados, entrad a este santuario en busca de quietud y oración." Él aceptó la silenciosa invitación. En una de las paredes del vestíbulo de esta gran iglesia había algo escrito en forma de mosaico. Era un sermón en miniatura formado con piedras de diversos colores: "fue duro trabajo para mí, hasta que entrando en el santuario de Dios, comprendí el fin de ellos". (Salmo 73: 16-17.)

Aquella bendita mañana, en la hermosa capilla de la quietud, el Getsemaní le abrió sus secretos. El corazón entristecido contempló a Uno que bebió su copa completamente solo. Todo cambió desde aquel momento. El largo y cansador camino con sus cañones sombríos, altas montañas y empinadas cuestas, perdió su aspecto terrible cuando Él le dijo en un susurro: "Ven y acompáñame en mi camino. Subiremos juntos las cuestas. ¡ Sí, juntos!" El camino difícil nos ofrece dulce comunión con un amante compañero. El recuerdo fragante de aquella revelación del Cristo resucitado aún perdura.

6 de Julio

Escapa cual ave al monte.

Salmo 11:1.

LA GENTE QUE estudia y entiende de aves, sabe que vuelan mucho más alto en sus vuelos migratorios que en sus vuelos locales. Piensan que las aves tienen tres razones para volar más alto en tales circunstancias: tienen una visión más extensa y pueden ubicar más fácilmente sus puntos de referencia; están fuera del sendero de las aves de rapiña y libres de obstáculos; su vuelo es más veloz debido a que la atmósfera se encuentra más depurada. Mientras más alto se eleven los hijos de Dios, con más claridad pueden discernir el plan de vuelo de Dios.

El alma no puede escapar de los ataques de las fuerzas satánicas encerrándose en castillos contra la duda. Tampoco puede hallar refugio inclinándose ante la depresión. Los pensamientos depresivos no dan alivio a la mente cuando nos envuelven las nubes que presagian la tormenta. Una persona derrotada y desalentada puede contagiar a todo un grupo de trabajo, a toda una escuela y a toda la comunidad, con su tristeza y desesperación. ¡Las actitudes son contagiosas!

Los salmos más dulces de David nacieron en medio de las tormentas de su vida. Dios dispuso que este pastorcillo fuera condecorado como el más grande cantor de la tierra. Un día se sorprendió mientras escuchaba la voz del tentador. El Músico Principal lo había colocado en el corazón de una tormenta para enseñarle a cantar. Pero en lugar de hacerlo, el Salmista sólo lanzó este lamento: "Oh, si tuviera las alas como de paloma, volaría lejos y reposaría; escaparía de este torbellino!" De en medio de la furiosa tormenta elevó sonoras notas de alabanza al Dios altísimo. El resultado son dos preciosos y melodiosos salmos: el 23 y el 91. Estos salmos han consolado a gentes de todas las generaciones. ¿Qué habría hecho David con alas como de palomas? ¿A qué distancia de la tormenta lo hubieran alejado aquellas débiles plumas? ¡Cuánto hubiera perdido el mundo sin las consoladoras palabras del corazón angustiado del "más grande cantor de la tierra"!

¡Cuidado con tus pretextos ante el trono del cielo si caminas en medio de las nubes de tormentas de la prueba y el agotamiento físico!

7 de Julio

Tenga la paciencia su obra completa, para que seáis perfectos y cabales sin que os falte cosa alguna.

Santiago 1:4.

CADA UNO PASA por tiempos de prueba. Cuando éstos llegan, ¡espera! Emplea la fuerza de la fe y pon en práctica la paciencia. El horario de Dios jamás se atrasa. ¡La liberación está a las puertas! Él está en las sombras cuidando a los suyos.

Al vivir la vida de fe llegamos a comprender que los pensamientos de Dios no son los nuestros, y que sus caminos no son nuestros caminos. Una gran presión indica la presencia de un gran poder tanto en lo físico como en lo espiritual. Algunas circunstancias pueden llevarnos a tiempos difíciles, pero no tienen por qué llevarnos al desaliento, porque "nuestros tiempos están en sus manos". Si confiamos en el Señor y esperamos pacientemente que Él actúe, proveemos la oportunidad para que Él demuestre su omnipotencia. Las huestes del Faraón le pisan los talones a Israel. Repentinamente se abre un camino a través de las aguas. Cuando el arroyo se seca, Elías oye la voz que le guía:

¡Espera! "Acordaos de las maravillas que Él ha hecho", de sus prodigios y de los juicios de su boca.

¿Recuerdas que tu camino quedó bloqueado y tú llamaste vez tras vez a una puerta? Por fin llegó el tiempo de Dios y Él abrió un camino que tus ojos no habían visto y que tu pie jamás había pisado.

"Porque no queremos, hermanos, que ignoréis acerca de nuestra tribulación que nos sobrevino en Asia; pues fuimos abrumados sobremanera más allá de nuestras fuerzas, de tal modo que aún perdimos las esperanzas de conservar la vida. Pero tuvimos en nosotros mismos sentencia de muerte, para que no confiásemos en nosotros mismos, sino en Dios que resucita a los muertos; el cual nos libró y nos libra, y en quien esperamos que aún nos librará de tan gran muerte. (2 Corintios 1:8-10.)

Nuestro Maestro dijo: "Tened fe en Dios." (Marcos 11:22.) ¡La fe en Dios nos la forja dentro del corazón el Espíritu de Dios! Y ésa es la fe que dirá a los montes: "Pásate allá" y éstos se derretirán como cera ante su palabra dicha por medio nuestro.

8 de Julio

Mas transformaos por la renovación de vuestro entendimiento.

Romanos 12:2.

EN LA QUEBRADA crece un rosal silvestre con sus pinchadoras espinas. Suspira y se dice: "¡Ay de mí! No puedo comprender para qué me hicieron. No tengo belleza ni sirvo para nada. Si tan sólo fuera un ramo de violetas que está a la orilla del río, podría ser motivo de felicidad para alguien. ¡Pero soy un rosal silvestre! Si fuera una encina, cuyas ramas se extienden dando una sombra acogedora y cuyas hojas entonen una dulce melodía cuando vibran bajo el impulso de suaves brisas, podría ser útil."

Pero en eso llega el jardinero y saca el rosal silvestre con raíz y todo y lo planta en medio de su jardín. El rosal silvestre dice:

—Éste no me conoce, o de otro modo no hubiera desperdiciado su tiempo de esta manera. No puede sacar nada bueno de mí, un rosal silvestre cubierto de espinas.

El jardinero se rió y dijo:

—Si no puedo sacar nada bueno de ti, quizá pueda poner algo de bueno en ti. Tú verás.

Sin embargo, el rosal silvestre quedó más triste que antes. Vivir en la quebrada era ya bastante malo, pero que un rosal silvestre viva en medio de todas estas flores hermosas y perfumadas es insoportable. ¡Ya sabía yo que nunca llegaría a ser nada!

Un día el jardinero fue, le hizo una pequeña incisión, puso un brote en ella y la ató allí. Después de unas pocas semanas el pequeño rosal silvestre estaba inflamado de color y su fragancia era exquisita.

¡Qué transformación! ¡Muy poco se parecía al rosal áspero y rastrero que vivía en la quebrada!

Nuestro Padre Celestial es el agricultor. Él entiende la mala calidad de la naturaleza humana. Conoce la naturaleza mala y su poco valor, pero sabe cómo poner una nueva naturaleza dentro del hombre. Ésta no proviene de nuestras luchas o esfuerzos, porque esta gracia no viene de nuestro interior. El método es rendirse al Jardinero Divino, dejar que haga su perfecta voluntad en nosotros en todo. Si dejamos que Él ponga dentro de nosotros lo que Él quiera, o puede obtener de nosotros lo que quiera. Recibir es más que pedir: es clamar y tomar. La manifestación de su presencia dentro de nosotros debe ser gradual como el desarrollo del brote en el rosal silvestre, pero asegurándonos que Él está allí. — Sra. de Cowman.

9 de Julio

Estad quietos y conoced que yo soy Dios.
Salmo 46:10.

EN NUESTROS TIEMPOS todo se realiza con urgencia. Se llama a expertos en eficiencia para que perfeccionen las operaciones con el fin de obtener una producción más rápida. Si un negocio no tiene los más modernos aparatos tecnológicos corre el peligro de perderse en el polvo del avance.

Pero la velocidad tiene sus desventajas. El mundo parece más pequeño y menos espectacular cuando usted comprende cuán poco tiempo se necesita para atravesar el océano o para dar la vuelta al mundo. La admiración de las bellezas del camino ha sido transferida a la grandeza del genio del hombre para crear las maravillosas máquinas que nos dejan en el pasado con asombrosa velocidad. ¿Puedes entender por qué la vida moderna causa tanta fatiga? ¿Has reflexionado sobre la quietud en la naturaleza? Allá lejos, en las montañas, hay una quietud que palpita con las cosas que crecen. Los bosques y los campos en quieta paciencia absorben el calor del sol y las gotas de lluvia.

¿Has pensado alguna vez en lo agradable que es la voz de Dios? Debe compararse con el fresco sonido del agua que corre en el arroyo, musical, deliciosamente suave, humilde. El mandamiento de Dios de estar quietos es para que reduzcamos nuestra carrera y sigamos caminando a un paso moderado. De este modo podemos ver las señales que Él ha puesto en el camino.

El Dr. Griffiths ha escrito: "La quietud no es solamente lo opuesto del silencio. Es la ausencia de excitación, prisa y de la confusión consiguiente. Éstas disipan las fuerzas, mientras que la calma y la serenidad las conservan. Los hombres poderosos del universo han crecido en la soledad. El príncipe de los legisladores y dirigente de Israel pasó cuarenta años en el desierto y en el anonimato en Madián. El precursor y preparador del camino de nuestro Señor halló en el desierto la brasa del perdón sobre sus labios y un "Heme aquí, Señor". Cristo mismo enfrentó las grandes cuestiones de su ministerio en quieta soledad. El celo de San Pablo surgió del tiempo de silencio pasado en Arabia. La visión de Juan tuvo su origen en le destierro. Pedro el Ermitaño alzó a Europa para que emprendiera las Cruzadas. Lutero, el monje retirado, cambió la corriente de la historia e introdujo en el mundo una nueva civilización. Lincoln, el emancipador, surgió de las tranquilas montañas de Kentucky y de los extensos bosques de Illinois. La soledad, los períodos de quietud, dieron a estos héroes la oportunidad de conocerse a sí mismos, de conocer la naturaleza y de conocer a Dios y les hizo aptos para su gran servicio.

El silencio nos llama. Aprendamos el arte de la quietud. Nos da seguridad, solaz y fortaleza. Con este armamento venceremos el pestilencial ruido.

10 de Julio

¿Quién hay entre vosotros que teme a Jehová, y oye la voz de su siervo? El que anda en tinieblas y carece de luz, confíe en el nombre de Jehová y apóyese en su Dios.

Isaías 50:10.

LAS SIGUIENTES palabras estaban pintadas en un rollo: "La fe en el tiempo de tinieblas trae triunfo al amanecer." Estas palabras recuerdan el tiempo de prueba de Moisés, sus años oscuros, en los lugares perdidos del desierto de Sinaí. La suya era una fe para el tiempo de tinieblas. Durante cuarenta años había vivido en un ambiente de lujos y comodidades. Ahora tenía que pasar un lapso semejante sin aquellas comodidades. Humanamente hablando era imposible soportar semejante carga. Él tenía un recurso secreto: "Se sostuvo como viendo al invisible." Dios estaba a su lado en la desolada extensión, y allí conoció "que clase de persona era Dios", y experimentó su amorosa bondad. Moisés conoció a Dios como "Roca en tierra de cansancio", y cuando su resistencia estaba próxima al quebrantamiento, encontraba refugio bajo su sombra. "Bebió de los manantiales del desierto y no tuvo sed."

Finalmente llegó el día de la gran revelación para Moisés. Frente a la zarza encendida escuchó su gran comisión. La aceptó, aunque no de buen grado. Aún era obediente sin importarle el costo de la obediencia.

A medida que pasa el tiempo vemos a aquel dirigente que Dios preparó, parado en la playa de una situación que parece imposible de solucionar. Sin que hubiera camino visible delante de él, Dios le ordena avanzar. "Por fe", Moisés obedece. Por fe, Moisés lleva su pueblo a través del mar Rojo. Su obediencia dio origen a la fe que hizo que el Todopoderoso extendiera el brazo a través del mar para dejar la tierra seca por donde su pueblo pudiera escapar. ¡Qué Dios tan Omnipotente! ¡Qué experiencia tan maravillosa! ¡Oh creyente, dale a Dios la oportunidad de brindarte una respuesta a tu oración de fe!

Un destacado escritor dice: Oh, Hijo de Dios, imagínate, si puedes, aquella marcha triunfal. Los niños, contentos, se veían restringidos en sus deseos de expresar su alegría por el perpetuo "¡cállate!" de sus padres. Allí estaban las mujeres manifestando su incontrolable entusiasmo, pues descubrieron que habían sido salvadas de un destino peor que la muerte. Los hombres seguían o acompañaban a las mujeres y los niños, avergonzados o confundidos de haber desconfiado de Dios o por haber murmurado contra Moisés; y mientras ves aquellas poderosas murallas de agua afirmadas por la mano extendida del Eterno en respuesta a la fe de un solo hombre, aprende qué es lo que Dios puede hacer por los suyos. El Señor se sienta como Rey sobre el ruido de muchas aguas, sobre las poderosas ondas del mar.

La confusión no es el sendero de la fe. Cuando las otras luces se disipan, las lámparas de la fe alumbran esplendorosamente.

11 de Julio

Sustenta mis pasos en tus caminos, para que mis pies no resbalen.
Salmo 17:5.

UNA MUJER TUVO un sueño que dominó su vida y convirtió sus amarguras en dulzura: Soñó que formaba parte de una multitud y que estaba de pie en un prado verde. Era joven y estaba gozosa. Miró hacia adelante y vio un camino angosto, empinado, áspero y tortuoso como el de un cañón. El camino siempre ascendente estaba tapizado de cardos y espinos. Una voz imperativa le dijo:

— Más allá está tu camino de vida. Camina por él.

— Ningún pie humano podría caminar sobre esos abrojos sin sangrar. Ninguna fuerza humana puede ascender por un sendero áspero y tan lleno de espinas. Me desmayaría, sangraría y moriría — rehusó ella.

La voz dijo seriamente.

— Ése es el camino que te he trazado. Camina en él.

Ella caminó y a los pocos pasos estaban las piedras y los abrojos. Pero cuando ella fue a poner el pie, un niñito, como un ángel, se le adelantó y limpió el espacio necesario para que terminara de dar el paso. Luego pasó lo mismo al dar el segundo paso, y así sucesivamente. Pero nunca le preparaba el camino sino para un paso a la vez. Al fin ella se volvió para mirar cuanto había avanzado, y vio allí al principio del camino al Salvador que indicaba al niño dónde debía limpiar el camino para el próximo paso. — De Pensamientos para pensadores, 1893.

12 de Julio

Hubiera yo desmayado si no creyese que veré la bondad de Jehová en la tierra de los vivientes.

Salmo 27:13.

ESTE TESTIMONIO alentador fue escrito por el salmista David después que pasó por algunas experiencias tenebrosas de dura tribulación y prueba. Más de una vez estuvo a punto de ceder a la desesperación: caer y morir. No pocos de sus salmos conmueven con sus tristes cantos fúnebres; y hallamos al hombre llorando en agonía por librarse de las violentas tormentas de la vida. El dulce salmista de Israel revela en el Salmo 27 el secreto que impidió que su corazón desmayara: Creía que "habría de ver la bondad de Jehová en la tierra de los vivientes". Él quería decir que la vería en esta vida, que no tendría que esperar hasta una vida posterior para verla.

La oración que prevalece puede hacer maravillas: trae descanso en medio de los apuros más profundos y abre una pasada a través de los barrotes de acero y de las puertas de bronce.

Cierta persona que tenía temor de Dios recibió una salvación sobrenatural. El relato alentador se halla en 2 Reyes 4: 4. Murió un ministro de Dios y dejó a la viuda con dos hijos y en duros aprietos. Ella no podía afrontar las responsabilidades y pronto llegaron los acreedores para llevarse sus dos hijos que eran su único sustento. La madrecita, desesperada, tomó a sus hijos y se encerró en su humilde choza. Allí elevó el corazón delante de Aquél que oye el clamor de los pequeños y de las viudas.

Haz una visita a la choza de la viuda. Tu fe recibirá un fuerte estímulo al saber lo que Dios hizo por ella. Cuando el apoyo humano se ha apartado de nosotros y nos queda solamente Dios, Él sabe que el clamor de tu corazón es un clamor que descansas completamente en Él. Tu también puedes experimentar que el lugar más duro de la tierra puede ser el más dulce. Es allí donde uno hace un nuevo descubrimiento de Dios.

13 de Julio

Sé que esto se me tornará a salud, por vuestra oración, y por la suministración del Espíritu de Jesucristo.

Filipenses 1:19.

ES UNA GRAN oportunidad poder observar la vida de un hombre fuerte y examinar sus recursos. Es el privilegio que tenemos con San Pablo el más grande misionero viajante. Él encontró una buena parte de sus recursos en las oraciones que los demás hacían en su favor. De este modo podemos ver que una persona que tiene solamente un talento puede ser el ayudante invisible del hombre que tiene diez talentos.

¿Cuál fue la ocasión que en forma tan desesperada exigió de los fieles la perseverancia en la oración? ¡Pablo estaba encadenado! Había recorrido inmensas regiones llenas de peligro por promover la causa del Reino de Dios. Había pasado por Asia Menor, por tierras remotas, por montañas heladas y por llanuras apestadas de fiebres. Portador de la antorcha de Dios, había encendido fuegos geniales en pro del Reino de Luz. Sin embargo, aquél. Pablo, el gran misionero, estaba preso. Probablemente se apagaría su antorcha. ¡No! ¡La de Pablo no! Para personas como él las prisiones físicas no paralizan el alma. Una celda puede convertirse en el génesis de un manantial celestial de bendiciones. Sus cadenas eran la prueba de su fe, testimonio de una libertad más noble. Era hora ya de librar una nueva batalla para el Señor y cosechar una victoria. ¿Cómo? Haciendo uso de la fuerza más grande que el mundo conoce. Por medio de la oración se pueden liberar los poderes de los grandes hombres y mujeres para hacerlos amos poderosos de las circunstancias dificultosas.

Uno puede, mediante la oración, viajar por países extranjeros y aliviar los corazones de los misioneros en medio de sus abrumadoras tareas. El predicador necesita un compañero cuando está en el púlpito. Necesita que sus recursos sean multiplicados cuando proclama la Palabra de Vida. Sí, hay muchos que pueden hacer grandes conquistas cuando se juntan a orar. De esta manera, Onésimo era parte de Pablo. Aquila era parte de Apolos. Y cualquier cristiano puede ser parte de cualquier gran combatiente del reino en el campo de batalla de la vida.

El método por el que el brazo del amor de Dios llega hasta donde se eleva el clamor de sus siervos necesitados, es la oración. Por lo tanto, la oración vital no es sólo palabra, ¡es un acto!

14 de Julio

Haga memoria de todos tus presentes, y reduzca a cenizas tu holocausto.

Salmo 20:3.

CUANDO VISITABA EL hermoso bosque Rojo (Redwoods) de California, una vieja y gigantesca secoya dio a mi corazón una nueva revelación. En aquel lugar viven gigantes, algunos con más de 100 metros de alto. Imagínense cómo sería ver ahora a alguien que hubiera vivido cuando nuestro Señor estuvo en la tierra. Mientras uno camina entre estos árboles gigantes puede ver y tocar algunos que ya existían en los tiempos de Abraham. Aunque esto es asombroso, no fue ésta la revelación que tuve.

Un día una persona descuidada había arrojado un fósforo encendido cerca del tronco de uno de estos antiguos centinelas. Había estado allí por siglos vigilando el bosque, profundizando sus raíces, elevando su estatura y como árbol cumplía su labor. Un fuego lento, sin llamas, ardió durante tres años hasta que quemó interiormente el árbol dejando la corteza rojiza completamente vacía. Los que pasaban por allí pensaban que estaban ante otros de esos gigantes del bosque, pero uno podía entrar por su base y ver claramente la abertura en la cúspide y a través de ella ver el cielo estrellado. Realmente maravilloso, pero ésta no fue la revelación que tuve.

¿Cuál fue el resultado de tal devastación?

Las cenizas del interior del árbol dieron fecundidad a la tierra para que siete nuevos gigantes brotaran alrededor de la base del tronco muerto. Hay muchos inviernos fríos de nieve y viento en estas montañas. Allí se encuentra el picacho de mayor altura de los Estados Unidos. Las tormentas han tratado de desarraigarlos, pero el viento no puede matar los árboles plantados por Dios.

Aquella mañana encontramos un santuario secreto, y buscamos en la Palabra de Dios el Salmo 20:3 donde dice: "reduzca a cenizas tu holocausto". La vida surge de la muerte. ¡Ésta fue la revelación! ¡Si no hay muerte, no hay resurrección! ¿Es muy grande el precio del fruto?

¡Qué la experiencia del bosque Rojo traiga consolación a los muchos que viajan por el camino del Calvario!

15 de Julio

Jehová marcha en la tempestad.

Nahum 1:3.

UN FRANCÉS PINTÓ un cuadro de los genios del universo. Allí había oradores, filósofos y mártires, todos aquellos que habían logrado un lugar de prominencia en alguna de las fases de la vida. Lo notable de este cuadro es que todo hombre que ocupa algún lugar de prominencia por su capacidad también es prominente por sus sufrimientos. En el primer plano había un hombre al cual se le había negado la entrada a la tierra prometida: Moisés. Junto a él se halla otro tanteando el camino: Homero, el ciego. Allí está Milton, ciego, quebrantado. Si cada uno de éstos fuera a dar su testimonio, diría: "me glorío en las tribulaciones". "En todas estas cosas hacemos más que vencer por medio de Aquél que nos amó." Dios usa las mismas cosas que están contra nosotros y hasta a nuestros enemigos para hacernos escalar las alturas.

Tú puedes ser uno de los que fueron escogidos para sufrir. Tú puedes ser uno de aquellos que se sienten como un árbol en la alta montaña, solo en medio del viento de Dios. Ten valor, amado. "El ojo de Dios está sobre sus hijos en medio de la tormenta. A veces parece que los vientos van a arrancar de cuajo los árboles, pero adherido a la Roca de los Siglos no serás conmovido. Únete al ejército de los santos que han cantado durante la tormenta, y aunque esta siga rugiendo, verás llegar la primavera y entonarás esta nueva canción:

> *No importa el infortunio*
> *pues conozco al Rey de la tormenta;*
> *Él cambia la furia de mi invierno*
> *en la alegría de su primavera.*

16 de Julio

Sacrificio acepto, agradable a Dios.
Filipenses 4:18.

PARA MÍ EL vivir es Cristo y el morir es ganancia. (Fil. 1:21.) Durante la guerra civil de los Estados Unidos ocurrió algo que vale la pena citar para ilustrar la verdad de que morir es vivir, y que perder la vida es salvarla. Cuando el yo se coloca en el altar del sacrificio para ser consumido por el fuego del amor, Dios es glorificado y hace bien a los hombres.

Ocurrió en Fredericksburg después de una sangrienta batalla. Cientos de soldados de la Unión yacían heridos en el campo de batalla. Durante la noche y al día siguiente el espacio fue barrido por la artillería de ambos ejércitos y nadie se atrevía a llevar ayuda a los heridos. Gritos agónicos que pedían agua llegaban desde donde yacían los heridos, pero la única respuesta que les llegaba era el rugir del cañón. Detrás de las trincheras, un valiente soldado del sur no pudo soportar más los gritos lastimeros. Su compasión alcanzó un nivel que superaba el amor por su propia vida.

—General —dijo Richard Kirkland a su comandante—. No puedo soportar esto. Esos pobres han estado rogando toda la noche y todo el día que se les lleve agua y no lo puedo soportar. Pido permiso para llevarles agua.

El general le aseguró que en cuanto apareciera en el campo caería muerto instantáneamente, pero él le suplicó con tanto fervor que el oficial, admirado por su noble devoción a la humanidad, no pudo negarle el permiso. Aprovisionado de agua el valiente soldado saltó el muro y se lanzó en su diligencia, digna de Cristo. Desde ambas líneas de fuego ojos maravillados lo siguieron mientras se arrodillaba junto al sufriente más cercano. Le levantó suavemente la cabeza y puso la taza refrescante en sus labios calenturientos. Inmediatamente los soldados de la Unión comprendieron lo que el soldado de gris estaba haciendo por sus propios camaradas, y no dispararon. Durante una hora y media prosiguió su trabajo. Dio de beber a los sedientos, acomodó los miembros heridos de los soldados, con las casacas les armó almohadas para sus cabezas, los cubrió con frazadas y los cuidó con ternura tal como una madre lo haría con sus hijos. Mientras realizaba su ministerio angelical, la fusilería de la muerte permaneció callada.

Nuevamente debemos admirar el heroísmo que hizo que este soldado de gris se olvidara completamente de sí para realizar un acto de misericordia en favor de sus enemigos. Hay un esplendor mayor en cinco minutos de este tipo de abnegación que en toda una vida de interés y prosperidad centrada en sí mismo. Hay algo característico de Cristo en esa acción. Junto a acciones de este tipo ¡cuán pobres, miserables y mezquinas lucen las luchas egoístas, los intereses personales y las aventuras más atrevidas! — J. R. Miller.

17 de Julio

Porque Dios es el que obra en vosotros así el querer como el hacer, por su buena voluntad.

Filipenses 2:13.

SE NOS DICE que la débil vegetación de las regiones árticas no es menor que los árboles de nuestros bosques: la robusta encina y el vigoroso olmo. Los pastos y los helechos de los climas templados se transforman en árboles en los trópicos.

¿Quién puede predecir lo que podemos llegar a ser si somos trasladados del terrible reino de la frialdad y la duda al verano de la presencia de Dios? ¡Cuántas veces se han levantado hombres y mujeres que, sin tener ninguna inteligencia o don especial, se han entregado sin resistencia al poder de Dios y al Espíritu que mora en ellos! Se nos promete no solamente la recepción del germen de una nueva vida; hay nuevo terreno, nueva atmósfera, y nuevas condiciones.

Si Dios puede teñir de rojo el brote que cuelga de una rama del rosal y puede hacer que las gotas del rocío matinal tiemblen como diamantes fundidos en los labios virginales del lirio; si puede plantar ríos como ondulantes líneas de plata y puede cubrir sus valles con alfombras verdes de suave pasto punteadas con hermosas margaritas y risueños narcisos; si puede hacer el hueco para contener los siete mares y amontonar el áspero granito hasta partir el cielo de turquesa; si puede enviar un Niágara que con voz estridente canta su poderosa y majestuosa trova a través de los siglos; si puede alimentar y reabastecer indefinidamente de combustible los hornos calentados al rojo de un millón de soles para inundar de luz el universo con su resplandor; si en los preciosos telares del cielo, puede tejer la delicada tapicería del arco iris, y al atardecer confecciona un vellón de carmesí que sirva de cortina para cubrir el sol poniente, y puede adornar el sueño de la noche oscura con una guirnalda rutilante formada por diez millares de joyas estelares; entonces, no podemos dudar de su buena voluntad de ofrecernos los océanos insondables del poder espiritual que hemos de recibir mientras hacemos nuestra senda diaria en alegre obediencia a su voz. El poder de Dios por medio de su Espíritu obrará dentro de nosotros en el grado en que se lo permitamos. La elección tenemos que hacerla nosotros. — Sra. de Cowman.

18 de Julio

Para con el Señor un día es como mil años.

2 de Pedro 3: 8.

DESPUÉS DE SU juventud en Galilea, Pedro aprendió a usar el microscopio. En aquel tiempo era partidario del telescopio... para poder acercar las cosas grandes. Vio tan cercanas las montañas del otro lado del mar, que pensaba que las podía alcanzar de un brinco. Sus primeros ideales de gloria fueron poner el pie sobre las ondas del mar y construir un tabernáculo en la montaña. El propósito de su juventud era disminuir las cosas grandes: ver que mil años son como un día. Con el paso de los años comenzó a ver el otro lado del cuadro, a magnificar las cosas pequeñas. El microscopio toma el lugar del telescopio, y comienza a considerar las cosas grandes como verdaderas trivialidades, y termina por considerar que las meras trivialidades son cosas grandes. Ante sus ojos juveniles mil años eran como un día; ante sus ojos de hombre maduro un día es como mil años.

Me gustaría que mi última experiencia sea como la de Pedro, la del microscopio de Dios. La necesito más en mi vejez que en la juventud. A esta edad tengo la sensación de haber desperdiciado el tiempo, y sé que me queda poco tiempo para redimirlo. ¡Qué poco es el tiempo que tengo a mi disposición para compensar el tiempo que he derrochado! ¡Qué grata es la respuesta del microscopio de Dios: "un día es como mil años"! Tu Padre le dice a tu alma: "Yo no mido tu sendero por su extensión en el tiempo. Un día en mis atrios puede rehacer los pasos de mil días fuera de ellos. ¿Has pesado el significado de la hora undécima? Considera la promesa hecha al penitente: ¡Hoy estarás conmigo en el Paraíso! ¿Piensas que fue demasiado grande la generosidad del Señor para con él? No. Nada se le pasó por alto a este discípulo. Lo único era que su tiempo estaba más comprimido. Él vio los reinos del mundo en un momento. No los vio en su gloria, sino en su injusticia. Hay momentos de aceleración para él y para ti: momentos cuando les presento unidos el pasado, el presente y el futuro. No digas que es demasiado tarde para rehacer un viaje tan largo. Mi Espíritu tiene alas. Un día en mi carroza puede conducirte de regreso a tu patria, la patria de la pureza original perdida..." — Jorge Matheson.

19 de Julio

Estad firmes y constantes, creciendo en la obra del Señor siempre...
1 Corintios 15:58.

EL TRABAJO DE un río es fluir. Sus riberas pueden ser hermosas o desagradables; su corriente puede ser fuerte o lenta; su ciclo puede ser azul o puede ser nublado; sus aguas pueden reflejar las flores primaverales o los helechos veraniegos; en ellas pueden flotar las hojas muertas del otoño o pueden quedar cubiertas por el hielo invernal, pero debe seguir corriendo. Arroyuelo ruidoso y saltarín en su juventud, río majestuoso en su edad madura, tan profundo que permite el paso de barcos y se introduce sin temor en el mar, desde su nacimiento hasta el fin de su trabajo consiste en fluir. Aquí los remolinos parece que lo hicieran retroceder; más allá encuentra la oposición de una faja de tierra, pero la corriente principal sigue persistentemente su camino como si fuera de la mano del destino.

Esta persistencia debiera ser la marca y el carácter de tu vida. La voluntad de Dios es que nosotros sigamos persistentemente hacia nuestra meta en obediencia a Él, a través de canales que Él ha escogido, en sol o en sombra, en la alegría de la primavera o en el frío del invierno, sin que nos detenga el placer y sin ser demorados por el dolor.

Los hosannas infantiles vibraron alrededor de Jesús y le alegraron el corazón. Pusieron hojas de palmeras a su paso, lo que le produjo gozo, pero Él no iba a edificar un tabernáculo con hojas de palmera, por muy bueno que eso pareciera. La agonía de Getsemaní le esperaba.

Su vida fue un avance sin vacilaciones. No lo engañaron los placeres, ni lo dañaron los peligros. Sintió la presencia de ambos, pero no permitió que determinaran sus acciones. Éstos debían ser incidentales; lo fundamental era agradar al Padre. "Baste al discípulo que sea como su Maestro y al siervo como su Señor."

Entonces, recuerda en medio de los goces de la vida el rostro alegre pero resuelto de nuestro Señor. Nuestra vida debe ser fuerte, pacífica, y profundamente gozosa para que sea sacramental, para que sea vivida en memoria de Jesús. Que la corriente central de nuestra vida sea de profunda determinación, tal como la de Jesús, para hacer la voluntad del Padre. — Maltbie Davenport Babcock.

20 de Julio

Él no necesitaba que le dijeran cómo es la gente; Él conocía la naturaleza de los hombres.

Juan 2:25. (Traducción libre.)

EL AUTOR DEL libro de Hebreos (una carta a los cristianos judíos) nos dice que Jesús comparte con nosotros la humanidad hasta el punto de no avergonzarse de llamarnos hermanos suyos. El autor prosigue poniendo énfasis en que Dios se unió a nosotros en nuestra categoría de humanos por unas cuantas razones. Una se destaca: para que Él pueda compadecerse de nosotros y nos pueda ayudar en nuestros momentos de necesidad mediante la comprensión de nuestras necesidades. En otras palabras, Dios quiere comprender plenamente las implicaciones de nuestra situación humana. Ésta es la razón que lo movió a identificarse con nosotros hasta el punto de "colocarse nuestros zapatos". Se dice que los indios norteamericanos creen que no deben criticar a los demás hasta "haber caminado con sus mocasines durante dos lunas.

Con el fin de ser justo con nosotros y comprender nuestros más profundos sentimientos, Dios nos deja esencialmente libres para ser personas verdaderas. La psicología moderna dice que para que el hombre madure psicológicamente necesita la comprensión de alguien que tenga cierta importancia para él y que además le muestre amor. Por eso, el amor de Dios para con nosotros significa que se ha tomado el trabajo de escuchar nuestras experiencias humanas para comprendernos, según le son expuestas por un semejante nuestro: Jesús, el Señor.

Los que practican la ciencia de escuchar han descubierto que es uno de los factores más poderosos e influyentes en las relaciones humanas. Es una fuerza magnética y creativa. En realidad, nosotros siempre nos dirigimos hacia aquellos que nos escuchan. El que nos escucha nos establece, nos revela y nos abre la oportunidad de desarrollarnos. Las ideas comienzan a crecer y toman cuerpo dentro de nosotros. Lo mismo ocurre cuando escuchamos a otros con oído atento y sin ánimo de criticar. Al escuchar a otros somos renovados, de modo que no nos cansamos los unos de los otros. Somos "recreados".

Al escuchar a otros cumplimos la ley como la resumió Pablo mediante el uso del mandamiento: "amarás a tu prójimo como a ti mismo". Amamos mejor a nuestro prójimo si le escuchamos cariñosamente y atentamente. Debemos tener ante ellos la actitud que les signifique: "dime algo más". Cuando escuchamos a los demás con el fin de comprenderlos mejor, hacemos la obra de Dios con una forma del amor de Dios. De este modo, al escuchar, nos identificamos con los demás; y al escucharlos con amor, los comprendemos. Comprender es perdonar, lo que permite que no nos avergoncemos de llamar a los demás *nuestros* hermanos. Y según nuestro Señor, perdonar es ser perdonado.

Por lo tanto, seamos creativos y escuchemos en la forma en que

176

Jesús lo hizo; escuchemos a Dios, a los demás y a nosotros mismos. — Kelly Bennet.

21 de Julio

Cantores y músicos estarán allí; todas mis fuentes están en ti.

Salmo 87:7.

LEGARÁ EL TIEMPO cuando todos los músicos se sentarán entre los santos porque todas nuestras fuentes de inspiración son religiosas. No existirán la música, la pintura, la escultura ni la poesía seculares. Las artes reconocerán la inspiración divina. ¡Y es así! La fuente del arte es la misma de la religión. Ambos surgen del mismo sentimiento: el deseo de algo mejor. El santo y el artista pintan un mundo mejor porque el presente no les resulta satisfactorio. Cada uno concibe una belleza más elevada. Cada uno imagina un cielo más claro, un aire más puro, una vida más hermosa. Cada uno madura a partir de un sentimiento de necesidad, de insatisfacción por las cosas de la tierra. Cada uno quiere borrar las manchas del sistema presente. Cada uno desea edificar donde se subsanen las omisiones del arquitecto humano. Ambos tienen el mismo lema: "Buscamos una patria mejor."

¿Por qué prefiero escenas diferentes de las que están delante de mí? ¿Por qué pinto formas más perfectas que las que la vida me ha entregado? ¿Por qué elevo canciones más melodiosas que el arroyo, e himnos más bulliciosos que el mar? Porque no estoy satisfecho. Porque el corazón clama por algo más que la naturaleza, ¡clama por ti, Dios mío! Si no tuviera religión, no tendría arte. Observo el lirio del valle, pero no me da contentamiento. Escucho el canto del arroyo, pero no me llena. Considero los goces de la vida, pero no me alcanzan; yo fui hecho para ti. Por eso pinto otros campos, hilvano otras canciones, imagino otros goces; y todo el tiempo te busco a ti. Tú eres mi pintura, mi poema, mi canto; mis sueños de algo hermoso se cumplen en ti. Porque he visto tu rostro es que busco cielos nuevos y una nueva tierra; porque he oído tu voz es que anhelo una música más rica que la de la naturaleza. "Todas mis fuentes están en ti." — Jorge Matheson.

22 de Julio

Su alma será como huerto de riego, y nunca más tendrán dolor.

Jeremías 31:12.

EN LOS ANALES del tiempo, los poetas han comparado las lluvias con las lágrimas. Dicen que "los cielos lloran" cuando llueve. Jeremías, uno de los grandes profetas del Antiguo Testamento, compara el alma gozosa con un huerto de riego. Elocuente y sabio entre los escribas, expresó sus sentimientos más profundos en su descripción del huerto de riego del alma. Es como un huerto en el que la lluvia cae en abundancia. Cada planta se levanta recta y con deslumbrante dignidad. Cada hoja resplandecerá con nuevo vigor. Cada perfumada flor expone sus matices más brillantes. Qué lucidez había en Jeremías. La lluvia no derrama lágrimas, esparce esplendorosa belleza.

> *¿Estás cansado, tierno corazón?*
> *¡Alégrate del dolor!*
> *las penas producen las cosas más dulces*
> *como la lluvia produce flores.*
> *Dios vigila: el sol vendrá*
> *cuando las nubes su obra acaben.*

Adelaida Procter

A veces cuesta alegrarse de la lluvia. ¿Se alegra alguien del dolor? Las dos cosas son tristes perturbaciones de la vida y nuestro fuero interno se rebela contra ellas. ¿Quién no desea ver los cielos sin nubes y tener un cuerpo sin dolores? La gente que vive en lugares donde brilla constantemente el sol, desean ver unos pocos días nublados. Los goces del cielo serán magnificados por el recuerdo de nuestros días terrenales cargados de nubes.

En una vida en que reina una perpetua primavera hay un jardín del alma bien regado, aunque este riego con frecuencia se haga con lágrimas. La vida que produce flores de gozo y paz es aquella que se halla más cerca del "Varón de dolores, experimentado en quebrantos". Si su gozo está en nosotros, nuestro gozo está completo.

23 de Julio

Y cuando hubieron cantado el himno, salieron al monte de los Olivos.
Mateo 26:30.

HAY VARIAS OCASIONES en que nuestro Señor debe de haber cantado, pero la única vez que se menciona que cantó es en aquella noche que fue la más oscura de su vida en la tierra. Fue al comenzar su caminata hacia el Getsemaní. No cantó solo, porque sus discípulos estaban con Él. Podría haber cantado en el monte de la Transfiguración, o el día que entró a Jerusalén en medio de los hosannas del pueblo, o en las bodas de Caná. Pero ésta era una canción en la noche.

El gozo que se expresó en su himno era el gozo que le fue propuesto, por el que sufrió la cruz menospreciando el oprobio. La causa del gozo en su corazón era la satisfacción de haber cumplido la voluntad de su Padre. Tenía que enfrentar la agonía del oprobio y la burla. Tuvo que mirar las densas tinieblas a las que iba a entrar a fin de preparar el camino para salvar las almas perdidas. Hubo alegría en aquel corazón sepultado bajo todas las sombras y pesares. En su corazón de Dios había un profundo amor por la humanidad.

¿Jesús solo debe llevar la carga? ¿Debe cantar siempre sus canciones en la noche? Aquí hay una lección, ¿verdad? Querido cristiano, ¿has tenido que dejar de cantar? Debemos aprender a cantar mientras entramos al valle de las sombras. Cantamos mientras trabajamos. Cantamos cuando estamos gozosos. ¿Podemos cantar cuando sufrimos? ¡Qué difícil es cantar cuando no se ve más allá de la aflicción! El secreto consiste en mirar más allá de las circunstancias inmediatas y contemplar las recompensas que recibiremos en gloria. Cristo vio su recompensa: la obra de redención terminada.

24 de Julio

Si hay virtud alguna, si alguna alabanza, en esto pensad...
Filipenses 4:8.

EL HOMBRE NO SE hace por lo que realiza, ni por lo que dice, sino por lo que piensa. Lo que uno piensa determina lo que dirá y hará. Una persona puede tratar de hablar y actuar en forma distinta de lo que piensa, pero será en vano. Porque son los pensamientos los que se expresan a través de nuestras acciones y palabras, por mucho que nos cuidemos. Nuestros semejantes siempre verán nuestra alma cuando bajamos la guardia.

Pablo conocía muy bien la mente y el carácter de los hombres. Él sugiere que debemos pensar en todo lo verdadero, todo lo honesto, todo lo justo, todo lo puro, todo lo amable, todo lo que es de buen nombre, todo lo virtuoso y en todo lo que contiene alguna alabanza, Si permitimos que estas cosas abunden en nuestros pensamientos, seremos transformados en su semejanza.

No te canses de la preparación que esto requiere. Para ser lo que más anhelas, necesitas usar la mayor parte de su vida cristiana. No te canses en tu intento de pensar lo bueno. Deja a un lado lo malo. Cuando, desesperado, estés por renunciar a ello, el Espíritu Santo hará que estos pensamientos cobren vida en ti. Dale a Él la oportunidad de hacer la obra para la cual entró en ti.

25 de Julio

Porque he aquí, yo estoy por vosotros, y a vosotros me volveré, y seréis labrados y sembrados.
Ezequiel 36:9.

DIOS NO USA EL arado y el trillo sin una intención! Cuando Dios ara es porque quiere sembrar. Cuando *nos* ara demuestra que está a nuestro favor y no en contra nuestra. El labrador nunca se halla tan cerca de la tierra como cuando la está arando. ¡Y es entonces cuando pensamos que Él nos ha abandonado!

El que labre en ti es la mejor prueba de que él tiene un alto concepto de ti, y piensa que vale la pena cultivarte. Él no malgasta su tiempo arando arena estéril. No arará continuamente, sino por un tiempo solamente y con un propósito bien definido. Dentro de poco tiempo pondrá fin a ese proceso. "El que ara para sembrar, ¿arará todo el día? ¿Romperá y quebrará continuamente los terrones de la tierra?" (Isaías 28:24.) ¡Por cierto que no! Pronto, muy pronto, a través de este doloroso proceso, y por sus suaves lluvias de gracia, nos transformaremos en tierra fértil y fructífera. "Y la tierra desolada será labrada... y dirán: Esta tierra, que era asolada ha venido a ser como huerto del Edén (Ezequiel 36:34, 35). De esta manera seremos motivo de alabanza al Señor."

Josefina Butler dijo: Antes que una vida entre en actividad exteriormente visible, algún alma debe sufrir los dolores del parto. El que quiera librarse del proceso que se necesita para llegar al fruto, debe borrar las arrugas del rostro de Lincoln, convertir a Pablo en un mero estético, y despojar de su santidad al Divino Sufriente. No podemos disfrutar de los resultados de la cosecha sin pasar por el proceso de cultivo. ¡El precio hay que pagarlo!

¡Oh Dios! ¿Aras Tú esta tierra inservible con amor, con el arado agudo del dolor? Pero, ¡contempla la alegría de los campos llenos de madura mies! Amado Labrador, ¡bien vale la pena pasar por los dolores del cultivo para obtener estos dorados granos! — Sra. de Cowman.

26 de Julio

Cuando hayáis hecho todo lo que os ha sido ordenado.
Lucas 17:10.

DECIMOS: Si Cristo estuviera aquí haríamos muchas cosas por Él. Las mujeres que le aman, con alegría le servirían tal como lo hicieron las mujeres que le siguieron en Galilea. Los hombres que son amigos suyos, trabajarían para ayudarle en cualquier forma que Él les indicara. Todos decimos que sentiríamos sumo placer en servirle si viniera otra vez a nuestro mundo y visitara nuestros hogares. Pero nosotros podemos servirle ahora, en la misma en que le serviríamos si estuviera aquí en cuerpo humano.

Nada le agrada tanto como nuestra obediencia. Se nos dice que un amigo de un gran filósofo fue un día a visitarlo. Mientras esperaba que viniera su amigo, se entretuvo hablando con la hijita del filósofo. El amigo pensaba que la hija de un hombre tan sabio debería estar aprendiendo algo muy profundo. Le preguntó:

— ¿Qué te está enseñando tu padre?

La pequeñita lo miró con sus ojos claros y dijo:

— Obediencia.

Ésta es la gran lección que el Señor te quiere enseñar. Él quiere que aprendamos a obedecer. Si le obedecemos siempre, siempre estaremos haciendo algo para Él.

Lo que hacemos por Cristo, lo hacemos por amor a Él. Aun la obediencia sin amor le resulta desagradable. Pero los pequeños servicios que prestamos por amor son aceptos delante de su presencia. De este modo las tareas más triviales de la vida las podemos transformar en ministerios santos, como los que los ángeles realizan. — J. R. Miller.

27 de Julio

Por Jehová son ordenados los pasos del hombre.

Salmo 37: 23.

TENEMOS LA MÁS completa seguridad que Dios guía a sus hijos en todas las cosas. Él puede transmitirnos sus pensamientos acerca de este acto particular o sobre aquel movimiento. De otro modo, ¿dónde estaríamos? ¿Cómo podríamos seguir avanzando? ¿En qué forma podríamos regular nuestros movimientos? ¿Estamos aquí para ser llevados de un lado y otro por las corrientes de las circunstancias? ¿Nos guía la ciega casualidad? ¿Nos guían nuestros propios impulsos?

Gracias a Dios, no es así. Él, a su propia manera, puede darnos la seguridad de cuál es su voluntad en cada caso, y sin esa certeza no deberíamos dar un solo paso. Nuestro Señor Jesucristo (¡toda honra sea a su Nombre sin par!) puede revelar sus intenciones más íntimas a sus siervos, en cuanto al lugar donde deben ir, y lo que tienen que hacer. Ningún siervo verdadero pensará en moverse o actuar sin aquella intimación. No debemos movernos en forma insegura. ¡Si no estamos seguros, quedémonos quietos y esperemos! Con frecuencia ocurre que nos angustiamos e impacientamos por movimientos que Dios no ha ordenado.

Una persona dijo una vez a un amigo:

— Me siento completamente perdido, y no sé qué camino tomar.

— Entonces no tomes ningún camino — fue la sabia respuesta del amigo.

Él guiará al manso en sus juicios y le mostrará el camino. No debemos olvidar esto. — C. H. Mackintosh.

Hace muchos años, un ministro a cargo de un circuito visitó una de sus iglesias en un lugar apartado. Cuando iba a regresar, se dio cuenta que tendría que hacerlo en plena oscuridad. Un miembro de la congregación, acostumbrado a la vida en los bosques y a las caminatas nocturnas, le dio una antorcha de pino tea. El ministro estaba seguro que se le apagaría.

— Le va a alumbrar todo el camino hasta su casa — declaró muy confiado el montañés.

— Pero el viento me la va a apagar — replicó insistentemente el ministro.

— Llegará alumbrado hasta su casa — fue la respuesta.
— ¿Y si llueve?
— Llegará alumbrado hasta su casa.

Y así fue. El hombre del bosque estaba habituado a usar esa luz y sabía que era digna de confianza. Dios es nuestra Luz. Los que han experimentado esta Luz saben que nos alumbrará hasta llegar a nuestro destino.

28 de Julio

Si caminas paso a paso, el camino se abrirá delante de ti.
Proverbios 4:12. (Versión libre.)

Jehová te pastoreará siempre.
Isaías 58:11.

PADRE E HIJO acamparon en una región boscosa a corta distancia de un pueblito. El padre quería echar una carta al correo. Le pidió al hijo que la llevara, y lo condujo hasta el sendero que le llevaría hasta el pueblo.

— Pero, papá — dijo el muchachito —, ¿cómo puede ese camino llevarme al pueblo?

El padre le tomó la mano y, levantándola con la suya, le indicó un lugar en la distancia.

— ¿Ves al final del sendero aquel árbol grande?

— Sí, señor. Veo que el sendero llega hasta allá, pero ¡allí no está el pueblo!

— Bien, cuando hayas llegado a aquel árbol, verás la curva y el camino que desciende un poco. Camina hasta el árbol y sigue el sendero hasta que llegues a la curva siguiente, y continúa hasta que veas algunas casas. Cuando llegues a las casas, vas a ver el correo. Allí puedes echar la carta.

No sé cuándo dejaré este paisaje familiar, ni hacia dónde iré. Pero sé que Él está aquí, estará allá y durante el camino me acompañará. Cuando parta de lo que conozco hacia aquel vasto lugar desconocido, aunque vaya tarde o temprano, sé que no iré solo.

El amor de Dios con frecuencia quita de nuestra vista el resto del camino de la vida. Nos lo revela paso a paso, y curva por curva. Por eso es necesario que confiemos en su dirección, porque Él ve más allá de la curva. Él sabe lo que hay más adelante y sabe si podremos hacer frente a una situación ahora o más adelante. Él consulta nuestros deseos, como Padre sabio y amante. Las curvas no son el final del camino. Han sido puestas para disciplinar nuestra fe, para enseñarnos la paciencia de caminar paso a paso y hacernos aptos para la bendición. Debido a lo limitado de nuestra visión, debemos buscar continuamente la dirección del Señor.

29 de Julio

Aguarda a Jehová; esfuérzate y aliéntese tu corazón.

Salmo 27:14.

UN ANTIGUO LIBRO de oraciones lo expresa de esta manera: "Espera el tiempo que el Señor deliberadamente ha determinado." Nuestra vida moderna con su prisa y bullicio, es fatal, a menos que prestemos atención a las cosas profundas y nobles. La mayoría de nosotros pasa la vida como los fotógrafos aficionados pasan el día: tomando fotos. El misterio, lo hermoso, el secreto y el poder se nos escapan. Deja que el encanto te sature, si quieres comprender las más hermosas escenas de la naturaleza. Siéntate frente a Jesucristo y dedícale tiempo. Verás que te revela cosas que ni una mirada rápida, ni un par de minutos por las mañanas, ni esos momentos aún más breves y somnolientos de la noche te pueden revelar. — Maclaren.

Oí a una cuáquera que tenía que pasar media hora cada día sentada quieta y sin hacer nada. Ella lo llamaba la lección de la quietud. Quisiera que pudiéramos disfrutar aquella media hora diaria en la presencia de Dios; nuestra lección de quietud sería una de las más útiles que podríamos aprender. "Estad quietos y conoced que yo soy Dios."

En tiempos de dificultad ¡estad quietos! ¡Tus enemigos están planeando tu caída! ¡Se ríen ante tu firme confianza! Pero, ¿no has oído la voz del Señor que te dice: "Éste es el camino, camina en él"? Entonces, deja que Él se las entienda con tus enemigos, no importa de donde vengan. Él es la Roca y las rocas no tiemblan. Él es tu Torre de refugio, y las torres altas no se inundan. Necesitas misericordia y a Él le pertenece la misericordia.

¡No corras sin rumbo acosado por el pánico! Espera quietamente, acalla tu alma, tal como Él lo hizo con los temores de sus discípulos aquella noche en Getsemaní y luego en el Calvario. "Descansa en el Señor, espera pacientemente en Él." Calla, porque Él no descansará hasta que haya finalizado lo que tiene que hacer hoy día.

Una hora de verdadera comunión con Dios, vale más que toda una vida dedicada a otra cosa. — Waterbury.

30 de Julio

Es como el buen óleo sobre la cabeza.
Salmo 133:2.

Ha hecho una buena obra conmigo.
Mateo 26:10.

AUNQUE NO TENGAMOS un puesto de importancia en los asuntos del estado y aunque trabajemos solamente en el lugar más oscuro, donde jamás oímos una voz humana de alabanza, aun allí hay un registro de nuestros hechos. En una "dorada aurora" recibiremos una recompensa rica y grandiosa. La alabanza de Dios es superior a las palabras de aprecio tartamudeadas por un hombre.

Es cierto que el ungüento de María se gastó cuando ella quebró el vaso de alabastro y lo derramó sobre su Cristo. Supongamos que ella no hubiera quebrado el vaso ni hubiera derramado el ungüento, ¿hubiera habido un recuerdo de su acto de amor? Con seguridad no hubiera quedado registrado en el Evangelio. Ciertamente su hecho no hubiera sido contado a través del mundo. Ella quebró el vaso y lo derramó. Lo perdió, lo perdió todo. Ése fue su sacrificio. Pero el perfume de aquel precioso ungüento llena hoy toda la tierra.

"Debemos cuidar nuestra vida, debemos preservarla cuidadosamente de todo desperdicio", dicen aquellos que no andan tan cerca del Señor como para ungirle los pies. Desconocen que no podrán reclamar recompensa. No pueden soñar que recibirán honores. Solamente cuando la vida es derramada en servicio de amor, llega a ser bendición al mundo. Solamente entonces habrá recompensa. Dios recordará al que se da de esta manera, y lo recordará por siempre.

31 de Julio

Y por el vestido, ¿por qué os afanáis? Considerad los lirios del campo cómo crecen: no trabajan ni hilan; pero os digo, que ni aun Salomón con toda su gloria se vistió así como uno de ellos.
Mateo 6:28, 29.

DIFÍCILMENTE SE PUEDE encontrar vida a primera vista en los faldeos de un cerro en pleno verano. El viento calcinante de los desiertos pasa diariamente, y la fresca hermosura primaveral de la amapola, el altramuz, la margarita y el ranúnculo se han marchitado. Lo único que se ve es la dorada suavidad del pasto seco, interrumpido a veces por la empolvada salvia con sus hojas grises y la mancha oscura de arbustos secos.

Contrariamente a lo que uno ha visto, allí reina la vida, no la muerte. La vida está allí en abundancia mayor que la que había cuando el campo estaba inundado del verde esmeralda del pasto. Allí hay vida suficiente como para vestir veinte colinas durante la próxima primavera.

Inclínate y observa aquel pasto reseco y tendrás a la vista una nueva perspectiva de la obra de creación de Dios. De toda la vida vegetal, las cápsulas que contienen las semillas son la mayor maravilla. Aún la maleza más despreciable, a la que difícilmente podemos prestar atención, asume formas de singular belleza cuando maduran sus semillas. Cuando su tarea ha terminado, permanecen con su vitalidad almacenada en medio de la aridez del verano.

Descifremos la parábola paso a paso. Volvamos a los primeros días de la primavera, cuando el sol comienza a dar su calor vivificante. Las hierbas que alfombraban los baldeos del cerro con su fiesta de color, tenían a su disposición solamente una vida; su breve existencia sobrevive vigorosamente en esta muerte veraniega. Si hubiera permanecido sin fructificar, "ya habría estado condenada". — Marie Taylor.

1 de Agosto

Porque todo es vuestro... y vosotros de Cristo, y Cristo de Dios.

1 Corintios 3:21, 23.

Todo es tuyo, ¿puedes creerlo?
Todo es tuyo, ¿puedes aceptarlo?
El mar, el aire, el cielo,
las bellezas que hay doquiera,
la maravillosa naturaleza,

¡Todo es tuyo!

Todo es tuyo, riqueza sin medida
en este mundo, y en la eternidad.
Cada rama en flor por el viento mecida
cada lluvia que la naturaleza prodiga,

¡Todo es tuyo!
Y cuando el sol indica que el día termina
y las sombras caen sobre nuestra vida,
dile en un susurro al Divino Salvador:
"Tú sabes, soy tuyo, amado Señor".

Jean Newberry

Señor, concede que mis ojos puedan ver, para que no me ocurra lo que a la mayoría, que cuando pasan frente al Calvario de un prójimo piensan que es una colina cualquiera.

2 de Agosto

Porque nosotros somos colaboradores de Dios.

1 Corintios 3:9.

UNA MAÑANA, MUCHO antes que el carpintero llegara al taller, las herramientas del carpintero decidieron tener una conferencia para considerar algunos problemas que se estaban presentando en su trabajo. El primero que ocupó el banquillo de los acusados fue el hermano Martillo. La junta le informó que tendría que renunciar porque hacía demasiado ruido en su trabajo.

— Pero — se defendió — si tengo que salir del taller del carpintero, también debe irse el hermano Barreno porque es muy insignificante y causa muy poca impresión.

El pequeño hermano Barreno se puso en pie y dijo:

— Está bien, pero también debe irse el hermano Tornillo. A él hay que darle vuelta tras vuelta y no se llega a ninguna parte.

El hermano Tornillo dijo entonces:

— Si ustedes así lo quieren, me iré. Pero el hermano Cepillo también debe irse; su trabajo es superficial y no hace nada de profundidad.

A esto el hermano Cepillo replicó:

— Bueno, también tendrá que retirarse la hermana Regla si yo me retiro. Siempre está midiendo a los demás como si fuera la única que está en lo correcto.

La hermana Regla se quejó de la hermana Lija y dijo:

— No me importa que sea más áspera que lo que debe ser, pero siempre está tratando de un modo poco amable a la gente.

En medio de la discusión, entró el carpintero de Nazaret, antes de lo esperado. Había ido a trabajar como todos los días. Se puso el delantal y se acercó al banco para hacer un púlpito. Usó el tornillo, el barreno, la lija, el serrucho, el martillo, el cepillo y todas las otras herramientas. Terminadas las labores del día y el púlpito, se levantó el hermano Serucho y dijo:

— Hermanos, ¡me he dado cuenta que somos colaboradores de Dios!

¿Habrá entre tus conocidos alguien que no cumple sus deberes en la forma que piensas deberían hacerse? Sería bueno pensar dos veces antes de criticar o hallar falta en alguno de los instrumentos que Dios usa para el progreso de su obra aquí en la tierra. Si un juicio egoísta contra uno de los instrumentos de Dios hace que éste sea removido de su trabajo, ¿quién será el culpable de la dilación de la obra de Dios?

3 de Agosto

Me ha enviado a vendar a los quebrantados de corazón, a proclamar libertad a los cautivos, y a los presos abertura de cárcel ... a consolar a todos los enlutados.

Isaías 61:1, 2.

HAS BUSCADO MIS ovejas en el desierto, aquellas que se han descarriado? ¿Has estado en los lugares desiertos y desolados donde se hallan las ovejas perdidas y errabundas? ¿Has transitado por los caminos y por las calles sucias y oscuras? Si así lo has hecho, puede ser que en la luz del crepúsculo hayas podido ver la huella de mis pies heridos.

¿Has llevado el agua viva al alma abrasada por la sed? ¿Le has dicho al enfermo y al herido que Cristo Jesús les puede sanar? ¿Le has hablado a mis hijos desfallecientes de la fortaleza del brazo de su Padre? ¿Has guiado sus pasos vacilantes hacia las playas de la Tierra Dorada?

¿Te has detenido junto al triste y angustiado? ¿Has suavizado la almohada al moribundo? ¿Has consolado al débil en la fe y al afligido? Y cuando la gloria entra a raudales por la puerta abierta y traspasa las sombras, ¿te has dado cuenta que yo también pasé por eso?

¿Has llorado con el quebrantado que agoniza en su infortunio? Si así lo haces, me oirás decir: "Por estos caminos transito yo."

"Dios no nos consuela para darnos comodidad, sino para que seamos consoladores." — J. H. Jowett.

4 de Agosto

Y como tus días serán tus fuerzas.

Deuteronomio 33:25.

EL GRAN ACONTECIMIENTO del cruce del mar Rojo por Moisés y los israelitas no es tan maravilloso y milagroso como la peregrinación en el desierto. Lo tremendo de esta peregrinación es que aproximadamente tres millones de personas tuvieron sustento durante cuarenta años en un desierto pequeño, seco y estéril. ¿Has pensado en lo que sería tratar solamente de subsistir día tras día cuando los medios humanos de vida se hallan fuera de nuestro alcance? Consideremos algunos hechos para darnos cuenta de la imposibilidad de descansar en los medios que Moisés y su pueblo disponían para realizar tal empresa. "Para cruzar el mar Rojo en una noche, tendrían que haber tenido un espacio abierto de tres millas de ancho, de modo que hubieran podido pasar en filas de 5.000. Si hubieran caminado en doble fila, las habrían formado de 800 millas de largo, y hubieran demorado 35 días y 35 noches en cruzarlo. Al final de cada día habrían necesitado un espacio mayor que cualquier capital latinoamericana para acampar (1.940 kilómetros cuadrados). La cantidad de alimento necesaria para el consumo es realmente asombrosa, especialmente si consideramos que el viaje lo realizaban a través de una tierra escasa en recursos naturales. La cantidad necesaria para que no se murieran de hambre era de 1.500 toneladas diarias. Para comer lo que normalmente come una persona, tendrían que haber tenido por lo menos 4.000 toneladas. Para transportarlo se hubieran necesitado dos trenes de carga de 1.600 metros cada uno. A los precios actuales, el costo era de ¡cuatro millones de dólares diarios! Entonces consideremos la cantidad de agua necesaria para las más mínimas necesidades de consumo y aseo de cada día. Se ha calculado que se necesitaba 11 millones de galones diarios. Pensemos en la tarea gigantesca de transportar el agua. Se hubiera necesitado un tren de carga con vagones tanques de ¡1.800 millas de longitud!

Ahora bien, Moisés pudo haber sacado la cuenta o no de cómo se las arreglaría para hacer subsistir su pueblo, ¡pero Dios con toda seguridad conocía el costo! Se puede comprender fácilmente por qué Moisés vaciló tanto antes de aceptar el cargo de emancipador de su Pueblo esclavizado. ¡Era una tarea gigantesca la que tenía por delante! Sabemos que él conocía la tierra, sus características y su tamaño. Pero Dios era el que iba a proveer, no Moisés. Las exigencias para él y la multitud era que avanzaran día tras día. Dios proveyó lo necesario para un día a la vez. ¡Es maravilloso pensar que no tuvieron que transportar ni los alimentos ni el agua! Dios los cuidó y lo hizo durante ¡14.600 días!

5 de Agosto

Las inescrutables riquezas de Cristo.

Efesios 3:8.

MI MAESTRO TIENE riquezas que las matemáticas no pueden calcular, que la razón no puede medir y que sobrepasa los sueños de la imaginación más fértil y la elocuencia de las palabras. ¡Son *inescrutables!* Puedes observar, pensar y estudiar, pero Jesús es un Salvador mayor de lo que te imaginas cuando tus pensamientos son más optimistas. Mi Señor está más listo para perdonar que tú para pecar. Tiene más poder para perdonar que el poder que tienes para transgredir sus leyes. Mi maestro está más dispuesto a satisfacer tus necesidades que la disposición que muestras a comunicárselas. No toleres los pensamientos que piden poco de mi Señor Jesús. Cuando lo coronas, le estás colocando solamente una corona de plata cuando Él merece una corona de oro. *Mi Maestro tiene riquezas de felicidad para otorgarte ahora.* Él puede hacerte yacer junto a aguas de reposo y pastorearte en lugares de delicados pastos. No hay música como la que procede de su flauta, cuando eres su oveja y te echas a los pies del Pastor. No hay amor como el suyo. Ni la tierra ni los cielos lo podrán igualar. Conocer a Cristo y ser hallados en Él ¡es vida!, ¡es gozo! Es médula y grosura, vino bien refinado. Mi Maestro no trata a sus siervos con rudeza. Él regala a los suyos, como un rey regala a otro rey. Él les da dos cielos. Uno de servicio acá en la tierra, y un cielo allí arriba para deleitarnos en su presencia para siempre. Sus riquezas inescrutables las conoceremos mejor en la eternidad. En tu camino al cielo te dará lo que necesitas. Tu lugar de defensa serán las rocas, el pan te será dado, y el agua estará asegurada. Pero allá oirás el canto de los que han triunfado, el bullicio de los que están en el festín y verás cara a cara al Glorioso y Amado. ¡Las inescrutables riquezas de Cristo! Ésta es la tonada de los trovadores en la tierra y el canto de las arpas celestiales. Señor, enséñanos más y más de Cristo y daremos las buenas nuevas a otros. — C. H. Spurgeon. (De Lecturas Matutinas y Vespertinas.)

6 de Agosto

El pequeño vendrá a ser mil, el menor un pueblo fuerte.

Isaías 60:22.

RECORDAMOS A MOISÉS el gran emancipador, legislador, profeta y dirigente. Olvidamos a Aarón su hermano, que sirvió de portavoz ante Faraón. Recordamos a José, el rubio Soñador que ganó fama y fortuna en el trono de Faraón y que salvó del hambre a su familia. Olvidamos a Judá y Rubén y a sus otros hermanos que cuidaron a su padre y a la casa de Israel y los condujeron a salvo a Egipto. Recordamos a Abraham, el valiente fundador de la nueva fe. Olvidamos a su esposa Sara, su compañera y colaboradora, que también se sacrificó y sufrió. Recordamos a Rut, pero olvidamos a Noemí. Recordamos a David, olvidamos a Jonatán.

Hace algunos años una dama se me acercó al finalizar una reunión y me dijo:

— Quisiera haber tenido un llamado del Señor para el campo misionero. Mi vida ha sido inútil y monótona. Paso los días en un trabajo fastidioso que rinde poco.

Durante una conversación detenida con ella, me dio a entender que era una fiel obrera en su iglesia, y que su vida en la comunidad había inspirado a muchos a llevar una vida abundante y fructífera.

Para ser hermosa, una vida no necesita ser grande. Puede haber tanta belleza en una pequeña flor como en un árbol majestuoso, en una pequeña gema como en una gran joya. Una vida puede ser muy hermosa y ser insignificante a los ojos del mundo. Una vida hermosa cumple una misión en el mundo, es decir, aquello para lo cual Dios la hizo. Aquellas personas que tienen dones comunes corren el peligro de pensar que no pueden llevar una vida hermosa, que no pueden ser

189

una bendición en este mundo. Pero la vida más pequeña y que ocupa el lugar que le corresponde es mucho más hermosa a los ojos de Dios que la más grande y más espléndidamente dorada y que no cumple su misión divina.

Es mucho mejor el pájaro más bajo que canta al Creador la canción más simple, que el serafín extraviado que canta mal la gloria de Dios. — Sra. de Cowman.

7 de Agosto

Sécase la hierba, marchítase la flor, mas la palabra del Dios nuestro permanece para siempre.

Isaías 40:8.

Pasan los siglos uno tras otro y la Palabra permanece
Una dinastía sucede a otra y la Palabra permanece
Se levantan y caen imperios y quedan en el olvido y la Palabra permanece.
Coronan reyes y destronan reyes, y la Palabra permanece
Se desatan tormentas de odio a su alrededor y la Palabra permanece.
Los ateos la escarnecen y la Palabra permanece
Profanos burladores la ridiculizan y la Palabra permanece
La incredulidad la abandona y la Palabra permanece
Rayos de ira la destruyen y la Palabra permanece
Las llamas la rodean y la Palabra permanece.

La Biblia es un gran depósito de ricas bendiciones reservadas. Desde que la pluma inspirada escribió el amén final, nada se le ha añadido, ni un capítulo, ni una línea, ni una palabra. Sin embargo, cada generación encuentra cosas nuevas en este Libro Santo. ¡Cuán verdadero es esto en la experiencia de cada individuo! Cuando éramos jóvenes estudiábamos la Biblia, pero había muchos textos preciosos que no tenían significado especial para nosotros. La luz, el consuelo y la ayuda estaban allí, pero no nos dábamos cuenta. No podíamos ver tales cosas hasta cuando tuviéramos una sensación más completa de nuestra necesidad. Las verdades más ricas parecen esconderse, como si rehusaran revelar su significado. Cuando comenzamos a experimentar las luchas, tribulaciones y conflictos de la vida real, los versículos con que nos hemos familiarizado por tanto tiempo comienzan a adquirir un nuevo sentido. Aparecen promesas resplandecientes y ricas en significado que parecían haber estado escritas con tinta invisible. Brillan entonces como lámparas recién encendidas y derraman brillantes rayos sobre el sendero de la vida. La luz no es nueva. Siempre había estado allí brillando, pero no la veíamos porque había otras luces más brillantes que no permitían verla.

Daniel Webster dijo una vez que "creía que la Biblia era para creerla en el sentido sencillo y obvio de sus palabras; porque no puedo convencerme que un libro dejado para la instrucción y conversión del mundo entero esconda su verdadero sentido en misterios y dudas que solamente los críticos y filósofos puedan descubrir".

8 de Agosto

Estoy contigo para librarte, dice Jehová.
Jeremías 1:8.

Estaré contigo, no te dejaré ni te desampararé.
Josué 1:8.

VEN CORAZÓN MÍO, ten calma y esperanza. Las nubes pueden acumularse, pero el Señor las puede disipar. Como Dios no me fallará, mi fe no flaqueará; como Él no me abandonará, yo no le abandonaré. ¡Oh, que nos conceda una fe reposada! — C. H. Spurgeon.

Dios no concede la gracia necesaria antes de la tribulación. Él construye el puente cuando llegamos al río. A veces pensamos que nos vamos a hundir bajo las fieras tribulaciones que vemos que otros soportan. Miramos a la distancia y nos atemorizamos del misterio y la angustia que puede sobrevenirnos; pero aún no hemos llegado a la crisis y las gracias no se nos otorgan antes del momento necesario. Jesús aparece en medio de nuestras tribulaciones. — Sra. de Cowman.

Las cadenas que ataban a Pedro cuando estaba en la cárcel quedaron rotas. Pedro siguió al ángel que fue a ayudarle. En el camino de salida de la cárcel tropezaron con una barrera imposible de pasar: la puerta de hierro que daba paso hacia la libertad. Pero "se abrió de suyo". (Hechos 12:10.) Si tú realizas todo lo que es posible, Dios se encargará de lo imposible. Dios no hizo por Pedro ninguna cosa que Pedro no pudiera hacer. Si la puerta de hierro está cerrada, trancada y cerrándote el paso, lo que Dios te ordena hacer es que hagas solamente aquello que Él te ha ordenado, y que confíes en Él para lo demás.

En el gran Sermón del Monte, el Señor dijo: "No os afanéis por el día de mañana, porque el día de mañana traerá su afán. Basta a cada día su propio mal."

Si dejamos que nuestro ser se preocupe es porque no confiamos. Aún tenemos el hábito de afanarnos. Quayle cuenta, con su acostumbrado buen humor, que una vez se sentó en su estudio a preocuparse de muchas cosas. Finalmente el Señor fue y le dijo: "Quayle, vete a dormir; yo me sentaré allí el resto de la noche."

9 de Agosto

Él cuelga la tierra sobre la nada.
Job 26:7.

CONFÍA EN QUE Dios hará por ti mucho más de lo que puedes comprender.

Cuando esperamos que Dios acuda en nuestra ayuda, fácilmente caemos en la tentación de tratar de descubrir qué materiales tiene a la mano para socorrernos. Es tan humano buscar y anhelar ver algo que pueda ayudar al Señor a proveernos la ayuda necesaria. En los momentos de desesperación, si descubrimos una pequeña cosa con la que Dios puede comenzar, nos sentimos muy satisfechos. Si necesitamos dinero y no podemos dar con una persona, con un amigo o una institución que pueda darlo, nos hace pensar que nuestra situación es muy negra. El panorama presenta solamente un pasivo, sin recursos para ayudarnos.

¿Cuál es la verdadera situación para los hijos de Dios? ¿Hay solamente pasivo? ¿No hay recursos? ¡Sí, los hay! ¡Miles, millones, miles de millones, billones! ¿Dónde están? Arriba, abajo, alrededor tuyo. La tierra y el aire están llenos de riquezas no contadas. Fija la vista en el Señor. No es necesario que tengamos alguna ayuda en vista, ni es necesario que Dios tenga algún socorro a la mano. Él no necesita nada para poder comenzar. "En el principio creó Dios los cielos y la tierra." ¿Con qué los hizo? Con nada. Una tierra hermosa y satisfactoria hecha de la nada. Recuerda que nada se usó para hacerla. "Él cuelga la tierra sobre nada." Él la cuelga bien. Un Dios que puede hacer una tierra, un sol, una luna, y las estrellas de la nada y las puede colgar sobre nada, puede suplir a tu necesidad sin tener nada con qué comenzar. Confía en Él y Él te verá salir libre, aun cuando haya tenido que hacer de la nada aquello con que te socorrió. — Adaptado de un tratado.

Duerme tranquilo, reposa,
El pensamiento perturbador,
la angustia y la preocupación,
quita de ti, cual vestido.
Echa tus cargas y tus cuidados
en los brazos quietos de la oración.

Henry Van Dyke

10 de Agosto

Él da esfuerzo al cansado y multiplica las fuerzas al que no tiene ninguna.

Isaías 40:29.

BIEN CONOCE EL Señor Jesús nuestra tendencia a desmayar y desalentarnos cuando el enemigo nos presiona, las tinieblas nos envuelven, cuando los vientos de tormenta nos envuelven y especialmente cuando parece que nuestras oraciones no han sido acogidas. "Él conoce que somos polvo", y en su gran amor nos ha dado una parábola muy a propósito para tiempos perturbadores como los que vivimos. En vez de desmayar, debemos orar, y seguir orando hasta que Él considere oportuno enviar la respuesta que piensa es la mejor para nosotros. Es muy cierto que el Señor no tiene la misma disposición a no responder nuestras peticiones que el juez injusto demostró tener ante la pobre viuda. Triste es decirlo, muy pocos lo conocen lo suficiente como para saber que no lo molestamos con nuestra importunidad, ni lo cansamos con nuestras continuas entradas a su presencia. Alguien dijo una vez: "No tengas miedo de acudir a Dios. Él nunca dice: vuelve más tarde cuando esté menos ocupado." La esperanza retardada hace que los corazones se desalienten. Hay momentos en que desmayamos y estamos listos a entregarnos a la desesperación pensando que la ayuda no vendrá. ¡Cuán necesario es recordar la viuda importuna que obtuvo lo que pedía porque no dejó de lado la esperanza!

Dios no quiere que desmayemos. Él no nos dejará desmayar. Nos ha dado un precioso remedio contra el cansancio. "Los que esperan a Jehová tendrán nuevas fuerzas; caminarán y no se cansarán." (Isaías 40:31.) "Todo lo que pidiereis orando, creed que lo recibiréis y os vendrá." (Marcos 11:24.) Sólo tenemos que alabarle y esperar que cumpla sus promesas en nuestra vida. La paciencia de la fe es la que espera ver aquello que ha confiado al Señor, por lo cual no desmaya. El rey David, que pasó por circunstancias que casi lo hicieron desmayar, dijo: "Hubiera yo desmayado si no creyera que habré de ver la bondad de Jehová en la tierra de los vivientes. El que no se fatiga ni se cansa es el eterno Ayudador y Consolador. "Él da esfuerzo al cansado y multiplica las fuerzas al que no tiene ningunas."

11 de Agosto

Porque el Hijo del Hombre vendrá en la gloria de su Padre con sus ángeles y entonces pagará a cada uno conforme a sus obras.

Mateo 16:27.

ESTA HISTORIA LA cuenta un soldado de la guerra de Crimea. Recibió una medalla por haber participado en una batalla, pero dice que la parte más conmovedora de la ceremonia correspondió a la entrega de la medalla a un compañero de batalla. Una bala de cañón le voló una de las piernas, pero el valiente soldado saltó, y afirmándose de un árbol, desenvainó su espada dispuesto a luchar hasta la muerte. Inmediatamente otro proyectil estalló y le arrancó la otra pierna. Sus compañeros lo levantaron y lo trasladaron al hospital, herido, sangrante y moribundo. Cosa rara, no murió, como pensaban. Vivió y el día de la distribución de medallas lo llevaron en una camilla a la presencia de Su Majestad la Reina. Los otros soldados recibieron las medallas de manos de secretarios, pero cuando ella vio a aquel hombre pálido y flaco que era llevado en una camilla, descendió del trono, se paró a su lado y con sus propias manos le prendió la medalla al pecho, mientras sus lágrimas caían como lluvia sobre el rostro del valiente soldado.

Confío que así va a ocurrir con muchos de nosotros. Entraremos a su presencia, nos pondremos de pie cara a cara con Él. Él descenderá del trono, saldrá a nuestro encuentro y mientras le miramos el rostro, todos los tronos y coronas se disiparán de nuestro pensamiento, porque verle a Él en toda su belleza será una recompensa en sí.

Se puede ir al cielo sin salud,
sin honores,
sin conocimientos,
sin amigos;
pero nadie puede ni podrá entrar jamás
sin Cristo.

12 de Agosto

Los que creen en Dios procuren ocuparse en buenas obras.

Tito 3:8.

Ahora bien, se requiere de los administradores que cada uno sea hallado fiel.

1 Corintios 4:2.

LA GENTE DECÍA que el herrero ponía un cuidado estúpido mientras forjaba la gran cadena que estaba haciendo en su taller en medio de la gran ciudad. El herrero no hizo caso y continuó trabajando con mayor cuidado aún. Eslabón tras eslabón la fue haciendo, hasta que por fin la cadena estuvo terminada y se la llevaron. Poco después estaba enrollada en la cubierta de un gran barco que cruzaba continuamente el océano. Parecía que la cadena era inútil porque la gran ancla nunca se usaba y la cadena, por tanto, permanecía ociosa. Pasaron varios años. Una noche hubo una gran tormenta y el barco enfrentó el peligro inminente de estrellarse contra las rocas. Echaron las anclas una tras otra, pero ninguna sirvió. Las cadenas se partían cual hilachas. Al fin echaron la poderosa ancla y la gran cadena fue desenrollada rápidamente y corrió hasta que quedó tensa. Todos la observaban para ver si resistiría la terrible tensión. Se hundió en el mar tormentoso mientras el peso del barco descansaba en ella. Fueron momentos de intensa ansiedad. El barco con su preciosa carga de miles de vidas, dependía de aquella única cadena. ¡Qué hubiera pasado si el herrero no hubiera puesto cuidado en la confección de cada eslabón de aquella cadena! Pero él había puesto honestidad, verdad y fuerza invencible en cada parte de la cadena, razón por la que soportó la prueba sosteniendo el barco en lugar seguro hasta que amainó la tormenta y llegó la mañana. — J. R. Miller.

13 de Agosto

Plenamente convencido de que era también poderoso para hacer todo lo que había prometido.

Romanos 4:21.

N° PUEDO" (Números 11:14). Éstas son las palabras que dijo el gran conductor del pueblo de Israel cuando estaba al borde de la desesperación. Si alguien ha tenido sobre los hombros una gran responsabilidad, ése es él. El pueblo de Israel que por orden de Dios estaba conduciendo por el desierto, iba a él con todas sus quejas y problemas. Estaban llenos de murmuraciones y las derramaban en los oídos de Moisés. A pesar de los sacrificios que éste hacía por ellos, y de lo mucho que Dios les había bendecido, siempre estaban prontos a hallar faltas. Se ensoberbecían y se desalentaban fácilmente. Estar a cargo de una familia, un negocio, una oficina, una escuela o una iglesia es más que suficiente para una persona promedio. Pero aquí estamos ante un hombre que tenía que supervisar personalmente tres millones de almas por lo menos, la mayoría de las cuales eran desconsideradas y, a menudo, irrazonables. Un día la presión de la responsabilidad que pesaba sobre sus hombros era tan intensa que sintió que no podía soportar más y exclamó: "No puedo."

Pero Dios es suficiente. Él puede. La dificultad de Moisés es la misma de muchos de nosotros: tomamos responsabilidades que corresponden a Dios y que Él ha prometido tomar sobre sí. Aunque Moisés era un hombre maravillosamente devoto y disciplinado, no había llegado al punto de entregar sus responsabilidades y ansiedades al Señor. Evidentemente tenía confianza en su propia habilidad para ejecutar aquello que Dios quería que hiciera. Esta crisis le sirvió para aprender a considerarse incapaz. Es necesario aprender nuestra absoluta incapacidad para realizar las tareas espirituales. Debemos comprender que los recursos y las responsabilidades de la vida y el servicio cristiano pertenecen inherentemente a Dios, y que nada es "demasiado difícil" para Él. Ninguna necesidad, exigencia o dificultad pueden sorprenderlo desprevenido. Él es capaz. Él obra el querer y el hacer. ¡Que el Señor nos dé una visión clara de su capacidad! — C. H. P.

14 de Agosto

El viento de tempestad que ejecuta su palabra.

Salmo 148:8.

H AY ALGUNOS CARACTERES que se revelan solamente cuando una tempestad los acosa. Recuerdo haber quedado hondamente impresionado cuando leí el relato de un antiguo castillo de Alemania que tenía dos torres que guardaban una buena distancia entre sí. El viejo barón tendió largos alambres entre ambas torres, con lo que confeccionó un arpa eólica. Allí estaban los alambres tensos y las brisas veraniegas pasaban entre ellos, pero no se producía ninguna vibración. El viento ordinario, sin fuerza para moverlas, pasaba por ellas sin obtener un silbido. Pero cuando comenzaban a soplar los vientos de tormentas y el cielo se oscurecía y el aire retumbaba, los vientos con su toque gigantesco pulsaban los alambres y los hacían cantar y emitir las melodías más sublimes. De este modo Dios tiende las cuerdas del alma humana que bajo influencias ordinarias no vibra. Pero de vez en cuando fuertes tempestades las azotan y los hombres saben que los tonos producidos no se hubieran obtenido a no ser por la pulsación del viento tempestuoso.

Todo el día el viento con aliento amargo había acosado los árboles. Los remecía de un lado al otro y llenaba el ambiente con su sonido. La pálida tierra estaba fría y silenciosa; los cielos grises bajaban más y más. Cielo y tierra se unían con un tenue velo de nieve que como suaves vellones de blanca lana caían a tierra.

Era un día que parecía quejarse del peso de angustia que sufría la tierra, del gozo que muere, del amor que desfallece, de las esperanzas que languidecen, de las notas discordantes que vibran donde debiera vibrar el canto más dulce, del hombre que desentona en la armonía que Dios comenzó a tocar.

Pero cuando el sol escondido comenzó a descender y los rayos dorados resplandecieron como lanzas, las nubes temblorosas comenzaron a separarse. Mientras tanto, a través de la abertura, un diluvio de luz bañó las albas cúspides de los árboles, y puso en la tierra blanca un resplandor radiante de gloria. Entonces, a la luz del dorado resplandor, los pensamientos cansados se sintieron aliviados. La mano del Señor es la que envía el dolor a la tierra e ilumina las tormentas más oscuras. Él permite que la niebla oscurezca el sol, y que las vidas se ofusquen de tristeza. Pero de un modo misterioso corona el final con alegría. — Anónimo.

15 de Agosto

Encomienda a Jehová tu camino, espera en Él y Él hará.
Salmo 37: 5.

L A FE ES UNA condición de salvación; y como es una condición, debe ser un acto nuestro. La fe salvadora es una volición, y nosotros somos responsables no solamente de nuestras voliciones realizadas, sino también de aquellas que pudimos y debiéramos haber ejecutado. Mucha gente ora pidiendo fe, citan Efesios 2:8, "por gracia sois salvos por la fe, y esto no de vosotros pues es don de Dios", y concluyen que la fe es don de Dios. En vez de pedir fe a Dios nuestra responsabilidad es creer. Cuando la gente dice que no puede creer calumnia a Dios. Un hombre le dijo a Moody:

— No tengo fe, no puedo creer.

Moody le respondió:

— ¿A quién no le puede creer?

El hombre repitió varias veces que no podía creer, pero Moody repitió la pregunta:

— ¿A quién?

Finalmente el hombre replicó:

— No puedo creer en mí mismo.

— Bien — le dijo Moody —, no quiero que crea en usted. Si quiere, considérese mentiroso, pero no trate de mentiroso a Dios. Sea Dios veraz.

Cree todo lo que Dios ha prometido. No podemos seguir adelante sin esperar en sus promesas. La oración consiste en suplicar el cumplimiento de las promesas. En todo lo que pedimos debe haber un "Así dice el Señor" que lo respalde, porque todo lo que Dios ha prometido es su voluntad para nosotros.

Cuando vas a acostarte en la noche no te preocupas pensando que la cama se va a quebrar. Y no te pasas la noche asido de algo por temor a caerte. Descansarías bien poco. ¡No! Simplemente confías en la cama y te acuestas a descansar. De esta manera debiéramos confiar plenamente en Jesús y reposar de nuestras obras como Dios reposa de las suyas (Hebreos 4:10). Los que creemos entramos al reposo. ¿Por qué? Porque alguien más va a hacer algo por nosotros. Dios exige que nos rindamos y confiemos en Él y en su Palabra. Confía en Él en cuanto a tus necesidades. Confía en Él de *todo* corazón. Confía en él siempre.

Entrégate al Señor, y luego, confía en su palabra.

16 de Agosto

El justo florecerá como la palmera.

Salmo 92:12.

ESTA FRASE DEL Salmista no tiene sentido para los que no conocen las palmeras. La gente que vive en las zonas tropicales y semitropicales está muy familiarizada con su elevada belleza, porque es un árbol muy común en aquellos lugares. Pero estoy seguro que pocos comprenden el sentido que tienen las características de este árbol.

El primer símil es la vida. La vida del árbol corre por el centro o corazón. Como los demás árboles, obtiene el sustento del suelo por medio de las raíces. Pero la savia, en vez de subir por la corteza exterior del tronco hacia las ramas y hojas, como ocurre en la mayoría de los árboles, en la palmera sube por el mismo corazón del tronco. La mayoría de los árboles mueren si se les practica alrededor de la corteza un corte de unas dos pulgadas. En cambio la vida de la palmera no está en la superficie, por lo que las heridas superficiales no la afectan. Para matar una palmera hay que cortarla completamente.

Lo mismo es aplicable a los cristianos. La Palabra de Dios afirma en Romanos 10:10: "Con el corazón se cree para justicia." El cristiano no sufre los efectos exteriores del medio ambiente, porque la vida la obtiene del corazón.

La palmera está siempre verde. La vida fluye en su interior en forma continua. Los cristianos jamás cambian. Son testigos vibrantes de la gracia de Dios en los días claros y en los días grises, porque "Cristo es el mismo ayer, y hoy y por los siglos."

Es imposible injertar una palmera en otra. Moriría. Esta característica es distintiva también de los cristianos. Ninguno puede servir a dos señores (Mateo 6:24). Hay un solo Dios y a Él solamente debemos servir.

17 de Agosto

Sacrificio acepto, agradable a Dios.
Filipenses 4:18.

EL SACRIFICIO vivo es acepto a Dios. Saber esto debiera producir en nosotros una maravillosa inscripción: aun las cosas más livianas que hagamos para el Señor son agradables a Dios. Cuando pensamos en esta aceptación de gracia debiéramos hacer un trabajo mejor, y más sincero. Cuando Leonardo da Vinci era todavía un simple discípulo de un gran pintor, antes que su maestría asombrara al mundo, se sintió inspirado por el maestro. Viejo y agobiado por las enfermedades, el maestro se vio forzado a dejar sin terminar un trabajo. Un día le pidió a Leonardo que terminara el trabajo que él ya había comenzado. El joven no se atrevía debido a la gran reverencia que sentía por las habilidades del maestro. Sin embargo, el viejo artista no aceptó excusas e insistió en la orden. Le dijo:

—Hazlo como mejor puedas.

Por fin Leonardo, con mano temblorosa, tomó el pincel y arrodillándose delante del lienzo oró: "Te ruego que me des habilidad y poder para realizar esta empresa, por el amor que siento por mi maestro." Emprendió la tarea y a medida que avanzaba su mano fue ganando firmeza y su ojo adquirió la habilidad del genio. Se olvidó de sí mismo y se llenó de entusiasmo por la obra. Terminada la obra llevó al anciano maestro para que viera el resultado. Los ojos del anciano miraron el cuadro con una mirada de triunfo. Abrazó a su discípulo y exclamó:

—Hijo mío, no pintaré más.

Hay personas que rehúsan emprender la obra que el Señor les ha asignado. No son dignos; no tienen la habilidad ni el poder para tan delicados deberes. Pero a todas sus vacilaciones y renuncios el maestro les dice: "Hazlo en la mejor forma posible." Sólo tiene que arrodillarse y con sencilla reverencia orar al Señor por amor al Maestro, en demanda de la habilidad y del poder necesarios para realizar la tarea asignada. Recibirán inspiración y ayuda para hacer bien las cosas. El poder de Cristo reposará sobre ellos y el amor de Cristo estará en sus corazones. Todo trabajo hecho bajo esta bendita inspiración será aceptable a Dios. Sólo tenemos que depositar nuestro sacrificio vivo sobre el altar; Dios se encargará de enviar el fuego. — J. R. Miller.

18 de Agosto

¿Por qué te abates, oh alma mía, y por qué te turbas dentro de mí? Espera en Dios.

Salmo 42:11.

JORGE MÜLLER, gran hombre de oración y fe mantuvo su confianza y esperanza en Cristo durante sesenta y ocho años. Declaró que se había leído la Biblia, entera mucho más de cien veces, con oración y meditación. Por fe y oración Müller proporcionó sustento y cuidado a 10.000 huérfanos en Bristol, Inglaterra. Un día le preguntaron cómo se las arreglaba. Él respondió con gran confianza:

— Espero en Dios.

¿Qué es *esperanza?* Webster dice: "Esperanza es deseo acompañado de espectación." El apóstol Pablo dice: "La esperanza que se ve no es esperanza; porque lo que alguno ve, ¿a qué esperarlo?" Jorge Müller dijo que cualquiera que fuera nuestra necesidad, y aunque las posibilidades de ayuda fueran nulas, lo que a nosotros corresponde es esperar en Dios. "No existe el momento en que no podamos esperar en Dios." La esperanza puesta en los hombres y en las circunstancias se frustra y sufre desengaños, pero la esperanza puesta en Dios jamás nos defraudará. Dios nunca ha dejado caído al que confía en Él. La ayuda vendrá en el momento que Dios considere oportuno. "En los últimos setenta años y cuatro meses he tenido oportunidad de confirmar esto cientos y miles de veces", testifica Jorge Müller. "Cuando parecía imposible que llegara ayuda, llegaba de Dios y de sus recursos que pueden ser contados por cientos y por miles. Él no está limitado a esto o a aquello, ni a una veintena de cosas. De diez mil maneras diferentes y en diez mil oportunidades diferentes Dios puede ayudarnos."

Alguien dijo: "La esperanza segura conserva joven el corazón. La vida está siempre en su amanecer. La vida está siempre en su principio. Es siempre la aurora. La mañana es hija de la noche. Uno no puede desalentarse ni aun cuando el camino sea largo, difícil y cansador. Uno sigue escalando porque sabe que el camino lleva no sólo a algún lugar, sino al lugar por excelencia. El cristiano sabe que llegará.

19 de Agosto

¿No se turbe vuestro corazón; crééis en Dios? Creed también en mí.
No se turbe vuestro corazón, ni tenga miedo.

Juan 14:1, 27.

UN SOLDADO QUE regresó de la guerra contaba acerca de la gracia de Dios que había en él. Poco antes de caer herido, los oficiales del regimiento lo invitaron a una cena en honor de un soldado que había pasado por toda la guerra, y que había hecho varios actos de heroísmo sin recibir recompensa por ellos. Después que la cena hubo terminado uno de los oficiales le dijo:

— Hace rato que usted terminó de comer y no nos ha contado ningún incidente de su vida. Cuéntenos lo que considere que ha sido la experiencia más maravillosa que ha tenido durante la guerra.

El soldado pensó un rato y luego contestó:

— Un día caminaba cerca de mi trinchera, cuando vi a un joven soldado que acostado en el suelo leía atentamente un libro. Me acerqué y le pregunté qué leía. Me dijo que era la Biblia. Durante varios años yo había leído la Biblia sin recibir ningún beneficio de ella. El soldado me dijo: "Escucha lo que estoy leyendo: «No se turbe vuestro corazón... En la casa de mi Padre muchas moradas hay... Voy a preparar lugar para vosotros.»" Leyó hasta el fin de aquel capítulo. "¡He leído ese capítulo muchas veces! No me ha hecho ningún bien", le dije, "deja eso, hombre. ¡Déjalo!" Él me miró y me dijo: "Si supieras lo que la Biblia significa para mí, jamás me pedirías que la dejara". Y mientras hablaba el rostro le resplandecía. Jamás había visto nada semejante y creo que nunca volveré a ver algo así. Me dejó deslumbrado. No podía mirarlo, de modo que di media vuelta y me alejé. Poco después cayó una bomba cerca del lugar donde habíamos estado juntos. Cuando se hubo disipado el humo y el polvo fui a ver si aquel joven soldado estaba a salvo. Lo hallé herido de muerte, con la Biblia en el bolsillo de la camisa. "Aquí está", dijo sacándola para pasármela. Les aseguro que lo más maravilloso que experimenté en la guerra fue la luz que vi en el rostro de aquel joven soldado. Y más aún, puedo decir que su Salvador es mi Salvador ahora.

20 de Agosto

Como obrero que no tiene de qué avergonzarse...

2 Timoteo 2:15.

CADA HIJO DE Dios es una nueva creación en Cristo Jesús, y Dios tiene un plan para cada uno. Es un plan razonable. ¿Hará un plano el arquitecto para edificar un palacio? El artista, ¿hará un bosquejo de sus obras maestras? ¿Trazará el diseño del barco que va a construir el ingeniero naval? Si ellos trazan planes, ¿no podrá Dios tener un plan para el alma inmortal que Él trae a la vida y coloca "en Cristo"? Por cierto que sí. Para cada nube que flota en el cielo de verano, para cada hoja de pasto que se levanta con su punta hacia el cielo, para cada gota de rocío que brilla al sol matinal, par cada rayo de luz que atraviesa el espacio ilimitado para venir del sol a la tierra, para todos ellos Dios tiene un propósito y un plan. Entonces, con más razón debemos pensar que Dios tiene un plan para ti que eres su hijo en Cristo Jesús. Dios tiene un plan perfecto para tu vida que Él ha preparado de antemano.

Y no solo eso. Dios tiene un plan para tu vida que ninguna otra persona puede cumplir, sino tú. A través de las edades jamás ha habido y jamás habrá otra persona igual a mí. Soy único, no tengo doble. Esto es cierto. No hay dos hojas, dos joyas, dos estrellas ni dos vidas iguales. Cada vida es un nuevo pensamiento de Dios lanzado al mundo. No hay hombre que pueda cumplir tu propósito en mejor forma que tú. Y si no descubres y entras en el propósito que Dios tiene para tu vida, faltará algo de la gloria que de allí debió haber procedido. Cada joya brilla con resplandor propio. Cada flor destila su propia fragancia. Cada cristiano tiene su propia porción de la gloria de Cristo y de la fragancia de Cristo que Dios quiere hacer llegar a otros a través de él. Dios te ha dado una personalidad especial, y ha creado un círculo de individuos que pueden ser alcanzados y tocados por esa personalidad tuya y no por otra. Él da forma y ordena tu vida de tal manera que te pone en contacto con aquel círculo. Basta que el foco del telescopio varíe en el espesor de un cabello para que el hombre tenga una visión de una belleza que un momento antes era confusión y caos. De la misma manera, una leve variación entre tu vida y la de otro hombre permitirá ver a Cristo Jesús con una claridad y belleza que ese otro hombre no podría discernir en ningún otro lugar. ¡Qué gran privilegio es tener una personalidad cristiana propia por muy humilde que sea! ¡Qué gozo da saber que Dios usará esa personalidad así como usará otras personalidades para alcanzar a otros individuos. En ti hay una leve variación en el ángulo, como en las joyas. Y ¡eso permite que algunos hombres vean la luz! Hay una leve variación en ti, como la que hay en las especies aromáticas, y he aquí, alguien percibe en ti la fragancia de Cristo.

21 de Agosto

Dios ungió con el Espíritu Santo y poder a Jesús de Nazaret, y éste anduvo haciendo bienes y sanando a todos los oprimidos del diablo, porque en Él estaba Dios.
Hechos 10:38.

HACE MUCHO, mucho tiempo, un carpinteró dejó a un lado sus herramientas, salió del taller, se despidió de la madre con un beso, caminó ciento doce kilómetros hasta el río Jordán, donde su primo Juan lo bautizó. Aquel bautismo quedó especialmente marcado por tres sucesos memorables: Los cielos fueron abiertos y el Espíritu como paloma descendió sobre Él; se oyó la voz de Dios que decía: "Éste es mi hijo amado en el cual tomo contentamiento." En esa hora excelsa y santa Jesús fue consagrado a su ministerio público por la triple evidencia del cielo abierto, el descenso del Espíritu y la voz de aprobación. Luego Jesús fue al desierto para enfrentarse al príncipe de este mundo. Cuarenta días después salió victorioso en el poder del Espíritu. Su lema fue "andar haciendo bienes". Luego emprendió su misión e hizo cosas maravillosas.

En el versículo que encabeza esta meditación aparece dos veces la palabra Dios, al principio y al final del versículo, como dos montañas entre las cuales se extiende un valle fértil con las flores fragantes de la obra de Aquél que anduvo haciendo bienes. En el griego el sentido del texto puede expresarse así: "anduvo haciendo cosas hermosas". Dios es Dios de hermosura. Las huellas digitales de la hermosura están en el rostro de la naturaleza. Jesús, nacido de una virgen, caminó en las pisadas de su Padre Dios. Anduvo por el mundo haciendo cosas exquisitas e inmortalmente hermosas. No anduvo haciendo cosas hermosas. No, decirlo así es equivocar el pensamiento. Él tomó las cosas existentes y les dio una belleza duradera. Tomó las cosas tal como estaban y las transformó en lo que debieran ser. En un mundo de belleza acabada no habría lugar para la belleza creativa. El rehízo el mundo que había creado, contento de trabajar con lo que tenía a la mano. Sólo pidió conformar a la belleza divina lo que encontrara.

Estuvo dispuesto a vivir en una aldea provinciana despreciada y rústica de tres mil habitantes que tenía sobre sí el escarnio de los hombres, que preguntaban: "De Nazaret ¿puede venir algo bueno?" Desde este pueblo despreciado de Palestina salió a la obra con su lema: "andar haciendo bienes". Aquella aldea llegó a ser la ciudad de todos los tiempos.

22 de Agosto

Inclinad vuestro oído, ... oíd y vivirá vuestra alma.

Isaías 55:3.

E N CIERTA CHOZA apartada donde nos detuvimos a preguntar una dirección, una mujer de triste aspecto entró en la conversación y dijo:

— No tenemos música, no tenemos radio, no vamos a la ciudad. ¡Quién fuera vosotros!

Detrás de la choza había un pequeño lago a la sombra de las ramas de unos sauces, donde unos patos se deslizaban perezosamente.

— ¿Hay ranas en la laguna? — le pregunté.

Ella contestó con indiferencia:

— Sí, croan todas las noches!

En el huerto que tengo en la ladera, las ranas tienen un coro que no cambiaría por ningún otro. Cuando el crepúsculo llega entona su canción el bajo que dirige el coro y pronto el sonido de veinte gargantas anhelantes prorrumpen en una sinfonía profunda y melodiosa al estilo particular de las ranas. Para mí, éste es uno de los sonidos más hermosos de la noche. Disfrutamos de la radio a su manera, pero la apagamos para poder oír el coro vibrante de los cantores verdes y marrones del pantano. No hay música que lo iguale. El trino y el llamado de las avecillas al amanecer despierta al que duerme. Durante el día se oyen en el huerto las notas alegres de los cantantes emplumados.

Aquella pobre mujer "sorda" tenía los oídos puestos en el horizonte y nunca supo que estaba desperdiciando las hermosas armonías de la naturaleza. De la misma manera, muy a menudo fijamos los ojos en "las manzanas que están al otro lado del muro". — Garrie Jacob Bonds.

23 de Agosto

Y conoceréis la verdad y la verdad os hará libres.
Juan 8:32.

PLATÓN COMPARA al hombre que jamás ha intentado enfrentar la verdad, con hombres que están prisioneros en profundas cavernas, tan encadenados que no pueden volver la cabeza. Frente a ellos está la pared rocosa. Detrás de ellos y por encima de ellos hay un terraplén en el que arde una fogata. A lo largo del terraplén pasan caminantes que portan pesadas cargas y cantan y conversan, y cuyas sombras se proyectan sobre la pared de la caverna y cuyas voces se reflejan en ella. Los prisioneros de la oscura caverna ven solamente esas sombras vacilantes y las toman por sustancia y realidad; oyen solamente ecos vagos.

Prisioneros en tinieblas escogidas por sí mismos, encumbrados en su vacuidad, ¡cuán pocos son los hombres que se preocupan por conseguir la sabiduría que consiste en ver las cosas tal como son! Deja que una persona capte una sola vez una visión de la verdadera luz y aprenderá a despreciar la luz mortecina del oropel que ofrece la comedia de este mundo. Deja que un rayo de la eternidad le alumbre, y el mundo y las cosas de este mundo le resultarán insignificantes.

24 de Agosto

Sacaréis con gozo, aguas de las fuentes de la salvación.
Isaías 12:3.

Día feliz cuando encontré
la fuente que por mí se abrió;
bajé y bebí, y libre fui
mi alma a Cristo adora hoy.

Fuente eternal, mi sed calmó
el puro y limpio manantial.
A vida eterna entro ya
Cantando mi alma de gozo va.
Soy feliz. Soy feliz y en su favor, me gozaré.
En libertad y en luz me vi
cuando por fe a Cristo fui
y mis pecados lavé en la corriente carmesí.

Abbie Mills

Las fuentes del Señor las encontraré donde más las necesite. El Señor del camino conoce la vida de sus peregrinos, de modo que las fuentes se abren en el momento en que el alma se siente seca y próxima a desfallecer. ¡Al pie de la colina de la dificultad se halla un manantial! ¡Sí! Las fuentes salutíferas del Señor elevan su corriente cristalina hasta el montón triste de antagonismos malevos y penas agobiadoras.

A veces me comporto como un idiota y mientras me hallo en necesidad supongo que la fuente se halla muy lejos. Conocí un agricultor que durante una generación había acarreado agua en baldes desde un manantial lejano para afrontar las necesidades hogareñas. Un día enterró un palo junto a su puerta, y con gran gozo descubrió que allí mismo en la puerta había un manantial. Alma mía, tu manantial está cerca, ¡aquí mismo! ¡No salgas a buscarlo! Tu peregrinaje ha terminado, las aguas están a tus pies. — J. H. Jowett.

25 de Agosto

Para que en mí tengáis paz.
Juan 16:33.

TODO ES PERMITIDO para llevarnos más cerca del Señor. Alguien dijo: "Cuando veo una muchedumbre reunida pienso en las privaciones, desengaños, anhelos insatisfechos y penas sin alivio que forman su suerte. ¡Cuánto han sufrido! ¡Cuánto han perdido! Enfermedades frecuentes y duelos, derrotas humillantes, mortificaciones y traiciones hacen que su vida esté llena de ansiedades. Cuando me siento a conversar con una persona de edad que abre ante mí el libro de su larga vida, comprendo cuán herméticamente cerrado está el libro de la vida para el hombre. La historia que me relata es una historia de esperanzas fallidas, trabajos inconclusos, amores frustrados, tribulación sobre tribulación, pena sobre pena, muerte sobre muerte, empobrecimiento y una vida que se eclipsa a lo largo del camino."

Los golpes rudos son para que nos apoyemos más en Él, para conducirnos más cerca de Él. Su amor en estas oportunidades permanece cálido e inmutable como siempre. Él desea que unos golpes nos muevan a depender de Él, para luego darnos paz.

26 de Agosto

Alégrense los cielos, y gócese la tierra; brame el mar y su plenitud.
Regocíjese el campo, y todo lo que en él está; entonces todos los árbo-
les del bosque rebosarán de contento.

Salmo 96:11, 12.

UN MONTAÑÉS DE Escocia iba cada mañana a cierto lugar cerca de su cabaña y con la cabeza descubierta permanecía de pie algunos instantes. Le preguntaron si allí oraba. Contestó:
— Voy allí cada mañana a quitarme el sombrero ante la belleza del mundo.

Alguien escribió de la naturaleza: "Dios nos habla en el lago ondulante y en el plácido río, en la poderosa encina y en la flor diminuta, en las alturas de la montaña y en la profundidad del mar. El mundo de la naturaleza, para el alma observadora, sensible y apreciativa, es siempre la vestidura del Eterno.

Si el astrónomo incrédulo es necio, también lo es el que ve el orden, la belleza y la utilidad del huerto, del campo, del valle, de la montaña y el río y no ve a Dios tras todo eso.

27 de Agosto

Tú conservarás en paz, en perfecta paz, la mente que en ti persevera.

Isaías 26:3.

LA VIDA FELIZ no la componen los viajes de turismo ni las vacaciones agradables sino los pequeños grupitos de violetas que uno ve a la orilla del camino, escondidas de tal modo que sólo las pueden ver los que tienen la paz y el amor de Dios en el corazón. La componen una cadena interminable de pequeños momentos de gozo, murmullos del mundo espiritual, destellos de sol en nuestro diario caminar. — Edward Wilson de la Antártica.

Cuando en Londres se despejó el terreno para hacer la Avenida del Rey, el espacio quedó sin uso y expuesto a la lluvia y al sol durante varias estaciones. Poco después los naturalistas iban a mirar el solar. Algo extraño había ocurrido. En algunos lugares el suelo no había sentido el toque de la primavera desde que los romanos navegaron por el Támesis, y quizá desde antes. Cuando el aire bendito y la luz impregnaron el suelo descubierto, una gran cantidad de plantas y flores silvestres salieron a recibir las caricias del sol. Algunas de estas plantas no habían sido vistas en Inglaterra con anterioridad. Pero en esa misma época estaban floreciendo en los países del Mediterráneo. Durante todo esos años parecían haber estado muertas bajo la masa de piedras, ladrillos y concreto, pero sólo dormían de estación en estación. Estaban sólo obedeciendo las leyes de la vida y bajo las nuevas condiciones florecieron con renovada belleza.

En esto tenemos un símil. Cualquier vida, no importa cuan triturada y machacada esté por las preocupaciones y sufrimientos producidos por las circunstancias, sólo necesita quedar expuesta a los rayos del sol del amor de Dios y al toque de su gracia sanadora. Cuando esto sucede, florece una nueva vida con nuevas posibilidades, no importa cuan desolado sea el ambiente que la rodea.

28 de Agosto

Si alguno tiene sed, venga a mí y beba.
Juan 7:37.

EL HOMBRE SE pregunta cómo en el calor del verano el arroyuelo, con su dulce música, puede deslizarse junto al camino polvoriento cuando todo lo demás está seco y sediento. Pocos son los que saben que cada mañana el arroyo chispeante nuevamente ha nacido en alguna fuente musgosa de la montaña, que le da agua dulce, clara y refrescante. ¡Ah! Si el hombre conociera el secreto poder que hace grato cada día y cada hora, de la Fuente pura no se cansaría de beber hasta recibir la Gracia redentora. — James Buckham.

Si vas hasta el manantial y miras sus aguas burbujeantes, no saciarás tu sed. Debes beber el agua. De la misma manera, no basta con contemplar a Cristo para recibir bendición. Debemos hacerle entrar a nuestra vida y dejar que Su Espíritu nos llene el corazón. Cristo se nos presenta como la gran fuente en el desierto. El agua mana de una hendidura en la peña. Comprendemos el significado de la hendidura: Jesús murió para que hubiera agua para saciar la sed de nuestra alma. — J. R. Miller.

29 de Agosto

Conozco, oh Jehová, que el hombre no es señor de su camino, ni del hombre que camina es el ordenar sus pasos.
Jeremías 10:23.

HAY VARIAS circunstancias que hacen que el hombre no siga el camino que Dios le tenía señalado. Algunas son de su propia elección y otras son provocadas por terceros que interfieren su vida.

James McConkey cuenta: "Entre las curiosidades que había en una pequeña aldea de pescadores donde estábamos veraneando estaban un par de águilas cautivas. Las habían capturado cuando tenían menos de dos semanas de edad y las encerraron en una jaula enorme que parecía más bien una habitación. Los aguiluchos crecieron con el paso de los años hasta quedar convertidos en magníficos ejemplares de su especie, con alas, que, extendidas, medían más de un metro ochenta. Un verano, cuando fuimos a pasar nuestras acostumbradas vacaciones, faltaban las águilas. Le preguntamos al dueño qué había pasado. Él nos contó la historia. Tuvo que salir en un prolongado viaje de pesca por el lago. Durante su ausencia algunos muchachos traviesos abrieron la jaula y dejaron los pájaros en libertad. Inmediatamente trataron de escapar. Debido a su cautiverio de toda la vida, no habían aprendido a volar. Parecían comprender que Dios los había hecho para que fueran algo más que meros seres terrestres. Después de todos esos años aburridores el instinto de remontar los cielos aún alentaba en sus corazones. Desesperadamente procuraron emprender el vuelo. Anduvieron dando tumbos alrededor de la aldea. Luchaban, caían, batían las alas en esfuerzos inútiles por elevarse hacia la libertad del destino que Dios les tenía designado. Pero todo fue en vano. Una de ellas trató de volar al otro lado del arroyo, pero cayó indefensa al agua y tuvieron que sacarla para que no se ahogara. La otra, después de una sucesión de desesperados y humillantes fracasos, se las arregló para alcanzar una de las ramas más bajas de un árbol cercano. Allí la mató un muchacho cruel. Su compañera pronto corrió la misma suerte. De esta manera llegó a su fin la tragedia de sus vidas.

Desde entonces hemos recordado con frecuencia la trágica lección de las águilas prisioneras. Dios ha diseñado estas aves reales para que disfruten de la herencia noble de la libertad. Les correspondía ascender en su vuelo real a la luz del sol del mediodía. Les correspondía instalar sus nidos en elevados picachos donde nunca puede llegar el pie del hombre. Les correspondía afrontar resueltamente con incansables alas las tormentas del cielo. Había una herencia principesca para ellas. Pero la crueldad del hombre les había cerrado el acceso a todo esto. Y en vez de la ilimitada libertad planeada para ellas habían recibido el cautiverio y la impotencia, la humillación y la muerte. Aún estas aves del cielo dejaron de cumplir el gran plan de Dios para sus vidas. Mucho más puede pasar con los hijos de los hombres.

30 de Agosto

Mejores son tus amores que el vino.

Cantares 1:2.

UN DÍA Charles Garret predicaba a una gran congregación acerca de las misteriosas dificultades que con frecuencia tienen que enfrentar los cristianos. Decía: "No estamos exentos de las dificultades; a aquel a quien el Señor ama, castiga. Algunas personas han tenido más problemas después de su conversión que antes de ella. He conocido cristianos con problemas a la derecha y a la izquierda, por delante y por detrás." En este punto un anciano que había servido a Dios durante setenta años gritó:

— Gloria a Dios; siempre hay un escape por arriba.

Alguien escribió: "Amo el conocimiento que he obtenido a través de dolores, dificultades y pecados perdonados. Amo el conocimiento de un amor que nunca se ha cansado de mí, que es más fresco que el más fresco de los rocíos de mi juventud, y más tierno que la mayor ternura que se pueda hallar."

Puede ser en la hora de algún dolor, o cuando el hombre desampara, o cuando la esperanza fallida hace doler el corazón, que el amor nos visita y nos otorga dulzura. En aquel momento usa estas benditas palabras de esperanza: "En esto consiste el amor, no que hayamos amado a Dios, sino que Él nos ama." En la hora del desengaño, cuando las dudas entran al corazón, acude a las palabras: "mejores son tus amores que el vino". Estas palabras cayeron en el corazón del autor desde el trono de luz y destilan infinita paz. Instantáneamente cambian el aspecto de todo y aun los sentimientos. El vino es el símbolo del gozo terrenal. Y si se nos niega el gozo terrenal, hay algo mejor que puede ocupar su lugar, con tal que nosotros lo aceptemos. No te detengas antes de alcanzar una experiencia bendita. Aun cuando se te haya quitado un objeto muy amado, y parezca que ha escapado de ti la luz de la vida; si el desengaño viene siguiendo tus pasos, si fracasan sus planes y tus trabajos no ven recompensa, aprende a inclinar tu cabeza y a decir: "mejores son tus amores que el vino". — Russel Elliot.

31 de Agosto

Y Jonatán se quitó el manto que llevaba, y se lo dio a David, y otras ropas suyas, hasta su espada, su arco y su talabarte.

1 Samuel 18:4.

JONATÁN ES UNO de los pocos personajes de la Biblia acerca del cual ese libro honesto no registra faltas. Es uno de los hombres más sinceros que han vivido, y quizás el elemento más hermoso en su carácter era su magnanimidad. Aunque era príncipe y debía heredar el trono de su padre, y aunque David era un pastorcillo, surgió en su corazón un amor tan grande por David que estuvo dispuesto a darle todo lo que tenía. Jonatán esperaba que un día David fuera el rey en vez de él. Sin embargo, no se sintió acosado por los celos y se regocijó ante cada avance de David. Su actitud indicaba una naturaleza maravillosamente dulce, completamente a tono con la voluntad de Dios.

Un escritor describe este espíritu en conmovedoras palabras: "Procuraré hallar contentamiento en los senderos que deba transitar; dejaré a un lado el resentimiento hacia el que avanza más que yo. No permitiré que la envidia me domine cuando mi rival muestre su poder. No negaré sus méritos, pero procuraré demostrar los míos."

La envidia es uno de los defectos de nuestro carácter que más nos debilitan y nos rebajan. Envenena nuestra vida. Quita el gozo que hay en cada experiencia. Toma por enemigo a cada persona que nos supera. Debiéramos encontrar una buena parte de nuestro placer en el gozo y los triunfos de los demás, pero la envidia transforma esta posibilidad de placer en desventura. — Amos Wells.

1 de Septiembre

Por el gozo que le fue propuesto, sufrió la cruz.

Hebreos 12:2.

UN SOLDADO no puede pelear con éxito en la armadura de otro hombre. — A. W. Tourgee.

Tomar la cruz significa simplemente tomar el camino que crees correcto; llevar cualquier cosa que te es dado llevar en la forma más resuelta que puedas, sin poner cara de tragedia y sin pedir a la gente que se fije en ti. Pero sobre todo, no te la echarás ni te la quitarás de encima por ti mismo, ni te la tallarás a la medida que te agrada. Algunos piensan que necesitan una cruz grande; otros, que si su cruz fuera pequeña podrían llevarla mucho más rápido. Aun los que la desean más grande quisieran que fuera hermosa, ornamental, del mejor ébano. Sin embargo, lo único que tienes que hacer es mantener las espaldas lo más derecho que puedas, y no pensar en lo que tienes encima; y por sobre todo, no debes jactarte de lo que llevas a cuestas. John Ruskin.

2 de Septiembre

Si Dios nos ha amado así, debemos nosotros también amarnos unos a otros.

1 Juan 4:11.

LA VIDA CON todas sus experiencias, es la oportunidad que tenemos de aprender a amar. La lección está delante de nosotros: "Amarás." "Como yo os he amado, amaos los unos a los otros." Nuestra única preocupación debe ser el dominio de esta lección. No estamos en este mundo para enriquecernos, para conquistar el poder, para ser eruditos en artes y ciencias, para levantar un gran negocio, ni para realizar grandes cosas en cualquier aspecto de la vida. No estamos aquí para ocuparnos en nuestro trabajo, en el negocio, en la escuela, en el hogar o en la granja. No hemos sido puestos en este mundo para predicar el evangelio, para consolar al abatido, visitar al enfermo y realizar obras de caridad. Todas o algunas de estas cosas pueden estar entre nuestros deberes y quizás ocupen todo nuestro tiempo; pero en medio de nuestras ocupaciones el verdadero propósito de la vida, aquello por lo que debemos luchar, el trabajo que debe ir unido a nuestras experiencias, si es que entendemos el sentido de la vida, es aprender a amar, y crecer en amor.

Podemos aprender las artes más hermosas de la vida: música, pintura, poesía; o podemos dominar las ciencias más nobles; o por medio de la lectura, el estudio, los viajes y el trato con gente refinada podemos obtener la mejor cultura; pero si en lo que hacemos no aprendemos a amar y no llegamos a ser más suaves en espíritu y en la forma de actuar, perdemos lo mejor de la vida. Si en medio de nuestros deberes, cuidados, tribulaciones, gozos y penas no crecemos diariamente en dulzura, gentileza, magnanimidad e interés por los demás y en todas las ramas del amor, es porque no hemos aprendido la lección que el Maestro nos ha dado en la escuela de la vida. — J. R. Miller.

3 de Septiembre

Considerad a Aquél... para que vuestro ánimo no se canse hasta desmayar.

Hebreos 12:3.

QUÉ REMEDIO TAN extraño para el cansancio mental! El remedio consiste en un aumento de pensamientos: "Considerad a Aquél." Yo hubiera esperado una invitación al reposo mental. Cuando el cuerpo de una persona está cansado, lo enviamos a dormir. Cuando la mente de un hombre está cansada, ¿por qué no le prescribimos reposo? Porque el cansancio de la mente necesita un remedio diferente que el que necesita el cansancio del cuerpo. Éste se cura con dormir pero el cansancio de la mente se cura solamente con estímulos. Al que tiene el cuerpo cansado le gritamos: "¡Duerme! ¡Descansa!" Pero a la mente cansada le ordenamos: "¡Despierta, tú que duermes, y levántate de los muertos!" A los que están trabajados en espíritu, Jesús dice: "Venid a mí." No les prescribe un sedante, sino un estímulo; no más sueño, sino más actividad. Al hombre de la mano cansada le dice: "Echa sobre mí tu carga"; pero al hombre de corazón agobiado le dice: "Llevad mi yugo sobre vosotros."

Señor, necesito alas para mi cansancio, alas de amor. Lo que me cansa el corazón no es el trabajo, sino la inacción. Mas este corazón no cesará en su cansancio hasta que pueda encumbrarse, encumbrarse hacia ti. La carga y el acaloramiento de mi día espiritual no se debe al trabajo, sino a la falta de propósito: ¡dame un propósito, Señor! A veces basta la entrada de un amigo terrenal para que mi alma se traslade desde la postración hacia la luz. ¡Cuánto más harás tú si entras a mi vida! Necesito que un interés nuevo sane el cansancio de mi corazón: necesito alguien por quien vivir, alguien a quien servir, alguien a quien esperar, alguien con quien pueda soñar. Es la necesidad de sueños la que produce en mí falta de fuerzas; es mi indiferencia lo que me produce languidez. Crea en mí un corazón nuevo, un corazón ansioso, que lata, decidido, un corazón que vibre en respuesta a tu amor. ¡Hazme sentir la pasión y el sentimiento de la vida, de tu vida! ¡Llévame cautivo en tu merced! ¡Haz que pueda captar el encanto de tu belleza! ¡Haz que pueda disfrutar la emoción de oír tus pisadas! ¡Haz que experimente arrebato al oír tu nombre! ¡Quiero experimentar la agitación y la conmoción producida por el murmullo: "Pasa Jesús de Nazaret."! Entonces el cansancio del corazón se disipará y cesará la languidez de espíritu. El reposo del alma es la libertad de volar. Entonces, como las águilas, no nos cansaremos, ni desmayaremos. — — George Matheson.

4 de Septiembre

Cristo es el todo, y en todos.

Colosenses 3:11.

DE LA MANO me condujo hasta un rosal carmesí. No me dijo qué quería enseñarme con eso, pero me dio una rosa. No le pedí que me revelara el precioso misterio porque la rosa tenía fragancia celestial y ver Su rostro era ver el mismo cielo." — Autor desconocido.

Debido a que hay millones de rosas no damos gracias a Dios por ellas. Sin embargo, la gloria de la creación es como una rosa que cuelga de la presencia de Dios en el verano. Y como si esta riqueza de creación, como si la magnificencia de lo que nos rodea fuera poco, aun al más pobre y menos instruido de nosotros Dios da arte, ciencia, y literatura que apela no solamente a los sentidos, sino también al alma. Mediante la ayuda de los maestros de la humanidad, si queremos, podemos edificar dentro de nosotros casas y palacios a prueba de adversidad: ilusiones optimistas, recuerdos gratos, historias nobles, dichos fieles, tesoros de pensamientos perfectos y llenos de reposo, a los cuales no puede perturbar la preocupación, entristecer el dolor, ni la pobreza puede arrebatar. Él nos da esto para que probemos las muchas mansiones que tiene para nosotros en su morada allá arriba.

5 de Septiembre

He aquí no se ha acortado la mano de Jehová.

Isaías 59:1.

La mano de Dios me ha tocado.

Job 19:21.

Sí, DIOS PUEDE extender su mano desde los cielos y tocar una vida. Con su brazo puede atravesar las distancias del espacio y abrazar al cansado y abatido contra su pecho amoroso.

No se ha acortado su brazo de amor como para que no pueda bendecir al perdido y al desesperado. Él usa a los que se hallan más cerca del necesitado para tender una mano ayudadora, para consolar, para sacar de la desesperación, para abatir la disconformidad. Porque ¿cómo puede el alma desalentada y descontenta experimentar el amor de Dios si no es por medio del amor de alguien que se encuentre a su lado listo para dar amor? El alma desalentada y abatida sentirá un toque alentador y recibirá paz, cuando se extienda hacia ella una mano muy amiga con tierno interés. Dios usa las manos que han sido consagradas a Él para dar bendición.

Permítame contarles de una querida amiga que se sentía angustiada, triste y solitaria. Ya no sentía la cercanía de Dios. Oró y suplicó a Dios que la bendijera una vez más en la vida. "¿Cómo puede abandonarme?", se preguntaba. Una amiga se inclinó hacia ella y le dijo:

—Ora y pídele que te toque. Él pondrá Su mano sobre ti.

Comenzó a orar una vez más con angustia en el alma. Repentinamente sintió el toque de la mano de Dios y exclamó exaltada:

—¡Me tocó! ¡Mi alma está llena de gozo! ¡Sentí como si hubiera caído sobre mí un diluvio de cordialidad! ¿Sabes? Su toque se parecía al de la mano tuya.

—Era mi mano — replicó la amiga.

El rostro de mi amiga reveló la consternación y el desengaño que sentía.

—¿Tu mano?

—Por supuesto. ¿Crees acaso que una mano de carne y hueso iba a bajar del cielo a tocarte? ¡Dios usó mi mano, que era la que estaba más cerca de ti!

6 de Septiembre

Nada nos podrá apartar del amor de Dios que es en Cristo Jesús Señor nuestro.

Romanos 8:39.

AMOR MARAVILLOSO!

¿Qué hay en la cruz de Cristo que le da tan gran poder y tan inmarcesible gloria? Desde los comienzos de la historia la cruz fue el "madero maldito", instrumento de tortura, lugar de castigo para los criminales más endurecidos y perversos, marca de la vergüenza y desgracias más profundas. Pero desde el tiempo de Cristo, la cruz adorna grandes catedrales y hermosos altares. En el mundo cristiano es símbolo de lo verdadero y santo, de lo que es noble, misericordioso y caritativo. Si entendemos eso, comprendemos por qué la cruz se levanta por sobre las ruinas del tiempo.

La cruz simboliza el gran amor de Dios por nosotros. No es un accidente ni una tragedia, sino el signo universal del amor de Dios hacia el hombre pecador. La cruz es la única explicación adecuada de Juan 3:16. Nadie obligó a Dios a permitir que Cristo muriera en la cruz. Su amor por nosotros lo constriñó. Cristo dio voluntariamente su vida porque nos amó y quiso que fuéramos a vivir en su reino eterno. "Ninguno tiene mayor amor que éste: que uno ponga su vida por sus amigos."

"Glorias magníficas, Él dejó, para buscarme a mi." Desde "palacios de marfil a este mundo de dolor" vino Aquél que fue enviado, Aquél que se complacía en la ejecución de la voluntad de Dios. Lo llamaron Jesús.

> *Bajo el cielo del oriente*
> *en medio de los gritos de la gente*
> *un hombre vino a morir*
>
> *¡Por mí!*
>
> *Coronada de espinas su cabeza bendita,*
> *manchado de sangre el suelo que pisa,*
> *al Calvario subió a morir*
>
> *¡Por mí!*
>
> *El amor y el dolor allí se encontraron,*
> *¡y regia corona de espinas en su sien clavaron!*

El amor le condujo al Calvario. ¡El amor tiene un precio muy elevado!

7 de Septiembre

Sin mancha... con grande alegría.

Judas 24.

CUANDO ERA NIÑA, se despertó en mí intensa pasión por la música. Mi padre me produjo una gran alegría al regalarme un hermoso órgano. Las fibras más íntimas de mi ser vibraban de entusiasmo mientras arrancaba hermosas melodías de mi amado instrumento.

Me sentaba al órgano en las primeras horas de la mañana, cuando las aves comenzaban a despertar, y a través de las ventanas abiertas escuchaba las dulces notas de sus trinos que se mezclaban con las notas del órgano como una doxología de alabanza al Creador.

Una mañana, de repente, cuando me preparaba con entusiasmo infantil para dar mi primer concierto, una de las notas comenzó a fallar. ¡Qué discordante era su sonido para mi oído sensible! Mi padre, comprendiendo mi pena me dijo:

— No te preocupes, hijita, llamaré al afinador.

Largas horas trabajó el afinador en la nota discordante, hasta que al fin obtuvo el sonido dulce y armonioso. El concierto fue un éxito porque el afinador tuvo éxito. — Sra. de Cowman.

> *Buen Afinador,*
> *¿por qué examinas sin misericordia*
> *y dedicas tanto tiempo y cuidado*
> *a esa sola nota? Pásala por alto.*
> *Mi alma responderá a tus cuidados y verás.*

Cuando las glorias del sol poniente llenaron el cielo de llamas y resplandores, por las ventanas abiertas entraron largas saetas de rojo carmesí, y nosotros, pobres peregrinos, oímos a nuestro alrededor y sobre nosotros, los vibrantes y extraordinarios triunfos del coro de aleluyas! — Fay Inchfawn.

8 de Septiembre

Mirad cuál amor nos ha dado el Padre...

1 de Juan 3:1.

DIOS REVELÓ su voluntad y su plan a quienes estaban dispuestos a perder la vida para que la historia del calvario pudiera llegar a toda criatura. Dios llamó hombres a los que podía confiar las cosas sagradas, hombres que estaban dispuestos a estar en mazmorras subterráneas, a subir al patíbulo de los mártires y a morir por su causa. Aquellos hombres no fueron rebeldes a la visión celestial, y es por esa causa que la preciosa Palabra de Dios ha sido impresa en más de mil lenguas. Hoy día hay siervos fieles de Dios que están afanosamente ocupados en traducirla a otros mil idiomas tribales. Tenemos una gran deuda de gratitud con estos honorables héroes de la cruz.

Cuesta llevar el mensaje. "Si el grano de trigo no cae a tierra y muere, él solo queda." Estas palabras fueron dichas por el Espíritu Santo a un humilde siervo suyo que después de un día de arduo trabajo se había apartado para pasar la noche en oración. ¿Qué ocurrió después de aquella cita nocturna con el Maestro? ¿Qué ocurrió que su vida cambió completamente? ¡Se había encontrado con Alguien! Charles Cowman, conocido como el Misionero Guerrero, había tenido una revelación de la voluntad de Dios. Cada hogar de cierta nación debía recibir una porción de las Sagradas Escrituras y cada persona de aquella nación debería recibir una invitación para recibir a Cristo. Aquél era el momento para aquella gran cruzada. Cuando Dios dice "hoy" no quiere decir "mañana".

Charles Cowman aceptó el desafío y en el nombre del Dios de lo imposible entró en acción, porque la acción siempre debe seguir a la visión. En los 5 años siguientes se llevó a cabo la más grande cruzada de difusión del Evangelio desde los días de Pentecostés. 10.320.000 hogares del imperio del Mikado recibieron una visita y se les dio una porción del precioso Libro que amamos. Miles de ellos destruyeron sus ídolos y aceptaron la invitación del que dijo "Venid a mí".

9 de Septiembre

Trabaje, haciendo con sus manos lo que es bueno, para que tenga qué compartir con el que padece necesidad.

Efesios 4: 28.

SON POCOS LOS que se necesitan para realizar las tareas extraordinarias que asombran al mundo. Uno puede ser más útil haciendo tareas vulgares y dejando que Dios se preocupe de lo demás. Y cuando todo haya pasado, cuando nuestro pie ya no pueda correr, cuando nuestras manos estén incapacitadas y nuestras fuerzas apenas alcancen para murmurar una oración, veremos que, lejos de necesitar campos más grandes, hemos dejado sin trillar muchos rincones de la porción que nos corresponde hacer, y que nada sería aceptado ante los ojos de nuestro Maestro si no fuera por la sombra gentil de su cruz. — George Macdonald.

> *Cuando llega el tiempo de la siega*
> *y el trigo a la casa se lleva,*
> *cierra la puerta.*
> *Cuando el trillo está en alto*
> *que no me retire con espanto*
> *mas me arroje a tus pies*
> *implorando.*

Los cuidados que me acechan sin descanso
y las penas que siento clavadas
como dardos,
los enemigos que prevalecen
cuando mis fuerzas desfallecen,
son los golpes de tu zaranda
en mi corazón.

Quieto debo permanecer
aunque no puedo comprender
Su voluntad.
Seré como el trigo puro,
que permanece a sus pies
y besa el palo duro
que su mano sostiene.

Pronto seré guardado
en el granero del Señor
como grano preciado.
Le estaré agradecido
por cada pena y cada golpe
que me tuvo abatido
preparándome para el cielo.

10 de Septiembre

Nos sacó de allá para darnos la tierra.

Deuteronomio 6:23.

DE LA LEJANÍA y las tinieblas más profundas,
del sueño indiferente y peligroso
de la región de sombra de muerte,
de su aliento sucio y pestilente,
de la esclavitud y las pesadas cadenas
de la amistad con las mundanas inmundicias:

a la luz de la gloria de Dios,
a lo más santo, purificado con sangre,
a su dulce abrazo y tierno beso,
a la presencia de bendiciones inefables
a la calma y quietud infinitas,
al lugar de salmos y canciones.

¡Maravilloso amor que lo has hecho todo por mí!
¡Maravillosa obra, que me ha dado libertad!
¡Maravillosa tierra, a la que he llegado!
¡Maravillosa ternura que me recibe en el Hogar!

Del desastre y la ruina completas
de la lucha y la horrible derrota,
de mi esclavitud, dolor y vergüenza,
de males que no me atrevo a nombrar,
de mi culpa y criminal condenación,
del pavor, el terror y la lobreguez,

al misericordioso perdón y al reposo
a la herencia con todos los redimidos,

a la justicia y a la paz permanentes,
al descanso más grande y profundo,
al consuelo sin impurezas,
al gozo perfecto y confiado.

Maravillosa santidad que traes luz.
Maravillosa gracia que todo quieres dar.
Maravillosa humildad que mi copa vino a llenar.
Maravilloso propósito que nunca me abandonó.

Del horror que da la soledad,
del egoísmo y la terquedad,
de la amargura, la locura y la lucha cruel,
de mi egocentrismo que yo llamaba vida,
de la dureza de corazón y la mezquindad
los anhelos que no lograba satisfacer:

a la comunión con el Padre y el Hijo,
a disfrutar de lo que Cristo conquistó,
al éxtasis que hace rebosar mi alma,
a la cosecha de todas las cosas con Él,
a Cristo en el cual habitan más bendiciones
que las que las palabras pueden decir.

Maravillosa Persona, cuyo rostro contemplo.
Maravillosa historia que a todos cuento.
Maravilloso, el camino que Él transitó!
¡Maravilloso es, en fin, que me condujo hasta Dios!

Anónimo

11 de Septiembre

El Eterno Dios es tu refugio.

Deuteronomio 33:27.

UNA NOCHE, DURANTE una terrible tormenta, un hombre caminaba por la orilla del mar. Las nubes estaban bajas. El viento aullaba. Los truenos rugían. Los rayos resplandecían. La lluvia caía a torrentes. El hombre se ajustó el abrigo, inclinó su cuerpo hacia el viento y siguió rápidamente hacia su casa. Un pajarillo perdido en la tormenta buscó refugio bajo su abrigo. Él lo tomó en la mano, lo llevó a la casa y lo colocó en una cálida jaula. Al día siguiente, terminada la tormenta, y despejadas las nubes, llevó el pajarito hasta la puerta. Éste se le quedó parado un momento en la mano. Luego, desplegando sus diminutas alas, emprendió el vuelo hacia su hogar en el bosque. Allí fue cuando Carlos Wesley tuvo la visión. De inmediato regresó a su pieza y escribió las letras de una canción que se canta en todo el mundo y que vivirá en todos los tiempos:

Cariñoso Salvador, huyo de la tempestad
a tu seno protector, fiándome de tu bondad.
Cúbreme, Señor Jesús, de las olas del turbión
hasta el puerto de salud, guía mi pobre embarcación.

Otro asilo ninguno hay, indefenso acudo a ti,
mi necesidad me trae, porque mi peligro vi.
Solamente en Ti, Señor, puedo hallar consuelo y luz
Vengo libre del temor, a los pies de mi Jesús.

12 de Septiembre

He oído la aflicción de mi pueblo, ... ven, por tanto, ahora y te enviaré.
Éxodo 3:7, 10.

PARECE ESTO el final débil de un comienzo grandioso? Dios ve una terrible aflicción en su pueblo y envía un hombre frágil para enfrentarla. ¡Podía haber enviado fuego del cielo! Podía haber enviado de los cielos sus ministros de calamidad y desastre. ¿Por qué eligió a un hombre en vez de enviar al arcángel Gabriel que está siempre dispuesto a obedecer?

Éstos son los caminos del Señor. El Señor usa medios humanos para lograr fines divinos. Trabaja por medio del hombre para emancipar al hombre. Derrama su fortaleza sobre un gusano, y éste llega a ser un instrumento temible. Templa una débil caña y la transforma en un pilar de acero.

Nuestro poderoso Dios te usará a ti y me usará a mí. Por doquiera hay "Egiptos" con abundantes aflicciones. Hay hogares donde prolifera la ignorancia, hay talleres donde reina el tirano y hay tierras donde la opresión es desenfrenada. "Ven, por tanto, ahora, y te enviaré." Esto dice el Señor. ¡Y el que da la orden dará también el equipo necesario! — J. H. Jowett.

13 de Septiembre

Aguarda a Jehová; esfuérzate, y aliéntese tu corazón; Sí, espera a
Jehová.
Salmo 27:14.

EL SALMISTA acababa de decir: "Hubiera yo desmayado si no creyese que tengo de ver la bondad de Jehová en la tierra de los vivientes." Si no hubiera sido por su fe en Dios, su corazón hubiera desmayado. Pero en la confiada seguridad en Dios que da la fe, nos insta a una cosa por sobre todas las demás: a esperar en Dios.

Una de las necesidades principales en nuestra espera en Dios, uno de los secretos más profundos de su bienaventuranza y bendición, es la convicción silenciosa y confiada de que la espera no ha sido en vano. Se necesita valor para creer que Dios oirá y enviará la ayuda. Esperamos en un Dios que jamás defraudaría a su pueblo.

"Esfuérzate, y aliéntese tu corazón." Frecuentemente hallamos estas palabras en conexión con las empresas grandes y difíciles, ante la perspectiva de un combate contra potentes enemigos y cuando la insuficiencia del potencial humano es evidente. ¿Es tan difícil esperar en Dios que es necesario unir a esa exhortación estas palabras? "Esfuérzate y aliéntese tu corazón." Sí. Es difícil. La liberación que muchas veces esperamos es la liberación de enemigos ante cuya presencia somos impotentes. Las bendiciones que pedimos son espirituales e invisibles. Pedimos cosas que son imposibles para los hombres: realidades celestiales y sobrenaturales. Nuestros corazones bien podrían fallar y desmayar. Nuestra alma está tan poco acostumbrada a la comunión con Dios y Él parece esconderse. Mientras esperamos en Él, sentimos la tentación de temer por la corrección de nuestra espera. Pensamos que nuestra fe es insuficiente, que nuestro deseo no es lícito, o que nuestro fervor no es tan intenso como debiera ser. En medio de estas causas de temor y duda, es una gran bendición oír la voz de Dios: "Aguarda a Jehová, esfuérzate y aliéntese tu corazón. Sí, espera a Jehová" ¡Que nada en el cielo, la tierra o el infierno te impida esperar en Dios con la plena seguridad de que no puede ser en vano tu espera. — Andrew Murray (de Living Waters).

14 de Septiembre

Este pobre clamó y oyóle Jehová, y lo libró de todas sus angustias.
Salmo 34:6.

HACE MUCHOS AÑOS cierto niño dormía en una cuna. Acababa de acostarse. Antes de dormirse miró a la gran cama donde dormía su padre y le dijo:

—Papá, ¿estás ahí?

La respuesta no se hizo esperar:

—Sí, hijito. Entonces el niño se acurrucó en la cuna y se entregó al sueño sin temor. Hoy en día aquel niñito tiene setenta años, es un viejo, pero cada noche, antes de irse a dormir mira el rostro de su Padre Celestial y le dice:

—Padre, ¿estás ahí?

Éste le respondió:

—Sí, hijo mío.

—¿Me cuidarás esta noche? — pregunta de nuevo con fe de niño.

La respuesta llega clara y fuerte:

—Sí, hijo mío, no te dejaré ni te desampararé.

¿A quién temeremos si Dios nuestro Padre está con nosotros?

Tu oración ha sido oída. ¡No temas! Alaba al Señor.
Dios recordó tu petición en su tierno amor.
¡Alégrate! ¡Gózate! ¡Descansa en sus promesas!
Su Palabra es segura, de cumplirse nunca cesa.

Tu oración ha sido oída, ¡tengamos sin igual valor!
sigamos avanzando hasta que la noche se vaya con su dolor,
y el cielo oscuro reciba el resplandor de la aurora
y cantemos sus Alabanzas ante el trono de su gloria.

15 de Septiembre

Es necesario orar siempre y no desmayar.

Lucas 18:1.

UN LETRERO EN el tablero de avisos de una iglesia decía: "Cuando tiemblen tus rodillas, arrodíllate." Es muy cierto que las rodillas del mundo están temblando en la actualidad. Nuestro adversario el diablo se ocupa de que aun las rodillas de los cristianos tiemblen constantemente. ¿Puede el diablo hacer que uno se caiga debido a la debilidad en la fe producida por las rodillas temblorosas?

Pasa una hora de rodillas delante del Señor, y deja que Él te las fortalezca. Las tareas difíciles y las dificultades que tengas que enfrentar, las circunstancias desagradables, los desengaños, las esperanzas deshechas, las penas que parecen no abandonarnos jamás, pueden ser solucionados por el Señor si le das el tiempo que Él requiere que pases en oración de rodillas.

La esencia de la oración es vaciarnos de nosotros mismos para que Dios pueda entrar.

Si pensamos demasiado en nuestros problemas, puede ocurrir que no oigamos su llamado a la puerta.

Las victorias ganadas en oración, deben ser preservadas por la oración. El enemigo se retira, pero solamente cuando se ve rechazado por la oración.

¿No has jugado alguna vez con la llave del instrumento transmisor del telégrafo mientras el circuito está cerrado? Con aquella llave puedes escribir un mensaje completo desde la dirección hasta la firma. Con ella puedes transmitir cada carácter telegráfico, puedes llenar todas las condiciones de un buen telegrafista. Pero por buen operador que seas, si el circuito está cerrado tus esfuerzos serán solo "metal que resuena y platino que repiquetea". No transmites ni una sola chispa de vida eléctrica; ni un solo mensaje de bien o mal, de ruina o bendición, llega hasta el oyente que espera al otro lado de la línea. ¿Por qué? Porque la batería no está trabajando. Tu trabajo es esfuerzo sin resultado, actividad sin poder. Establece el contacto mediante la llavecita de bronce. Inmediatamente cada letra que formes adquirirá vida, cada palabra que escribas transmitirá un mensaje vivo a la mente y el corazón del receptor distante. Por medio de tu trabajo, sin vida y mecánico en sí, la batería eléctrica derrama su corriente vital, y llena de vida y poder cada movimiento diestro de los ágiles dedos.

La lección está clara. En la telegrafía espiritual ocurre lo mismo que en la material. Si la batería no trabaja, el mensaje es mero repiqueteo. Nosotros podemos hacer algo, pero si Dios no obra por medio de nosotros, todo lo que hagamos es nulo. La oración nos conecta con la batería divina de vida y poder. La oración te pone en el espíritu, y el espíritu es el que da vida. — J. H. Mc Conkey.

16 de Septiembre

El Señor, al que ama, castiga

Hebreos 12:6.

EL CASTIGO ES el método de Dios para educar a sus hijos. La palabra castigo se deriva de una palabra griega que significa "Hijo". Significa "tratarlo como a un hijo" o "preparación de hijo". Esta "educación" que Dios da a sus hijos no es una especie de venganza paterna por los errores de un hijo. Esto está lejos de la verdad aunque a veces pensemos que pudiera ser así. "Y aquellos por pocos días nos disciplinaban como a ellos les parecía, pero éste para lo que nos es provechoso, para que participemos de su santidad." (Hebreos 12: 10.) El propósito supremo de Dios en el castigo es la purificación. Trata de purificarnos de todo aquello que impide que en nosotros se reproduzca la imagen de Cristo. Procura perfeccionarnos hasta ver en nosotros su propia santidad.

Un visitante observaba cómo el platero calentaba la plata en un crisol. Los fuegos se hicieron más y más fuertes. El platero examinaba continuamente la plata mientras sostenía el crisol. La visita le dijo:

— ¿Por qué mira tanto la plata? ¿Está buscando algo?

— Busco mi rostro — fue la respuesta —. Cuando veo mi imagen en la plata dejo de calentarla, el trabajo está a punto.

¿Para qué enciende el fuego debajo de la plata el platero? Para purificarla y perfeccionarla. ¿Es la disciplina Divina una visita de la ira de Dios? ¡No! Es, en realidad, un ángel purificador que derrama sobre nosotros el amor de Dios. El horno, el sufrimiento, la agonía de la disciplina, ¿qué significan? Significan que Dios está tratando de ver un rostro: ¡el rostro de su Hijo! Nos predestinó para que fuésemos hechos conformes a la imagen de su Hijo. Ahora, mediante la disciplina, nos purifica de todo aquello que empaña aquella imagen. Como verdadero padre, Dios tiene un modelo, un patrón conforme al cual modela la vida de sus hijos. El patrón es Jesucristo. El propósito de Dios es que Jesucristo sea "formado en nosotros". — James McConkey.

17 de Septiembre

La oración eficaz del justo puede mucho.

Santiago 5:16.

DAVID BRAINERD fue un hombre de gran poder espiritual. La obra que realizó mediante la oración es realmente maravillosa. El doctor A. J. Gordon, al dar un bosquejo de la experiencia de Brainerd dice:

Al verse solo en la profundidad de aquellos bosques, sin saber el idioma de los indios, pasó varios días en oración. ¿Qué estaba pidiendo? Sabía que no podía alcanzar a los salvajes. No comprendía el idioma de ellos. Si quería decirles algo, tendría que encontrar quien interpretara aunque fuera vagamente sus pensamientos. Por eso sabía que lo único que podía hacer era depender absolutamente del poder de Dios. Pasó días enteros en oración simplemente para que el Espíritu Santo le usara poderosamente de modo que aquella gente no pudiera resistir su presencia. ¿Cuál fue la respuesta? Un día predicó con un intérprete tan ebrio que apenas podía estar en pie. Fue lo mejor que pudo conseguir. Sin embargo, decenas de indios se convirtieron por su mensaje. Sólo se explica esto con el tremendo poder de Dios que lo respaldaba.

Guillermo Carey leyó la biografía de Brainerd y quedó tan impresionado, que se fue de misionero a la India. Henry Martyn leyó su biografía y se sintió impulsado a la India. Payson leyó acerca de él cuando tenía veinte años y dice que nunca había quedado tan impresionado por una lectura. Murray McCheyne también quedó profundamente impresionado por su lectura. La oración y consagración de aquel hombre solitario hicieron más por el avivamiento misionero del siglo XIX que cualquier otra fuerza.

La vida secreta, la vida pasada en comunión con Dios en busca de la Fuente de poder, es la vida que mueve al mundo.

La oración sin fe es sólo paja; con fe, contiene la semilla necesaria para producir un millón de cosechas.

Cuando dependemos de las organizaciones, conseguimos lo que la organización puede hacer; cuando dependemos de la educación, obtenemos lo que la educación puede hacer; cuando dependemos del hombre, obtenemos lo que el hombre puede hacer; cuando dependemos de la oración, ¡obtenemos lo que Dios puede hacer! — A. C. Dixon.

18 de Septiembre

*Ninguna disciplina al presente parece ser causa de gozo, sino de triste-
za; pero después da fruto apacible de justicia a los que en ella han sido
ejercitados.*

Hebreos 12:11.

CAEN LAS ÚLTIMAS lluvias veraniegas. El poeta, desde su ventana,
la observa. El fiero torrente golpea y castiga la tierra. Pero el
poeta en su imaginación ve mucho más allá de la lluvia que cae
delante de sus ojos. Ve miríadas de flores hermosas que pronto brota-
rán de la tierra regada, y que la llenarán de sin igual belleza y fragancia. Entonces canta:

> *No es agua lo que cae,*
> *es una lluvia de narcisos:*
> *cada gota, flores trae*
> *a los campos que Dios hizo.*
> *Una nube gris en el cielo*
> *abruma a mi pueblo;*
> *no es agua la que cae:*
> *esta lluvia rosas trae.*

Quizás alguno de los hijos de Dios que recibe en estos momentos
la disciplina diga: "Oh Dios, llueve fuerte sobre mi vida hoy. Las pruebas han venido sobre mí como lluvias que no puedo soportar. Los desengaños caen a cántaros, al punto que han frustrado todos mis planes.
Está lloviendo aflicciones en mi vida que hacen que mi corazón contraído tiemble en la intensidad de su sufrimiento. La lluvia de la aflicción ha caído sobre mi alma y terminará por abatirla". ¡No, amigo
mío! Estás equivocado. "No es lluvia lo que cae". Son bendiciones.
Si crees la Palabra de tu Padre, tras aquella lluvia que te azota bro-
tarán flores espirituales de fragancia y hermosura tales, que jamás habías visto en la vida previa al castigo. Sin duda ves la lluvia, pero
¿ves las flores? No está lloviendo aflicciones sobre tu vida. Está lloviendo ternura, amor, compasión, paciencia y un millar de flores y frutos del Espíritu que introducen a tu vida una riqueza espiritual más
grande que la prosperidad que haya podido imaginar tu alma. — Mac
Conkey.

19 de Septiembre

El Dios viviente está en medio de vosotros.

Josué 3:10.

ES EXTRAÑO QUE vivamos nuestra vida cotidiana en forma tan vacilante, monótona y descuidada.
Caminamos como si el nuestro fuera un sendero común y corriente, cuando cada día, cada instante estamos en la presencia del Dios
Viviente. — Marta Snell Nicolson.

223

Desde la primera hasta la última página de la Biblia, y también en otros libros, hombres de todos los rangos y de todos los tiempos han dado testimonio de haberse encontrado con reverencia arrobados en la radiante presencia de Dios. Unos pocos de ellos han sido: Abraham aquella noche junto al altar de fuego; Moisés en Sinaí (pasaron seis días antes que el Señor se le revelara); Isaías en el Templo; los tres apóstoles en la transfiguración; Pablo en Damasco; Juan en Patmos. En cada caso se enfrentaron con una gran tarea y recibieron la oportunidad de ser colaboradores de Dios. No se aceptó excusas. La respuesta de ellos fue como la de María: "He aquí la sierva del Señor". O fue como la de Pablo: "No fui rebelde a la visión celestial."

Como Isaías en el Templo, cuando estamos ante la presencia gloriosa del Señor, debemos estar listos para responder: "Heme aquí, envíame a mí." — Seleccionado.

"Dios nos visita con frecuencia, pero la mayor parte de las veces no nos encontramos en casa."

Ningún enemigo se nos puede acercar tanto como para quedar más cerca de nosotros que Dios. (O mejor dicho: Dios siempre está más cerca de nosotros que nuestros enemigos.)

Junto a tu corazón, divino Cristo,
reclinado como Juan sobre tu pecho,
hasta que tu gloria brille en mi rostro
junto a tu corazón busco reposo.

Junto a tu corazón, pueda yo estar
tus dulces palabras de amor para oír
y conocer tu preciosa voluntad para mí,
y las cosas de arriba pueda yo buscar.

Junto a tu corazón, donde todo es paz,
perdido en la luz de tu radiante faz,
allí aumentará mi confianza y fe
allí en la gracia constante creceré.

John W. Peterson. (Derechos reservados por Singspiration, 1956. En inglés.)

20 de Septiembre

Las armas de nuestra milicia no son carnales, sino poderosas en Dios para destrucción de fortalezas.

2 Corintios 10:4.

DURANTE LA GRAN guerra en Francia fue imprescindible tomar una posición muy defendida. Las líneas enemigas se hallaban tan protegidas por trincheras, alambradas y parapetos, que cualquier asalto por muy bien planeado que estuviera, y cualquiera que fuera el número de hombres que lo ejecutara, habría fallado. Por muy valiente que hubieran sido los atacantes, ninguno habría llegado con vida hasta las trincheras enemigas. En realidad, era imposible tomar el lugar por medio de la infantería. El general atacante había reunido una buena cantidad de piezas de artillería y los proyectiles más poderosos. La artillería mantuvo un fuego constante sobre su objetivo durante cinco horas hasta que las trincheras, alambradas y parapetos fueron derribados.

Cuando la artillería hubo cumplido su destructora tarea, la infantería pudo avanzar, y con muy poca pérdida ocuparon aquel puesto. Lo que les resultaba imposible fue posible por el fuego sostenido de la artillería.

Creo que éste es un cuadro exacto e instructivo sobre la guerra espiritual. Hay posiciones del enemigo que no podemos tomar por asalto, ni podemos sitiar. Sus defensas son inexpugnables. Hay obstáculos que traban el progreso de los más devotos miembros del gran ejército misionero de Dios. Antes de lograr el éxito, es necesario que sostengamos un fuego nutrido y continuo con la artillería de la oración. Nada la puede reemplazar. Nada podrá obtenerse hasta que ella haya hecho su trabajo.

Con mucha frecuencia, en ausencia de la oración, el asalto se hace sin su ayuda y se sacrifican vidas preciosas y todos los esfuerzos resultan vanos. No es porque Dios sea infiel, ni porque el siervo no sea devoto, sino porque ha faltado la artillería de la oración y no se ha hecho brecha alguna en las defensas enemigas. — Northcote Deck.

21 de Septiembre

Encomienda... confía... calla... espera en Él.
Salmo 37: 5, 7.

LA ORACIÓN PUEDE ser tan simple como el llanto de un bebé; tan elocuente como una lágrima; tan secreta como una angustia; tan ligera como un relámpago, tan poderosa como un tornado; tan dulce como la fragancia de una flor; tan profunda como el infierno; tan alta como los cielos; tan fuerte como el amor y tan divinamente humana como el Cristo de Dios. La oración es una oración verdadera cuando Él y su Espíritu la inspiran. — Desconocido.

¡Ora

cuando la vida fluye como plácido río
por los verdes campos, bajo el sol complacido!

¡Ora

cuando las tinieblas bajan y la tormenta se avecina,
cuando, pasado el día, comienzan los tormentos nocturnos,
¡rompe la pena que te envuelve con la oración ferviente!
¡Dios todavía reina en su trono de luz!
En el Nombre que le es tan querido, ten por cierto,
desnudará en defensa tuya su brazo omnipotente.

Anónimo.

Un joven que había luchado por meses contra la idea de rendirse a Dios nada había logrado. En casi cada culto en que se hacía una invitación pasaba al altar en busca de consejo. Mientras más luchaba, más grande parecía ser su fracaso. Finalmente empezó a dudar que para él hubiera la bendición de rendirse a Dios. Sin embargo siguió asistiendo a los cultos. Una noche el predicador dijo: "Si hay almas que están luchando, les aconsejo que en este momento dejen de luchar y le den el paso a Dios." La idea sedujo al joven. Cuando llegó a su casa recortó las letras "D-A-L-E E-L P-A-S-O A D-I-O-S y las fijó a la pared en su dormitorio. Entonces trató de darle el paso a Dios. Se paseó por la pieza tratando de darle el paso a Dios, pero no pudo ir más allá de esa idea. Finalmente salió. Cuando regresó más tarde, al entrar la pieza vio sobre la pared las palabras DA EL PASO. Algunas letras mal fijadas habían caído al suelo y por lo que parecía un accidente la verdad quedó clara en la mente del joven. ¡Dale el paso a Dios! ¡Da el paso! Cuando realmente encomendamos nuestra vida a Dios, le estamos cediendo el paso a Dios al dar *nuestro paso*".

22 de Septiembre

Y aunque era Hijo, por lo que padeció aprendió la obediencia.

Hebreos 5:8.

RECUERDO UNA historia sorprendente, que me contó un amigo. Una dama estaba veraneando en Suiza. Un día salió a caminar. Cuando subía por unos cerros, encontró un rebaño y a un pastor. Caminó hasta la puerta del redil y miró. Allí estaba el pastor rodeado de su rebaño. Cerca de donde estaba sentado, en un montón de paja, estaba echada una oveja que parecía sufrir. Cuando la observó más de cerca, vio que tenía una pata quebrada.

— ¿Qué le pasó? — preguntó ella.

Para asombro suyo, el pastor respondió:

— Le quebré la pata.

Al notar la mirada de dolor que contrajo el rostro de la visitante, el pastor explicó:

— Señora, de todas las ovejas de mi rebaño, ésta era la más rebelde. Nunca me obedecía. No seguía el camino que yo le indicaba al rebaño. Se descaminaba y comenzaba a caminar por el borde de peligrosos despeñaderos y profundos abismos. Pero no solamente me desobedecía, sino que estaba arrastrando consigo a otras ovejas del rebaño. Me había pasado esto con otras ovejas antes. Por eso le quebré una pata. El primer día le llevé comida y trató de morderme. La dejé sola un par de días. Entonces volví a verla. Ahora, no sólo recibió el alimento, sino que me lamió la mano y mostró señales de sumisión y afecto. Ahora bien, cuando esta oveja se mejore, y será pronto, va a ser un modelo de oveja en mi rebaño. Ninguna oveja va a oír tan rápidamente como ella mi voz. Ninguna caminará tan cerca de mí. En vez de descarriar a sus compañeras, será un verdadero ejemplo y guiará a las que tienen tendencia a extraviarse. Las conducirá consigo por el sendero de la obediencia a mi llamado. En resumen, ocurrirá una completa transformación en la vida de esta oveja descarriada. Ha aprendido la obediencia por medio del sufrimiento. — James McConkey.

La sala del tormento es el lugar donde la obediencia tiene su nacimiento.

El camino más corto hacia la liberación, consiste en la sumisión completa a la voluntad de Dios, aunque para ello haya que pasar por el horno de fuego.

23 de Septiembre

Jehová marcha en la tempestad y el torbellino.
Nahum 1:3.

EL VIENTO MÁS feroz que pueda azotarme está en la palma de la mano de Dios. Tras lo que parece muerte cruel, está el amor y la sabiduría de nuestro Dios.

> *Si Dios envía la tormenta,*
> *Si llena de árboles los altos montes,*
> *si sigue el curso de los gorriones,*
> *¿qué no hará en tu favor?*
>
> *Si Dios cuelga las estrellas en las alturas,*
> *si pinta las nubes errabundas,*
> *si pasea por los cielos al sol,*
> *¡qué no hará en tu favor?*
>
> *Si Dios nos da días soleados*
> *y a la naturaleza levanta de su sueño*
> *para que las aves canten alabanzas a su dueño,*
> *¿qué no podrá hacer en tu favor?*
>
> *Si Dios puede hacer todas estas cosas*
> *si cuenta cada avecilla cantora,*
> *si controla el universo en movimiento*
> *¿Qué no hará en tu favor?*
>
> *Si Dios me da su dulce paz,*
> *y a mi alma brinda libertad,*
> *por Cristo que murió en la Cruz*
> *lo puede hacer por ti.*

G. E. Wagoner

Los ojos de Dios no se han empañado con el tiempo; su oído no se ha ensordecido con el paso de los años; su brazo no ha perdido fortaleza, ni sus pasos se han vuelto vacilantes. No ha cambiado. Él es el mismo Dios inmortal, inmutable, invencible de todos los tiempos. Él se ha dado a sí mismo en mi favor. ¡Qué don! ¡Qué ofrenda! ¡Qué condescendencia sin medida, ilimitada, que el Dios infinito se diera a sí mismo!

24 de Septiembre

Vino y habitó en la ciudad que se llama Nazaret.
Mateo 2:23.

JESÚS VIVIÓ EN aquella pequeña aldea hasta que comenzó su ministerio público. Es dulce saber que el Hijo de Dios vivió tantos años en un hogar terrenal. Su vida pura y sin pecado se abrió allí como se abre el capullo para dar paso a la rosa que llena con su fragancia las llanuras.

El estudio de la niñez y juventud de Jesús, de los destellos fragmentarios de su vida que nos da el evangelio, debiera ser motivo de inspiración para cada niño y cada joven. Sin duda, quisiéramos saber más de aquella dulce y bendita vida hogareña. Pero lo poco que se nos dice debe bastarnos, o de otro modo el Espíritu de Dios nos hubiera dado más detalles. Como sabemos que no hubo pecado en Jesús, podemos pensar en su suavidad, su obediencia, su amor, su falta de egoísmo y en las demás, gracias y hermosuras de su carácter. Era un muchacho natural alegre, gozoso, interesado en las cosas hermosas, estudioso, ferviente sin ser beato ni morbidamente religioso. Era un niño como los que Dios quiere, y como Él desea que los niños sean. Cuando tenía doce años y comenzaba a pensar en su relación con el Padre Celestial, vimos un destello de su vida; sin embargo, debemos notar el hecho que cuando regresó a Nazaret volvió a tomar su lugar como hijo obediente y permaneció en ese hogar durante otros dieciocho años. Los negocios de su Padre en que estaba preocupado a los doce años, no consistían en predicar ni en obrar milagros, ni en hacer bienes a la gente, sino en permanecer en su hogar sujeto a sus mayores, alegre, laborioso, industrioso y crecer hasta hacerse hombre.

Algunos jóvenes se irritan porque la providencia los tiene por tanto tiempo en un hogar tranquilo y humilde, donde sólo realizan tareas sencillas y triviales. Si Jesús mismo halló en Nazaret un hogar suficiente para su bendita vida, no debemos pensar que nuestro hogar es estrecho para el desarrollo de nuestras vidas pequeñas. — J. R. Miller.

25 de Septiembre

Renunciando a la impiedad y a los deseos mundanos, vivamos en este siglo sobria, justa y piadosamente.
Tito 2:12.

PROFILAXIS PODRÁ SER UN término técnico, pero encierra una verdad práctica. Prevenir el peligro es mejor que tratar de remediarlo y es mejor que el remordimiento consecuente. Dios le dijo a su pueblo en la antigüedad que cuando edificaran casas de techo plano, donde pasarían muchas horas, pusieran petriles en los terrados.

Si no lo hacían y alguien se caía, su sangre caería sobre la cabeza del propietario.

Nosotros debiéramos poner guardias en los puntos peligrosos de nuestra vida, no solamente para prevenir peligros extranjeros, sino para apoyarnos en nuestros momentos difíciles. No siempre estamos en el mejor de los ánimos. No siempre estamos fuera de peligro en los lugares donde ordinariamente nos movemos. Cada convicción que se profundiza, cada entrega, cada voto, cada promesa y cada acto de consagración es una guardia que ponemos en un punto de peligro. Aprendamos la lección en la ciudad de nuestra vida: las barandas son mejores que las ambulancias y la construcción de parapetos es mejor que enterrar huesos. Ubicar las fuentes de la maldad es mejor que lamentarse en la desembocadura cenagosa del río; es mejor prevenir la siembra de semillas de maldad que cuidarse de las cosechas de vergüenza. Es mucho mejor proteger las vidas con nuevas esperanzas y oportunidades, nuevos intereses y perspectivas, fortificarlas anticipadamente contra el peligro, que intentar la restauración y la reforma de vidas que han sufrido sin remedio.

Y ¿quién será aquel que siendo fuerte y firme se niegue a edificar muros ante los lugares peligrosos de la vida para que el hermano más débil no caiga desde donde él puede transitar seguro? El placer de la libertad sin reglas, de la indulgencia personal, ¿puede justificar la catástrofe que nuestra autoconfianza puede provocar o nuestro ejemplo fomentar? Es mejor cualquier barrera de abnegación que el que la sangre del prójimo sea demanda de nuestras manos. ¡Que la hermandad de Jesús nos permita recordar al hermano débil, e interpretar la libertad cristiana a la luz del amor cristiano! — Maltbie Davenport Babcock.

26 de Septiembre

Bienaventurados los pobres en espíritu.

Mateo 5:3.

NUESTRO SEÑOR LLAMÓ a doce discípulos; y ¿qué de los demás discípulos que no recibieron un llamamiento especial? Los doce fueron llamados para cierta labor; en cambio, cientos de los que siguieron a Jesús pasaron desapercibidos. Podemos tomar un punto de vista desproporcionado acerca del cristianismo porque miramos las excepciones. Las excepciones son excepciones. Ni uno en un millón tiene una experiencia como la del apóstol Pablo. La mayoría de nosotros somos personas comunes y pasamos inadvertidos. Si tomamos las experiencias excepcionales como modelo de vida cristiana, sin darnos cuenta, constituimos normas equivocadas, y pasado el tiempo, resultamos ser un abortivo, una caricatura intolerable de Jesucristo.

"Bienaventurados los pobres en espíritu", significa literalmente, "Bienaventurados los indigentes en espíritu". ¡El indigente es algo bastante común! En la base misma del Reino de Dios está el encanto sin afectación de lo común. El tipo promedio de predicación enfatiza la fuerza de voluntad, la belleza de carácter, las cosas que fácilmente se destacan. Si uno sabe que no tiene fuerza de voluntad ni nobleza, Jesús le dice: "Bienaventurado eres", porque es a través de esa pobreza que se entra al Reino de los cielos. No puedo entrar como hombre bueno. Sólo puedo entrar como indigente absoluto.

"Como el lirio entre los espinos, así es mi amiga entre las doncellas" (Cantares 2:2). El lirio a que hace referencia Salomón es tan común como nuestras margaritas, pero está impregnado de cierto perfume peculiar. Un viajero pasa frente a un campo y repentinamente un aroma fragante le alcanza desde el centro de un matorral. Maravillado de su aroma, busca entre las ramas y encuentra que allí crece un lirio. La gente llega a un hogar bueno, aunque mundano, y dice: "¡qué buena influencia sale de aquel hogar!". Pero si se comienza a poner a un lado las cosas comunes de aquel hogar, se descubrirá que hay allí una madre o una hija que es realmente un lirio del Señor.

Apliquemos la enseñanza anterior a una vida individual. A veces vemos a una persona que en general se halla en desventaja en apariencia y en educación, a un hombre completamente común, y sin embargo irradia una maravillosa influencia. El verdadero carácter del encanto que testifica del Señor es siempre inconsciente. Cuando empezamos a preocuparnos de si somos de alguna utilidad, inmediatamente perdemos la fragancia del toque del Señor. Jesús dijo: "El que cree en mí, ríos de agua viva fluirán de su vientre." Si comenzamos a examinar la corriente, perdemos el contacto con la fuente. Tenemos que poner nuestra atención en la fuente y Dios se ocupará de la corriente.
— Osvaldo Chambers.

27 de Septiembre

Señor, tú nos has sido refugio de generación en generación.

Salmo 90:1.

NO PUEDES RETENER un águila en el bosque. Puedes reunir alrededor de ella un coro de las aves más selectas; puedes proporcionarle un lugar para posarse en el mejor de los pinos; puedes enviar mensajeros alados que le proporcionen las golosinas más escogidas. Pero el águila lo despreciará todo, extenderá sus alas señoriales, y con el ojo puesto en los picachos alpinos se elevará hacia sus lugares ancestrales.

Alza tu canto, ¡oh lengua mía!
alza tu canto mi corazón;
llénese el alma de alegría,
con alegría de devoción.

Vuelen al cielo los ecos santos
que arranco alegre a mi laúd;
vuelen al cielo mis dulces cantos,
mis dulces cantos de gratitud.

Ya siento el fuego de los amores,
de los amores del grato edén,
ya no me acosan crudos dolores
porque contemplo a Jerusalén.

Padre, en tu regia, santa morada,
donde la dicha no tiene fin
allí mi patria miro esmaltada
de bellas flores de tu jardín.

Llévame, oh Padre, para consuelo;
nada en la tierra yo espero ya;
Llévame al cielo, llévame al cielo,
que allí tan sólo mi dicha está.

H. M.

28 de Septiembre

Yo sé, Dios mío, que tú escudriñas los corazones, y que la rectitud te
agrada; por eso yo, con la rectitud de mi corazón voluntariamente te
he ofrecido todo esto.

1 Crónicas 29:17.

EL SEÑOR SE AGRADA en las ofrendas voluntarias. Él espera las ofrendas voluntarias para complacerse en ellas. Por eso nos coloca en situaciones en que nuestras ofrendas puedan ser tan costosas que lleguen a causarnos daños materiales. Entonces ve si damos de mala gana o por necesidad, o si confiados sólo en su presencia interior ofrecemos voluntariamente nuestros presentes al Señor. Él prueba nuestra volunad para ver su propia vida en nosotros y gozarse en nosotros con grande alegría.

"Si con egoísmo cierras la puerta tras tus tesoros de amor y fortuna, éstos se te escurrirán y desaparecerán. Si quieres conservarlos y aumentarlos, compártelos generosamente.

"Puedes inducirlos a trasponer voluntariamente una puerta puesta descuidadamente sobre la abertura, pero no se pueden conservar en la mazmorra hermética de la mente egoísta.

"Bendice tu único pan y pásalo a la multitud. A todos alimentará y te serán devueltos siete canastos llenos. Atesóralo, guárdalo y se reducirá a una migaja."

231

29 de Septiembre

Ha dado alimento a los que le temen, para siempre se acordará de su pacto.
Salmo 111:5.

NO LLEVES CARGA alguna sobre ti; aun una sola es demasiado para ti. Eso me corresponde a Mí, solamente a Mí. Tu parte es descansar en Mí." Una misionera se encontró sin medios de subsistencia en medio de un pueblo pagano, lejos de toda fuente de abastecimiento. En su angustia clamó a la promesa de Dios de que satisfaría sus necesidades. Su salud se hallaba quebrantada. Un comerciante de otra parte del país le envió varias cajas de avena escocesa. Había recibido antes varios tarros de leche condensada. Con estas dos mercaderías tuvo que sostenerse por cuatro semanas. A medida que pasaban los días parecía que esta dieta le asentaba mejor. Pasadas las cuatro semanas, se sintió mejor de salud. Algún tiempo después contaba su experiencia a un grupo de personas, entre los que se hallaba un médico. Éste le preguntó más particularmente sobre la naturaleza de la enfermedad que había tenido. Tras escucharla, el médico afirmó:

— El Señor oyó sus oraciones y le proveyó con mayor fidelidad de lo que usted piensa. Para la enfermedad que sufría los médicos prescriben una dieta de cuatro semanas de avena. El Señor le dio la receta y se ocupó hasta de que no comiera otra cosa. Fue el remedio exacto. — Seleccionado.

30 de Septiembre

Tengo por cierto que las aflicciones del tiempo presente no son comparables con la gloria venidera que en nosotros ha de ser manifestada.
Romanos 8:18.

HACE MUCHOS AÑOS se halló en una mina africana el diamante más maravilloso de la historia del mundo. Se lo regalaron al rey de Inglaterra para que brillara en su corona. El rey lo mandó a Amsterdam para que lo cortaran. Allí lo entregaron en las manos de un experto en pedrerías. ¿Qué piensan que hizo éste? Tomó aquella gema de valor incalculable. Le hizo una hendidura. Luego la golpeó reciamente con su instrumento y ¡ay! la joya tan soberbia quedó partida en dos en su mano. ¡Qué descuido! ¡Qué desperdicio! ¡Qué crimen! No, de ninguna manera. Aquel golpe lo había estudiado durante días y semanas. Su calidad, sus defectos, las líneas por donde debía quebrarse, habían sido estudiado cuidadosamente. El hombre al que se le había encomendado era uno de los lapidarios más famosos del mundo. ¿Piensan que aquel golpe fue un error? No. Fue el clímax de la habilidad del lapidario. Cuando dio aquel golpe, hizo lo único que podía darle a la gema, su forma más perfecta, su mejor radiancia y el esplendor de la joya más preciosa. Aquel golpe que parecía ser la ruina de la estupenda joya, en realidad era un golpe redentor. Porque de aquellos dos pedazos se confeccionaron las dos magníficas gemas que el hábil ojo del lapidario vio encondidas en la piedra que recibió desde las minas.

De esta manera, a veces Dios da un golpe tremendo a tu vida. Los nervios vibran. El alma clama angustiada protestando de dolor. El golpe parece ser un error atroz. Pero no es así. Tú eres la joya más preciosa para Dios. Él, el más avezado lapidario del universo, pone en práctica su habilidad. Algún día brillarás en la diadema del Rey de Reyes. Ahora que estás en su mano, Él sabe exactamente qué debe hacer contigo. Sobre tu alma indefensa no caerá golpe alguno que no esté autorizado por el amor de Dios, y obrará en ti profundidades de bendición y de enriquecimiento espiritual nunca antes visto, y que jamás te habías imaginado. — J. H. Mc Conkey.

1 de Octubre

El que piensa estar firme, mire que no caiga.

1 Corintios 10:12.

Los ÁNGELES CAYERON en el cielo. Adán en el paraíso y Pedro en la presencia de Cristo. — Teófilo Polwheile.

Si deseas saber cómo se llega hasta la corona, te lo diré: se llega por la cruz. A la montaña, se llega por el valle; a la exaltación por la humillación. — J. H. Evans.

Entre las grandes cosas que no podemos hacer y las cosas pequeñas que no haremos, está el peligro de no hacer nada.

Se necesitan trescientos sesenta grados para completar el círculo. Noventa centavos no forman un peso. La rueda está formada por muchos rayos. Esto significa que no hay cosas chicas.

Una batalla se pierde por una demora de un instante. El hombre muere de hambre por un bocado de alimento o por un vaso de agua. Por tanto, no hay cosas pequeñas.

Si dices: "Estoy abrumado, no puedo hacer nada, ayudaría gustoso, pero no puedo", lo que anhelas es ayuda. No es cierto que no seamos colaboradores. Donde hay un corazón ferviente, hay un siervo de Dios, y para él hay siempre trabajo... y recompensa. — Roberto Collyer.

Encontramos gigantes cuando nos hallamos en el camino del deber. Cuando Israel avanzó halló gigantes. Cuando retrocedió hacia el desierto no halló ninguno. — Seleccionado.

Es necesario que los siervos de Dios recuerden que cuando el Señor coloca a un hombre en un lugar de responsabilidad, lo capacitará para el servicio y lo mantendrá allí.

Es completamente diferente si alguien va al campo de servicio o a algún puesto de dificultad o peligro sin ser enviado. En tal caso, podemos esperar con toda seguridad un quebrantamiento completo que vendrá tarde o temprano. Pero cuando Dios llama al hombre a cierto puesto, lo dotará de la gracia necesaria para ocuparlo.

Esto es bueno en todos los casos. No podemos fracasar si nos aferramos al Dios viviente. No podemos volver secos si sacamos agua de la Fuente. Nuestros pequeños manantiales se secan pronto; pero nuestro Señor Jesucristo declara: "El que cree en mí, como dice la Escritura, ríos de agua viva fluirán de su vientre." — C. H. M.

2 de Octubre

Sin fe es imposible agradar a Dios; porque es necesario que el que a Él se acerca, crea que le hay, y que es galardonador de los que le buscan.

Hebreos 11:6.

LA FE ES UNA llave maravillosa, para cada circunstancia, que llevamos a Dios en oración. La fe es la llave maravillosa que abre las puertas de los almacenes de Dios. Los almacenes de Dios están llenos, anaquel tras anaquel, de las cosas buenas que los hombres necesitan.

En los estantes de Dios hay salvación, nuevo nacimiento, victoria sobre el mundo, la carne y el diablo. En los estantes de los almacenes de Dios hay sanidad divina, bendición, liberación para tu alma, tu cuerpo y tu espíritu. Allí hay ricas experiencias espirituales, hay gozo inefable y plenitud de gloria, esperanza, paz, bendición y respuesta a las oraciones.

Cada hombre, mujer y niño puede tener la llave de la fe para abrir la bodega de Dios. Puede dar vuelta a la cerradura de la oración y abrir de par en par sus portales.

La fe mueve montañas. ¿Necesitas mover alguna montaña? ¿Tienes alguna montaña de angustia, desesperación, descontento o desaliento? La fe en Cristo, el Hijo de Dios, puede moverlas. La fe en la preciosa sangre de Emanuel puede limpiar el corazón y hacerlo más blanco que la nieve.

Hay una montaña que se llama incredulidad. El Señor puede mover esa montaña. Tú no puedes moverla con el poder de tus razonamientos ni con tu vana imaginación. Lo que necesitas es una chispita de fe en el corazón y aquella montaña se moverá.

El Señor contesta la oración. Usa la llave que ha puesto en tu corazón. ¡Ten fe en Dios! Mira los estantes del almacén de Dios y pide cualquier cantidad de los frutos que ves allí almacenados. — Recorte de un diario.

3 de Octubre

Señor, auméntanos la fe.

Lucas 17:5.

A FE NO ES AFERRARSE, es dejarse caer.

En alguna parte leí una historia más o menos por este estilo: Un viajero fue asaltado por bandidos en un camino solitario. Le quitaron cuanto llevaba y lo condujeron a las profundidades de una selva. Allí en la oscuridad ataron una cuerda a una rama de un gran árbol y lo hicieron aferrarse de la punta de la cuerda. Lo hicieron balancearse en la negrura del espacio que lo rodeaba y le dijeron que estaba colgando sobre un profundo precipicio. En el momento que soltara la cuerda se destrozaría contra las rocas del fondo. Y se fueron. El alma del viajero se llenó de terror ante la horrible condenación que le esperaba. Se aferró desesperadamente de la punta de la cuerda, pero cada momento terrible hacía más desesperante su destino. Sus fuerzas comenzaron a fallar rápidamente. Al fin ya no pudo sostenerse más. Había llegado el fin. Sus dedos crispados soltaron la cuerda. Cayó... 18 centímetros y halló tierra firme bajo sus pies. Había sido una triquiñuela de los ladrones para darse tiempo para escapar. Cuando se dejó caer no fue para morir, sino para recibir la seguridad que había estado esperando durante el tiempo que había pasado aterrorizado aferrado de la cuerda.

Aferrarse de esta manera no salva a nadie de la desesperanza. Es solamente una triquiñuela de Satanás para que no tengas seguridad ni paz en base a las promesas del Señor. Mientras le haces caso, cuelgas sobre el supuesto precipicio, del temor y la desconfianza. ¡Déjate caer! El plan de Dios es que caigas no en la derrota, sino en sus brazos, de pie sobre la Roca sólida. En cuanto te des cuenta de tu incapacidad y de tu falta de fuerza, déjate caer; caerás sobre el Señor, el temor se disipará, se acabará la desconfianza, y recibirás la bendita seguridad por siempre. Porque Él, y no tu acto de aferrarte, "salvará a su pueblo de sus pecados".

4 de Octubre

Nos ha dado lluvia del cielo y tiempos fructíferos, llenando de sustento y de alegría nuestros corazones.

Hechos 14:17.

TE DAMOS GRACIAS, misericordioso Señor de las estaciones, por haber planeado el caleidoscopio que nosotros llamamos año; por la tierra que en sus jornadas hace de este ciclo un perpetuo deleite; por tu calendario de acabado encanto, hermoso más que los sueños de los hombres.

Los bienes que nos concedes
del Cielo han sido enviados.
¡Gracias, Señor amado,
gracias por tus mercedes!

La persona que tiene un poco de amor por la naturaleza siente regocijo en su alma al ver los cerros cubiertos de verdor, y los valles llenos con la gloria y el esplendor de las hojas que caen. ¿Has notado el color de las hojas del arce, marca inequívoca del lápiz insuperable de nuestro Señor?

Una dama le dijo a Turner, el gran artista:

— No veo en la naturaleza lo que usted pinta en sus cuadros.

— ¿No quisiera usted tener la dicha de verlo? — le respondió el artista —. ¡Que Dios abra los ojos de los que no ven!

Oramos por cosechas abundantes, producto de las tierras aradas del alma. Hemos plantado arbustos donde debiéramos haber puesto árboles. Hace algunos años, cuando se cortaron árboles para instalar el ferrocarril a Norfolk del Este, uno podía darse cuenta, en el verano, de la ruta que el tren seguiría por la franja roja que, como un río de sangre, recorría los verdes campos. Las semillas de amapola que habían permanecido sepultadas por generaciones habían germinado repentinamente al recibir la acción benéfica del verano. Lo mismo ocurrió en un bosque canadiense. Cortaron un bosque de abetos. En la primavera siguiente el suelo se vio cubierto de nacientes encinas, aunque no había encinas a la vista. Incontables años atrás, debe haber habido una pelea entre los dos árboles por subsistir, pelea que ganó el abeto. Pero las bellotas guardaron su chispita de vida bajo tierra y brotaron a la primera oportunidad.

¿Quién puede decir qué de cosechas pueden estar a la espera en los años de la eternidad, después que el verano de la tierra se haya desvanecido en el lejano pasado? — I. Lilias Trotter.

5 de Octubre

Ha salido de su lugar para poner tu tierra en desolación.
Jeremías 4:7.

Todo lo hizo hermoso en su tiempo
Eclesiastés 3:11.

EN LOS ARCES las hojas de escarlata brillan movidas por la brisa. Las campiñas, ya segadas, se ven delicadas y quebradizas tocadas por la blanca escarcha del año que fenece.

El aliento helado de la escarcha ha barrido las flores más delicadas del jardín y ha dejado a su paso negrura y muerte. Pero las noches congelantes dan un brillo más intenso a las flores más fuertes, y dan a los árboles del bosque su encanto de oro y escarlata. "Es un mes melancólico", dice una voz quejumbrosa. Quizá sea así para algunos. Pero

236

es el tiempo bendito de la cosecha, es el tiempo cuando las plantas dan su fruto, por lo tanto, no puede ser una estación triste y desolada. El dolor, la tristeza y la melancolía no deben eclipsar estos días hermosos, crepusculares del otoño.

Que nuestro espíritu se alegre
en el néctar delicioso que el otoño nos sirve
al coronarse de diamantes
de belleza abundante.

Recuerda que cuando las hojas caen, el cielo queda a la vista. Sí, siempre hay compensaciones. Alma atribulada y abatida, ten esperanza aun cuando el viento amargo del pesar y la adversidad desnude las ramas de tu vida. Mira siempre las profundidades insondables del amor del Padre. Él sabe; Él recuerda. Este período sombrío en tu experiencia, cuando parece que te han quitado todo lo deseable, es necesario para tu futuro crecimiento en la vida espiritual. ¿Ves ahora el azul del cielo? — Adelaida S. Seaverns.

6 de Octubre

...del Padre de las Luces, en el cual no hay mudanza, ni sombra de
variación.

2 Tesalonicenses 1:3.

COMO EL SOL para la tierra es el Padre para nosotros. El acto pagano de adoración más elevado era aquel en que se paraban sobre la cumbre de un cerro a contemplar el Este flamígero para luego inclinarse ante la aparición del sol vivificante. La comparación del apóstol es hermosa y adecuada. La luz que hace resplandecer el rostro humano, que ilumina una página o un camino, brota del sol. El brillo de una antorcha de madera de pino, la lámpara que alumbra, el resplandor de los carbones encendidos y los destellos del diamante son rayos de sol liberados. El hermoso arco iris, el cielo azul, el mar, el gozo indecible de las flores, el encanto de la primavera, las delicias del verano, la riqueza otoñal y el esplendor luminoso del campo nevado bendicen al sol por su existencia.

Ahora, dejando las figuras, llegamos a una gloriosa realidad: Dios es el verdadero Padre de las luces; es el Autor de todo bien y de todo don perfecto. El orgullo se levanta y se jacta de sí mismo: "¿He de agradecer a Dios por la salud y la riqueza, la educación, la posición social que he alcanzado, la influencia política y por cuanto he logrado gracias a mi dedicación y habilidad, a mi buen juicio, perseverancia y resolución? Debo usar aquella corona porque saqué el oro y corté y preparé los diamantes. La corona es mía."

Ten cuidado, hijo de Dios, escucha: Una voz resuena a través de los siglos y por sobre la tumba de centenares de generaciones: "Mira que no olvides al Señor tu Dios y no digas en tu corazón: mi poder y mi fortaleza me han dado esta riqueza. Recordarás ahora al Señor tu Dios, porque Él es el que te da el poder de tener riquezas."

Si todo lo hubiéramos logrado por nosotros mismos, nadie podría vivir con nosotros. La dependencia en Dios significa asociación con Dios, y ésta es la suprema oportunidad de la vida y la esperanza más noble. Todo don es de lo alto para que nuestros pensamientos y nuestra gratitud vayan hacia lo alto. Los dones de Dios son para que levantemos nuestro rostro hacia Él, para despertar en nosotros el amor hacia Él. Cada mal, cada imperfección nos arrastra hacia las tinieblas; cada bien y cada don perfecto nos conduce hacia la luz. Las aves y las flores son su llamamiento a la confianza; el orden perfecto de los cielos, nos llaman a la simetría y a la firmeza; la hermosura de la naturaleza pide de nosotros la hermosura de la santidad; los afectos de la tierra nos llaman al amor perfecto que ellos representan fragmentariamente. Gracias sean dadas a Dios su llamado supremo: aquel bien y Don perfecto, el Don inefable, Su Vida, su Amor, su Ser, dados en Cristo Jesús." — Maltbie Davenport Babkock.

7 de Octubre

El amor de todos y cada uno de vosotros abunda para con los demás.
2 Tesalonicenses 1:3.

CUANDO LLEGA LA tentación de chismear, cuando aparecen la envidia, los celos y la suspicacia, se pone a prueba la abundancia de nuestro amor hacia los demás. Para vencer aquéllos se necesita un amor más alto, más profundo, más amplio que cualquiera de esas nimiedades que pueden poner fin a tu intimidad con tus seres amados, amigos y conocidos. El amor abundante es capaz de sobrepujar y vencer aquellas cosas. Sin embargo, hay individuos de personalidad retorcida que realmente se complacen en lanzar esta clase de ataque sobre los demás. Hablarles de su condición, de que se hallan vacíos de amor, les irrita y les da más motivos para que el fuego de su ira siga ardiendo.

El escritor inspirado del Capítulo del Amor dice: "El amor, todo lo cree", incluso lo que se dice de bueno de los demás. Realmente implica que el amor precisa creer lo malo, lo degradante, lo deprimente, lo dañino, lo hiriente. Muchos han escapado de esta situación al no permitir que el amor piense lo malo.

Si un chisme te acosa,
ponlo en un archivo
si es un escándalo sabroso,
ponlo en un archivo
Si te entra la sospecha
de que tu vecino no es fiel,
te diré lo que debes hacer:
ponlo en un archivo.

Haz esto por algún tiempo
y luego quema el archivo.

8 de Octubre

En lugar de la zarza crecerá ciprés, y en lugar de la ortiga crecerá arra-yán; y será a Jehová por nombre, por señal eterna que nunca será raída.
Isaías 55:13.

DON EXTRAÑO del Señor: una espina para aguijonear, para herir lo más sensible de nuestro ser, para causarnos perpetua sensación de dolor. ¡Don extraño del Señor! Es para nuestra bendición. No nos agrada el aguijón, pero aquí está y no se va. No podemos en oración pedir que se quite, porque Dios según sus sabios planes lo da, y siendo así, es una gracia que la vida enriquece. El que lleva el aguijón de día en día halla en Cristo poder, fortaleza, seguridad; se gloría más bien en su debilidad para que repose en él el poder de Cristo. Oh santo atribulado, corazón desfalleciente, el aguijón con su escozor permanente con su dolor, agobiador, incesante es el medio para que alcances riqueza abundante. Los aguijones de la gracia de Dios, ¡qué formas tienen! Causan un dolor lacerante, un dolor agudo; sin embargo, cada uno es de Dios amor puro siempre enviado para darnos bendición sublime. Por eso, acepta de buen ánimo este enviado de Dios sea cual sea la forma y el dolor que te cause; reconoce en él a Cristo, su vida, su poder para cuidarte y preservarte en la hora de más dolor. — J. Danson Smith.

9 de Octubre

Orad sin cesar.
1 Tesalonicenses 5:17.

VARIOS MINISTROS solían reunirse para discutir cuestiones difíciles. En cierta oportunidad la pregunta fue: "¿Cómo se puede cumplir el mandato: Orad sin cesar?" Varios hablaron y propusieron soluciones que no dieron satisfacción a la pregunta. Al final decidieron nombrar a uno de ellos para que estudiara el asunto y preparara una exposición para la próxima reunión mensual. Una joven sirviente lo escuchó y exclamó:

—¿Un mes para descifrar el significado de ese versículo? Es uno de los más sencillos de la Biblia.

—Bien, María — dijo un anciano ministro —, ¿qué nos puedes decir al respecto? Dinos cómo lo entiendes. ¿Puedes pasarte la vida orando?

—Sí, señor.

—Pero, ¿cómo? Tienes tantas cosas que hacer.

—Sí, señor, mientras más quehaceres tengo, más puedo orar.

—Bueno, María, dinos cómo lo haces porque muchos de nosotros aquí pensamos lo contrario.

—Bien, señor —dijo la muchacha—, cuando abro los ojos en la mañana le pido al Señor que me abra los ojos del entendimiento. Cuando me visto, le pido que me vista con el manto de la justicia. Mientras me lavo, le pido que me haga partícipe del lavado de la regeneración. Durante mis labores oro para que el Señor me dé fuerzas suficientes para realizarlas. Cuando enciendo el fuego, oro para que el Señor obre en mí y avive mi alma. Mientras barro la casa le pido que me limpie el corazón de impurezas. Cuando preparo y sirvo el desayuno le pido que me alimente con el maná escondido y la leche sincera de la Palabra. Mientras estoy ocupada con los niños chicos miro a Dios como a un Padre y le pido el Espíritu de Adopción para ser una hija obediente. Y así sigo todo el día. Todo lo que hago me da una idea para orar.

—¡Basta con eso! ¡Basta! —exclamó el ministro—. Estas cosas han sido reveladas a los niños y están veladas para los sabios y prudentes. Vete, María. Ora sin cesar. Y nosotros, hermanos, alabemos al Señor por esta exposición y recordemos que Él dijo: "Encaminará a los humildes por el juicio y enseñará a los mansos su carrera." (Salmo 25 : 9.)

Velad en todo tiempo y orad. —Lucas 21 : 36.

10 de Octubre

Aún seré solicitado por la casa de Israel para hacerles esto.
Ezequiel 36: 37.

Porque Tú, oh Jehová de los ejércitos, Dios de Israel, revelaste al oído de tu siervo diciendo: Yo te edificaré casa. Por eso tu siervo ha hallado en su corazón valor para hacer delante de ti esta súplica.
2 Samuel 7:27.

LO QUE DESCIENDE del cielo como una promesa, debe devolverse como una oración.

Dios desde los cielos busca personas en la tierra en cuyos corazones pueda poner oración para la realización de sus promesas. Si ve que tu corazón no se halla dispuesto para la oración, buscará otros que lo estén, y ten por cierto que habrás tenido una pérdida considerable.

Esto lo ilustra muy bien la historia de Ester. Su pueblo, según la ley de los Medos y Persas, la cual no podía ser revocada, estaba condenado a la destrucción. El gran Mardoqueo conocía la Palabra de Dios. Sabía las promesas que había para su pueblo, los judíos. De aquellas promesas deducía que su pueblo era indestructible. Sabía que el complot de Amán no podía tener éxito. Sabía que había un futuro glorioso para Israel en su tierra. Había que hacer algo. Entonces encargó a Ester que intercediera ante el rey en favor de su pueblo. Mardoqueo sabía que si Ester no actuaba, otro lo haría en su lugar. Le dijo: "Si callas absolutamente en este tiempo, respiro y liberación vendrá de alguna otra parte para los judíos; mas tú y la casa de tu padre pereceréis. Y ¿quién sabe si para esta hora has llegado al reino?" (Ester 4:14.)

Las promesas de Dios no pueden fallar. Él ha destinado las oraciones para que las traigan a su realización. Alguien tiene que pedir que se cumplan. Si no pides el cumplimiento de las promesas, Dios buscará otra persona que lo haga.

"Porque los ojos del Señor recorren la tierra de uno al otro extremo para poner sus fuerzas a disposición de aquellos que tienen un corazón perfecto hacia Él." (2 Crónicas 16:9.) En tales corazones el Espíritu de Dios pondrá la oración de Dios, porque la oración es el aliento que exhalamos delante del Señor y que primero fue inspirado en nosotros por el Espíritu de Dios. La enseñanza que la promesa y la oración deben ir juntas en su uso es una de las primeras leyes del mundo espiritual. — Dr. Arthur Petrie.

11 de Octubre

Somos ... edificio de Dios.

1 Corintios 3:9.

EL ARQUITECTO despliega gracia y habilidad en la confección de un plano y en la edificación. ¿Has visto un arquitecto en el trance de concebir y trazar los planos de un gran edificio? Va paso a paso desde los cimientos hasta la terraza. Se preocupa que cada clavo quede en su lugar y conduce su obra maestra hasta su terminación. Luego con orgullo la presenta para ser ocupado.

Con precisión inigualable el Artesano Infinito se ha dedicado a su gran proyecto de construcción: la edificación de un universo infinito y espacioso. Su majestad no tiene paralelos.

Entonces, alma desesperada, que tu espíritu se eleve en gratitud por el hecho que el Maestro Táctico y Estratega ha bosquejado tu vida en su tablero celestial antes de erigirla acá en la tierra. Desde el momento en que fuiste concebido en el primer trazo de su imaginación, hasta el momento en que alentó en ti aliento de vida, has sido de sin igual importancia para Él. ¡Qué gloriosa comprensión! ¡Qué espléndida persistencia! ¡Previsión inigualable! ¡Paciencia infinita! Nuestra mente queda atónita cuando trata de seguir esta vasta empresa.

¿Puede el Creador del Universo tener interés en nuestros asuntos finitos, en los detalles sin importancia de nuestras preocupaciones, en nuestros temores y esperanzas triviales? Considera con cuánta precisión maneja las estaciones, cómo hace que el día siga a la noche de manera uniforme. Mira cómo coloca correctamente las flores en el brote que les corresponde y cómo las hace fructificar. Él da la atención debida a su jardín con sol y lluvia. Jamás ha perfumado la violeta con la fragancia de la rosa. Si así se ocupa de las cosas que ha creado, con cuánta mayor razón se ocupará de nosoros. Piénsalo, ¡Él nos hizo para Sí! ¡Él nos ha formado a su misma imagen! Somos sus templos. Nos hizo para ser nuestro Ocupador. — María Taylor.

12 de Octubre

Que guarden el misterio de la fe...
1 Timoteo 3:9.

LA FE ES VISIÓN más valor.
La fe es el ojo por el que miramos a Jesús. Un ojo que ve poco sigue siendo ojo. El ojo que llora sigue siendo ojo.

La fe es la mano con la que nos aferramos de Jesús. Una mano temblorosa sigue siendo una mano. Es el corazón de un creyente el que tiembla de emoción cuando toca el borde de la túnica de Jesús para ser sanado.

La fe es la lengua con que gustamos cuán bueno es el Señor. Una lengua puede estar febril, pero sigue siendo lengua. Podemos creer aun cuando estamos sin la menor porción de consuelo, porque nuestra fe no está fundada en sentimientos, sino en las promesas de Dios.

La fe es los pies con los que nos dirigimos a Jesús. Un pie que cojea sigue siendo pie. El que a Él se allega aunque sea cojeando, llega. — George Mueller.

Habacuc cantó alabanzas a Dios aun cuando vio las viñas sin fruto, los campos quemados y desnudos, los apriscos sin ganado. Se gozó, porque tenía fe en Dios. Su audaz seguridad de fe le hicieron el profeta de los siglos.

Abraham creyó a Dios cuando todo le era adverso, y "creyó en esperanza contra esperanza". Nosotros somos llamados a poner los pies en las huellas de los gigantes de la fe, y seguirlas como ellos siguieron al Señor.

Un fiel soldado de la cruz dijo que le gustaba sentarse a los pies de los antiguos héroes de la fe en Hebreos capítulo once, oír el relato de sus experiencias, oírles hablar de la oscuridad de sus noches y de las situaciones y extremos humanamente imposibles de soportar en que con frecuencia se encontraron. Fue en esos momentos de oscuridad cuando aprendieron el valor de la fortaleza del Omnipotente.

13 de Octubre

¿Quién hay entre vosotros que teme a Jehová, y oye la voz de su siervo? El que anda en tinieblas y carece de luz, confíe en el nombre de Jehová y apóyese en su Dios.

Isaías 50:10.

E N MEDIO DE las fieras tormentas — decía un viejo marino — lo único que podemos hacer es colocar la nave en cierta posición y mantenerla allí.

Esto es lo que debes hacer tú, cristiano. A veces, como Pablo, no verás el sol ni las estrellas y una tempestad no pequeña te azotará. En un momento así sólo puedes hacer una cosa, sólo tienes una vía de escape. La razón no te ayudará. Las experiencias del pasado no te darán luz. Aun la operación no logrará consolarte. Una sola cosa te queda por hacer. Coloca el alma en una posición y mantenla allí. Debes permanecer en el Señor y venga lo que venga, vientos, olas, marejadas, truenos, relámpagos, arrecifes amenazantes, debes amarrarte a tu timón y afirmarte en la confianza en la fidelidad de Dios, en el compromiso que Él ha pactado, en su eterno amor en Jesucristo. — Richard Fuller.

¿Qué me importa que el viento que sopla venga del este o del oeste? ¿Qué me importa cómo venga la marea si flujo o reflujo me es igual? Ni la calma veraniega ni el ciclón invernal impiden que siga mi camino; con constancia avanzo con rumbo al puerto que no lejos debe estar. Recuerdo los días angustiosos de antaño en que cuando sin movimiento debía quedar o cuando las olas terribles me azotaban, cambiaba el rumbo sin saber por qué. Temía la calma, temía el ciclón, presentía peligros, demoraba el viaje, olvidaba que ante todo debía zarpar para llegar al puerto, que lejos estaba. No mido la pérdida ni lamento lo gastado a través de los años de duda soportados. Conservo frescos en la memoria los recuerdos de los años en que Dios me sostuvo por misericordia.

14 de Octubre

Darlo... a aquellos para quienes está preparado por mi Padre.

Mateo 20:23.

C UANDO SANTIAGO Y Juan pidieron a Jesús que les diera los mejores lugares en su reino, Él les respondió con su modal suave y lleno de gracia que lo principal no consistía en querer los mejores lugares, sino en ser dignos de ellos. Es asunto de preparación: "para quienes está preparado" es sólo otra manera de decir que es para los que están preparados.

Estamos tan acostumbrados a los favoritismos en la vida pública que tratamos de ganar influencia para poder ser nosotros los designados. Pero los gobiernos perfectos no están en manos de funcionarios favoritos, sino en manos de personas capaces. "Dios no hace acepción de persona." No mira dos veces la petición de un hombre y luego firma. Lo que pesa realmente delante de Él es la capacidad personal. Pongamos entonces el énfasis de nuestra vida en lo que corresponde. No se trata de desear algo, sino de ser digno de algo. A Dios le sobra tiempo para descubrir las cualidades de cada uno, pero nosotros no tenemos mucho tiempo para hacernos dignos de tal descubrimiento. Debiéramos preocuparnos no tanto en ser reconocidos como en ser dignos de reconocimiento. Los verdaderos valores de la vida son espirituales y eternos, y el hombre digno algún día superará al favorito. — Maltbie Davenport Babcock.

Dios quiere lo mejor de nosotros. En tiempos remotos pidió lo mejor del rebaño, lo mejor del trigo, y todavía pide a los suyos con dulce ruego que pongan a sus pies sus más altas esperanzas y sus talentos más brillantes. Él no olvidará el servicio por muy humilde que sea; sólo pide que de lo que tenemos, le demos lo mejor.

15 de Octubre

El cielo y la tierra pasarán, pero mis palabras no pasarán.

Mateo 24:35.

No puedes llegar hasta el final de las palabras de nuestro Señor. Se les da forma de probervios, se les usa como leyes, se les da expresión doctrinal, se les da forma de palabras de consolación, se cantan como himnos, se versifican en poemas, pero nunca se agotan; después de todo el uso que se hace de ellas, aún están frescas e inagotables. — F. E. W.

Priscila Howe describió la Palabra de Dios como el libro que contiene la mente de Dios, el estado del hombre, el camino de salvación, la condenación de los pecadores y la bienaventuranza de los creyentes. Sus doctrinas son santas, sus preceptos obligatorios, sus historias verdaderas y sus decisiones inmutables. Por lo tanto, ¿cómo podrían quedar fuera del entendimiento del hombre? Léela para ser sabio, créela para ser salvo, practícala para ser santo.

Contienen luz para dirigirte, alimento para sustentarte, consuelo para alegrarte. Es mapa para el viajero, cayado para el peregrino, espada para el soldado, título de dominio para el cristiano. Aquí el paraíso es restaurado, se abren los cielos y revelan las puertas del infierno.

Su objetivo es Cristo, su designio nuestro bien y la gloria de Dios su propósito final. Debe llenar la memoria, gobernar el corazón y guiar los pies. Léela con detención, frecuentemente y con oración. Es una mina de riquezas, un paraíso de gloria, un río de placer.

Se te da en vida, te será abierta en el juicio y se recordará por siempre. Incluye las más elevadas responsabilidades, recompensa los trabajos más grandes y condena al que se burla de su sagrado contenido.

16 de Octubre

Busqué a Jehová, y Él me oyó, y me libró de todos mis temores.
Salmo 34:4.

OÍA UNA VEZ AL predicador escocés John McNeil que relató este incidente personal. Durante su niñez en Escocia, trabajaba a gran distancia de su hogar. Su camino lo llevaba a través de un denso bosque y a través de una extensa cañada. Se sabía que en la cañada vivían seres tan nefastos como animales salvajes y bandas de ladrones. La oscuridad siempre lo sorprendía antes de llegar al bosque, y afirma: "¡Con cuánto temor realizaba la última parte de mi camino! Nunca crucé aquellos bosques sin temblar de miedo."

Una noche especialmente oscura, estaba consciente de que alguien lo seguía. Estaba seguro que era un ladrón. Una voz llamó y su tono le heló el corazón. Pensó que había llegado su fin. Entonces oyó la voz por segunda vez:

—Juan ¿eres tú?

Era la voz de su padre. Sabía que tenía miedo y había ido a encontrarle. Le tomó la mano y le echó el brazo; fue la caminata más dulce de su vida. Su llegada había cambiado totalmente el camino.

Ésa es la relación de Dios contigo y conmigo. Él es tu Padre y mi Padre. Aunque las tinieblas y la bruma nos cubran, oímos su voz: Él ha salido a nuestro encuentro. En el momento preciso en que le necesitemos Él estará allí. En el momento más negro de la vida nuestro Padre Celestial dice: "¡No temas! Aquí está mi mano, haré el resto del viaje contigo." — Sra. de Cowman.

No me rebelaré si el Maestro considera adecuado, según su plan divino, conducirme a través de los valles más oscuros, sin un rayo de luz, donde la soledad me envuelva con la noche horrorosa.

No titubearé, no me atrevo a hacerlo, porque el que es sabio y veráz ha prometido estar conmigo hasta dejarme en lugar seguro. — J. Danson Smith.

17 de Octubre

Me guiará.
Salmo 23:3.

CUANDO EL VIAJERO recorre un país extraño, encuentra que está cubierto por una red de caminos y senderos. Algunos van por orillas de arroyos de aguas apacibles, otros se introducen en grandes bosques y se pierden en la espesura. Algunos suben por los faldeos de las montañas hasta que alcanzan la cima elevada; otros atraviesan grandes propiedades agrícolas y serpentean por las praderas y matorrales. Son caminos secundarios, muchos de ellos privados. En ellos somos transgresores porque no están hechos para que nosotros caminemos por ellos. Además de aquella red de caminos secundarios, el país está recorrido por extensas carreteras. Éstas corren de ciudad pavimentadas con concreto gris o con negro asfalto. Éstos son caminos para el uso de toda la gente. Todos tienen libertad de transitar por ellos. Ricos, pobres, esclavos, libres, altos y bajos tienen el mismo derecho de usar aquellas grandes arterias del comercio y del transporte.

En la vida cristiana la situación es semejante. La gente dice: "Dios no me ha revelado un plan para mi vida. Aún no encuentro el sendero por el cual Él ha de guiarme." Eso podría ser cierto. Quizá tú nunca has visto el sendero que Dios tiene para tu vida. Hay una verdad mayor aún. A través de todos los senderos del Libro de Dios y proclamado en cada una de sus páginas se halla un gran camino. Es el camino de la consagración. Es para todos los creyentes. Ninguno de los que transita por este camino teme no encontrar el sendero particular que Dios le ha trazado. La razón por la que la mayoría de los hombres no oyen el llamado particular de Dios a la obra de su vida, es que no obedecen el llamado general de Dios a todos los creyentes para que le dediquen sus vidas. "Si alguno hace mi voluntad, conocerá la doctrina" es una promesa absoluta de dirección para el hijo de Dios que rinde su voluntad a la voluntad de Dios. — James H. McConkey.

18 de Octubre

Me es necesario hacer las obras del que me envió entre tanto que el día dura; la noche viene cuando nadie puede trabajar.

Juan 9:4.

DEBEMOS DEDICAR solemnemente cada día y cuanto hagamos en él a la gloria de Dios.

Se dice que el mundo tiene un ojo de águila para lo incongruente, un ojo agudo para descubrir las extravagancias e incongruencias en lo defectuoso e indigno. Tiene ojo de águila, pero el águila tiene que cerrar los ojos ante el sol, y el iris ardiente de su ojo se contrae confundido por la pureza inmaculada del mediodía. Así resplandezca vuestra luz delante de los hombres, para que otros, atemorizados y encantados por la estabilidad de tu piadosa vida cotidiana, acudan interesados a pedirte consejo y digan que has estado con Jesús. — Punshon.

Sólo se pasa por este mundo una vez. Por lo tanto, si alguna muestra de bondad puedo dar, o si puedo hacer algún bien a algún semejante, harélo hoy día; no lo retardaré, ni lo haré descuidadamente, porque no volveré a pasar por este camino. — Marco Aurelio.

Cada día es una vida en miniatura; nuestra vida completa es solo la repetición de un día: por eso Jacob cuenta su vida por días y Moisés pide que se le enseñe de tal modo a contar, no sus años, sino sus días. Por lo tanto, los que se atreven a desperdiciar un día son peligrosamente pródigos; los que se atreven a malgastarlo, terminan en la desesperación. — Hall.

Enséñanos de tal modo a contar nuestros días, que traigamos al corazón sabiduría. — Salmo 90: 12.

19 de Octubre

En tu mano están mis tiempos.
Salmo 31: 15.

CUANDO FLORECEN los duraznos los crisantemos deben aún esperar siete meses; cada uno debe esperar su propio tiempo. — Proverbio japonés.

¿Tienes la gran esperanza, el deseo ferviente de servir al Señor? ¿Hay lugares y almas preciosas que deseas alcanzar antes que sea demasiado tarde? Debes levantarte y actuar *ahora*. Busca seriamente la voluntad de Dios. "¿Dónde te puedo servir, amado Señor? ¿Cuándo? ¿Cómo me prepararé para el servicio?" Tienes miedo de no captar los dulces murmullos de Dios. Antes que des el primer paso, querido obrero, debes tener la completa seguridad de que Él te guía, que el Padre Celestial está en el timón de tu barco en el mar de la vida. Escúchale: "He aquí que he puesto delante de ti una puerta abierta." Y finalmente: "Dile a los hijos de Israel que marchen."

Este encargo irrevocable del Señor resuena a través de los siglos para los hijos de la fe. Cuando las circunstancias exteriores dicen que es imposible seguir adelante, es hora de que Dios lo haga. Si se necesita un milagro para poder seguir adelante, es la hora de Dios. Cromwell dijo a sus soldados poco antes de una gran batalla:

— Acordaos, soldados todos, que Dios siempre viene en ayuda del hombre en los momentos de lo imposible.

¡Qué el Señor nos conceda gracia para esperar en Dios! Su hora señalada llegará. "La paciencia os es necesaria." A veces demora la respuesta a las oraciones para fortalecer nuestra confianza en Dios. Abraham esperó veinticinco años el cumplimiento de la promesa que tendría un hijo. Daniel esperó veinte días la respuesta a una petición que había hecho para recibir la interpretación de una visión. Las hermanas de Lázaro esperaron algunos días antes que Jesús respondiera a sus peticiones acerca de su hermano y Él respondió de una manera diferente de lo que ellas esperaban.

La hora señalada por Dios llegará. Llegará silenciosa y suavemente como un rayo de sol que se introduce a través de la ventana y tendremos una preciosa experiencia que será nuestra para siempre. — Señora de Cowman.

20 de Octubre

Toda buena dádiva y todo don perfecto desciende de lo alto...
Santiago 1:17.

TODA BUENA DÁDIVA es un don perfecto y un don sin defecto, un don que es completo en todo sentido, un don que es sano y sin tacha.

El corazón en tinieblas puede gritar: "¡Los dones de Dios han sido cualquier cosa, menos buenos y perfectos conmigo! ¡Me ha robado la salud, las esperanzas y mis seres amados! ¡La fe es una burla, y la providencia es el sueño de un necio!" Estimado que sufres, mira nuevamente el texto: "Toda buena dádiva y todo don perfecto viene de lo alto, del Padre de las luces en el que no hay mudanza, ni sombra de variación." ¡Son palabras maravillosas! El escritor de la Epístola de Santiago hubiera sido estudiante de astronomía en el día de hoy. La palabra "mudanza" es paralaje, que indica la diferencia debida a un cambio en el punto de vista. "Eso es lo que quiero decir", exclamas; "Dios ha cambiado en su actitud hacia mí. Mira como me trataba antes: tuve una juventud feliz, días de capullos y flores. Mira ahora: se ha acabado mi frescura, se ha ido mi esplendor; mis ramas sangran las heridas de su cuchillo."

Querido corazón, las dádivas de Dios son dones perfectos. El arado, el rastrillo y el cuchillo de podar son dádivas suyas al igual que la lluvia y el sol. Las uvas son mejores que las hojas. Hojas nada más sería el árbol o la vid sin la obra del cuchillo podador. El carácter vale lo que cuesta, y como Dios está incesante e inmutablemente trabajando en el carácter, la adversidad o la tribulación que nos puedan venir son herramientas de su propósito invariable, al igual que la otra dádiva que te hace reír de gozo.

La sombra que cubrió tu vida no brotó de ninguna mudanza suya, sino de una variación tuya. Dios jamás ha cambiado su propósito de amor hacia ti, y ninguna sombra vendrá sobre ti debido a alguna variación Suya. Toda buena dádiva y todo don perfecto es de lo alto. Algún día el oro agradecerá al crisol, el acero al alto horno, y la púrpura al cuchillo que la corta. — Maltbie Davenport Babcock.

21 de Octubre

Yo os muestro un camino aún más excelente.
1 Corintios 12:31.

TRACÉ CUIDADOSAMENTE mis planes y el futuro parecía brillante: mis sueños y esperanzas eran altos. Al final de cada día, al arrodillarme en oración, pedía "Señor, bendice mis planes pues los he hecho en grande". Mis planes fracasaron, mis esperanzas poco a poco se derrumbaron, mis ambiciones todas se disiparon y el fracaso coronó mis sienes. Confundido, no podía comprender. Me había arrodillado a orar por cada plan y esperanza. ¿Por qué no se me había contestado? Entonces, en la quietud de la noche, desde las sombras circundantes, oí una suave voz susurrante que me llamaba a acercarme a Él. — ¿Por qué no dejas que Yo trace tus planes? Ya conozco el sendero. Deja el futuro en mis manos por ti heridas, y te guiaré paso a paso —. Avergonzado, incliné humillado la cabeza. Una luz nueva y extraña me inundó el alma. Ya no oro "Señor bendice mis planes", sino "Señor traza mis planes; el futuro en tus manos he entregado".

22 de Octubre

Sobre los sauces... colgamos nuestras arpas... ¿Cómo cantaremos cánticos de Jehová en tierra de extraños?
Salmos 137: 2, 4.

VIVÍ UNA VEZ en una antigua casa de campo, en la que el viento a veces silbaba y me hizo pensar que podía tener música si de esa manera soplaba. Por eso me hice un arpa eólica con seda de coser extendida y la coloqué en una ventana que daba al norte. Cuando llegaban las tormentas la casa se llenaba de una dulce melodía.

¿Hay en tu vida una ventana que dé al norte? ¿No podrías arreglar las tres cuerdas de la fe, la esperanza y el amor de tal manera que las tormentas de la vida traigan música a este triste mundo? Muchos lo hacen, y quizás hay más música que lo que imaginamos. Dios tiene muchas arpas eólicas. — Crumbs.

Si has colgado tu arpa de los sauces, tómala y deja que el Señor sople bendiciones a través de sus cuerdas, aun cuando te encuentres en tierra extraña.

23 de Octubre

Porque viene el príncipe de este mundo, y Él nada tiene en mí.
Juan 14: 30.

SUPONGAMOS QUE tengo 10.000 hectáreas de terreno. Tú vienes y me compras 9.999 hectáreas y retengo para solaz mío una hectárea en el centro mismo de aquella posesión. Tengo derecho a cruzar tus tierras para llegar a mi propiedad, y no puedes impedírmelo porque, la ley me protege. Si cuando te entregas al Señor retienes algo de tu ser para tu propio deleite en el centro de lo que has rendido al Señor, el diablo tiene derecho a cruzar las hectáreas de tus buenas resoluciones y propósitos para llegar a su posesión, y no puedes impedírselo. La ley de posesión está de su parte. Jesús dijo: "El príncipe de este mundo viene y nada tiene en mí." Él no tiene propiedad dentro de Cristo.

Cada hijo de Dios debiera estar en condiciones de mirar frente a frente al diablo y decirle: "Tú no tienes en mí ningún territorio sobre el cual puedas reclamar dominio: ni mi lengua, ni mi carácter, ni mi voluntad. No me controlas por medio de la codicia, ni por la mezquindad, ni por la mundanalidad. Soy propiedad del Señor. ¡Vete de mí, seductor y tentador!" Detenlo en los límites de tu vida, sobre la que él sabe que no tiene control, si es que tu vida pertenece enteramente a Dios.

Ten por seguro que si hay en ti ambiciones, si codicias posiciones, poder, influencia entre los hombres, si buscas el aplauso de los hombres, el diablo tiene posesión dentro de ti; pero después que hayas decidido presentarte aprobado delante de Dios y ya no te importen las posiciones, bajas, medias o altas, el diablo pierde el dominio que en ti tenía.

Sé enteramente de Dios, eso es todo: *enteramente de Dios*. De eso depende la santidad, de eso depende el servicio. — Arthur T. Pierson.

Ser un poco más sabio cada día,
conservar mi vida interior limpia y fuerte,
liberar mi vida de engaño y error,
cerrar la puerta al odio, la burla y el orgullo,
abrirla completamente al amor,
enfrentar con corazón contento lo que venga,
transformar las discordias de la vida en armonías,
compartir la pesada carga de algún cansado obrero,
conducir al buen camino al compañero extraviado,
saber que lo que tengo no es mío,
sentir que jamás estoy completamente solo;
ésta será mi oración cada día
porque sé que así fluirá mi vida
en paz hasta que Dios me llame a su presencia.

24 de Octubre

Porque Dios es el que obra en vosotros el querer y el hacer por su buena voluntad.

Filipenses 2: 13.

SE CUENTA QUE una vez Mendelssohn fue a ver el gran órgano Freiburg. El anciano custodio sin darse cuenta de quien era, no le permitió tocar el instrumento. Por fin, de mala gana, le permitió que tocara unas pocas notas. Mendelssohn se sentó y pronto brotó del órgano la música más maravillosa. El custodio estaba como hechizado. Se acercó al gran músico y le preguntó su nombre. Al oírlo, permaneció humillado y dijo:

—¡Y yo que le rehusé el permiso para que tocara en mi órgano!

Hay Uno que viene a nosotros y nos pide permiso para tomar nuestra vida y tocar en ella. Pero nosotros se lo impedimos, le negamos el permiso, cuando, si se lo concediéramos Él arrancaría de nuestra alma melodías celestiales. — De Santificación.

Es muy significativo que en las epístolas, donde tenemos las experiencias más maduras de la vida cristiana, no se nos diga que esperemos el Espíritu, sino que "andemos en el Espíritu"; no se nos dice que recibamos el Espíritu, sino que seamos llenos del Espíritu. Se nos advierte que no resistamos el Espíritu que ya hemos recibido, que no contristemos el Espíritu que mora en nosotros, que no apaguemos el Espíritu que arde en nuestros corazones.

Creo que en esto radican los desengaños y derrotas que muchos encuentran en su vida cristiana. En algo, o de alguna manera estamos poniendo límite al Santo, de modo que no puede tomar posesión de nosotros como quisiera. — F. C. Gibson.

25 de Octubre

Y nosotros hemos creído y conocemos que Tú eres el Cristo.
Juan 6:68.

EL DOCTOR W. B. HINSON habla, en uno de sus sermones más notables, acerca de la realidad de Jesús en la historia. "Me da la impresión de estar parado en la cúspide de una montaña que he escalado toda la vida; parece que estuviera por decirme algo que he estado aprendiendo a lo largo de mi existencia. Jesús es un hecho, no una ficción en las páginas de la historia. Tácito, historiador romano del primer siglo, habló de Jesús a su manera: "Allí apareció Jesús." Su alusión a Jesús es incidental. Pero diecinueve siglos han hecho énfasis sobre el adjetivo *allí* y han hablado de un Jesús. En el siglo segundo Lucio, un satírico romano, hizo una breve mención de Jesús cuando dijo en forma satírica: "Jesús el grande." Pero aquellos mismos diecinueve siglos han subrayado una y otra vez el objetivo de aquella frase, y llaman "grande" a Jesús. En el siglo primero, cuatro hombres: Mateo, Marcos, Lucas y Juan escribieron la maravillosa historia de Jesús. Escribieron de su nacimiento, infancia, niñez y juventud. Dicen cómo habló y cómo miró. Dicen cómo actuó, caminó, gesticuló, se sentó y aun cómo se paró. Cuentan cuanto sabían de Él. Es la historia más íntima de su vida. Cuentan como murió, como fue sepultado, como resucitó, y cómo ascendió a los cielos. Y el maravilloso registro de aquella vida que ocupa sólo la cuarta parte de mi Nuevo Testamento, ha hecho más por el mundo que todos los libros que se han escrito.

El historiador Lecky, sin prejuicio alguno, dice que ha emanado más bien del relato escrito de la vida de Jesús que de todas las palabras dichas a través de la historia por todos los que han pronunciado discursos. Esos cuatro Evangelios son historia.

Juan Stuart Mill, de Inglaterra, dice: "Es inútil negar al Jesús histórico." No dice que es casi inútil, sino que es inútil. El más grande de los escépticos franceses dijo: "Se necesita un Jesús para poder inventar un Jesús." El apóstol Pablo escribió algo acerca de la historia de Jesús en lo que llamamos sus Epístolas. Pablo marcha al frente de un ejército tan grande de individuos que elogian a Cristo, que no podría ni mencionar el nombre de algunos de sus oficiales. Si vas a Shakespeare, que dicen que es el hombre no inspirado más grande que ha existido, hallarás que habla de "los acres sobre los que caminó el pie bendito que para ventaja nuestra fue clavado sobre una amarga cruz". Si escuchas a Gladstone te dirá que en el Nuevo Testamento la nota suave crece hasta formar una poderosa sinfonía que afirma que Jesús es el Hijo de Dios, el Salvador del mundo. Si escuchas al gran German le oirás decir: "Cristo es el más santo de los poderosos y el más poderoso de los santos."

Pero por sobre todos, me gusta recordar a Charles Lamb, alma gentil y muy afligida que dijo: "Si Shakespeare entrara, nos pondríamos de pie; pero si Cristo entrara, nos pondríamos de rodillas."

Ah, sí, Jesucristo es una realidad. No importa lo que diga algún que otro profesorzuelo de escuela en su contra. ¡Jesús es una realidad y no una ficción en las páginas de la historia! — W. B. Hinson.

26 de Octubre

Si alguno tiene sed, venga a mí y beba.
Juan 7: 37.

EN EL PRIMER capítulo del libro de Jueces se relata una historia poco usual. Acsa había recibido un obsequio de tierras de su padre. Cuando pasó revista a sus nuevas posesiones, descubrió consternada que no había fuentes de agua: la propiedad estaba en el desierto.

Acsa le envió a decir a su padre Caleb que quería verlo. Cuando la llevaron ante su presencia, él le preguntó:

— ¿Qué tienes?

Su respuesta fue bien definida:

— Puesto que me has dado el Neguev, dame también fuentes de aguas.

Entonces Caleb le dio las fuentes de arriba y las fuentes de abajo.

Este generoso obsequio excedió sus más deseadas esperanzas; la tierra podría llegar a ser fructífera y fértil. Luego se hace evidente que la joven había aprendido una de las más grandes lecciones de la vida: para gozar de cualquier bendición, hay que compartirla. Otros deben tener la oportunidad de saciar su sed en estos manantiales. Invitó a sus vecinos: "Venid a las aguas, comed y bebed en abundancia..."

Acsa pudo haberse conformado con la tierra seca y estéril, pero cuánto mejor fue que pidiera con fe: "Dame una bendición."

No podía haberse hallado un símbolo más sencillo y más adecuado del Espíritu que el de un manantial, fuente que no se seca, ni se enturbia. De sus claras profundidades, alimentado por las venas secretas de la tierra, salta siempre a la vida. No decae, sino que siempre salta y fluye.

"Todas mis fuentes están en ti", dice David. El alma que ha hallado sus fuentes en Dios, sabe que su provisión no faltará, ni variará; necesitamos las fuentes de *arriba y las de abajo*. Necesitamos el Espíritu de Dios en las regiones más elevadas de la vida y en sus niveles más bajos: la necesidad es siempre la misma. — Sra. de Cowman.

27 de Octubre

No lo digo porque tenga escasez, pues he aprendido a contentarme con lo que tengo.

Filipenses 4:11.

HABÍA UNA VEZ en el desierto una zarza que miró alrededor suyo y se lamentó:

— ¿Habrá alguien más desafortunada?

Arriba el cielo ardiente le enviaba desde el sol sus dardos de fuego. A su rededor ejecutaba su danza el aire caldeado como el calor de un horno. Abajo estaba el desierto. Las rocas desnudas brotaban del suelo rodeadas de arena totalmente desprovista de pasto. De vez en cuando se veía un arbusto que luchaba angustiosamente por conservarse vivo. Allí a la distancia se divisaba un trecho de escaso pasto verde.

—Ah, ¡si estuviera en el jardín del rey! — se lamentaba —. Los viajeros dicen que los cuidan y atienden. Allí habría esperanza para mí. ¡Si fuera digna de algo! ¡Si tuviera frutos deliciosos como la higuera o la vid que crece cerca de las cabañas de la gente y alegran a los hijos de los hombres! ¡Si fuera como el cedro del Líbano o la encina! ¡Si pudiera destilar algún bálsamo para la sanidad de las naciones, o si pudiera coronar el año de alegría, como el trigo! Pero, ¡soy una zarza! ¿A qué pajarillo se le va a ocurrir fabricar su nido en mis ramas?

Así la zarza le hablaba a los vientos de la noche, y contaba sus penas a las estrellas en las noches de quietud.

Pero, un día Moisés condujo su rebaño al desierto y la zarza ardió con fuego que no la consumía. ¡Dios estaba en el arbusto! Y desde la zarza se le dio a Moisés la gran comisión de libertar a Israel. Todas las generaciones, desde entonces, han sido encendidas y bendecidas por la visión y por el mensaje que salió de la zarza ardiendo. — Mark Guy Pearse.

28 de Octubre

Como había amado a los suyos que estaban en el mundo...

Juan 13:1.

D EBEMOS SER AMABLES, sobre todo, con las personas que más amamos. "Hay un círculo interior de afectos a que cada corazón tiene derecho sin ser transgresor. Aunque debemos ser amables con todos los hombres, jamás lo contrario, hay personas a las que debemos tratar con especial ternura. Se dice mucho de la importancia de la religión en el hogar. Un hogar sin religión es terrible y desventurado. Pero debemos asegurarnos que la religión de nuestro hogar es sincera y real, que es espíritu y es vida y no mera fórmula. Debe ser amor en pensamientos, en palabras, en disposición, en hecho. Debe manifestarse a través de la paciencia, tolerancia y templanza, a través de la dulzura en respuesta a la provocación y en interés amable y modales tiernos en todas las relaciones familiares.

Ningún monto de educación religiosa puede sustituir la falta de afecto de los padres por los hijos. Un caballero dijo una vez:

— Mi madre era una buena mujer. Insistía en que sus hijos fueran a la iglesia y a la escuela dominical, y nos enseñó a orar. Pero no recuerdo que me haya dado jamás un beso.

De nada sirve la lectura bíblica, la oración y el catecismo en el hogar si falta el cariño. Ésa es la mayor necesidad que los hijos desean ver satisfecha en el hogar. Un hijo debe recibir amor. El amor es a su vida como el sol es a las plantas y a las flores. Ninguna vida juvenil puede crecer en buena forma en el hogar donde falta el amor. La falta de amor produce un daño irreparable en la vida de los hijos. — J. R. Miller.

29 de Octubre

Y el Dios de esperanza os llene de todo gozo y paz en el creer, para que abundéis en esperanza por el poder del Espíritu Santo.

Romanos 15:13.

Sed llenos del Espíritu.

Efesios 5:18.

L LENOS DE ESTA dulce paz para siempre, avanzamos en medio de luchas y cuidados hasta que nos hallamos rodeados de paz en la excelsa gloria del Cordero.

La gloria del tabernáculo no estaba en sus ricas tapicerías, sino en la misteriosa presencia, en el *Shekinah* Divino que moraba en el propiciatorio. Es igual con el cuerpo del creyente. Lo que le da más valor e importancia que el sol, la luna o las estrellas, es la verdad que el Espíritu del Dios vivo ha establecido allí su trono. Reviste nuestros cuerpos de una dignidad y santidad el hecho maravilloso de ser nada menos que la casa misma de Dios.

"Hay más lugar de reposo, paz y gozo en Cristo, en Dios, en el cielo, que posibilidades hay en el universo de que me lleguen inquietudes, preocupaciones y tormentos. Pero sólo el Espíritu Santo puede dar aquellos dones." — G. V. W.

30 de Octubre

Si andamos en luz, como Él está en luz, tenemos comunión entre nosotros.

1 Juan 1:7.

OCURRIÓ EL ÚLTIMO domingo en que Henry Ward Beecher ocupó el púlpito de la iglesia de Plymouth en Brooklyn. Una semana después le sobrevino la enfermedad que puso fin a su vida. Terminado el servicio, el ilustre predicador demoró su salida observando el edificio que tanto amaba. Al darse vuelta para salir, vio dos muchachitos vendedores de diarios que habían entrado al servicio. El doctor Beecher quería mucho a los vendedores de diarios. Rodeó con sus brazos a ambos muchachos y conversó con ellos mientras se dirigían por el pasillo hacia la salida.

Cuarenta y un años después, en un homenaje al ministerio de Henry Ward Beecher, uno de los oradores, un distinguido ministro, contó la historia de aquella noche en la iglesia de Plymouth, y dijo: "Yo era uno de aquellos muchachos." A través de su vida había recibido inspiración y fortaleza al recordar el brazo de Henry Ward Beecher sobre sus hombros. Un gran hombre le había concedido su amistad.

Dios también nos ofrece su amistad. Tal como aquellos vendedores de periódicos hallaron un amigo, nosotros podemos hallar la compañía divina si caminamos en la luz. — Seleccionado.

Quisiera que sus manos posara sobre mi cabeza, que sus brazos me abrazaran, que pudiera ver su mirada de amor cuando me dice: "Ven, siéntate, ten comunión conmigo." — Anónimo.

La comunión con Dios consiste en andar donde Él está, en la luz.

"Para que también vosotros tengáis comunión con nosotros; y nuestra comunión verdaderamente es con el Padre y con su Hijo Jesucristo. (1 Juan 1:3.)

31 de Octubre

Ahora son muchos los miembros, pero el cuerpo es uno solo.
1 Corintios 12:20.

L A GLORIA DE DIOS se expresa por la armonía de la variedad. No necesitamos ser exactamente iguales para ganar la unión. Ahora miro un escenario de incomparable belleza. Hay montañas, hay mar, hay praderas, hay árboles, un cielo extenso y guijarros blancos a mis pies. Una avecita blanca acaba de cruzar un banco de negras nubes." Así relata Mark Guy Pearse una experiencia de variedad de una tarde de sol mientras descendía de un monte en Suiza. "Una negra tormenta eléctrica oscureció el día y todo quedó repentinamente en tinieblas. Apenas podíamos ver el estrecho sendero y el costado de la montaña sumida en la más profunda tristeza. ¿Qué había sido de la majestad que nos rodeaba: alturas, profundidades, maravillas? Todo era tinieblas. De repente, aparecieron los relámpagos, no los rayos. El cielo resplandecía incesantemente por todos lados. ¡Qué gloria la que pudimos contemplar! ¡Qué maravillas de esplendor brotaron de las tinieblas!"

El señor Pearse sonríe y sigue diciéndonos: "Piensa cómo en nosotros y con nosotros está uno que viene a transformar los senderos comunes de la vida en pensamientos resplandecientes, iluminados por la luz de la gloria de Dios; a aclarar la visión del alma y a revelar la grandeza de la salvación que tenemos en Cristo." — De *Thoughts for the Quiet Hour.*

¡Qué variedad! Examinada más de cerca, la variedad se multiplica infinitamente. Cada cosa se mezcla con otra. Nada está fuera de lugar. Todo contribuye a dar una potencia y hermosura completa, acabada. Así es en la esfera de la vida humana. La gloria de la humanidad nace en la gloria de los individuos, cada uno de los cuales hace una contribución distinta.

De esta manera, nos necesitamos unos a otros. En el órgano se necesita cada nota para poder expresar plenamente las nobles armonías. Se necesita cada instrumento en la orquesta, pues de otro modo la música sería incompleta e imperfecta. Dios no ha dotado dos almas de la misma manera y cada alma es necesaria para ejecutar la música del reino de los bienaventurados. — J. H. Jowett.

1 de Noviembre

¿Qué pagaré a Jehová por todos sus beneficios para conmigo?
Salmo 116:12.

S Í, GRANJERO, cierra los portones de tu granero. El dulce tiempo de la siega ha terminado, y la tierra ha entregado su tesoro de dorados granos. Suenan las palabras: "¡El que de su provisión ayuda a los pobres de Dios, presta a Jehová!" Anda, pon tus cargamentos en

camino, porque han sonado las campanas del día de acción de Gracias!
— Harper's Weekly.

Como rara joya engastada sobre un fondo opaco, el mes de acción de gracias resplandece con brillo especial en el ambiente austero de cielos sombríos y tierra abatida por la escarcha: es el mes más alegre, y el más triste de los doce. Otro año, con bendiciones y cargas se nos ha escapado de las manos y con el corazón lleno de las más diversas experiencias, nos reunimos una vez más para celebrar la fiesta anual. Algunos rostros sólo dejan ver paz, contentamiento y dulce gozo. Dios ha sido bueno contigo y tu corazón feliz rebosa de gratitud al recibir la copa que se te ofrece rebosante. Otros rostros llevan una sombra de gran dolor. En esa condición murmuras con rebeldía a través de las lágrimas que te enceguecen el corazón: "¿Cómo puedo sentir gratitud?" Alma querida, en medio de tu pena amarga, no olvides que el Señor al que ama castiga.

Éste es el tiempo en que muchos celebran sus sagrados "aniversarios del corazón", y nadie lo sabe, excepto Aquél que conoce todos nuestros secretos. El problema de vivir, para algunos, es muy superior a sus fuerzas y esperan con ansias el momento en que el ángel de la muerte los lleve sobre sus alas. ¿Qué pueden esperar de este día de alabanzas los que están recluidos en sus lechos de cansancio y dolor, las viudas y los huérfanos los que viven anclados en la pobreza, los que soportan el asalto feroz de las tentaciones y los que llevan vidas duras, difíciles y feas? Los que hemos recibido del bien y la misericordia de Jehová, los que hemos recibido mucho, ¿compartiremos generosamente con los menos afortunados, con los que no han alcanzado bendición, para que nuestra vida sea un prolongado día de acción de gracias que se manifieste a través de nuestras dádivas, nuestras acciones de bien y nuestras vidas ejemplares ofrendadas en gratitud a Dios?

2 de Noviembre

Caímos todos nosotros como la hoja.

Isaías 64:6.

EL AIRE ESTÁ lleno de tristeza: voces extrañas con acento de dolor, hojas que caen con patética lentitud, lluvia que toca fúnebres melodías.

Cada sonido que oímos, cada cosa que vemos, nos lleva a pensar en la antiquísima verdad que halla pronto eco en cada ser humano. Numerosas veces hemos oído estas palabras desde los púlpitos en tono solemne, y nos dejan con un sentimiento de tristeza que aflora cuando comienzan a caer las hojas y las rosas veraniegas se marchitan. "Y caímos todos nosotros como la hoja."

Ése es el común denominador del mundo. Es tan común y verdadero que ha perdido en gran medida el poder de la verdad. Sin embargo Dios nos ilustra cada año esta verdad por medio de los muchos colores del otoño, y le da nuevo poder y la hace más impresionante mediante la ayuda de conmovedores cuadros de la naturaleza. Cada año, en la caída de cada hoja, Él expone su parábola que representa nuestro desgaste y nuestra muerte. — Hugh Mac Millan.

¿Cómo caen las hojas otoñales? Ciertos árboles reproducen en su follaje otoñal los mismos colores que tuvieron cuando sus hojas brotaban en la primavera, pero con todos más vigorosos y brillantes. La naturaleza no muere andrajosa. Se viste con sus ropas más esplendorosas y muere gloriosa. Muere con sus alegres banderas desplegadas y nos sonríe mientras se aleja de nosotros. Dios da a los suyos mensajes consoladores en todos los tiempos y estaciones.

¿Por qué hemos de temer la transición? Dios ha hecho que el valle de las sombras sea tan hermoso como la aurora. Charles Kingsley susurró con su último aliento: "¡Qué hermoso es Dios!"

Si hay paz en el corazón, se encuentra que la más terrible tormenta invernal está llena de hermosura. Árboles y piedras, todo tiene un rayo de gloria cuando hay paz en el corazón.

Él nos dio el secreto de la victoria. Es la "paz de Dios que sobrepuja todo entendimiento" la que permite que nuestra peregrinación sea un buen viaje. "Mi paz os doy." — Sra. de Cowman.

3 de Noviembre

...para que sirvamos en novedad de Espíritu...
Romanos 7:6.

CAE LA TRISTE lluvia otoñal; silba el viento su lúgubre canción; El cansado marinero ve la costa a lo lejos, pero las olas no lo dejan acercarse. Las aves saltan inquietas en los árboles desnudos; las nubes peregrinas se reúnen como ovejas negras, y el mundo exterior, que ayer era hermoso, ha cambiado de sol a noche: a terror, a frío. El otoño dorado se aleja. El invierno está a la puerta. Oh Cristo mío, tú que en el palacio de Pilato por mí sufriste burlas y escarnio, llena lo que falta a mi vida, con Tu vida. — Anónimo.

Pregúntale al hombre que labra una piedra para un edificio dónde irá colocada la piedra, en qué parte del templo, y cómo la va a colocar. ¿Cómo te responde? Te muestra el plano del arquitecto. Ésta es sólo una de las muchas piedras. Del mismo modo, cuando los hombres te pregunten qué lugar ocupa lo que haces en el plan de Dios, refiérelos a tu Maestro pues Él tiene los planes, y tú prosigue tu trabajito tan fielmente como si fueras a edificar todo el templo. — Phillips Brooks.

4 de Noviembre

*Los cielos cuentan la gloria de Dios y el firmamento muestra la obra
de sus manos.*
Salmo 19:1.

QUIÉN DIRIGE LA naturaleza, sino el Dios de la naturaleza? Las
cosas que se atribuyen a la naturaleza las realiza Dios, que
usa la naturaleza como un instrumento. No hay arte o ciencia divina en la naturaleza misma, sino en Aquél que dirige la obra de
la naturaleza. — Richard Hooker.

Dios de todo, a ti cuya gloria y majestad declaran los cielos, a ti
que no tienes límites en misericordia, a ti que cual los cielos estrellados
no tienes límites, venimos con corazón sincero y mente consagrada para
conocerte y hacer Tu voluntad. Queremos ser transformados de la realidad del pecado y del egoísmo, a la sublime experiencia de la comunión con el Infinito. Queremos renunciar a los pensamientos mundanos
en favor de las visiones celestiales. Queremos romper la barrera de la
existencia egoísta, para ser como las estrellas que ordenaste. Tal como
has colocado estrellas en el firmamento que guían a los hombres, así
queremos que nuestra vida irradie la luz de tu presencia en nosotros.
La hermosura de la santidad no es menos real que la hermosura de
la naturaleza. La opinión inestable de los hombres ha sido moldeada
por corazones que se llenan de justicia en la misma forma que la luna
mueve las mareas. De la misma manera que las estrellas son el esplendor del cielo, las almas son la gloria de la persona, búsqueda suprema del hombre en la tierra. Que nuestra constante oración sea ele-
gir tu paz serena desde la distancia; rendirlo todo y ser una estrella
sobre la tierra. — Oración de Daniel Walter Morehouse, astrónomo.

El Dios que tiene el mar en la palma de la mano, que hace danzar
esta pesada tierra en su órbita, que vigila las estrellas y guía los pla-
netas, es el mismo Dios que dice: "Si pedís, yo lo haré." — James
McConkey.

5 de Noviembre

Y fuisteis como tizón escapado del fuego.
Amos 4:11.

ANTES QUE Alejandro MacKay partiera para Uganda con otros
siete misioneros, le dieron una despedida en los salones de la
Sociedad Misionera de Londres. "Sólo hay una cosa que mis
hermanos no han dicho, y que yo quiero decir", dijo MacKay. "Deseo
recordar al comité que dentro de seis meses probablemente reciban la
noticia que alguno de nosotros ha muerto." Hizo una pausa que permitió palpar el silencio solemne que había en la sala. Siguió diciendo:

"Sí. ¿Qué probabilidad hay que ocho ingleses vayan a África Central y todos estén vivos después de seis meses? Por lo menos uno de nosotros, quizá yo, cayera muy probablemente antes de esa fecha. Pero esto es lo que quiero decirles: Cuando llegue la noticia de la muerte de alguno, no echen pie atrás en esta empresa. Envíen inmediatamente otro misionero a ocupar el lugar vacante."

"Quiero consumirme por mi Dios", exclamó Henry Martyn, que con el pensamiento de un tizón arrancado del fuego, se internó como antorcha flameante en las tinieblas espesas de la India, Persia y Turquía. El tizón arrancado del fuego pronto se consumió. Pero ¿qué importa? Su llama ardiente encendió miles de antorchas, y las tierras que por tanto tiempo habían permanecido en tinieblas, recibieron con gozo la maravillosa Luz.

Jorge Fox decía: Cada cuáquero debe encender una extensión de 16 kilómetros a la redonda en el lugar en donde vive."

"Oh Luz de las Luces, quisiéramos ser portadores de tu antorcha. Ayúdanos a encender antorchas en ti y a mantenerlas encendidas. Sálvanos de la presunción de intentar poner nuestra luz en los demás, pero ayúdanos a alumbrarles el camino que conduce a Cristo."

6 de Noviembre

Alegad por vuestra causa, dice Jehová, presentad vuestras pruebas, dice el Rey de Jacob.

Isaías 41:21.

E N CANADÁ vivió una santa irlandesa conocida como Santa Ana. Llegó a vivir cien años. Cuando aún era una niña, trabajaba por un pequeño salario para unos patronos muy crueles. La hacían acarrear agua desde una distancia de casi dos kilómetros por una empinada pendiente. Años atrás había habido allí un pozo, pero estaba seco. El pozo no había sido tapado aunque había estado seco durante varios años. Una noche estaba muy cansada. Se arrodilló y clamó a Dios; mientras estaba de rodillas leyó las siguientes palabras: "Abriré fuentes en medio de los valles, abriré en el desierto estanques de aguas, y manantiales de aguas en la tierra seca." "Alegad por vuestra causa, dice Jehová, presentad vuestras pruebas." Estas palabras conmovieron a Santa Ana y ella alegó su causa delante del Señor. Le dijo al Señor cuánta necesidad tenían de agua, y cuán duro le resultaba tener que subir el agua por el cerro. En seguida se acostó y durmió. Temprano al día siguiente, tomó un cubo y se dirigió al pozo. Alguien le preguntó dónde iba, y respondió:

— Voy a sacar agua del pozo.

— Pero está seco — fue la respuesta.

Esto no detuvo a Santa Ana. Sabía a quien había creído, y siguió adelante. En el pozo había veintisiete metros de agua pura y fresca.

Me contó que aquel pozo jamás dejó de manar desde entonces. De esta manera el Señor cumple sus promesas. "Alegad por vuestra causa, presentad vuestras razones" y contémplale cómo obra en tu favor. — Seleccionado.

Usamos muy poco el método de la santa argumentación cuando oramos. Sin embargo, tenemos ejemplos en las Escrituras: Abraham, Jacob, Moisés, Elías y Daniel presentaron argumentos en sus oraciones y reclamaron la intervención divina en base al alegato que presentaron. — Anónimo.

7 de Noviembre

Lo vil del mundo y lo menospreciado escogió Dios.
1 Corintios 1:28.

MIENTRAS MÁS NOS acercamos a Dios, adquirimos mayor conciencia de nuestra dignidad, tal como el ave que mientras más alto vuela, más profundo ve el reflejo de sus blancas alas en el mar. Que el gusano rivalice con el sol del mediodía; que la gota de rocío se jacte contra la plenitud del mar; que el bebé mida su conocimiento con la inteligencia de un serafín, antes que el hombre que vive en contacto con Dios piense en tomar un lugar que no sea el de la más profunda humillación y postración en su presencia. Delante de Él los ángeles cubren sus rostros; los cielos no son limpios ante sus ojos. Es digno de notarse que de nuestra sensación de debilidad proceden nuestros argumentos y peticiones más poderosas delante del Señor. "Él no olvida el clamor de los humildes." — F. B. Meyer.

No nos hagamos vanagloriosos. — Gálatas 5:26.

El mejor postor para la corona de gloria, es el más humilde usuario de la cruz de la abnegación. — A. J. Gordon.

El hombre que oró: "Dios sé propicio a mí, pecador", descendió a su casa justificado. Escrito está: "El que se humille será ensalzado."

En algunos lugares de Europa se pueden ver cuadros que no han sido pintados con pincel. Son mosaicos confeccionados con pequeños pedazos de vidrio, piedrecillas u otro material. El artista toma los pedacitos, los pule y arregla de tal modo que forma grandes y hermosos cuadros. Cada pieza que forma parte del cuadro puede ser un pedazo de vidrio, mármol o piedra sin valor; pero el conjunto constituye una obra maestra.

Pienso que así es el hombre en manos del gran Artista. Dios toma las piedras sin valor, que podrían ser holladas por su pie sin que se notara, y con ellas forma su gran obra maestra. — Obispo Simpson.

Ningún deber es insignificante, ninguna vuelta de la vida es pequeña, ningún trabajo demasiado bajo, si te ha sido puesto en el camino. Dios lo considera de tal magnitud, que envía a sus ángeles para que te guarden mientras lo haces. — Mark Guy Pearse.

8 de Noviembre

Inclínate a Él, porque Él es tu Señor.
Salmo 45:11.

L A ADORACIÓN A Dios se produce cuando el alma se postra delante de Dios en absorta contemplación de su Persona. Continuamente leemos las palabras: "inclinaron sus cabezas y adoraron", o "cayeron de rodillas y adoraron". Se dice con justa razón que en la oración nos ocupamos de nuestras necesidades, en la acción de gracias nos ocupamos de nuestras bendiciones y en la adoración nos ocupamos de Él. Dios no quiere que nos ocupemos menos de nuestras necesidades, o que no se las presentemos a Él. Tampoco debemos pensar que no quiere que nos ocupemos de nuestras bendiciones o que le agradezcamos menos lo que ha hecho por nosotros. Lo que quiere, estoy seguro, es que nos ocupemos más de Él en inteligente adoración. — R. A. Torrey.

El testimonio del hombre al que Dios le ha dado esta visión de la importancia de la adoración, es muy significativo como apoyo de la vida de oración. "Si alguno es adorador de Dios, y hace su voluntad, a ese oye." Juan 9:31. La adoración es la atmósfera en que en oración prospera más, y se hace más celestial y divina.

La oración es la puerta del cielo que se halla en medio de la atmósfera de la adoración.

La fragancia de la oración está hecha con el perfume de la adoración. Calles de oro impregnadas de perfume son las oraciones de los santos en actitud de adoración.

Dios da a sus santos las mejores flores de su paraíso cuando están sobre sus rodillas. — Tomás Brooks.

9 de Noviembre

¿Quién ha despreciado el día de las pequeñeces?
Zacarías 4:10.

Lograr pequeñas victorias,
Suplir pequeñas necesidades
Expresar pequeñas palabras de amor,
Confesar pequeños pecados,
Soportar pequeñas diferencias con paciencia;
Son los tesoros que se acumularán
más allá de los astros relucientes.

Las pequeñas palabras que dices, los pequeños pensamientos, las cosas pequeñas que haces o dejas de hacer, los momentos que desperdicias o usas con sabiduría, las pequeñas tentaciones que vencer o que

te vencen, en fin, las cosas pequeñas de cada día son las que preparan
tu futuro o lo frustran.

> *En tus afanes, en tu dolor,*
> *Dios cuidará de ti;*
> *Bajo sus alas seguro estás,*
> *Dios cuidará de ti.*
>
> *Que vengan pruebas, no importa, no,*
> *Dios cuidará de ti,*
> *Todas tus cargas en Cristo pon,*
> *Dios cuidará de ti.*
>
> Civilla Martín

A través de la Biblia se nota un maravilloso cuidado por las cosas
pequeñas. Dios las ve y les da un significado perfecto. "Él pone mis
lágrimas en su botella." Esto es condescendencia. "No resbalará ninguno de sus pasos", como si tuviera contados los pasos de su pueblo
uno por uno. Uno de sus hijos escribió: "Tú conoces mi sentarme y
mi levantarme" y "delante y detrás me guarneciste. — Joseph Parker.

"Si estás interesado en la lámpara de la luciérnaga, Dios mío, en
el chirrido del grillo y en la caída del gorrión, ayúdanos a aprender
de estas criaturas tuyas la lección de confianza y servicio que nos
brindan."

10 de Noviembre

Sube de mañana y preséntate ante mí sobre la cumbre del monte.
Éxodo 34:2.

"LA MAÑANA ES LA hora determinada para mi encuentro con el Señor", dijo Joseph Parker. "La sola palabra mañana es un raci-
mo de ricas uvas. Permíteme estrujarla para beber su sagrado
mosto. Anoche enterré la fatiga del día de ayer, y en la mañana pido ur
nuevo préstamo de energías. Bendito el día cuya mañana es santificada.
¡Exitoso es el día en que se obtiene la primera victoria en oración!
¡Santo es el día cuya aurora te halla en la cumbre del monte! La luz
es más brillante en las mañanas. «Despierta salterio y arpa; me levantaré temprano.»" — De *Thonghts for the Quiet Hour*.

Cuando tengo comunión con el Padre Celestial en el jardín de la
oración en los momentos en que el rocío de la bendición comienza a
caer con la salida del sol, recuerdo cierto valle de Rumania en que
solamente se cultivan rosas para el mercado de Viena. El perfume de
aquel valle en la temporada de la floración es tal, que si usted está allí
durante unos minutos, dondequiera que usted vaya después, la gente
sabrá donde ha estado. La fragancia va con usted. Cuando nos presentamos delante del Señor en las mañanas, todo el día la fragancia de
su presencia está con nosotros.

Juan Wesley pasaba dos horas diarias en oración. Comenzaba a orar a las cuatro de la mañana. Alguien dijo de él: "Pensaba que la oración era su ocupación principal. Lo vi salir de su cámara de oración con una serenidad de rostro tal que parecía próximo a despedir resplandores." Se dice que las paredes de la pieza de Juan Fletcher estaban manchadas con el aliento de sus oraciones. Su vida fue una vida de oración. Lutero dijo: "Si no paso dos horas en oración en la mañana, el diablo obtiene la victoria durante el día."

11 de Noviembre

¿Descubrirás tú los secretos de Dios?... ¡Quién me diera el saber donde hallar a Dios!... De oídas te había oído, mas ahora mis ojos te ven.

Job 11:7; 23:3; 42:5.

> *Háblale, porque Él te escucha*
> *tu espíritu y su Espíritu se encontrarán;*
> *Él está más cerca que tu aliento,*
> *y más cerca que tus manos y tus pies.*
>
> Tennyson

Según los versos de Tennyson, es muy sencillo encontrar a Dios. Él está cerca, a la mano, ¡háblale! ¡Ojalá fuera así de fácil! Pero para la mayoría de nosotros la realidad y cercanía de Dios es un *descubrimiento.*

Una ilustración de este descubrimiento se halla en el libro de Job. Es el clamor de un hombre frustrado que descubre que la religión que ha heredado es insuficiente. Clama: "¡Quién me diera el saber donde hallarle!" Sigue a continuación la eterna búsqueda y el gran descubrimiento: "De oídas te había oído, pero ahora mis ojos te ven." Es un momento culminante aquél en que se abren los ojos del espíritu y la religión "de oídas" da lugar a la experiencia personal de reconocer la presencia de Dios.

Después de la experiencia y del descubrimiento, Spurgeon hace esta admonición: "El cristiano debe tener una semejanza asombrosa con Jesucristo. Tú has leído relatos de la vida de Cristo son biografía viva, escrita en el vocabulario de las acciones de su pueblo. Si fuéramos lo que profesamos ser, y lo que debiéramos ser, seríamos cuadros de Cristo; sí, deberíamos tener una semejanza tal que el mundo no tuviera necesidad de estar una hora con nosotros para decir luego: "Bueno, algo se parece", sino que en cuanto nos vea exclame: «Éste ha estado con Jesús; Él le ha enseñado; es igual que Él ha captado la idea exacta del Santo de Nazaret, y le reproduce en su vida cotidiana y en cada una de sus acciones.»"

Y les conocían que habían estado con Jesús. (Hechos 4:13.)

12 de Noviembre

Os ruego, hermanos, por las misericordias de Dios, que presentéis vuestros cuerpos en sacrificio vivo, santo, agradable a Dios, que es vuestro culto racional.

Romanos 12:1.

U N MISIONERO A los indios del norte de los Estados Unidos relata el siguiente incidente ocurrido durante un servicio de consagración. Mientras hablaba, se levantó un viejo jefe indio, pasó adelante, puso su *tomahawk* a los pies del misionero y dijo:

— Jefe indio da su *tomahawk* a Jesucristo.

Hecho esto, se sentó. El misionero siguió hablando del amor de Dios manifestado en Jesucristo; del gran don de Su propio Hijo y el derecho que tiene sobre nuestra vida. El viejo jefe se levantó una vez más y pasó al frente. Se desenvolvió de la frazada que lo abrigaba, y dijo en el momento en que la ponía a los pies del misionero:

— Jefe indio da su manta a Jesucristo.

Y se fue a sentar. El misionero siguió predicando del amor de Dios en Cristo. Mostró cómo Dios había privado al cielo de su joya más preciosa para redimir los perdidos, y se dio Él mismo por nosotros. En aquellos momentos el jefe indio salió del lugar de reuniones. Momentos más tarde regresó trayendo su caballo. Lo ató a una estaca y caminó hasta donde estaba el misionero. Frente a él dijo.

— Jefe indio da su caballo a Jesús.

Y volvió a sentarse. Había dado casi todo lo que tenía. Algunos de nosotros también estamos dispuestos a darle al Señor cosas y no nos entramos a Él con todo nuestro ser. El misionero siguió predicando acerca de Dios que no se reservó su propio hijo, sino que lo entregó por nosotros. Con esto presentó el derecho que Dios tiene sobre la vida de los creyentes. El mensaje penetró en sus corazones. El jefe se levantó por última vez. Con paso vacilante pasó adelante. Se arrodilló reverentemente delante del misionero. Las lágrimas le corrían por sus bronceadas mejillas cuando dijo con voz temblorosa:

— Jefe indio se entrega a Jesucristo.

Entonces, en aquel lugar pasó el umbral de la voluntad rendida y dio el primer paso de consagración. — James McConkey.

13 de Noviembre

Será instrumento para honra, santificado, útil al Señor, y dispuesto para toda buena obra.

2 Timoteo 2:21.

LA VIDA NO ES diamante, sino una semilla cuyas posibilidades de crecimiento no tiene límites.

El Dr. Lyman Abbott usa la siguiente ilustración: Recogí una bellota en el bosque, la acerqué a mi oído y esto fue lo que me dijo:

— Dentro de algún tiempo las aves harán en mí sus nidos. Dentro de algún tiempo daré una extensa sombra para que descanse el ganado. Dentro de algún tiempo daré el calor necesario para mantener una temperatura agradable en el hogar. Dentro de algún tiempo protegeré de la tormenta a los que se acojan bajo el techo hecho con mi madera. Dentro de algún tiempo seré la fuerte cuaderna de un gran barco, la tempestad me azotará en vano mientras llevo la gente a través del Atlántico.

— Bellotita necia, ¿harás todo eso? — le pregunté.

Ella me contestó:

— Sí, Dios y yo.

Miro el rostro de un grupo de niños, y oigo un susurro que dice:

— Pronto seré de gran bendición para muchos. Dentro de algún tiempo otras vidas acudirán a mí y formarán un hogar conmigo. Pronto los cansados se refugiarán a la sombra de mi fortaleza. Dentro de algún tiempo me sentaré en el hogar del dolor como consolador. Dentro de algún tiempo brillaré con la plena radiancia de la hermosura de Cristo y estaré entre los glorificados con mi Redentor.

— ¿Tú, frágil e indefenso niño? — pregunto.

Y me responde:

— Sí, Cristo y yo.

Todas estas benditas posibilidades que hay en una persona joven deben estar sobre el altar del sacrificio vivo. — J. R. Miller.

Si se expone el agua a la acción del fuego, se evapora; si se expone la madera a la acción del fuego, se transforma en humo y llamas, y todo lo que queda es ceniza. El hierro expuesto al fuego queda convertido en herrumbre inservible. Sin embargo, el fuego puede atacar mil años el oro sin quitarle un grado a su lustre, ni un átomo a su peso.

¡Hermoso emblema de los siervos de Dios! Tal como el oro, no pueden perecer. Sus tribulaciones, tal como la acción del fuego sobre el metal precioso, sólo purifican lo que no pueden destruir. — Tomás Guthrie.

14 de Noviembre

Para que por su pobreza fueseis enriquecidos.

2 Corintios 8:9.

AMAR Y DAR día tras día, hora tras hora, es lo que reproduce la vida celestial en las vidas más pobres. — Rose Terry Cooke.
"Un día de septiembre", recuerda el reverendo Hugh Macmillan, "caminaba en la tarde por la playa del lago Awe, cuando vi un árbol tiemblo que me hizo recordar la zarza ardiendo del desierto. Su follaje era como una llama del más vivo escarlata. Jamás había visto ese despliegue de color. Las hojas no estaban muertas como ocurre normalmente en el otoño. Por el contrario, estaban frescas y llenas de vida. Me acerqué para ver la causa de esta extraña transformación. Descubrí que el árbol estaba plantado sobre un montículo, al que las aguas de un arroyuelo que se formaba cuando llovía le habían sacado la tierra dejando a la vista una buena parte de sus raíces. De este modo sus condiciones de vida eran desfavorables. Pero en vez de aminorar su belleza, el resultado había sido una mayor hermosura. La pobreza del suelo había cambiado el verdor ordinario de sus hojas en el rojo más brillante, como si cada hoja fuera una llama en el corazón de un horno.

"Una suave brisa vespertina susurró a través de las hojas de fuego del tiemblo transfigurado. Mi alma conmovida oyó la voz queda de la antigua zarza ardiente que me decía que así ocurre con la vida humana. El arroyo de las circunstancias le quita los bienes de este mundo en los que confiaba, y deja sus raíces desnudas y a la vista. Dios, entonces, con su aliento lo enciende con una hermosura antes desconocida y que ningún tipo de prosperidad material podría haberle dado. Lo doloroso de su situación y su pobreza, que causa compasión en los mundanos. hace que brille en ella la luz del cielo y que su cruz se transforme en corona." — De *Thoughts for the Thoughtful.*

La serena hermosura de una vida santa es la más poderosa influencia en el mundo después del poder de Dios. — Pascal.

15 de Noviembre

La harina de la tinaja no escaseará, ni el aceite de la vasija disminuirá.

1 Reyes 17:14.

LA GRACIA providencial de Dios prepara "coincidencias" maravillosas. La pobre viuda recibe inconscientemente la orden de sostener al profeta. Los cuervos reciben instrucciones de acudir al arroyo de Querit. "Les he ordenado que te alimenten allí." Nuestro camino está lleno de sorpresas. Vemos el monte agresivo, escarpado, y nos atemorizamos, pero cuando llegamos a la base del mismo, hallamos un refrescante manantial. ¡El Señor del sendero ha ido delante del peregrino! "Voy, pues, a prepararlo para vosotros."

Es extraño que una viuda que tenía solamente un puñado de harina recibiera la orden de mantener al profeta. Una vez más se trata de los "imposibles" que se ponen a nuestro paso. Si el profeta hubiera sido mantenido de los graneros repletos de algún rico, el hecho nada hubiera tenido de extraordinario. ¡Es diferente cuando se hace con una vasija que está casi vacía! Así son los sorprendentes caminos del Señor. Él se complace en colgar grandes pesos de alambres aparentemente frágiles, en hacer que grandes eventos parezcan corrientes y en hacer que la pobreza ministre las inescrutables riquezas de Cristo.

La pobre viuda sacrificó su puñado de harina y recibió una provisión inagotable. Éste también es el camino del Señor. — J. H. Jowett.

Déjame contarte cómo le conocí.

Había oído hablar mucho acerca de Él, pero no le había hecho caso. Me enviaba diariamente dones y presentes, pero jamás le di las gracias. Siempre daba muestras de querer mi amistad, pero yo demostraba frialdad. Sin hogar, atribulado y hambriento, expuesto continuamente al peligro, me ofreció refugio, consuelo, alimento y seguridad; pero permanecí ingratamente silencioso.

Finalmente se interpuso en mi camino y con lágrimas en los ojos me buscó y me dijo: "Ven y tendrás morada conmigo."

Quiero contarte cómo me trata ahora.
Suple mis necesidades,
me da más de lo que le pido,
se anticipa a suplir lo que necesito,
me ruega que le pida aún más,
jamás me reprocha mi ingratitud pasada
ni me recuerda las locuras de antaño.

Déjame contarte lo que ahora pienso de Él.
Su bondad es tanta como su grandeza,
su amor es ardiente, fiel y sincero
Es pródigo en sus promesas

y fielmente las cumple
Es celoso de mi amor, por cuanto lo merece.
Soy deudor suyo en todo
pero Él me llama "amigo".

De un antiguo manuscrito inglés

16 de Noviembre

¿No te he dicho que si crees verás la gloria de Dios?
Juan 11:40.

EL MUNDO DICE: "ver para creer". Jesús dijo: "creer para ver". El que ve cree. El conocimiento nos llega a través de la visión. Conocemos el cielo, las estrellas, las nubes, el mar porque los vemos con nuestros ojos. Así de real y sencilla es la verdad de que el hombre que cree verá. La fe siempre conduce a la visión. El creyente llega a ser un vidente.

El Maestro Pintor está de pie ante un pedazo de lienzo. Dice:

—¿Ves aquella dorada puesta de sol? Confía en mí y pintaré su gloria en tu rostro.

El lienzo responde:

— Mi textura es ordinaria. Soy pequeño. ¿Cómo podrías llenarme con la gloria de aquella puesta de sol?

El Maestro le dice:

— *Confía* en mí y *verás.*

El Maestro toma en sus manos una masa negra de mineral recién extraída del seno de la tierra. Está con tierra, sucia v sin forma. El mineral en bruto le dice:

— Nada hay en mí que te sirva.

El Orfebre le contesta:

Te tomaré, te fundiré, te moldearé, te tallaré y te cincelaré hasta que de tu negrura salga una hermosa copa de oro, digna de la fiesta de un rey. *Confía* en mí y *verás.*

El Maestro está ante una vida común y corriente, ordinaria: *tu vida.* Él dice:

— Dame tu vida. No importa su pobreza y humildad, dámela. La disciplinaré y enriqueceré, la ungiré con mi Espíritu y en ella glorificaré a mi Padre que está en los cielos.

Tú dices:

— No le hallo sentido a la consagración. No veo ningún rincón en el servicio cristiano en que yo tenga cabida.

A todo esto el Maestro de nuestras vidas responde:

— *Confía* en mí y *verás.* — James McConkey.

17 de Noviembre

A los que antes conoció, a éstos también predestino para que fuesen hechos conformes a la imagen de su Hijo.

Romanos 8: 29.

Hay más motivos para alegrarse que para lamentarse en las circunstancias difíciles y desagradables de la vida. Browning dice: "Considero la vida como una sustancia que sirve para probar la fortaleza del alma." La palabra disciplina debemos deletrearla d-i-s-c-i-p-u-l-a-d-o, discipulado. Estamos aquí para aprender las lecciones de tiempo para la eternidad. ¿Qué importa, si no hemos elegido las circunstancias que nos rodean? Con ellas recibimos la preparación necesaria, aprendemos las lecciones de la paciencia, la fortaleza, la perseverancia, el servicio abnegado, la sumisión a la voluntad de Dios y la ejecución de ella de todo corazón. Las circunstancias no conforman el carácter. Los caracteres más nobles surgen de los peores ambientes, y

269

los fracasos morales proceden de los mejores. Allí donde estás, toma las cosas de la vida como si fueran herramientas, y úsalas para la gloria de Dios. De este modo ayudarás a la venida de su Reino y el Maestro usará las cosas de la vida para hacer los cortes necesarios en ti, y pulirte para que aquel día te veas conformado a Su imagen. — Maltbie Davenport Babcock.

Dios quiere lo mejor. En la lejana antigüedad pedía los primogénitos del ganado, lo mejor del trigo. Todavía pide de los suyos, con suave ruego, que pongan a sus pies las esperanzas más altas y sus talentos más brillantes. No olvidará el servicio más leve, ni el amor más humilde; solamente pide que de nuestras posesiones le demos lo mejor que tenemos.

Cristo da lo mejor. Él toma el corazón que le ofrecemos y lo llena con su gloriosa belleza, con su gozo y paz. En su servicio nos fortalecemos y a medida que así ocurre, nos llama a realizar cosas mayores. Los dones más ricos para nosotros, en la tierra o en los cielos, se hallan escondidos en Cristo. En Jesús recibimos lo mejor que tenemos.

¿Es demasiado darle lo mejor? Recordemos, amigos, que una vez el Señor derramó su vida por nosotros, y en su misteriosa humanidad dio su sangre en la cruz. El Señor de Señores, el Creador de todos los universos, en medio de pena amarga y lágrimas, dio lo mejor que tenía.

18 de Noviembre

Bueno es dar gracias a Jehová.

Salmo 92: 1.

EL REMORDIMIENTO es el dolor por no haber disfrutado de algo. ¿Has sentido esa clase de remordimiento? ¿Has llegado a algún momento en tu vida en que miras al pasado y te das cuenta que le concediste muy poco valor? La más triste de las experiencias es descubrir que había felicidad en los días pasados, darse cuenta que habíamos pasado por los Elíseos y no lo notamos, y ver la luz en la colina cuando ya está por desaparecer. El dolor alcanza su punto más alto cuando tenemos que decir con el poeta:

¡Cómo quisiera haber amado más a mi hermano
cuando conmigo todavía jugaba!

Alma mía, ¿quieres verte libre de tales remordimientos? Puedes lograrlo. ¡Vive en una constante acción de gracias! ¡Cuenta ahora los rayos que te alumbran! ¡Atesora hoy las gemas que están regadas a lo largo de tu sendero! El amor que se basa solamente en lo retrospectivo, es muy doloroso. No quisiera verte despertar a la gloria del pasado cuando éste ya ha pasado, o desear uno de los días del Hijo del Hombre cuando Éste ya ha ascendido. Si tus días de tristeza cubren

tus días de gozo, me gustaría que pudieras decir: "Mientras hubo días de gozo, los aprecié como tales." Hay personas que quieren sentir, cuando la muerte las alcance, que su vida fue una vana comedia. ¡No quiero que sea así contigo, oh alma mía! Cuando la muerte me alcance, quiero sentir que he disfrutado completamente de la vida, que he tomado el néctar de las flores en la medida que Dios me lo fue indicando. Me gustaría saber que no he defraudado mi derecho de nacer, que he preparado lugar para otros, porque ya tuve mi parte. He de beber la copa de la alegría que mi Padre me da para beber, y la beberé hasta las heces. Le daré gracias por cada pájaro que canta. Le alabaré por cada flor que da su aroma. Le bendeciré por cada arroyuelo cantarín. Le amaré por cada corazón amante. Veré el resplandor de la copa cuando ésta pase a la mano de mi hermano. No habrá remordimientos cuando le haya dado gracias a Dios por el día de hoy.
— Jorge Matheson.

19 de Noviembre

Ofrezcan sacrificios de alabanza.

Salmo 107:22.

Qué ES UN sacrificio? Es una ofrenda a Dios. Un sacrificio de acción de gracias o de alabanza, es la alabanza que se rinde a Dios cuando no está el ánimo dispuesto para ello; cuando estás deprimido y desalentado; cuando tu vida está cubierta por gruesas nubes y por las tinieblas de la medianoche. Se nos ordena orar sin cesar, pero también se nos amonesta a que nos gocemos en el Señor siempre.

Muchos hogares están adornados por el lema "La oración cambia las cosas", y esta sencilla frase ha traído grandes bendiciones. Estamos plenamente consciente que la oración cambia las cosas. También sabemos que el enemigo no se ha movido una pulgada de su posición a pesar de nuestra perseverancia en la oración durante varios días, meses y años.

Ésta fue mi experiencia cuando una vez pasé por un período de grandes dificultades, y la oración no cambió las cosas. Entré a poseer un maravilloso secreto. El secreto, simplemente, es este: La alabanza cambia las cosas.

Una mañana de verano, un misionero que estaba de visita en nuestros hogar salió a pasear entre las flores de nuestro jardín. En pocos momentos regresó con una hermosa paloma blanca en las manos que había encontrado junto al sendero del jardín. No podía volar porque una de sus alitas tenía una herida. El misionero estaba muy interesado en su bienestar y le hizo una jaula con una caja de madera para abrigarla, la alimentaba en la mañana, al mediodía y en las noches. A medida que pasaron los días, la paloma se puso completamente dócil. Miraba a sus compañeras que se elevaban hacia el cielo azul, pero no hacía el menor intento de seguirlas. ¡Pobre avecita con su alita quebrada! Nuestro corazón se sintió muy unido al suyo, con tierna compasión, porque nos sentíamos prisioneros con ella!

Incesantemente había brotado la oración de nuestros corazones: un solo y largo clamor pidiendo liberación de la esclavitud que nos ataba. No podíamos ver ni un rayo de esperanza a través de las nubes. Aunque las alas de la oración estaban completamente desplegadas, como aquella ave, nos sentíamos *atados*. Damos gracias a Dios el Padre que en aquellos días tenebrosos no nos dejó desmayar. ¡La fe siempre vio una estrella de esperanza!

Nuestro amado Señor nos llamó la atención hacia un nuevo flanco de ataque al enemigo. Su Palabra se nos abrió poco a poco y nos dio la revelación del secreto para obtener la victoria, de modo que transformó nuestra vida en oración. Comprendimos entonces que se necesitan dos alas para remontarse hacia las alturas de Dios: la oración y la alabanza. La oración pide, la alabanza recibe la respuesta. — Señora de Cowman.

20 de Noviembre

Conocer el amor de Cristo que excede a todo conocimiento.

Efesios 3:19.

UN NIÑITO JUGABA en la playa del inmenso mar azul. A cada instante miraba las olas pensativamente. Era algo nuevo para él. ¡Tanta agua! Las olas reventaban contra la arena formando graciosas guirnaldas de espuma. Después en su lejano hogar, lejos del mar, el niño con mirada resplandeciente, contaba a sus amigos jóvenes y mayores: ¡Vi el mar! Eso era. El niño no se había equivocado. Sus palabras eran verdaderas. Sin embargo, ¿qué cantidad del vasto mar había visto? Solamente olas que reventaban contra la arena. Más allá el inmenso océano se extendía profundo y poderoso. De la misma manera, decimos que conocemos el amor de Cristo, y es así. No es error, ni exageración. Es la verdad. Lo conocemos. Pero, ¿cuánto conocemos de aquel amor insondable? Solamente su espuma en las playas del tiempo, las olas que han llegado cerca de nosotros. El poderoso océano del amor redentor se extiende profundo y amplio, llena la eternidad, los cielos y la tierra con su marca inmensa. Ahora lo conocemos por la dulce experiencia, pero lo exploraremos a lo ancho y a lo largo, en su profundidad y altura, por toda la eternidad. — E. R. V.

Frances Ridley Havergal dijo una vez: "Hablamos del telescopio de la fe, pero pienso que nos resulta más necesario el microscopio del amor vigilante y agradecido. Apliquémoslo a los pequeños trozos de nuestra vida cotidiana a la luz del Espíritu, y veremos cuán maravillosos son."

"Dios es amor; es bueno saberlo, y es cierto", dijo Mark Guy Pearse. "También es bueno pensar que tras cada rayo que toca la tierra está el sol en el otro extremo. De la misma manera, cada trocito del amor de Dios que llega a la tierra, tiene a Dios en su otro extremo."

21 de Noviembre

Porque somos hechura suya, creados en Cristo Jesús para buenas obras, las cuales Dios preparó para que anduviésemos en ellas.

Efesios 2:10.

CONOCÉIS LA historia del ingeniero del puente de Brooklyn? Durante su construcción, se accidentó. Muchos meses tuvo que permanecer encerrado en su pieza. Su bien dotada esposa le ayudó en su trabajo y llevaba sus planos a los obreros. Por fin, el gran puente quedó terminado. El arquitecto inválido quiso verlo. Lo pusieron en una camilla y lo llevaron hasta el puente. Lo pusieron en un lugar desde el cual pudiera ver la estructura en toda su magnificencia. Desde allí, acostado, incapacitado, miró atentamente la obra de su inteligencia. Miró los gruesos cables, los pilares, los fuertes cimientos en que estaba empotrado. Su ojo crítico recorrió cada viga, cada diel, cada cuerda, cada varilla. Notó que cada detalle se había realizado tal como él lo había soñado y puesto en sus planos y en las especificaciones. Entonces el gozo de la labor cumplida llenó su corazón. Todo se había terminado en la misma forma como lo había diseñado. Con un deleite que rayaba en el éxtasis, exclamó:

—¡Está igual que el plano! *¡Está igual que el plano!*

Algún día estaremos en gloria y mirando el rostro del Señor diremos: "Oh Dios, gracias te doy porque no me desechaste a pesar de mi camino perverso y torcido, y me pusiste en tus perfectos caminos. Te doy gracias porque me condujiste a rendir mi vida humilde a ti. Te doy gracias que día a día, al caminar en el sendero del servicio, me permitiste recoger una por una las hebras doradas del propósito que tenías para mi vida. Te doy gracias que tal como un sendero sube por los costados de una gran montaña, el sendero de la vida ha sido un continuo avanzar a través de las tinieblas, en la luz, en tormentas, en sombras, en debilidades y lágrimas, en fracasos y vacilaciones, y me has conducido hasta el final predeterminado. Ahora que veo mi vida terminada, ya no por espejo en oscuridad, sino cara a cara ante el esplendor de tu gloria, te doy gracias, oh Dios, te doy gracias que todo aconteció conforme a tu plan. *¡Todo salió tal como estaba en tus planes!*— James McConkey.

22 de Noviembre

Sentándose a los pies de Jesús, oía su palabra.

C UANDO A CRISTO se le coloca al lado de los grandes hombres, es cuando más se destaca su grandeza.

> *"Yo pinto", exclama Rafael.*
> *"Yo edifico", se jacta Miguel Ángel*
> *"Yo gobierno", grita el César*
> *"Yo canto", dice Homero*
> *"Yo conquisto", exclama Alejandro.*
> *"Yo busco y salvo", dice Jesús.*

A los pies de Jesús es un lugar de privilegio y bendición. Es allí donde debemos ser educados y preparados para los deberes prácticos de la vida. Ahí debemos renovar nuestras fuerzas, mientras esperamos en Él y aprendemos cómo elevarnos con alas de águila. Es aquí donde nos posesionamos de aquel verdadero conocimiento que es poder. Aquí es donde aprendemos cómo debe realizarse la obra, y nos armamos del poder para llevarla a cabo. Aquí es donde hallamos solaz en medio de los problemas de la vida y de la obra, que no son pocos. Aquí es donde disfrutamos anticipadamente algo de la bienaventuranza celestial. Porque sentarse a sus pies es estar en lugares celestiales, es contemplar su gloria, lo que no nos cansaremos de hacer cuando estemos allá. — W. Hay Aitken.

23 de Noviembre

Aclamad a Jehová porque Él es bueno, porque su misericordia es eterna.

1 de Crónicas 16:34.

M ARTÍN LUTERO escribió estas palabras: "Cuando no puedo orar, canto."
Se dice que no hay una sola nota de desaliento en el Nuevo Testamento.

En Crónicas hay un emotivo relato de una batalla ganada en oración. Josafat recibió la noticia de que una gran multitud avanzaba contra él desde el otro lado del mar. Se dio cuenta claramente de la situación y presentó al Señor su problema. La suya fue una oración humilde: "No tenemos poder contra esta gran compañía... ni sabemos qué hacer, pero nuestros ojos esperan en Ti." No tenían la vista puesta en lo grande de la dificultad, sino en la grandeza de Dios. Fue una prueba crucial, pero el Señor no le dejó dudas a Josafat acerca de su voluntad. Se la dio a conocer a través de un joven que le dijo las siguientes palabras de parte del Señor: "No es vuestra la guerra, sino de Dios... no peleéis vosotros... No temáis ni os amedrentéis."

El temor es un enemigo mortal. Recordemos, cuando viene la tentación de tener temor, que "no nos ha dado Dios espíritu de cobardía, sino de poder, de amor y de dominio propio". (2 Timoteo 1: 7.)

Entonces Josafat designó cantores que fueran delante del ejército con sus cánticos: "Alabad a Jehová porque su misericordia es eterna." Hicieron esto a pesar de no avistarse señal alguna de la salvación prometida. En la línea misma de combate, frente a un ejército más poderoso en número, cantaron: "¡Bendito sea el Señor!" El relato inspirado por Dios dice: "Y cuando comenzaron a entonar cantos de alabanza, Jehová puso contra el ejército de Amón, de Moab y del monte Seir, las emboscadas de ellos mismos... y se mataron unos a otros." Dos de los ejércitos aliados comenzaron a pelear contra el tercero, y cuando los hubieron demolido, se volvieron en contra de sí mismos hasta que el valle quedó lleno de cadáveres y ninguno escapó. Habían sido más que vencedores, porque leemos: "Josafat y su pueblo... tres días estuvieron recogiendo el botín, porque era mucho." Fueron mucho más ricos al final de la prueba que al principio. Se les había añadido bienes que jamás habían pensado poseer.

Hay dos cantos en la gran batalla de Josafat: el canto de alabanza antes de la batalla, y el canto de liberación después de ella. Nosotros también debiéramos tener dos himnos: uno en el valle de Beraca (Bendición), en el que alabamos a Dios por el cumplimiento de todo lo que ha prometido; pero resulta más precioso el canto de alabanza previo, cuando le alabamos sin haber visto o presentido las emboscadas que Él pondrá a los enemigos para darnos la completa victoria. — Sra. de Cowman.

24 de Noviembre

La copa que el Padre me ha dado, ¿no la he de beber?
Juan 18: 11.

J. R. MILLER dice que la copa es nuestra porción, y que abarca todas las experiencias de nuestra vida terrenal. Nuestro Padre nos da la copa, por lo tanto, debe de ser lo mejor que el amor más sabio puede proveer. Cuando la muerte entra a un hogar cristiano, el más dulce consuelo proviene del pensamiento que Dios ha hecho lo mejor que podía hacer con el amigo que ha llevado a sus mansiones. Nosotros oramos que Él corone nuestros seres queridos con sus bendiciones más ricas y ¿no es ésa su respuesta?

Pedí que le dieras todo bien, que los botones del placer dieran flores de perfecta felicidad dondequiera que sus pies anduvieran. Pedí que el escudo brillante de la verdad y el brazo fuerte del amor la protegieran de todo daño terrenal. "Si hubiera algo mejor que lo que he pedido y lo he dejado de mencionar, dáselo. Dale lo mejor de los dones que sabes dar, algo mucho mejor que lo que yo pudiera soñar." Así fue mi oración. "¡Mejor que lo que yo pueda soñar!" Ésta fue mi oración, y ahora que la veo tendida, quieta, pálida, con la paz de Dios en el rostro, me pregunto en medio de sollozos, triste, abatido: ¿Esto fue lo que pedí?

25 de Noviembre

Bendice, alma mía, a Jehová, y no olvides ninguno de sus beneficios.
Salmo 103:2.

HA TERMINADO LA cosecha. Un canto llena el aire, canto de gozo y alabanza. La bondad y la misericordia de Jehová nos han seguido todos los días del año. Hemos sido cargados con sus beneficios, sí, sobrecargados con los multiformes dones de su amor y misericordia. "Él cuida de nosotros." Nuestras pruebas y tribulaciones han quedado sepultadas bajo sus misericordias, que superan en número a las ondas del mar. Alabamos a Dios porque nos vio en medio de la tempestad que pensábamos nos iba a hundir. Él es nuestro Dios. Somos ovejas de su prado, y pueblo suyo. "Te alaben los pueblos, oh Dios, que todos los pueblos te alaben. La tierra dará su fruto; nos bendecirá Dios, el Dios nuestro. Bendíganos Dios, y témanlo todos los términos de la tierra." (Salmo 67:5-7.)

El día de acción de gracias es un día de retrospección, un día de inventario espiritual, un día de reunión familiar, de comunión con viejos amigos y vecinos, un día en que se comparten las bendiciones de Dios con los que han sido menos favorecidos. Si durante el año transcurrido nubes terrenales han quitado de tu vista el sol de tu cielo espiritual, fórmese hoy una hendidura entre las nubes, para que puedas contemplar la tierra de deleites sin fin donde los santos inmortales reinan.

Se cuenta que Sir Michael Costa tenía un ensayo con sus músicos y cientos de voces. El poderoso coro cantó acompañado por el tronar del órgano, el sonido de cornetas y címbalos resonantes. En la parte posterior de la orquesta el que tocaba el piccolo se dijo: "Con todo este bullicio, ¿qué importa lo que yo toco?" Repentinamente todo quedó en silencio. El gran director había detenido la música. Alguien no había tocado su parte. Había echado de menos la dulce nota del piccolo.

"Te alaben los pueblos, oh Dios, que todos los pueblos te alaben. La tierra dará su fruto; nos bendecirá el Dios nuestro". ¡Prueba la alabanza! ¡Que este día de acción de gracias marque el comienzo de una nueva vida victoriosa, de una vida de alabanza! — Sra. de Cowman.

26 de Noviembre

Sus puertas nunca serán cerradas.

Apocalipsis 21:25.

LAS SOMBRAS DE la tarde cruzan la calle polvorienta. En el otro extremo de su encierro alambrado, los pollos esperan su comida vespertina. Dan picotazos por aquí y por allá para pasar el tiempo, mientras aparece el fiel proveedor. Éste abre la puerta, y todos se agrupan alrededor suyo con los cuellos estirados, procedentes de todos los rincones.

¿Algo común y corriente? Sí. Pero hay un pensamiento luminoso en aquella puerta abierta que el hombre no se detuvo a cerrar. Ningún pollo se sale, ningún ojo ha mirado en esa dirección. Están todos amontonados a sus pies, todos absortos en una ocupación de vital importancia. Si la puerta está abierta o cerrada, no les interesa. ¿Por qué? ¡Porque todos desean estar dentro!

Todo corazón redimido puede desear o imaginar que está dentro. El cielo es el corazón de nuestro Padre. Si hemos probado su amor, no desearemos apartarnos de Él. ¿Quién querría alejarse del corazón de Dios? "En el templo de mi Dios y nunca más saldrá de allí." (Apocalipsis 3:12.) ¿Pero una santidad puerta abierta no constituye una amenaza para la ciudad? "No entrará en ella cosa inmunda." (Apocalipsis 21:21.) La misma luz y calor que constituye el deleite y la vida de los hijos de Dios congregados allí es un fuego consumidor para todo aquel que quisiera entrar para causar daño, una espada de fuego, invisible, que guarda el camino hacia el árbol de la vida. "Yo, el Señor, seré muro de fuego alrededor, y la gloria estará al medio." Él llena los cielos con el rayo de su terrible santidad que mata a los inmundos. Pero sus hijos están en su hogar de esplendor, pues han sido hechos a su semejanza. La puerta abierta, ¡hermoso símbolo de la libertad que tenemos en Cristo! "No saldrá más de allí" el que haya llegado al corazón de Dios. Allí estamos en casa. Allí hallamos los deseos del corazón. — Mary E. Quayle.

Levanta un cerco de confianza a tu rededor. Llena su interior de hechos de amor y quédate allí. No busques refugio para mañana. Dios te ayudará con tu carga ya sea de gozo o de dolor. — Butts.

27 de Noviembre

Aguardando la esperanza bienaventurada y la manifestación gloriosa de nuestro gran Dios y Salvador Jesucristo.

Tito 2: 13.

Hasta que apunte el día y huyan las sombras.

Cantares 2: 17.

HAS CONTEMPLADO la aurora cuando lenta y gradualmente va aumentando hasta que el día llega? Yo lo he visto. Una noche de verano en Suecia me quedé y miré por la ventana hasta las doce, y al resplandor del cielo occidental leí el capítulo 21 de Apocalipsis que contiene la maravillosa descripción de la nueva Jerusalén y que culmina con las palabras: "Allí no habrá noche." Difícilmente se podría llamar noche a aquellas dos horas de penumbra entre la puesta del sol y su salida. Pero la falta de noche en los cielos nuevos y en la tierra nueva significa mucho más que esta ausencia de noche terrenal. No habrá la noche de la tristeza, "porque Dios secará toda lágrima de los ojos de ellos"; no existirá la noche de la muerte, porque la muerte habrá sido sorbida con victoria.

Luego me fui a acostar, sin haber hecho uso de luz artificial. A las tres de la mañana desperté y me levanté para mirar la aurora. ¡Cuánto silencio y cuánta quietud! Era como si Dios hubiera dicho en aquel momento, "¡Sea la paz!", y hubiera habido paz. Todo estaba en absoluta calma. Las aguas del lago no tenían ni una sola onda en su superficie. Era como un "mar de vidrio", mientras la naturaleza a su alrededor, la ribera opuesta cubierta por bosques, las islas cercanas cubiertas de vegetación, parecían guardar silencio con gran expectación y esperanza. El cielo estaba claro y azul, sin una nubecilla. La estrella de la mañana brillaba en el sur mientras en el este se veía la débil promesa del día que se acercaba.

Era una visión poco terrenal, como si repentinamente se me hubiera concedido un vistazo del cielo. Después de aquello, el texto de aquella mañana fue una revelación para mí: "Y será como la luz de la aurora, cuando el sol se levanta, como una mañana sin nubes." ¡Su venida es tan cierta como la aurora!

28 de Noviembre

Bueno es el Señor a los que en Él esperan.

Lamentaciones 3: 25.

EL DESVALIDO DEBE esperar. El paciente, espera. Pero el fuerte, al que está deseoso de entrar en acción, ¡qué difícil le resulta esperar! Esperar que un alma se salve cuando tu corazón está que explota con el suspenso. Esperar la consagración de una vida mientras ves que el mundo hace que desperdicie su precioso valor. Esperar que se envíe obreros a la cosecha mientras la mies blanquea con el blanco de la muerte. Esperar que Dios realice lo que tiene preparado mientras vemos que Satanás anda como león rugiente mientras esperas. Tal espera necesita una fe poderosa. Y la fe que espera con seguridad verá la gloria de Dios.

Has realizado un largo y agotador viaje en ferrocarril. Durante horas has viajado en medio del polvo y el calor. Te acercas al hogar y con impaciencia soportas cada demora. A medianoche despiertas por la disminución de la marcha del tren. Con chirridos, resoplidos y otros sonidos característicos, se detiene. Miras hacia la oscuridad con el rostro pegado a los cristales de la ventana. Pasan cinco, diez, veinte minutos. Todavía está todo silencioso y no hay señales de movimiento. Tamborileas sobre el vidrio. Te das vuelta con impaciencia en la cama. Te preguntas cuándo terminará esta agotadora espera. De pronto se oye un sonido en la distancia. El ruido se siente cada vez más cerca. En seguida se oye un sonido, un rugido y el rojo resplandor del foco y la máquina pasa al lado tuyo y se pierde en la noche circundante. Has esperado largo rato. Ya puedes ver claras las cosas. Ves la horrible muerte que hubiera sobrevenido si el tren hubiera partido antes. Ves la sabiduría del que previó y te hizo esperar el paso del otro tren. Si hubiera seguido su camino el tren en que ibas, habría habido una colisión con el daño y las muertes consiguientes.

¿Tienes el corazón allá y el cuerpo aquí? ¿Estás ansioso por entrar en acción y, sin embargo, te hallas impedido por todos lados? ¿Se ha estrechado el horizonte de tu vida de modo que las circunstancias se te hacen insoportables? Sin embargo, lo mejor es que esperes el tiempo de Dios. Espera y verás cómo son quitadas las barreras, y cambian las circunstancias. Espera y verás que Dios realiza cosas que superan tus sueños. Espera y verás. Porque Él obra para los que esperan en Él. — James H. McConkey.

Esperé yo a Jehová, esperó mi alma, y en su Palabra espero. (Salmo 130: 5.)

29 de Noviembre

Espérate, hijo mío, hasta que sepas cómo se resuelve el asunto, porque aquel hombre no descansará hasta que concluya el asunto hoy.

Rut 3: 18.

EL PARAÍSO se ha desvanecido de nuestro mundo en la misma forma que el paisaje desaparece cuando lo azota una tormenta. Nuestra raza se halla en el mismo trance que Noemí y Rut en esta historia antiquísima. Hemos perdido nuestra herencia, y la única barrera que hay entre nosotros y la desesperación es la persona y obra de nuestro Señor Jesucristo. Pero, gracias a Dios, no tenemos que tener dudas acerca del resultado. Porque, de la misma manera que Booz reclamó la herencia para Rut, podemos estar confiados que Cristo no descansará hasta que este mundo manchado por el pecado sea restaurado a su orden y belleza primitivos, como cuando las estrellas de la mañana cantan de gozo.

Jesús es nuestro Pariente cercano, pues asumió nuestra naturaleza. Es el amigo más cercano y querido de nuestra raza, pues se humilló para morir por nuestra redención. Y el hecho que haya llevado nuestra naturaleza a los cielos, y esté vestido de ella allá, constituye un lazo indisoluble entre nosotros. ¡Espera, no desmayes! Él jamás faltará y nunca nos abandonará.

Aquietémonos mientras oramos. La oración debe brotar de lo profundo de nuestro ser como la fuente que brota de profundidades ignotas. Pero debemos dejar que Dios conteste de la manera más sabia, conforme a su sabio criterio. Nosotros nos impacientamos y pensamos que Dios no responde. Un niño le pidió a Dios que hubiera buen tiempo para su cumpleaños, y ¡llovió! Alguien le dijo:

— Dios no contestó tu oración.

— Sí, contestó — fue la respuesta —. ¡Dios siempre contesta, pero ahora dijo que no!

Dios siempre contesta, nunca falla. ¡Espérate! Si estamos en Él y Él en nosotros, pedimos lo que queremos y se nos concede. De la misma manera que un ruido puede producir un alud, la oración pone en movimiento el poder de Dios.

En tiempo de dificultad, espérate. Tus enemigos están tramando tu ruina. Se ríen de tu firme confianza. Pero has oído la voz de Dios que te dice: "Éste es el camino, camina por él." ¡Deja que Él se las arregle con tus enemigos, sea cual sea su naturaleza! Él es tu Roca, y las rocas no tiemblan. Él es tu Torre alta, y una torre alta no puede inundarse. Necesitas misericordia, y Él es el dueño de la misericordia. ¡No te dejes dominar por el pánico! Espera tranquilamente, acállate el alma, tal como Él lo hizo en Getsemaní con los temores de sus amigos. "Descansa en Jehová, espera pacientemente en Él". "Espérate, no descansará hasta que concluya el asunto hoy." — Sra. de Cowman.

30 de Noviembre

*El que sacrifica alabanza me honrará; y al que ordenare su camino le
mostraré la salvación de Dios.*

Salmo 50:23.

LEEMOS EN EL libro de Josué que los muros de Jericó cayeron después de siete días de sitio. Dios dijo que les había dado la ciudad. La fe reconoció esto como promesa verdadera, y comenzaron a marchar alrededor de la ciudad. Su única arma era símbolo de triunfo: un cuerno de carnero. La incredulidad hubiera hecho la siguiente oración:

"Oh Señor, haz que las murallas tiemblen un poco, o que se le caigan unas pocas piedras como señal de que responderás nuestra oración, y entonces te alabaremos." La prudencia habría dicho: "No debemos gritar hasta que hayamos obtenido la victoria, no sea que deshonremos a Jehová ante el pueblo y sea grandemente humillado."

¡No hubiera sido fe, en ninguna manera! Los israelitas obraron en base a la autoridad de la Palabra de Dios y lanzaron un grito de fe antes que hubiera señales que les alentaran; y Dios hizo el resto. Después que nosotros nos entreguemos sin reservas a Él, Él obrará.

¡Cuántas murallas de dificultades caerían si sólo marcháramos en fe alrededor de ellas profiriendo cantos de alabanza! El Señor ha prometido rodearnos con cánticos de liberación mientras marchamos alrededor de las murallas entonando alabanzas.

Hay una leyenda que dice que dos ángeles vienen del cielo a la tierra cada mañana y se pasan el día recorriéndola. Uno es el ángel de las peticiones, y el otro el ángel de la acción de gracias. Cada uno lleva un canasto. El del ángel de las peticiones se llena rápidamente porque cada uno deposita en él puñados de peticiones; pero cuando el día llega a su fin, el ángel de acción de gracias, lleva en su canasto dos pequeñas contribuciones de gratitud. — Sra. de Cowman.

1 de Diciembre

Sirviendo de buena voluntad, como al Señor y no a los hombres.

Efesios 6:7.

LAS PEQUEÑAS negaciones de uno mismo, los pequeños actos de honradez, las breves palabras de condolencia dichas al pasar, los pequeños actos anónimos de bondad, las pequeñas victorias obtenidas en lucha secreta contra las tentaciones favoritas, son las silenciosas hebras de oro que tejidas juntas dan un brillo esplendoroso en el modelo de vida que Dios aprueba. — F. W. Farrar.

Sólo era una pequeña luz la que ella llevaba cuando se paró en la puerta abierta. Una pequeña luz, una débil chispa, sin embargo brilló a través de las tinieblas con su rayo de alegría, y resplandeció en la distancia con tanto brillo como el de la estrella polar.

Una luz pequeña dispersa las tinieblas que se juntan en la pieza sombría donde la necesidad y la enfermedad encuentran su víctima. Allí la noche parece más larga que el día, mientras el corazón cargado de problemas lucha con desesperación por ver un rayo de esperanza. Puede ser poco lo que podemos hacer por otros, es cierto. Pero es mejor una pequeña chispa de bondad cuando el sendero está oscuro, que el que una persona pierda el camino al cielo por falta de la luz que nosotros podríamos darle. — Anónimo.

Demos gracias por el privilegio que hemos recibido en este mundo de reedificar nuestros altares y consagrar a Dios nuestra vida. Aun cuando tengamos que lamentar la pobreza y mezquindad de nuestras oportunidades presentes comparadas con los privilegios desperdiciados en el pasado, derramemos nuestro corazón en alabanzas porque nuestro castigo fue de sólo un momento, y se nos concede un nuevo comienzo. — W. C. Holway.

"Éste es un mundo que renquea", dijo Luclarion Grapp; "pero hay personas que han pasado por sobre su cojera sin darse cuenta, cuando lo hicieron".

2 de Diciembre

Por la noche durará el lloro, y a la mañana vendrá la alegría.

Salmo 30:5.

Pablo no se deleitaba con las enfermedades. Nos cuenta que estaba ansioso por librarse de la enfermedad que nublaba su vida. Pero cuando vio que Dios proporcionaba gracia, comenzó a amar más aquella gracia que la liberación de la enfermedad. Se dio cuenta que era mejor tener oscuridad que permitiera ver las estrellas, que sol todo el tiempo y cielo sin estrellas; que los vientos fríos del invierno son tan necesarios para el desarrollo de la naturaleza como el alegre calor de la primavera y el verano; que el manto de nieve es tan necesario para la tierra como el manto de pasto y flores. Cuando el hombre comprende que la fuerza de Dios se perfecciona en nuestras debilidades, necesidades, persecuciones y angustias, comenzará a recibir tales cosas con agrado, como si fueran ángeles del cielo enviados a ministrarle. — A. C. Dixon.

Cualquier persona puede cantar todos los días, pero solamente aquellos que han sido afinados por la mano de gracia de Dios pueden cantar en la oscuridad. Las cosas de la tierra dan satisfacción solamente en los momentos de prosperidad, pero solamente Dios puede dar alegría en las tinieblas de la adversidad. Dios da gozo en medio de las penas, y cuando el triste canta en medio de sus lágrimas, el Señor le sale al encuentro con nuevas y tiernas consolaciones, de modo que por su mismo himno recibe más alegría. Lo que nació de la confianza, se eleva en éxtasis. — William M. Taylor.

El invierno es una terrible estación de lloro, nubes, niebla y lluvia. Todos los vientos se lamentan. Los árboles están desnudos, las flores se acabaron, las aves han silenciado su canción, los días son cortos y sin sol, las noches oscuras y largas. Pero esperemos con paciencia, pues los días pasan con rapidez, y aun las penas no permanecerán por mucho tiempo. Algunos días son para llorar, pero Dios y el cielo permanecen y después de la noche de profundas tinieblas, el sol brillará otra vez. — Mariana Farningham.

3 de Diciembre

Te daré los tesoros escondidos, y los secretos muy guardados, para que sepas que yo soy Jehová, el Dios de Israel.

Isaías 45:3.

HACE AÑOS, antes que la ciudad de Londres tuviera calles pavimentadas, ocurrió este incidente en la vida de Ruskin. Tenía fama de que nunca perdía una oportunidad de hablar de la bondad de Dios. Mientras caminaba por una calle acompañado por un amigo, éste se volvió, y disgustado hizo el siguiente comentario:

— ¡Qué sucio, horrible y asqueroso basurero! — se refería al lodo de las calles londinenses.

— Calma, amigo mío — dijo Ruskin —. No es tan horrible después de todo. ¿Cuáles son los elementos de esta sustancia? En primer lugar, contiene arena. Cuando sus partículas cristalizan conforme a la leyes de su naturaleza, no hay nada más agradable que la arena blanca y limpia. Y cuando es modificada por leyes superiores, tenemos el sin par ópalo. ¿Qué otra cosa hay en este lodazal? Arcilla. Cuando sus partículas son modificadas por leyes superiores, forman un brillante zafiro. ¿Qué otros ingredientes componen el cieno londinense? Hollín, carboncillo. Éste, cuando cristaliza, forma el diamante. Sólo queda otro ingrediente, el agua. Cuando el agua se destila de acuerdo a las elevadas leyes de su naturaleza, forma el rocío que descansa en exquisita perfección en el corazón de una rosa. De la misma manera en el alma sucia y perdida del hombre está escondida la imagen de su Creador, y Dios hará todo lo posible por hallar sus zafiros, sus diamantes y sus gotas de rocío.

Los tesoros celestiales contienen gracias que se pueden reunir solamente de uno por uno.

El deseo vago de ser más bueno, fuerte y santo, pronto se disipa. El carácter se edifica, al igual que las paredes de un edificio, colocando una piedra sobre la otra. — T. L. Cuyler.

4 de Diciembre

Regocíjense los santos por su gloria, y canten aún sobre sus camas.

Salmo 149:5.

Sí", DIJO Amós R. Wells. "que los cristianos canten aun en el lecho de dolor. Que los cristianos canten canciones en la noche, canciones en las prisiones, como Pablo y Silas. Pocas vidas tienen el vigor que pueden y deben tener. La mayoría vive en forma quejumbrosa. La mayor parte de la vida viven de lamentos, ya sea pronunciados en voz alta o en los pensamientos."

Phillips Brooks dijo una vez con alegría: "La verdadera religión canta aquí, y cantará más adelante. Si tu religión no es alegre, desconfía de ella. Desconfía de ella si no es capaz de transformar cada acción en música, y si no se regocija en intentar la captación de la armonía de la vida nueva." Hemos leído acerca de la mística música de las esferas, aquel inaudible himno de alabanza que entonan las estrellas en su majestuosa marcha a través del cielo. ¿Es este canto sólo para las estrellas? ¿No podría entonarlo también el corazón humano?

Siempre uno puede hallar una causa para alegrarse, una buena razón para cantar. He aquí una dada por Oliver Herford:

"Oí cantar un ave, en la negrura invernal. En su canto decía algo digno de recordar: «Estamos más cerca de la primavera que lo que estábamos en otoño.» Esto cantaba el ave en la oscuridad invernal."

"Sí, y con aquel mismo humor, por muy tristes que sean las circunstancias que nos rodean, podemos recordar siempre que estamos un día más cerca del cielo que ayer, un día más cerca de nuestro destino de eterno gozo y paz.

"¿Qué importa que ahora nos rodeen las tinieblas, el frío y la tormenta? ¡Se acerca la eterna primavera! ¡Ya vienen las flores! ¡Ya viene el canto de las aves! ¡Ya vienen las suaves brisas y el azul del cielo! Cada día de oscuridad, está más cerca del día de la luz.

"No podemos pesar ni contar las bendiciones; no podemos pesar ni contar nuestros sentimientos de gratitud hacia ti, ¡oh Dios!"

5 de Diciembre

Me has dado las tierras del sur, dame también fuentes de agua. Él entonces le dio las fuentes de arriba y las de abajo.

Josué 15:19.

MI PADRE me ha dado una herencia más gloriosa que la que Caleb le otorgó a su hija Acsa, que es esta tierra del sur del perfecto amor.

Mi herencia fue un obsequio de mi Padre Celestial y Jesús me dio el pasaje para el viaje que es sin regreso. Aunque tuve que cambiar un poco mi dieta, había tal abundancia y tan deliciosa era la comida, que mi alma se puso robusta y floreciente. El aire es estimulante y al mismo tiempo produce descanso, y refresca el sólo hecho de respirarlo sea de día o de noche. Uno se goza en él, lo come, lo bebe, se baña en él y se alegra, y con plena alegría se goza siempre. Es un gozo trabajar, y hay siempre mucho que hacer. Bendito servicio planeado por el Granjero principal que me trajo a esta tierra, la gloria de todas las tierras. El paisaje arbolado aquí es semejante al Líbano.

Mi Neguev tiene también un manantial de agua. Sus fuentes están en Dios mismo. Por eso no se pueden hallar aguas estancadas. No hay allí corrientes subterráneas de mundanalidad que hayan entibiado las aguas y les hayan dado mal sabor haciéndolas inadecuadas para calmar la sed. De las fuentes de abajo del abismo sin fondos del amor, fluyen las aguas vivificantes y cualquier persona puede beber libremente de ellas hasta que se le haya ido la malaria de su alma y nunca más tenga aquella sed que por siempre le había acosado. Porque el que bebe de aquella fuente tendrá una fuente de agua que fluirá de su vientre.

En el hermoso remanso del río de la paz, podemos extender nuestras velas y las brisas celestiales nos conducirán hacia las playas del cielo. Qué dulces las flores que bordean la costa y florecen por doquiera. El alma que obedece a Dios y lo deja todo detrás, al instante que resuelve subir y poseer la Canaán de perfecto amor halla vida, salud y paz.

No puedo decir que de lo mejor de la tierra ya se han apropiado los que han llegado antes ni que vas a tener que ocupar algún lugar pantanoso si no te apresuras a acudir, pero es cierto que tendrás pérdidas importantes por tu demora. El tiempo para depositar tesoros en los cielos es tan breve que queremos trabajar con las mejores ventajas para que nuestro talento pueda ganar diez talentos. No podemos quedarnos en un estado en que no podamos rendir el más completo servicio. ¿Para qué retrasarse en medio de influencias congelantes cuando hay abundancia de sol? ¿Para qué complacerse en hablar de tu reumatismo espiritual, cuando puedes librarte inmediatamente de él y para siempre? — Abbie Mills.

6 de Diciembre

Por amor servíos unos a otros.

Gálatas 5:13.

EL VIEJO CUÁQUERO tenía razón: "Pasaré por esta vida una sola vez. Si hay algún acto de bondad, o cualquier cosa buena que pueda hacer por mis semejantes, la haré ahora. Pasaré por este sendero solamente una vez."

Señor, enséñame a vivir cada día, de tal manera que de mí me olvide, y que cuando a orar me arrodille sea para *mi prójimo* la gracia pedida. Enséñame cada día a trabajar de tal manera que con sincera fidelidad aprenda que cuanto haría por ti debo hacerlo por mi prójimo. Ayúdame a crucificar y matar el yo, y a sepultarlo en lugar profundo, para que vanos sean sus esfuerzos de resurrección. Cuando mi obra en la tierra haya terminado, y comience mi labor en los cielos, que olvide la corona que habré ganado y en mi prójimo esté mi pensamiento. Mi prójimo, Señor, mi prójimo que éste sea mi lema. Ayúdame a vivir por mi prójimo, para que pueda parecerme a ti. — Charles Meigs.

7 de Diciembre

Y cualquiera que os diere un vaso de agua en mi nombre, porque sois de Cristo, de cierto os digo que no perderá su recompensa.

Marcos 9:41.

PARECE MARAVILLOSO que Dios se fije en pequeñeces tales como el vaso de agua que se dé a un cristiano sediento. Muestra cuanto ama a los que son suyos, puesto que acepta las cosas más insignificantes que se hacen en su favor, las recuerda y les concede recompensa. La mención de un vaso de agua sugiere que esta promesa es por actos pequeños y comunes más que por grandes acciones. Somos muy mezquinos con nuestra capacidad de ayudar. Dios ha puesto sus dones de amor en nuestros corazones para que sean dispensados a los demás. Diríamos que una persona que le niega un vaso de agua a un sediento es egoísta. Sin embargo, lo hacemos continuamente; hay corazones sedientos a nuestro alrededor y le negamos el agua de la bondad humana.

La palabra que define con exactitud estos pequeños actos es "bondad". Es amor que brota en pequeños actos de dulzura. Debiéramos vivir de tal manera que en nuestro diario caminar fuéramos bendición perpetua a los que nos rodean. Lo único que necesitamos para un ministerio de este tipo es un corazón lleno del amor de Cristo. Si verdaderamente amamos a Cristo, amaremos a nuestro prójimo, y el amor abrirá oportunidades para ser de ayuda. Un corazón lleno de dulzura no puede ser mezquino con sus bendiciones. — J. R. Miller.

8 de Diciembre

Y antes que clamen responderé, y mientras aún hablan habré yo oído.

Isaías 65:24.

PEDISTE AL Señor que te diera paciencia? ¿Se lo pediste en oración y a pesar de todo te viste atribulado? ¿Crees que no te respondió? Sí, Dios oyó y contestó plenamente tu oración: "La tribulación produce paciencia", ¿no era eso lo que tu alma anhelaba? Pediste al Señor que te diera sumisión. Se lo pediste y a pesar de todo sufres. ¿Que no te respondió, te lamentas? Sí, sí te respondió, porque aprendemos la obediencia a través de los amargos sufrimientos. ¿Pediste al Señor que te diera generosidad? Se lo pediste y Él te pidió un sacrificio. ¿Es demasiado lo que te pidió? Él oyó y contestó plenamente tu oración porque aprendemos a ser generosos cuando el sacrificio lo hacemos gustosos. Pediste al Señor que te diera victoria y comenzaron las batallas. ¿Se escondió el Señor en la hora de la lucha? No, Él oyó y respondió plenamente tu oración, porque en medio de las luchas cotidianas aprendemos a luchar para obtener la victoria. Pediste al Señor que te diera humildad y te vinieron tormentos. Pero Él sí te oyó y respondió: La humildad y las fuerzas para llevar fruto son para los que conocen los tormentos de la vida. No debemos contar lo que vemos, sino las cosas de arriba; porque lo que se ve es perecedero, y arriba están Dios y su amor. Las cosas grandes están más allá de la vida terrena, no las vemos todavía; pero allí en el cielo, serán nuestras para siempre jamás. — Josefina Hope Westervelt.

9 de Diciembre

Entonces consultó David a Jehová.

2 Samuel 5:19.

CRISTIANO, SI quieres conocer el sendero del Deber, que Dios sea tu brújula. Si quieres conducir tu barco por las negras ondas del mar, pon el timón en las manos del Todopoderoso. Puedes eludir muchas rocas mortales si tu Padre gobierna el barco. Muchos bancos de arena podemos evitar si dejamos a su voluntad soberana la elección del camino. El puritano decía:

— Ten por seguro que si el cristiano se pone a tallar por su cuenta, se cortará un dedo.

"Te enseñaré y te mostraré el camino en que debes andar", es la promesa de Dios a su pueblo. Entonces, tomemos nuestras cuitas y presentémoslas diciendo: "Señor, ¿qué quieres que haga?" No salgas de tu pieza esta mañana sin consultar a Jehová. — C. H. Spurgeon.

La oración transita de ida y vuelta la gran sima establecida por el pecado y la muerte, y Cristo es el puente que está sobre ella.

En el campo de batalla de la oración, por el poder de la sangre preciosa, Satanás, el yo y el mundo tienen su Waterloo.

10 de Diciembre

Por nada estéis afanosos.

Filipenses 4:6.

CRUZAS RÍOS antes de llegar a ellos? ¿Te preocupas por cosas que nunca pasan? ¿Esperas mal del Señor en vez de bien? En otras palabras, ¿tienes el alma llena de preocupaciones innecesarias? Porque eso es lo que la palabra *afán* significa: preocupación innecesaria.

"No te preocupes" es una orden clara y sencilla, pero muy difícil de obedecer. M. D. Babcock tiene varias sugestiones muy beneficiosas para la persona que se siente derrotada por el ataque de la preocupación. El cristiano ansioso no se daña a sí mismo solamente. Daña también la fe de aquellos que le conocen y el nombre del buen Señor que ha prometido satisfacer sus necesidades. Nada existe que no pueda ser motivo de oración. Profundizar el texto "Sean notorias vuestras peticiones delante de Dios en toda oración y súplica". Podemos confiar en que Dios se ocupará de los asuntos que ponemos en oración delante de Él. En lo que somos fieles, Él mostrará su perfecta fidelidad. Mientras trabajamos hacia lo mejor, Él hace lo mejor en nuestro favor. Puede que no tengamos el éxito anhelado; puede que recibamos reprimendas no esperadas; pero el Padre sabe lo que el hijo necesita. Lo que Dios nos encarga hacer lo podemos hacer, y lo que nos pide que soportemos lo podemos soportar. Su océano tiene suficiente agua para llenar nuestro cántaro. Cada día trae su necesidad, pero junto con las necesidades, está la promesa: "Bástate mi gracia."

No olvides las palabras que concluyen el texto: "Con acción de gracias." Tienes que estar atento a las bendiciones, porque resplandecen cuando las contamos. Los ojos reflejan la determinación del corazón. Si quieres ser melancólico, habrá razones suficientes para mantenerte melancólico. Si quieres estar contento, hay razones de sobra para que estés contento. Es mejor perder la cuenta de las bendiciones enumeradas, que perder bendiciones al contar las frustraciones.

Descompone el versículo en tres hebras y amárrate a Dios con ellas en confianza, oración y gratitud: Afanosos, en nada; en toda oración; con oración de gracias en todo, "y la paz de Dios que sobrepasa todo entendimiento guardará vuestros corazones y vuestros entendimientos en Cristo Jesús.

11 de Diciembre

¿No se venden dos pajarillos por dos cuartos? Con todo, ni uno de ellos está olvidado delante de Dios.

Lucas 12:6.

ERA UN HERMOSO día de primavera. Yo estaba sentado en el corredor de un hotel del sur disfrutando del sol y del cielo. De pronto noté unos objetos pequeños que volaban velozmente. En esos momentos oí el ruido seco como de algo que caía. Allí, delante de mis ojos, a unos tres metros, estaba el cuerpo destrozado de un gorrioncillo. Se dio vuelta, quedó con las garritas vueltas hacia el cielo y sus pequeños párpados cubrieron los ojos que ya habían sido apagados por la muerte. Su rápido vuelo lo había hecho chocar con algo, lo que le había costado su vida de gorrión. La muerte de este gorrión era un hecho sin trascendencia. Aparentemente sólo yo lo había presenciado. Pero como un rayo llegó hasta mi mente el texto: "Ni uno de ellos cae a tierra sin vuestro Padre."

Me sentí abrumado por el pensamiento de cómo nosotros dejamos de creer y comprender el tierno cuidado del Dios del universo sobre los objetos más pequeños de la naturaleza que Él creó y, con mayor razón, sobre los sucesos más triviales de la vida de sus queridos hijos.

¿Has notado alguna vez las matemáticas del Maestro en estos dos textos que nos hablan de gorriones? En los mercados de Palestina vendían gorriones como alimento. El pajarillo era tan barato que se vendían dos por la bagatela de un cuarto. "¿No se venden dos pajarillos por un cuarto?" "¿No se venden cinco pajarillos por dos cuartos?" Naturalmente cuatro de ellos tendrían que venderse por dos cuartos, pero eran tan insignificantes a los ojos del vendedor, que cuando el comprador traía dos cuartos, le daba uno extra, cinco en vez de cuatro. Aun de este gorrión extra, sin valor en los ojos de su vendedor, el Señor dice estas maravillosas palabras: "ninguno de ellos está olvidado delante de Dios".

Hemos estado olvidando una preciosa verdad. El Dios del universo es el Dios del gorrión. Tal como ese gorrión está siempre delante de la faz de Dios y bajo su cuidado, así los detalles más triviales de nuestra vida están siempre presentes, inolvidables y bajo el tierno cuidado de nuestro Padre que está en los cielos. Él quiere que nosotros le presentemos cada uno de dichos detalles, por insignificantes que sean, en la feliz confianza de que Él estará siempre atento y a la espera para atender nuestras más mínimas necesidades. — J. H. McConkey.

12 de Diciembre

Pero recibiréis poder, cuando haya venido sobre vosotros el Espíritu Santo, y me seréis testigos.

Hechos 1:8.

SOPLA SOBRE mí?, Espíritu de Dios hasta que sea enteramente tuyo hasta que este cuerpo terrenal, brille con tu divino fuego.

¡Mírenlos y mediten en ello! Ciento veinte hombres y mujeres bajo ningún patrocinio, sin el impulso de ningún favor terrenal, sin dotes, sin riquezas. ¡Tenían que ganarse el sustento cotidiano por medio de un trabajo corriente! ¡Tenían la preocupación de atender sus hogares en sus necesidades cotidianas! ¡Sin embargo, iban a iniciar las conquistas del cristianismo! A ellos se les confió la misión de cambiar la marcha del mundo. Ninguno era eminente, pero la influencia de aquella humilde compañía avanzaría por el mundo hasta que el trono de los césares pasara a ser de Cristo. Y el poder de aquella pequeña compañía del aposento alto se extenderá hasta que el mundo entero quede unido con los lazos de la hermandad. No constituyen ninguna fuerza, ni humana ni de demonios, pero conquistarán la tierra hasta que toda rodilla se incline ante su Maestro y toda lengua confiese que Él es el Señor.

Parece imposible, absurdo, mírese como se mire, hasta que se reconoce esto: iban a recibir la plenitud del Espíritu Santo. Entonces las dificultades se diluyen. De esta manera no hay límites para sus esperanzas. Su fortaleza entonces no es la fortaleza de diez, es la potencia del Omnipotente.

Ésta es la idea que Cristo tenía del cristianismo. No es idea humana; es infinitamente más sublime: es la idea de Dios! — Mark Guy Pearse.

13 de Diciembre

Amarás...

Mateo 22:37.

DICE UNA HERMOSA leyenda que los ángeles tienen dulces campanas en el cielo y las hacen sonar en el crepúsculo. Sus notas forman una melodía fascinante. Pero nadie puede oírla salvo los que tienen el corazón libre de pasiones, de falta de amor y de todo pecado.

Es solamente una leyenda. Nadie puede oír el sonido de las campanas celestiales. Pero hay una música mucho más dulce que hasta el más bajo puede oír. Los que llevan una vida de dulce paciencia, de tierno interés por los demás, de amor abnegado, emiten una música cuyos acordes son arrobadores.

El corazón que siente la aprobación procedente de un hecho de misericordia, sabe que no hay música más dulce de la que el espíritu se pueda alimentar. Al endulzar la vida de los demás, al aliviar la amargura del hermano, el alma halla su avance supremo y la más noble bendición. La vida que vale la pena vivir es la que se vive para beneficio de los demás. La vida que brota al paso de esta vida es como el arco iris que aparece tras la lluvia. — J. R. Miller.

Los ángeles no pueden ofrecer compasión porque nada saben de la vida humana. En un cuadro de Domenichino aparece un ángel parado junto a una cruz vacía. Toca con el dedo una de las agudas espinas de la corona que llevó el Salvador. En el rostro se le refleja una profunda extrañeza. Trata de descubrir el misterio del dolor. Nada sabe del sufrimiento, porque jamás ha sufrido. No hay nada en la naturaleza del ángel ni en la vida del ángel que le permita a éste interpretar la angustia o el dolor. Ocurre lo mismo con los seres humanos que nunca han sufrido. Si fuéramos hijos de consolación nuestra naturaleza se enriquecería con la experiencia. Por naturaleza no somos gentiles con todos los hombres. En nosotros hay una aspereza que necesita ser suavizada. Tenemos una aptitud extraordinaria para prestar oídos sordos a los sentimientos de los demás, para olvidar el dolor de muchos corazones y las pesadas cargas que llevan. No somos amables hacia el dolor, porque nuestro corazón no ha sido sometido al dolor. Ni siquiera las mejores universidades nos pueden enseñar el arte divino de la compasión hacia el que sufre. Tenemos que caminar nosotros mismos por profundos valles, para luego poder guiar a otros. Debemos sentir el dolor, llevar la carga y soportar la lucha para poder sentir con el que siente y ayudar a los demás en los momentos difíciles y dolorosos de la vida.

14 de Diciembre

El ánimo del hombre soportará su enfermedad; mas ¿quién soportará al ánimo angustiado?

Proverbios 18:14.

SE CUENTA UNA PRECIOSA historia de una familia pobre que tenía la facultad de tomar todas las cosas por su mejor lado. Una mujer rica se interesó por ayudarlos. Un día la visitó un vecino de la familia pobre y le dijo que la estaban embaucando.

Los niños de aquella familia siempre comen cosas deliciosas, lujos que ni yo puedo permitirme — dijo el vecino.

La mujer rica fue a visitar esta familia al mediodía. Estaba parada junto a la puerta, a punto de llamar, cuando oyó que una de las niñitas le preguntaba a otra:

— ¿Te vas a servir asado hoy?

— No, creo que comeré pollo asado — respondió la otra niña.

Al oír eso la mujer golpeó la puerta y entró inmediatamente. Vio a las dos niñas sentadas a la mesa en la que habían unas pocas rebanadas de pan seco, dos papas frías, un jarro de agua y nada más. A sus preguntas contestaron que se hacían de cuenta que su pobre comida era toda suerte de manjares, y el juego hacía que la comida les fuera un verdadero festín.

¡Usted no sabe lo delicioso que es el pan cuando una lo llama torta de frutillas!

— Pero es mucho más rico si lo llamas helado de crema — dijo la otra niña.

La señora rica salió de allí con una nueva idea de lo que significa el contentamiento. Descubrió que la felicidad no está en las cosas, sino en los pensamientos. Acababa de aprender lo que Salomón había dicho tanto tiempo antes, que "el ánimo soportará la enfermedad, pero que cuando el ánimo está enfermo todo está perdido". — J. R. Wells.

No pidamos que cambie nuestra suerte, pidamos ser transformados nosotros. Entonces veremos que hay bendiciones que nos aguardan en la suerte que nos ha correspondido.

15 de Diciembre

E S INTERESANTE estudiar las marcas y huellas en la nieve recién caída. Dios ha borrado las huellas de su naturaleza y nos ofrece una página inmaculada en blanco, sobre la que se pueden imprimir nuevos caracteres. Aunque uno salga temprano al campo, siempre encuentra que otras criaturas han salido antes que uno a caminar por él. Sus huellas los delatan como si uno los hubiera visto pasar. Cada criatura deja una marca diferente sobre la nieve por la que puede ser identificado.

El mundo espiritual es un mundo de pureza en el que no puede entrar cosa inmunda. Comparar la bondad del mundo espiritual con la bondad de este mundo, es como el lino más fino y blanco, que se ve amarillento y sucio cuando se le compara con la nieve recién caída.

Si en alguna oportunidad te internas en los caminos cenagosos del pecado, al regresar a la nieve pura del camino recto, traerán las manchas de aquellos días de impureza y ensuciarán el camino. Por una buena distancia se podrá seguir tus pasos por las marcas de color marrón que vas dejando, y habrás de recorrer una larga distancia antes que el lodo desaparezca de tus zapatos y puedas dejar huellas limpias nuevamente.

Las huellas en la nieve, aunque son muy claras, se desvanecen. Desaparecen cuando se derrite la nieve. Si las huellas que vas dejando en el muro puro de Dios fueran tan efímeras como las de la nieve no tendrías que preocuparte por la naturaleza de ellas. Pero ocurre que son tan perdurables como tu naturaleza, permanentes como la Palabra y la justicia de Dios. En las duras lajas de las canteras de arena podemos ver las huellas de pájaros y reptiles que pasaron por la arena de las playas y que se extinguieron hace miles de años. De estas huellas los naturalistas pueden deducir la forma y tamaño y naturaleza de aquellas criaturas ya extinguidas, aunque ya nada queda de ellas salvo aquellas huellas fosilizadas en la arena. De esta manera cada uno deja sus huellas en la arena del tiempo, la que se endurecerá y se fosilizará para ser descifrada mucho después de nuestro paso por la vida. Sabemos la naturaleza del andar y la conducta de los cristianos de Sardis a través de las huellas que dejaron en la Palabra de Dios, que dice que anduvieron con Cristo en vestiduras blancas. Todo ha perecido en lo que respecta a ellos, pero aquellas huellas les hacen reales y viven una vez más entre nosotros. De esta manera, cuando caminas con Cristo tu andar cristiano testificará de ti cuando nada tuyo quede en el mundo de los vivientes.

"Enséñame tu camino, oh Jehová, y guíame en el camino recto a causa de mis enemigos." También se podría traducir "A causa de los que me observan".

Tu camino por la vida cruza la nieve inmaculada. Nadie ha pasado antes por ese sendero. Deja que Jesús te tome de la mano para que camines con Él en el albor de un alma que confía solamente en su justicia y ama su ley. Deja que limpie el camino delante de ti y que te capacite para conservarlo limpio y dejar huellas claras, nítidas y características de piedad en él, para que otros puedan andar en tus pisadas y sean seguidores tuyos, como tú de Cristo. — Hugh McMillan.

16 de Diciembre

La ciencia se acabará.

1 Corintios 13:8.

LESSING, dramaturgo y crítico alemán del siglo XVIII, dijo esta parábola acerca de los limitados conocimientos del hombre:

Había una vez un rey de un poderoso país que se edificó un palacio, el más suntuoso que se haya planeado, la maravilla del mundo. Surgió una controversia entre algunos conocedores acerca de la oscuridad de los planos sobre los que había sido edificado el palacio. El conflicto duró varios años. Mientras el conflicto continuaba, ocurrió que el vigía una noche dio la alarma de incendio. Los arquitectos comenzaron a correr de uno a otro lugar, cada uno con su plano, y discutían entre sí que el fuego había comenzado aquí o que había comenzado allá, y cuál era el mejor punto para atacar el fuego con las bombas de agua. La discusión se hizo general. ¡Ay! ¡El hermoso palacio se va a quemar entero! Pero no; al poco rato descubrieron que en realidad no había fuego. Detrás del palacio había un despliegue extraordinario de luces que resplandecían con un brillo tal que parecía que el palacio estaba inundado en llamas.

Así decimos, que aumente el conocimiento humanista que corra de un lado hacia el otro, que ilumine el mundo a su voluntad; pero solamente lo iluminará, porque no puede destruir la ciudad de Dios. Somos una generación de gente exhausta, particularmente sobrecargada. Somos expertos, pero no somos ejemplos. Sabemos mucho, demasiado. Queremos que se nos considere filósofos, no niños; queremos que se nos mire como eruditos, no como bebés. ¿Niños? ¡Jamás! Así perdemos la oportunidad de participar de los secretos que Dios ha escondido de los sabios y prudentes y que ha revelado a los niños. Seguimos adelante procurando ser sabios, nobles y poderosos; pero Dios no ha escogido lo sabio, lo noble ni lo poderoso. Un sabio bien puede rebajarse al nivel de un niño, pero ninguno lo hace. Con cuánta frecuencia los teólogos han despreciado verdades profundas y no han podido ver la luz, mientras que algún alma sencilla entre los santos de Dios ha recibido la lección escondida y la ha aplicado con sabiduría celestial. De cierto os digo: ¡Sabemos demasiado!

17 de Diciembre

Mas yo a Jehová miraré.

Miqueas 7:7.

HACE VARIOS AÑOS, al visitar varios países del norte de Europa, tuve que cruzar el mar del Norte en un gran transatlántico. Durante los primeros días de viaje nos deslizamos por mares en gran calma, pero repentinamente nos sorprendió una aterradora tempestad. Las olas eran como grandes montañas a cuyas alturas nos remontábamos. El gran barco se estremecía, crujía y rechinaba. Los pasajeros se veían pálidos de temor. Aun los niños se aferraban de sus madres al sentir la cercanía del peligro. El aire estaba cargado de una extraña sensación de destrucción inminente. Cuando parecía que la resistencia del barco había alcanzado su límite, apareció un hombre en escena. Su presencia irradiaba calma, reposo y paz. Con voz llena de dulzura nos aseguró que todo iba bien, y nuestros temores se disiparon.

¿Quién era ese hombre? El capitán. Había conducido aquel barco a través de muchos viajes, había surcado mares furiosos, horribles tempestades y siempre había llegado a puerto seguro con las banderas de la victoria flameando en el mástil.

¿Qué tenemos que temer? ¿Por qué miramos hacia abajo? ¿Dónde está tu Dios ahora? ¿No está a bordo y con una palabra puede calmar las olas y el viento, los cuales le obedecen? Con corazón silencioso escuchemos su murmullo de seguridad: "Todo marcha bien. Soy yo, no temáis." Con Cristo en el barco no hay temor al turbión.

Sí, el que se estimula la fe manteniendo la mirada fija en lo alto, no da lugar a la desesperación. No importa el tamaño de la tribulación ni la oscuridad que nos rodea, si en un momento de fe real elevamos el corazón a Dios. Él cambiará la situación y convertirá la oscuridad de la medianoche en una gloriosa aurora. — Sra. de Cowman.

18 de Diciembre

Encomienda a Jehová tu camino y confía en Él; y Él hará.

Salmo 37:5.

ENCOMIENDA A Jehová tu camino, y confía." ¡Ah! ¡Aquí es donde fallamos! Le encomendamos al Señor el timón de nuestro pequeño bajel. En seguida ponemos las manos sobre las suyas y nos quedamos vigilantes junto al Maestro para que no vaya a naufragar la barquilla.

"Encomienda a Jehová tu camino y confía." Entrégaselo todo a Él. Él conoce tu rumbo, los peligros que corres y desea tu seguridad. Entrégalo todo a Él. Así tu barco se deslizará sobre las olas impulsado por el poder del Espíritu.

"Encomienda a Jehová tu camino y confía." Hay una palabra que con frecuencia olvidamos, por lo que nos atacan los afanes y el temor: "Confía." Debemos "confiar". Así nuestra alma dejará de agitarse en la inquietud, los pensamientos y el remordimiento.

Encomienda, y cuando hayas encomendado, confía en su Palabra. ¿No ha dicho que te librará? Confía en sus fuertes brazos, y cuando sientas el estruendo de horrorosas tormentas que se aproximan, cree que Él calmará por su poderosa voluntad. Confía en Él, el Sabio, el Fiel, el Verdadero.

Confía en Él para que se encargue de lo que todavía no le has encomendado: el barco, las velas, el mar, los marineros, tu extraña tripulación. No le preguntes cómo lo hará. Confía en Él. Recuéstate y descansa libre de la ansiedad y la preocupación.

19 de Diciembre

Y el ángel les dijo: No temáis; porque he aquí os doy nuevas de gran gozo, que será para todo el pueblo.

Lucas 2:10.

QUÉ HERMOSO MENSAJE el que los ángeles dieron a los pastores que guardaban las vigilias de la noche sobre su ganado! ¡Qué sorprendidos deben haber quedado cuando de los cielos brotaron los acordes de la música más dulce. No es de extrañarse que hayan temblado ante acontecimiento tan desusado y hayan tenido gran temor. Qué tierna y alentadora debe de haberles resultado la voz que les dijo: "No temáis." De esta manera fue hecha la anunciación del ángel aquella noche, la más importante de la historia, la noche santa. ¡Y un pesebre en Belén sirvió de cuna al Rey! ¡Tu Rey! ¡Mi Rey! ¡El Rey del Mundo! ¡El Rey que Dios envió desde los palacios de marfil al mundo de pecado", porque de tal manera amó Dios"!

Hace varios años, el doctor Cortland Myers, pastor del templo Tremont de Boston, predicaba sobre el texto "No temáis". Hizo varias observaciones inolvidables que cuadran muy bien con la extraña hora de la historia que estamos viviendo. Dijo: "Las dos palabras «no temáis» son *el canto del zorzal* de la Biblia. El zorzal canta en las profundidades del bosque; música igual no se oye en todo el mundo de los pájaros. Es maravillosamente dulce, es único y absolutamente solitario. No existe nada semejante. La inteligencia humana ha tratado en diversas oportunidades de capturarla y encerrarla entre las barras musicales, pero siempre ha fracasado. Casi parece que fuera alguna nota que se le quedó a los ángeles. Puede ser que la hayan dejado aquella noche que cantaron en Belén, porque ellos la tenían en su villancico. ¡Puede ser que la hayan olvidado! Es parte de la música angelical. Pero, ¿forma parte de la vida real? ¿Pertenece a la vida de cada hombre y a todas las condiciones de vida? ¿Es una seguridad? ¿Es algo sustancial? ¡Es una positiva realidad! Es parte de la música de la vida, y una de las notas más altas de la música: «no temáis»" — Sra. de Cowman.

20 de Diciembre

Pero tú, ¿quién eres para que juzgues a otro?
Santiago 4:12.

CON MOTIVO DE la Navidad, alguien regaló al poeta Whittier una genciana extendida entre dos vidrios. Vista de un lado parecía una masa confusa de algo sin belleza. Pero del otro lado aparecía la exquisita belleza de la flor, con toda su delicada hermosura. Si el regalo era hermoso o no a la vista, dependía del lado del que uno lo mirara. El poeta lo colgó en la ventana con el lado feo hacia la calle y con la flor hermosa hacia dentro de la casa. Los que pasaban por allí notaban sólo un disco gris de vidrio manchado, y no veían hermosura alguna en él. Pero el poeta, sentado dentro, miraba el recuerdo y veía delineada contra el cielo la exquisita hermosura de la flor:

> *No pueden ellos ver desde allí*
> *la perfecta gracia que tiene para mí;*
> *El viento helado del otoño sopló*
> *las orlas hermosas de esta flor.*
> *Pero a los de afuera su rostro no muestra*
> *como si el deleite de su hermosura celeste,*
> *fresca como cuando se cortó del arroyo,*
> *fuera destinada para la vista nuestra.*
>
> *Pero, flor inmortal, de ti me viene*
> *una lección que sentido más profundo tiene:*
> *el hombre juzga con parcialidad,*
> *pues ni a su hermano jamás conoció;*
>
> *El ojo Eterno que todo ve*
> *puede entender mejor el alma entenebrecida*
> *y hallar el interior más profundo,*
> *la flor que el hombre no veía.*

John Greenleaf Whittier

Con mucha frecuencia miramos solamente el lado confuso de las acciones, sí, y también de las personas. No vemos la hermosura que hay al otro lado. Continuamente mal interpretamos a los demás. Muchos de los actos que condenamos porque le vemos el lado de la mancha, tienen un lado con flor. Aprendamos a creer lo mejor de la gente y de las acciones, y hallaremos belleza en todo. — J. R. Miller.

21 de Diciembre

Pasemos pues a Belén...
Lucas 2:15.

No QUEDA LEJOS Belén. Está en cualquier lugar donde Cristo encuentra que alguien con rostro resplandeciente le da la bienvenida y un lugar para morar. El camino hacia Belén pasa por el hogar de personas como tú y yo.

El nacimiento de Cristo es la aurora de la Biblia. Hacia este punto dirigieron sus aspiraciones los profetas y sus poemas los salmistas, de la misma manera que la corona de las flores se orienta hacia el lugar donde nace el sol. Desde este lugar, en forma silenciosa, comenzó a amanecer un nuevo día para la humanidad, día de fe y libertad, día de esperanza y amor. Cuando recordamos el alto significado que ha recibido la vida humana y la clara luz que ha fluido desde el pesebre de Belén, no nos extraña que la humanidad haya comenzado a contar la historia desde el día del nacimiento de Jesús, y a fechar los acontecimientos por los años transcurridos antes o después de su nacimiento.

Aún los siglos obedecen al Señor y establecen sus órbitas alrededor de su cuna y fechan sus calendarios desde su nacimiento.

22 de Diciembre

Os ha nacido en la ciudad de David un Salvador que es Cristo el Señor.
Lucas 2:11.

JESUCRISTO NACIÓ en las circunstancias más precarias, pero el aire se llenó con los aleluyas de las huestes celestiales. Su alojamiento era una pesebrera, pero una estrella condujo hasta allí ilustres visitantes de lejanas tierras que iban a rendirle adoración.

Su nacimiento fue contrario a las leyes de la vida. Su muerte fue contraria a las leyes de la muerte. Su milagro inexplicable son su vida y sus enseñanzas.

No tenía campos de trigo, ni pescaderías, pero puso mesa para 5.000 y hubo pan y pescado en abundancia. No caminó por alfombras hermosas, pero caminó sobre las aguas y ellas lo sostuvieron.

Su crucifixión fue el crimen de los crímenes, pero, desde el punto de vista de Dios, no se podía pagar un precio más bajo que su infinita agonía por nuestra redención. Cuando murió, pocos hombres lo lloraron, pero un gigantesco crespón de luto fue puesto al sol. Aunque los hombres no temblaron por sus pecados, la tierra tembló bajo su carga. La naturaleza entera le honró, aunque los pescadores le rechazaron.

El pecado nunca lo alcanzó, la corrupción no podía enseñorearse de su cuerpo. La tierra, enrojecida con su sangre, no podía reclamar su cuerpo hecho polvo.

Predicó tres años el evangelio, no escribió libros, no edificó templos, no había fondos que lo respaldaran. Después de 1900 años es el personaje central de la historia humana, el tema perpetuo de toda predicación, el pivote en torno al cual giran los eventos del siglo, el Único regenerador de la especie humana.

¿Era solamente hijo de José y de María aquel que cruzó los horizontes del mundo hace casi 2000 años? ¿Era sangre humana solamente la que se derramó sobre el Calvario para redención de los pecadores, y que han obrado tantas maravillas en los hombres y en las naciones a través de los siglos?

Ningún hombre que piensa puede dejar de exclamar: "Señor mío y Dios mío." — Keith Brooks.

23 de Diciembre

¿Dónde está el rey de los Judíos que ha nacido?
Mateo 2:2.

Los INCRÉDULOS dicen que la antigua historia de los magos, la estrella y los pastores carece de sentido común. ¿Cómo podían tres sabios escoger una estrella del cielo lleno de innumerables estrellas, y seguir su resplandor hasta la pequeña aldea de Palestina? ¿Tiene sentido que una virgen diera a luz un hijo? ¿Tiene sentido, pregunta el creyente, que los pastores encontraran al Rey de Reyes en un establo, en Belén? Tal vez no tenga sentido, pero es lo que ocurrió, porque Cristo el Rey de Reyes nació en aquel establo. A Herodes, tan importante entonces, sólo se le recuerda porque quiso matar al bebé. Deja que tu mente recorra los treinta años de su vida terrenal, hasta la escena final sobre el Gólgota. Allí muere clavado a una dura cruz. El sentido común indica que todo ha acabado, que éste es su fin. Eso dijo el sentido común, y los que estaban al pie de la cruz se fueron a la ciudad a beber y divertirse. Una vez más el Señor Sentido Común estaba en un error. ¡Él no estaba acabado! ¡Sólo había comenzado!

Es humillante descubrir que nuestro sentido común se equivoca tanto y en asuntos tan importantes. Pero es un descubrimiento saludable, porque cuando enfrentamos la realidad de que Dios nos hizo con limitación en nuestros sentidos, nos damos cuenta que necesitamos su consejo, y su estrella para llegar a la verdad. — Harriet Thatcher.

Porque su estrella hemos visto en el Oriente y venimos a adorarle. (Mateo 2:2.)

24 de Diciembre

Había pastores en la misma región que velaban y guardaban las vigilias de la noche sobre su rebaño.

Lucas 2:8.

Yo soy el Buen Pastor; el Buen Pastor su vida da por las ovejas.

Juan 10:11.

ERA LA VÍSPERA de Navidad de 1875. Ira Sankey viajaba en un barco por el río Delaware. Era una noche calmada y estrellada. Había muchos pasajeros reunidos en la cubierta. Le pidieron a Sankey que cantara. Estaba de pie reclinado contra una de las grandes chimeneas del barco. Allí levantó los ojos al cielo en silenciosa oración. Tenía intenciones de cantar algo referente a la Navidad, pero casi contra su voluntad cantó "Nada puede ya faltarme".

Hubo una profunda quietud. Las palabras y la melodía fluían del alma del cantor y flotaban sobre la cubierta y el río. No hubo corazón que no se conmoviera. Cuando hubo terminado de cantar, se acercó a Sankey un hombre de rostro tosco y apariencia ruda y le dijo:

— Estuvo usted en el ejército de la Unión alguna vez?

— Sí — contestó Sankey —, en la primavera de 1860.

— ¿Recuerda si estuvo de guardia una clara noche de luna, en 1862?

— Sí — contestó Sankey completamente sorprendido.

— Yo también — dijo el desconocido —, pero yo estaba en el ejército confederado. Cuando lo vi de pie en su puesto, me dije: "Ese individuo no saldrá vivo de aquí. Levanté el arma, tomé puntería. Yo estaba parado en las sombras, completamente oculto, mientras que usted estaba bajo la claridad de la luna. En ese instante, en el momento preciso, levantó los ojos al cielo y comenzó a cantar. La música, especialmente el canto, ha ejercido siempre un maravilloso poder sobre mí. Saqué el dedo del gatillo.

"Dejaré que termine de cantar — me dije —. Cuando termine, lo mato. Ya es mi víctima y esta bala no va a errar. La canción que cantó en aquella oportunidad es la misma que cantó ahora. Oí perfectamente las palabras:

> *"Me dará consuelo y vida,*
> *y ante los que me persiguen*
> *mesa me pondrá servida."*

"Cuando usted hubo terminado de cantar, me fue imposible volver a apuntarle. Pensé: «el Dios que pudo salvar a este hombre de cierta muerte, debe ser grande y poderoso». Mi brazo, por su propia cuenta, se quedó caído a mi costado. Desde entonces he vagado de un lado a otro, pero cuando le vi parado cantando tal como en la otra ocasión, le reconocí. En aquella oportunidad mi alma quedó herida por su canción. Ahora le pido que me ayude a curarla.

Profundamente conmovido, Sankey abrazó al hombre que durante la guerra había sido su enemigo. Aquella noche el desconocido halló en el Buen Pastor a un Salvador."

25 de Diciembre

Y dio a luz a su hijo primogénito, y lo envolvió en pañales, y lo acostó en un pesebre.

Lucas 2:7.

ES MARAVILLOSA la sencillez de la Navidad.

Allí está María, la madre. También está José, el esposo de María. Gente sencilla y simple, tal como nosotros. Allí están los pastores, la primera congregación navideña. Eran gente humilde que vivían apegados a las cosas creadas por Dios: la tierra era la alfombra que pisaban sus pies, y el sol y las estrellas el techo que los cobijaba. — Sra. Harriet Thatcher.

Sí, y allí está el niño también. No hay allí las pompas ni las circunstancias de la vida; solamente la sencillez de lo divino. Esta sencillez es lo maravilloso de la Navidad.

Allí todos podemos llegar suplicantes. No es un trono de exaltación humana, sino el trono de la divina sencillez.

Allí todos podemos adorarle y reconocer en la sencillez del Niño, el significado del amor redentor de Dios.

Allí podemos llevar nuestro gozo y nuestros pesares. Nuestro gozo será bendecido y nuestro pesar será aligerado.

Allí podemos recibir fortaleza para los días venideros, luz para los días venideros. Y la Luz que resplandece desde el humilde pesebre tiene fuerzas suficientes para iluminarnos hasta el fin de nuestros días.

Entonces, allá vamos jóvenes y viejos, ricos y pobres, poderosos y esclavos, a adorarle en la hermosura de la sencillez divina, maravillados de su sencillo amor.

Ésta es la maravilla de la Navidad.

Ha nacido para ti, corazón cansado y agobiado; para ti que caminas con pies cansados y tienes las manos temblorosas partidas, para ti llegan esta mañana noticias de lo alto que dicen que te ha nacido un Salvador que habla en dulces tonos de amor.

Sí, para ti ha nacido Jesús este día, si mansamente le das lugar y le suplicas que se quede contigo. Aunque el mundo entero participe de Él, Él lo es todo para ti. Él reclinará la cabeza sobre tu corazón y derramará en ti su verdadero amor.

No pide palacios, ni comidas costosas; sólo dulce amor. Anda en busca de un súbdito amante y sincero a quien pueda conferir su bendición, que permita que su sonrisa le ilumine el sendero agotador.

Para ti, aunque seas el menor de los pequeños, para ti brilla hoy la estrella de Belén con alegre resplandor. Para ti, aunque poca sea tu fuerza y débil la alabanza, para ti, que tiemblas, vino tu Señor y Rey.

Para ti, en esta Navidad, los ángeles cantan nuevamente su canción.
— Carrie Judd Montgomery.

26 de Diciembre

Aunque ejército acampe contra mí, no temerá mi corazón; aunque contra mí se levante guerra, yo estaré confiado. ¿Por qué te abates, oh alma mía, y te turbas dentro de mí? Espera en Dios, porque aún he de alabarle.

Salmos 27:3 y 42:5.

DEJEMOS A UN lado la fe y en vano invocaremos a Dios. No hay otro camino entre nosotros y el Cielo. Bloqueado aquel camino, no podemos comunicarnos con nuestro Dios. La fe nos une con la Divinidad.

Un destacado ministro se halló una noche que caminaba tambaleante bajo una carga suficiente para aplastar cinco hombres fuertes. Para examinar la carga la puso en el suelo y se dio cuenta que no tenía por qué llevarla. Parte de ella pertenecía al día siguiente, parte pertenecía a la semana siguiente y la llevaba encima de una vez. ¡Desatino torpe, pero antiguo!

No te rindas a las preocupaciones innecesarias. ¿Quién te dijo que a la noche no sucedería la mañana? ¿Quién te dijo que el invierno de tu falta de contentamiento va a continuar indefinidamente de helada en helada, de nieve a hielo y de peor en peor? Sabes que el día sigue a la noche, que el flujo sigue a la resaca, que la primavera y el verano siguen al invierno. Pon tu confianza en Dios. Espera en Él. Él jamás ha tenido un fracaso. — Sra. de Cowman.

27 de Diciembre

Tú echarás en lo profundo del mar nuestros pecados.

Miqueas 7:19.

SEGURAMENTE HAS ESTADO junto a algún arroyuelo que serpentea a través del campo. ¡Qué poca profundidad tienen! Su caudal es como una fina película de agua. Sus partes más profundas son bajas. Con esa profundidad todo está a la vista. Cada grano de arena está desnudo. Cada granito de mica brilla claramente como si estuviera al descubierto. A veces nos parece que es así como Dios ha cubierto nuestros pecados. Nos parece que los ha lanzado solamente en un lugar de poca profundidad. Pero no es allí donde Dios los ha puesto en su gracia. El Espíritu Santo dice: "Tú echarás en lo profundo del mar sus pecados."

¿Por qué habrá escogido esta figura? ¿Qué significa? Cuando íbamos al colegio nuestro profesor nos hablaba de un lugar en el mar, lejos de la costa del Pacífico, que tenía ocho kilómetros de profundidal. Piensa en un kilómetro de profundidad. Agrégale otro kilómetro. Ahora dobla esa cantidad, y finalmente dóblala otra vez. ¡Ocho kilómetros de profundidad! En esas profundidades sin fondo nada de lo que se hunde vuelve a salir. Todo está bajo tinieblas densas e impenetrables. Ningún ojo puede penetrar las negras profundidades del océano. Ningún rayo de luz las ilumina. Ningún mensaje nos ha llegado de lo que ha quedado sepultado en ese abismo. En ese pozo de olvido ha lanzado Dios los pecados de aquellos que aceptan a su Hijo como el portador de sus pecados. La obra de remisión de pecados que realizó Cristo es completa. No los ha lanzado a un arroyo que murmura a través del campo y el valle, donde el ojo puede verlos y el corazón sentirse agraviado por ellos. Eso no place a su corazón amoroso, ni honra las riquezas de su gracia que nosotros lloremos por los pecados como si todavía estuvieran en nuestro corazón ensuciando el interior de nuestra alma. — James H. McConkey.

28 de Diciembre

El bien y la misericordia me seguirán todos los días de mi vida.
Salmo 23:6.

PERO, ¿POR QUÉ "me seguirán"? ¿Por qué no dice "irán delante de mí"? Porque algunos de mis enemigos van detrás de mí. Me atacan por detrás. En mi pasado hay enemigos que pueden causarme heridas mortales. ¡Me pueden apuñalar por la espalda! ¡Quién pudiera deshacerme del pasado! Mi culpa me sigue los pasos. Mis pecados están pegados a mis talones. He vuelto el rostro hacia el Señor, pero mi ayer me persigue como galgo incansable. Es un enemigo que va detrás de mí.

Pero, ¡bendito su nombre!, mi Dios todopoderoso también va detrás, al igual que mi enemigo. "El bien y la misericordia me seguirán." Ningún galgo puede romper aquella defensa. Entre mi yo y mi culpa está el amor infinito de nuestro Señor. El Señor amante no permitirá que el pasado me destruya el alma. Puedo sentir pesar por el pasado, pero aquel pesar será un ministro de moral y salud espiritual. Mi Señor es Señor del pasado al igual que del mañana, por eso hoy "confiaré y no tendré temor". — J. H. Jowett.

No debo preocuparme de las crisis venideras. Dios nunca se anticipa ni se retrasa. Cuando llegue la hora, el Gran Hospedador lo tendrá preparado todo. Cuando llegue la crisis me dirá cómo descansar. Las órdenes no las da hasta el día señalado. ¿Por qué me voy a acalorar, a irritar y a preocupar por el contenido del sobre sellado? Basta con que Él lo sepa todo, y cuando llegue la hora, los secretos serán revelados. — J. H Jowett.

"En aquella hora os será dado." (Mateo 10:19.)

29 de Diciembre

Será el día de mañana como éste, o mucho más excelente.

Isaías 56:12.

EN DICIEMBRE el sol es bajo; el año está viejo. A través de hojas caídas y copos de nieve, el anciano peregrino la helada montaña sube... ¡Nada queda delante de él, sino la cumbre y el cielo! ¿Nada? Ah, ¡mirad!, ¡más allá está todo! Detrás de aquella montaña hay valles aún más verdes, un año feliz y una eterna primavera. — Lucy Larcom.

No sabéis lo que será mañana. (Santiago 4:14.)

¿Con frecuencia te has hallado al comienzo de un deber como un barco en mar calmado, que al izar las velas no halla viento para inflarlas, mientras en las playas, bajo los árboles, se halla el viento que se necesita en alta mar? Cuán semejante a esto es el año que está por delante. Es una responsabilidad, algo que se nos ha confiado. ¿Has emprendido alguna vez un deber, con el viento dándole en pleno rostro, como si el Espíritu de Dios, en vez de ayudarte, quisiera hacerte retroceder? ¿No has visto entonces que antes que el deber estuviera concluido Cristo se acercó caminando sobre el mar?

Abraham no vio el carnero que Dios había provisto para el sacrificio hasta que estuvo en el monte. Al subir el monte hacia el año nuevo veremos a Dios allí. El cristiano a menudo sube al monte, hacia su deber, con el corazón oprimido porque mientras sube no ve al que lo conduce hacia lo desconocido. No te devuelvas. Sigue adelante con valor, Él está más cerca de lo que piensas.

30 de Diciembre

Jesús mismo se acercó y caminaba con ellos.

Lucas 24:15.

EL CAMINO PASA por verdes praderas y junto a aguas de reposo, pero también a través de valles de sombra de muerte, y por montes inaccesibles. Pero mientras avanzamos, nada preguntemos acerca del camino, porque nos lleva a nuestro hogar, Y Cristo camina con nosotros.

El día de hoy es un frágil puente que soporta su propia carga, pero que cederá si añadimos la carga de mañana. Cada año hay 365 cartas del Rey, cada una con su propio mensaje: "Lleva esto por mí." ¿Qué haremos con las cartas? Abre una de ellas cada día. El sello de ayer está roto; pon esa carta reverentemente a un lado. La cruz de ayer yace en el suelo. No debes volver a cargarla La carta de mañana está sobre la mesa; no rompas aún su sello. Porque cuando el mañana llegue, habrá junto a nosotros una figura invisible. Su mano estará sobre nuestra frente, y nos mirará a los ojos mientras nos dice con cariñosa sonrisa: "Como tus días será tu fortaleza." El resumen de nuestra vida será éste: el pasado, un registro de gratitud; el presente, un registro de servicios; el futuro, un registro de confianza. — D. M. Panton.

31 de Diciembre

Olvidando ciertamente lo que queda atrás...
Filipenses 3:13.

Te acordarás de todo el camino por donde te ha traído Jehová tu Dios.
Deuteronomio 8:2.

Estamos en el umbral de otro año. Puede ser un año de muchas experiencias benditas. Sigue Al que va delante, Al que caminó delante de Su pueblo en la antigüedad, luz conductora, protección constante, amigo y consejero infalible, todopoderoso Salvador.

Cuando las sombras se profundicen y el temor cabalga sobre los lamentos del viento; cuando llegue el dolor y caminemos por el brumoso valle del pesar; cuando el gozo nos salude a lo lejos, y nuestro camino esté soleado *recordemos* cómo nos ha guiado en el pasado y sabremos que todo anda bien. Cuando los espectros del pasado te obsesionen, cuando las penas y pesares de antaño parezcan oprimirte y apagar el sol, *olvida* lo que queda atrás, y procura alcanzar los goces que hay por delante. Pablo dice: "prosigo al blanco". En esto hay urgencia y no se puede permitir que nada estorbe el progreso del que corre.

Muchas veces nosotros mismos nos ponemos impedimentos. Nuestro Maestro ha hecho lo que le correspondía para librarnos de todo peso: nos ha perdonado el pasado, nos ayuda en el presente, y nos alienta para el futuro. Por eso, querido peregrino, al encarar los días venideros de un nuevo año, sabiendo que cada día está más cerca el regreso de nuestro Señor, "despojémonos de todo peso" y "prosigamos al blanco", con sencillez de corazón, "puestos los ojos en Jesús".